트릭 미러

트릭 미러

우리가 보기로 한 것과
보지 않기로 한 것들

Trick Mirror

지아 톨렌티노
노지양 옮김

Jia Tolentino

생각의힘

일러두기

1. 이 책은《Trick Mirror: Reflections on Self-Delusion》(2019)을 우리말로 옮긴 것이다.
2. 단행본은 겹꺾쇠표(《 》)로, 신문, 잡지, 방송 프로그램 등은 홑꺾쇠표(〈 〉)로 표기했다.
3. 각주는 모두 이해를 돕기 위해 옮긴이가 단 것이다.
4. 본문의 강조는 원서의 이탤릭체로 표기된 부분이다.
5. 인명 등 외래어는 외래어표기법을 따랐으나, 일부는 관례와 원어 발음을 존중해 그에 따랐다.
6. 국내에 소개된 작품명은 번역된 제목을 따랐고, 국내에 소개되지 않은 작품명은 원어 제목을 독음대로 적거나 우리말로 옮겼다.

부모님에게

《트릭 미러》를 향한 찬사

읽는 내내, 나는 단 한 번도 이 책을 손에서 내려놓지 못했다. 도저히 그럴 수 없었다. 인터넷, 리얼리티 쇼, 소셜 미디어, 이상에 대한 기대와 욕망, 노력, 끝없는 질주, 이야기. 내가 만드는 나의 이야기. 그것들이 품은 선의. 꿈은 이루어졌다. 정말 그런가? 우리는 실제로 어떤 시간을 건너왔을까. 그리고 건너는 중인가. 지아 톨렌티노는 우리가 가장 잘 알고 있다고 생각하는 시간들에 거울을 비춘다. 그곳에 비친 상像은 환한 웃음으로 가득한 꿈인 동시에, 악의로 가득한 악몽이다. 구석구석 어느 곳도 놓치지 않고 집요하게 담아낸 이 방대하고 진실된 해석을 읽으며, 나는 계속 가슴이 쿵쿵거렸다. 마침내 책을 다 읽고 거울을 바라보았을 때, 그곳에 비친 내 얼굴은 이전과 다르게 보였다.

강화길(소설가)

글을 쓰거나 읽으면서 가장 혹독하게 즐거우면서도 비참해지는 순간은 자기 내부에 있는 기만과 몽상, '나른한' 나르시시즘을 발견하게 될 때다. 그런 욕망을 "최적화"해 상상할 수 없을 정도로 몸집을 부풀리고 있는 이 자본의 세계에서 그러한 반성과 각성은 어쩌면 어렵기에 도저히 포기할 수 없는 우리의 마지막 터닝 포인트일 것이다. 지아 톨렌티노는 자본, SNS, 리얼리티 쇼, 상품화, 페미니즘, 성폭력, 가족제도, 미디어 같은 현세계의 가장 논쟁적인 장들에 자신의 섬세하고도 적확한 촉수를 내밀어 뒤틀린 왜곡을 발견해낸다. 아마 이 책을 읽은 당신은 놀라고 슬플 것이며, 그의 명랑하고 유머러스한 문장이 이따금 구해주기는 하겠지만, 결국 자본의 '트릭 미러'에 갇힌 스스로를 부끄러움 속에 직시하게 될 것이다. 자신의 삶을 텍스트로 삼아 밀레니얼 세대의 분노와 무기력, 딜레마적 상황을 돌파해가는 지아 톨렌티노의 글은 현시대 가장 뜨겁고 생생한 증언록이자 감동적 성장 서사다.

_김금희(소설가)

어디서 이런 작가가 튀어나왔지? 지아 톨렌티노의 글은 우리 모두가 휩쓸리고 있는 물살 속에서 필사적으로 무언가를 붙들려는 진지한 노력이고, 자신까지 포함한 가차 없는 성찰이다. 막연한 불안감을 또렷한 언어로 마주하는 일에는 이상할 정도로 쾌감이 있다. 이토록 온갖 생각이 다 들게 하고 구구절절 길면서도 기차게 재미있는 글이라니! 지금 시대에 왜 책을 읽어야 하냐고 묻는다면, 두말없이 《트릭 미러》를 권하겠다.

_김하나(작가, 팟캐스트 '책읽아웃' 진행자, 《여자 둘이 살고 있습니다》 저자)

신자유주의 사회에서 태어나 자신의 개성을 상품화하고 일상을 전시하며 살아가기를 요구받은 우리가 나 자신을, 이 시스템을 정확하게 바라보기란 얼마나 어려운가. 88년생 밀레니얼 세대인 저자는 자신의 경험을 바탕으로 끊임없이 의심하고 질문한다. 돈이 되는 페미니즘을 비판하면서도 나 자신은 얼마나 자유로울 수 있는지, SNS라는 도구가 변화와 연대를 이끌고 있지만 그것이 가져다주는 행복과 분노, 연대의 감정이 '진짜'인지 묻는다. 분노하고 공감하며 국민청원 사이트에 접속하여 로그인하고 청원 버튼을 누르며 안도감과 무력감을 동시에 느끼는 이유를 이 책과 함께 돌아본다. 밀레니얼 세대이자 페미니스트인 우리는 과연 무엇을 마주하고 있는가. 이 책이 당신과 내가 의심하기를 멈추지 않고 질문으로 확장해낼 도구가 되기를 바란다.

_이길보라(영화감독, 《해보지 않으면 알 수 없어서》 저자)

밀레니얼 세대 여성의 눈으로 본 세상에 대한 진실. "우리는 시장의 자산으로서 우리 자신의 능력을 최선을 다해 최대화해왔다." 전보다 나아진 줄 알았던 것은 이름만 바꾸었을 뿐이고, 저기는 나은 줄 알았더니 여기와 같다. 어쩌면 이렇게 똑같지. 경험에서 시작해 뉴스와 (비)문학을 아우르며, 지아 톨렌티노는 거기 있던 그대로의 세상을 똑바로 보게 한다. 인터넷 속 자아상, 전직 리얼리티 쇼 출연자로서의 경험, 밀레니얼 세대를 상대로 한 세상의 7대 사기 그리고 그 모든 것을 관통하는 여성으로서 읽기, 쓰기, 살기에 대한 이야기는 앞으로 몇 번이고 되풀이해 읽게 될 듯하다. 경고. 이 책을 읽고 나면 '라이프스타일'이라는 단어가 더 이상 전과 같이 들리지 않으리라.

_이다혜(〈씨네21〉 기자, 작가)

이 책은 피곤하고도 흥미로운 이야기로 가득하다. 인터넷 자아의 팽창과 분열. 초연결사회에서의 불평등과 사기. 자본주의와 가부장제의 교차지점에 갇혀 있는 수많은 여성들. 안쓰럽고도 우스꽝스러운 욕망들. 자기기만을 부추기는 시대정신. 요지경 같은 이 세상. 그보다 더 못 말리는 나 자신. 출처가 불분명한 고독과 쾌락……. 그 모든 것을 지아 톨렌티노는 가차 없이 탐구한다. 놀라운 점은 그가 이 모든 것의 한복판에 있다는 것이다. 멀찍이서 팔짱을 낀 채 이러쿵저러쿵 말을 얹는 건 쉽다. 하지만 소용돌이 속에서 온갖 현상에 사로잡히면서도 미치지 않고 좋은 글을 쓰는 건 거의 곡예에 가까운 일이다. 민첩하고 강하고 유연한 작가들만이 그런 글쓰기를 해낸다. 지아 톨렌티노는 나에게 더 많은 일을 겪을 용기를 준다. 그처럼 해석할 수 있다면, 그처럼 쓸 수 있다면, 그처럼 의심할 수 있다면, 나는 혼란 속에 더 오래 머물러도 좋을 것이다.

_이슬아(작가, 〈일간 이슬아〉 발행인)

거울에 비춰보지 않고서 우리는 우리 자신의 모습을 알 수 있을까? 우리는 쇼 윈도에, 다른 사람들의 눈에 그리고 이제는 인터넷과 소셜 미디어라는 거울에 비친 모습으로 우리 자신을 본다. 무한히 확장하고 '실시간 반응'하는 인터넷이라는 트릭 미러는 종종 우리가 지금 거울을 보고 있다는 것조차 잊어버리게 한다.

지아 톨렌티노는 트릭으로 가득한 거울 속을 헤매며 쌓아온 자신의 생생한 경험을 바탕으로 지금 우리가 거울에 비친 지나치게 매력적이고도 추한 우리의 모습에 정신이 팔려 잠시 잊어버린 평범하고도 오랜 진실을 이야기한다. 우리는 우리 자신의 모습을 맨눈으로 바라볼 수 없다는 진실, 우리는 끝내 우리가 누구인지 결코 완벽히 알 수 없다는 진실 말이다.

일렁이는 거울 앞에 서서 언제나 자신과 세계를 똑바로 마주하기 위해 매일을 고민하는 평범하고 사랑스러운 나의 친구들과 다른 모든 시민들에게 이 책을 강력히 추천한다. 결국 중요한 것은 '명확하게 보기 위한' 노력, 우리 자신을 알고자 하는 질문 그 자체이다.

_**장혜영**(정의당 국회의원)

필터를 거치지 않은, 혹은 보정이 안 된 고해상도의 이미지를 마주할 때 감탄하면서도 진저리치는 경험에 가깝게《트릭 미러》를 읽었다. 정밀하고도 신랄한 세태 비평을 그저 즐기고 덮을 수 있다면 좋겠지만, 이 책은 편안한 관람석을 허락하지 않는다. 지아 톨렌티노의 뾰족한 펜끝이 테제와 안티테제를 모두 향하기 때문이다. 예를 들면 성차별적이고 가부장적인 세상 그 자체와 완전무결하게 매끈한 페미니즘 서사에 대한 환상을 동시에 찌르는 그 날카로운 촉을 피할 데가 없다. 작가 자신까지도 예외 없이 겨냥하니까. 가차 없음의 쾌감과 서늘함이 교차하는, 대담하고 무자비하며 아무래도 2021년다운 책을 만났다.

_**황선우**(에디터, 작가,《여자 둘이 살고 있습니다》저자)

지아 톨렌티노는 이 시대의 가장 뛰어난 에세이스트 중 한 명으로 나는 그녀에게 계속해서 배운다.《트릭 미러》에서 그녀의 모든 개성과 장점들을 한꺼번에 볼 수 있다. 이 아홉 편의 에세이에 포함된 번득이는 문장들은 익숙한 것을 놀라운 방식으로 보게 한다. 그러면서 서정성과 회의주의라는 흔치 않은 조합을 통해 자신의 주장을 더 광범위하고도 심오하게 확장한다. 이 책을 끝까지 읽은 후에는, 우리에게 필요했지만 놓치고 있었던 미국 세계의 사진 한 장을 갖게 된다.

_리베카 솔닛(《남자들은 자꾸 나를 가르치려 든다》 저자)

내가 원하는 바대로 흘러가는 일에 대해 쓰기는 쉽다. 혹은 다른 사람들이 주장하는 마땅한 결론대로 글을 쓰기는 쉽다. 그보다 훨씬 어려운 건 스스로 생각하는 것이며, 현재처럼 우리의 사고가 전례 없는 착취와 물질화와 감시에 종속된 이런 순간에 그 일을 해낸다는 건 더군다나 어려운 작업이다.《트릭 미러》는 불편한 진실들을 질투가 날 만큼 세련된 스타일로 끝까지 파고든다. 재치있고 명민하면서 까다로운 이 책을 읽는 많은 이들은 아마 거울 앞에 오래 서서 냉정하게 자신의 모습을 바라보게 될 것이다. 그 생각을 하면 희망이 생긴다.

_제이디 스미스(《하얀 이빨》 저자)

지난 몇 년간 내게 위로가 되었던 것은 무슨 일이 일어나건 간에 지아 톨렌티노가 그에 대해 글을 쓸 거라는 사실을 알아서였다. 맑은 눈과 부지런한 손으로 뛰어난 기지와 도덕적 양심을 갖고, 그녀 세대에서 볼 수 있는 가장 훌륭한 문장으로 계속 쓴다.

_패트리샤 락우드(《프리스트대디 Priestdaddy》 저자)

지난 10년간 영어권에 '새로운 에세이스트' 열풍이 불었다. 사회 비판과 자전적 에세이 사이 어딘가에 위치한 목소리들은 어느 순간부터 비슷비슷한 느낌으로 다가왔다. 그러나 나는 계속해서 자기만의 특별한 내면 세계를 자신만의 방식으로 이야기하려는 작가들, 자신의 본능에 관심을 기울이는 이들을 찾는다. 그런 글을 가장 잘 쓰는 작가가 지아 톨렌티노다. 현대 미국 사회, 특히 인터넷 세계라는 비정상적이고 때로는 악몽 같은 사회가 어떻게 형성되었는지를 심도 있게 관찰한다.

**존 제레미아 설리번**《펄프헤드Pulphead》 저자)

나는 지아 톨렌티노라는 제단에 큰절을 하고 싶은 심정이다. 그녀는 의심할 바 없이 이 시대에 가장 탁월하고 예리한 문화 비평을 쓰는 작가다. 지아는 진정 천재가 아닐까 싶을 정도로 웃기고, 온갖 시끄러운 소음을 뚫고 문제의 핵심을 간파하는 능력도 있다. 《트릭 미러》가 다루는 소재 중 하나가 그녀 자신이라는 것은 얼마나 값진 선물인가. 이 책은 우리가 이 세계를 어떻게 생각해야 하는 가를 보여주는 명작이다.

**사만다 어비**《우리는 현실에서 만날 일이 없다We Are Naver Meeting in Real Life》 저자)

《트릭 미러》에서 지아 톨렌티노의 생각들은 통렬하면서도 아름다운 서정적 문체로 녹아든다. 그녀는 냉철하고 준엄하면서도 따뜻하고 연민이 깊다. 그녀는 이 세상을 두려워하면서도 이 세상과 사랑에 빠져 있다. 그녀가 말하려는 진실은 울퉁불퉁하고 난해하지만 그녀의 목소리는 그 진실을 충분히 다룰 수 있을 정도로 투명하고 명징하다. 그녀는 이 세상이라는 게임에 깊이 발을 들여놓고 있으며, 그렇기에 우리가 어떻게 살고 있는지 너무도 잘 알고 있다. 그리고 쉬운 도덕적 결말, 잘못된 이분법, 반짝이는 통찰을 거부하는데 부드러우면서도 인간적으로 그리고 가슴 아플 정도로 아름다운 방식으로 거부한다. 우리가 무엇을 갈망하고 어떻게 갈망하는지를 탐구하면서, 우리가 스스로에게 하는 이야기들을 모두 꺼내 펼쳐놓는다.

**레슬리 제이미슨**《공감 연습》 저자)

차례

내가 이 책을 쓴 기간은 2017년 봄부터 2018년 가을까지다. 미국의 정체성, 문화, 테크놀로지, 정치, 담화가 끊임없이 갈등이 고조되는 불타는 행성으로 들어가 하나씩 폭발해버리는 것 같은 시기였다. 하루하루의 일상은 마치 고장 난 엘리베이터에 갇혀 있는 것처럼 답답하기도 하고, 지역 축제의 낡은 놀이기구 안에서 뱅글뱅글 돌고 있는 것처럼 어지럽기도 했다. 상황이 이렇게까지 바닥이라니, 이건 우리가 상상할 수 있는 최악의 수준이라고 중얼거리면 언제나 그렇듯 거기서 또 한 번의 바닥이 나타나곤 했다.

이 시기에 나는 늘 생각에 골몰히 빠져 있었지만 그 어떤 것도 신뢰할 수 없었다. 마음 한구석에 도사리던 몇 가닥의 의심은 풍선처럼 부풀었다. 내가 어떤 사람이고 내 인생은 어떻게 흘러왔고 내 환경은 어떻다고 나름대로 결론을 내리려고 하는 순간, 옳다고 믿어왔던 것들까지 다 허위처럼 느껴졌다. 이 의심을 누군가를 붙잡고 대화하면서 말로 풀어내기는 어려웠는데, 일단 나는 언제나 글을 쓰면서 내적 갈등을 잠재워왔기 때문이다. 나와 세상이 혼란스러우면 일단 그 주제로 글을 써보았다. 그러다 보면 나란 사람이 종이 위에 나타났고 그 인간은 그럭저럭 믿음직스럽고 직관적이고 투명했다.

그런데 이 습관이자 집착이라고 할 만한 글쓰기를 하다 보면 내가 나를 또다시 속이고 있다는 의심이 생겨났다. 내가 정말로 종이 위에 등장하는 것처럼 이성적이고 차분한 사람이라면 왜 그곳까지 날 데려가기 위해 이렇게 애써서 서사를 쥐어짜내야만 하는가? 나는 이 책을 쓴 이유가 선거 이후 혼돈에 빠졌기 때문이라고, 그 혼돈은 내 성격과는 맞지 않기 때문이라고, 글쓰기는 이 혼란이 사라지게 할 유일한 전략이기 때문이라고 스스로 설득해왔다. 그 이론을 애써 믿으려 했으나 실은 그 반대라고 할 수 있었다. 나는 언제나 혼란스럽기에, 그 어떤 것도 확신할 수 없기에, 진실과는 먼 방향으로 끌려가기에 이 책을 썼다는 말이 더 정확할 것이다. 글쓰기는 자기기만을 털어내는 방법이면서 그것을 내 눈 바로 앞에 드러내는 방법이기도 했다. 정돈되고 조화로운 결론을 내리는 서사는 언제나 의심이 가지 않는가. 그 사람이 "그 드라마 속에 있지 않고" 멀리서 보았기 때문이거나, 미국은 다시 위대해져야 하거나, 미국은 이미 위대하다고 간편하게 주장하려 하기 때문일 것이다.

이 책에 담긴 에세이들은 나 자신, 이 국가, 이 시대의 이해를 형성한 공적 영역에 관한 것이다. 먼저 인터넷에 대해 썼다. 다른 에세이에서는 "최적화"와 후기 자본주의 사회가 사랑하는 의상으로 떠오른 애슬레저*와 여성의 몸이 시장성을 증가시켜야 한다는 개념을 지속해서 적용하려는 사회에 대해 썼다. 마약성 약물과 종교와 이 둘을 잇는 다리가 되는 엑스터시에 대한 에세이도 있다. 밀레니얼 시대의 기조가 되어버린 사기 행각들에 대해서도 썼다. 문학 속 여주인공의 여정에 대해서도 고찰했는데, 용감한 소녀였다가 우울한 십 대가 되고 어쩌면 죽었을지도 모르는 불행한 어른 여성이 되는 과정을 따라갔다. 내가 십 대 때 리얼리티 쇼에 참가했던 경험도 에세이로 풀어보았다. 나의 모교인 버지니아주립대학의 성, 인종, 권력에 대해서도 썼는데 이 안에 등장하는 여러 놀라운 이야기 속에서 우리 사회가 비밀을 감추기 위해 얼마나 큰 대가를 치러야 했는지 알게 될 것이다. 마지막 두 편은 "어려운" 여자들에 대한 페미니스트적 집착과 이십 대 때 느낌상 일 년에 수백 번 결혼식 하객으로 참석하면서 느꼈던 결혼에 대한 과도할 정도의 반발심을 이야기한다. 이 에세이라는 프리즘을 통해 나 자신을 조금은 더 알게 되었다. 책에서 나는 내 굴절된 생각들을 원상태로 돌려보고자 노력했다. 거울에 비친 그대로의 나를 보고 싶었다. 그 대신 정교하게 아름다운 벽화를 그려놓았을 수도 있다.

하지만 그래도 괜찮지 않을까. 지난 몇 년간 결론을 유보해도 된다는 사실을 배웠고, 그 어떤 것도 고정되어 있지 않으며, 다시 검토할 수 있다는 사실을 배웠으니까. 그리고 시간이 흐르면서 작은 진실만큼은 계속해서 나타난다고 희망할 수 있었다. 이 책을 쓰고 있을 때 어떤 사람이 내가 2015년 〈제제벨Jezebel〉에 적었던, 여성

• 애슬레틱Athletic과 레저Leisure의 합성어로, 스포츠웨어를 일상에서도 편안하게 입는 것을 가리킨다.

들이 페미니스트 웹사이트에서 무엇을 얻게 되는가에 대한 에세이 속 한 문장을 트위터에 인용했다. "트릭 미러(왜곡이 있는 거울)는 내 몸매에 단점이 없다는 환상을 제공하면서도 끊임없이 그것을 찾아내야만 하는 자기 형벌이 된다." 책의 제목을 생각해야 할 때까지도 내가 쓴 그 문장을 기억하지 못했다. 사실 〈제제벨〉에 글을 쓸 당시에는 그 문장이 나 개인에 대해 설명한다는 사실을 이해하지 못했다. 어쩌면 나는 이제까지 내가 주워 먹을 빵 조각을 뿌리고 있었을지도 모른다는 사실을 깨닫기 시작했다. 내가 어디로 가는지 언제나 잘 알지는 못했지만 그건 중요하지 않다. 그저 명확하게 보려고 노력하는 것만으로도, 그것이 무엇인지 이해하는 데 몇 년은 걸릴지언정 가치 있는 과정이라고 믿으려 한다.

1장

인터넷 속의 '나'

처음에 인터넷이 출현했을 때는 상당히 괜찮아 보였다. "아빠 회사에서 처음으로 인터넷을 써보자마자 난 사랑에 빠졌고, 끝장나게 멋지다고 생각했다." 내가 열 살 때 엔젤파이어Angelfire에서 만든 블로그에 〈지아가 인터넷 중독자가 된 사연〉이라는 제목으로 쓴 글이다. 끔찍한 보라색 배경화면에 또박또박 새겨진 어린 시절 일기는 계속된다.

하지만 난 고작 3학년이었고, 내가 한 일이라고는 비니 베이비Beanie Baby 사이트에 가서 인형을 구경하는 거였다. 우리 집에 있던 컴퓨터는 사망 직전이었고 인터넷 선도 없었다. AOL*도 딴 나라 이야기였다.

● 미국 인터넷 기업 '아메리카온라인America On Line'의 약자로, 초창기 모뎀 통신 서비스업으로 성장했다.

그러다가 1999년 봄방학에 최고급 사양 컴퓨터를 갖게 되었고, 그 안에는 수많은 프로그램도 깔려 있었다. 그래서 드디어 AOL이 생겼고 내 프로필도 만들었고 채팅도 했고 쪽지도 보냈지. 신기해! 놀라워!

이어서 내가 개인 홈페이지를 만들 사이트를 찾았다고 적혀 있다("나는 놀라서 기절할 뻔했다"). 나는 곧바로 HTML 문서작성법을 배우고 '자바스크립트 입문'을 들여다봤다. 초보자용 호스팅 사이트인 엑스페이지Expage에서 홈페이지를 만들고 파스텔색 배경을 고른 다음, 다시 고흐의 〈별이 빛나는 밤〉 테마로 바꾸었다. 그리고 공간이 부족한 것 같아 "엔젤파이어로 옮기기로 했다. 와우"라고 한다. 나는 나만의 그래픽을 만드는 법을 익혔다. "이 모든 걸 4개월 만에 해내다니 대단해." 열 살짜리 인터넷 시민이 얼마나 초고속으로 진화하는지를 보며 스스로 감탄을 금치 못한다. 또 몇 달 전에 즐겨 찾았던 사이트들을 다시 클릭했고 "그런 구린 사이트에 맨날 발 도장을 찍다니, 이 얼마나 한심했는지"를 깨달았다고도 적혀 있다.

20년 후에 내가 이런 에세이를 쓰게 될 줄 알고 서두로 활용하려고 기록해둔 걸까. 실은 전혀 기억이 없고 엔젤파이어 블로그를 개설한 것도 까맣게 잊어버리고 있다가, 혹시 인터넷에 내가 남긴 초기 흔적들이 있는지 찾아보다 발견한 것이다. 물론 내용은 거의 사라지고 뼈대만 남았다. "나의 최고들"이라는 링크를 눌러보니 〈도슨의 청춘일기〉의 조연 여성 캐릭터, 앤디가 세피아 톤으로 등장한다. "멋진 노래 가사"에는 스매시 마우스Smash Mouth의 〈올 스타 All Star〉, 샤니아 트웨인Shania Twain의 〈맨, 아이 필 라이크 어 우먼!Man! I feel like a woman!〉, TLC의 〈노우 스크럽No Scrub〉을 반박하기 위해 발표한 노래인 스포티 티브즈Sporty Thievz의 〈노우 피죤No Pigeon〉 등의 가사가 올라와 있다. 그리고 빠지면 서운할 FAQ 페이지도 있다. 신청자에게 만화 캐릭터를 골라주는 코너는 없앨 예정이라는 말이 적혀 있다. "신청자가 너무 많아서요."

1999년에 부모님이 컴퓨터를 사주자마자 몇 달간 이 엔젤파이어 페이지를 만들고 이용했던 것으로 보인다. '아무 말 대잔치'인 FAQ 페이지는 사이트를 6월에 개설했다고 설명하고 있으며 "일기"라는 제목의 게시판도 있는데, 그 밑에는 이렇게 소개를 써놓았다. "내 생활에 대해서는 최대한 솔직하게 쓰겠지만 개인적인 생각은 너무 자세히 드러내지 않으려고 한다." 10월부터 본격적으로 일기가 올라갔다. 어느 날의 첫 문장이다. "날씨는 짱짱 덥고 내 머리 위로 도토리가 몇 개나 떨어졌는지 모른다. 아마 도토리들도 더위에 지쳐 나가떨어진 것 같다." 그중에는 이런 문장도 있는데 아무래도 내 미래를 예측한 것이라 아니할 수 없다. "온종일 여기에 몇 번이나 들락거리는지! 말 그대로 인터넷 중독자가 되고 있어!"

1999년에는 온종일 인터넷을 들락날락하는 것이 지금과는 다른 일이고 다른 느낌이었다. 열 살짜리뿐만 아니라 모든 사람에게 그러했다. 영화 〈유브 갓 메일〉의 시대였고, 온라인에서 일어날 수 있는 최악의 일이라고 해봐야 내 가게를 위태롭게 한 남자와 사랑에 빠지는 것 정도였다. 80년대와 90년대에 사람들은 인터넷 포럼이나 전자 게시판에 하나둘씩 모여들었고 마치 불나방처럼 타인의 지적 호기심과 전문 지식이라는 연못과 꽃다발에 끌려들었다. 유즈넷Usenet처럼 자발적으로 운영된 초창기 뉴스 그룹, 이른바 토론방에서는 우주 탐사라든가 기상학, 요리 레시피, 희귀 앨범을 주제로 활발하게 그리고 비교적 예의 바르게 이야기를 주고받았다. 유저들은 조언했고, 질문에 답했고, 친구를 사귀면서 이 새로운 인터넷 세계가 앞으로 어떤 모습으로 진화할지 궁금해하곤 했다.

검색 엔진이 몇 개 없었고 압도적으로 유저가 많은 플랫폼도 없었기에, 초창기 인터넷은 주로 혼자만 아는 세계였고 사적인 취미 같은 일이었으며 은밀한 즐거움이 그 보상이었다. 1995년에 나온 책《당신도 넷을 서핑할 수 있다!You Can Surf the Net!》에는 영화 리뷰 사이트나 쿵후 사이트 목록이 나열되어 있다. 그 책에선 독자들에게 기본적인 인터넷 에티켓을 따르라고 말한다("모든 글자를 대문자로 쓰지 말자", "너무 길고 장황한 포스팅으로 다른 사람들의 값비싼 통신비를 낭비하지 말자"). 그리고 이 새로운 세상 안에서 편안해지라고 말한다(저자는 조언한다. "걱정하지 말라. 한창 헤매다 보면 어느 순간부터 잘하게 된다"). 이 시기에 지오시티GeoCities도 등장했다. 골프 기록을 올리는 공간을 만들고 싶어 하던 아버지들이나 톨킨, 혹은 리키 마틴, 유니콘의 신전을 지으려는 어린이들이 개인 홈페이지를 만들 수 있는 사이트였다. 사이트 대부분을 보면 원시적인 방명록이 있고 초록색과 검은색으로 표시된 방문객 숫자도 확인할 수 있다. 지오시티는 당시 인터넷 자체처럼 어설프고 흉하고 기능적이지 않고, 특정 이웃들을 몇몇 모아 마을을 만드는 것이 목적이었다. '/area51/'은 공상과학, '/westhollywood/'는 LGBTQ 관련 사이트, '/enchantedforest/'는 어린이 사이트, '/petsburgh/'는 반려동물 사이트다. 지오시티 밖으로 나오면 하루가 다르게 커지던 호기심이라는 마을의 거리를 거닐 수가 있었다. 나처럼 엑스페이지나 엔젤파이어를 스크롤하다가 잠깐 멈춰서 햄스터 캐릭터가 춤추는 짧은 동영상을 구경하고 지나갈 수도 있었다. 처음 접하는 미학적 체험들이 있었다. 깜빡이는 글자도 있고 엉성하긴 해도 신기한 동영상들도 있었다. 좋아하는 무언가를 찾았다면, 이 마을에서 조금 더 오래 어슬렁거리고 싶다면 당신 또한 HTML 편집기를 열어 자신의 집을 만든 다음 요롷게 조렇게 장식해보면 되었다.

이 초창기 인터넷에 '웹 1.0'이라는 이름이 붙었다. 작가이자 사용자 경험 기획자인 다시 디누치Darcy DiNucci가 1999년에 발표한 〈분열된 미래Fragmented Future〉라는 글에서 '웹 2.0'이라는 용어가 처음 등장했는데, 이 용어에서 착안하여 그 전 시대를 웹 1.0이라고 부르게 되었다. 그녀는 쓴다. "지금 우리가 아는 웹은 기본적으로 정지화면 안에서 브라우저를 움직이는 것이고 앞으로 다가올 웹의 배아일 뿐이다. 최초의 웹 2.0이 이제 깜빡이며 생성될 준비를 하고 있다. (…) 이 웹은 그저 큰 화면 안에 텍스트나 그래픽이 나타나는 것이 아니라 일종의 전송 수단으로, 이 안에서 쌍방향 소통이 일어날 것이다." 그녀는 웹 2.0의 구조는 굉장히 다이내믹할 것이라고 예측한다. 웹사이트란 여러 채의 집이 모인 마을이 아니라 정문portal이 되고 계속해서 변하는 활동들, 즉 업데이트된 정보나 사진 등이 모두 이 문으로 들어와 전시될 것이라 전망했다. 따라서 우리가 인터넷으로 하는 모든 활동은 다른 사람들의 활동과 긴밀히 엮이게 되고 우리는 그들이 좋아하는 것들을 보게 되리라는 말이다. 웹 2.0의 플랫폼인 블로거Blogger나 마이스페이스Myspace를 통해 그 전까지는 단지 어떤 풍경을 곁에 서서 구경만 했던 사람들이 자신의 사생활이라는 시시각각 변하는 풍경을 적극적으로 전시하기 시작했다. 점점 더 많은 이들이 자신의 존재를 디지털 방식으로 등록했으며, 한때 "해도 그만, 안 해도 그만"이었던 인터넷은 이제 반드시 해야만 하는 명령이 되었다. 말 그대로 우리가 존재하기 위해서는 인터넷에 나의 신상을 등록해야 했다.

2000년 11월 〈뉴요커〉 기자인 레베카 미드Rebecca Mead는 메그넛Megnut이라는 이름으로 활동했던 초창기 블로거 멕 휴리한Meg Hourihan을 취재했다. 미드에 따르면 18개월 전에는 50개에 불가했던 "웹로그weblogs"는 수천 개로 불어났고 메그넛이 운영하는 것과 같은 블로그의 방문자는 하루에 수천 명씩 늘었다. 이 새로운 인터넷은 일종의 사교 생활이라고 할 수 있었으나("다른 사이트를 링크로 연결하고 소개한다"), 개인의 정체성을 중심에 놓았다(메그넛의 구독자들은 그녀가 샌프란시스코에 더 맛있는 피시 타코 가게가 생기길 바란다는 것을 알고, 그녀가 페미니스트이며 엄마에게 살가운 딸이라는 사실도 안다). 이 블로고스피어blogosphere•는 상호 거래라고 할 수 있어 서로가 서로의 메아리가 되고 그 덕분에 확대되고 성장한다. 미드는 기사에 이렇게 썼다. "블로그의 주요 독자는 다른 블로거다." 블로그 세계의 에티켓은 다음과 같다. "누군가 당신 블로그에 대해 말하면, 당신 또한 그의 블로그를 언급해주는 것이 예의다."

블로깅의 출현으로 개인의 사생활이 타인에게 노출되는 공적 영역이 되었고 사회적인 이점, 즉 누군가 날 좋아해주고 누군가 날 보아주는 것은 경제적인 이점으로 전환되기도 했다. 인터넷에서 나를 노출하거나 홍보하는 일은 경력을 쌓을 수 있는 효율적이고 실질적인 토대로 보이기 시작했다. 멕 휴리한은 에반 윌리엄스Evan

---

• 서로 연결된 모든 블로그의 집합을 말하는 공간적 개념이다.

Williams와 블로거를 공동 창업했고 에반은 이후 트위터를 창업하기도 했다. 1996년에는 인터넷 첫 개인 방송인 제니캠JenniCam이 등장했다. 제니퍼 링글리Jennifer Ringley라는 대학생이 기숙사 방에서 웹캠으로 찍은 일상 사진을 실시간으로 전송하면서 폭발적인 인기를 끌었고, 한때 하루 방문객이 400만 명에 달했으며 일부는 더 빠른 이미지 전송을 위해 구독료를 지급하기도 했다. 잠재적으로는 무한한 관객을 약속하는 이 인터넷 공간은 자기를 마음껏 표현하기에 가장 자연스러운 장소처럼 보이기 시작했다. 메그넛의 남자친구이자 역시 전업 블로거인 제이슨 콧케Jason Kottke는 블로그에 솔직히 고백한다. "왜 나는 내 생각을 혼자만 볼 수 있는 일기장에 기록하지 않을까? 스스로도 뭔가 이상하기는 하지만, 웹이야말로 나의 생각과 감정을 표현할 수 있는 유일한 장소다. 이제는 내 생각과 느낌을 다른 곳에 적는 건 쓸모없는 일로 느껴질 정도다."

매일매일 더 많은 이들이 그의 의견에 동의했다. 자기표현에 대한 요구와 수요는 한때 마을에 불과했던 인터넷을 대도시로 만들었고, 이 도시는 타임 랩스의 속도로 팽창했으며, 이제 관계와 인맥은 뉴런처럼 세상 구석구석으로 뻗어갔다. 열 살의 나는 동물 GIF가 가득한 엔젤파이어 사이트와 스매시 마우스 팬클럽 사이트를 클릭했다. 열두 살에는 라이브저널LiveJournal에 하루에 500자씩 공개 설정으로 글을 썼다. 열다섯 살에는 마이스페이스 페이지에 미니스커트를 입은 사진을 올렸다. 스물다섯 살에는 포스트 하나당 수천 명의 독자를 끌어들이는 것을 목표로 글을 쓰는 일을 직업으로 삼았다. 이제 서른 살이 되었고 내 인생의 대부분은 인터넷이라는 강제 접속의 미로를 빼놓고는 이야기할 수 없다. 이 광기 어리고 과열

된, 우리를 숨 막히게 하는 지옥 말이다.

웹 1.0과 웹 2.0 사이 전환기에 소셜 인터넷의 결정적인 문제점들이 서서히, 그러다 한꺼번에 드러났다. 내 생각에 티핑 포인트는 2012년 즈음이었다. 사람들은 인터넷에 흥미를 잃고 새로운 종류의 진정성이 필요하다고 말하기 시작했다. 페이스북은 한심하고 시시하고 사람을 질리게 한다. 인스타그램이 그나마 나아 보이긴 했지만, 행복과 인기와 성공을 전시하려고 몸부림치는 서커스장이라는 숨겨진 실체를 곧 드러낼 참이었다. 담론과 토론의 장이 되리라 약속하며 출발했던 트위터는 이제 너 나 할 것 없이 공항에서 항공사 서비스에 불만을 터트리고 사람들에게 욕을 먹고 싶어서 쓴 것이 분명한 글을 굳이 찾아 끝까지 읽고 욕하는 이들의 놀이터가 되었다. 인터넷에서 더 나은 버전의 나, 더 진실한 나를 보여주고자 하는 꿈은 손가락 사이 모래처럼 스르르 빠져나갔다. 한때 우리는 인터넷 안에서 자유롭게 뛰어놀 수 있을 것 같았으나, 이제는 이것에 팔다리가 묶인 신세가 되었다. 이제 우리도 그 사실을 의식한다. 연대와 공감을 약속했던 플랫폼들은 군중 속의 고독을 유발한다. 인터넷은 우리에게 자유를 약속했으나, 이제 이 자유라는 것의 가장 큰 잠재력은 얼마나 잘못 사용될 수 있는가뿐인 듯하다.

우리가 인터넷 안에서 점점 안쓰러워지고 추해지고 있는 와중에도 더 나은 온라인 자아라는 신기루는 여전히 멀리서 빛을 발하며 우리를 현혹한다. 인터넷을 도구로 사용하고 싶은가. 인터넷은 기본적으로 성과 인센티브로 정의된 세계이고 그에 민감하게 반응해야 한다. 실생활에서의 우리는 걸어 다니기만 해도 다른 사람들 눈에 보인다. 하지만 인터넷에서 그냥 걸어 다니기만 해서는 절대 남들 눈에 띄지 않는다. 누군가에게 보이고 싶다면 **행동을 개시해야** 한다. 인터넷 존재감을 유지하고 싶다면 대화에 끼어들어야 한다. 게다가 이 인터넷 플랫폼이 개인 프로필을 중심으로 만들어졌기 때문에—처음에는 기계적인 수준에서, 나중에는 후천적으로 입력된 본능 때문에—대화의 목적은 내가 어떻게 하면 더 근사해 보이는 가가 된다. 온라인 보상 메커니즘은 처음에는 오프라인에서 보상을 해주겠다고 유혹하지만, 나중에는 온라인 보상이 오프라인 보상을 추월한다. 바로 그 때문에 사람들은 인스타그램에서 그렇게 예쁘고 섹시해 보이려고, 잡지 화보 같은 여행을 하는 것처럼 보이려고 기를 쓴다. 바로 그 때문에 페이스북에서 사람들은 거들먹거리고 성취를 과시한다. 바로 그 때문에 트위터의 많은 이들이 올바른 정치적 발언을 하는 것 자체가 정치적으로 옳은 일처럼 행동한다.

트위터에서 자주 볼 수 있는 이런 행동을 "미덕 과시virtue signaling" 라 부르는데, 대체로 보수 측에서 좌파를 비판할 때 사용하는 용어이다. 하지만 미덕 과시는 초당적이고 때로는 비정치적인 행동이다. 트위터는 수정헌법 제2조Second Amendment●에 대한 열렬한 지지와 충성 맹세로 넘치는데 이는 우파의 미덕 과시라 할 수 있다. 유명인이 자살했다는 뉴스가 보도된 후에 사람들이 자살 방지 긴급 전화와 관련된 글을 올리는 행동도 미덕 과시의 일종일 수 있다. 우리 중에서 이런 행동에 완전히 면역이 된 사람은 거의 없을 텐데 사실 미덕 과시는 세상의 변화를 이끄는 적극적인 참여라는 건강한

● 미국 총기 소지의 유래가 된 법이다. 규율을 갖춘 민병대는 자유로운 주 정부의 안보에 필요하므로, 무기를 소유하고 휴대할 수 있는 국민의 권리가 침해를 받아서는 안 된다.

욕망과 일부 겹치기 때문이다. 내가 요즘 하는 일은 국경에서 가족을 강제로 분리하는 정책에 반대하는 시위 사진을 올리는 것으로 미미하기 이를 데 없으나, 의미 있는 행동이며 도덕적 원칙의 표현이기도 하다. 물론 내가 의로운 사람이라고 과시하려는 의도가 다분히 개입된 행위이기도 하다.

미덕 과시가 극단적으로 흐르면서 진보 진영은 민망할 정도로 과한 발언으로 물의를 일으키기도 한다. 이 분야의 전설이 하나 있는데, 2016년 6월 두 살 난 아이가 디즈니 리조트의 수영이 금지된 늪지에서 놀다가 악어에게 물려 사망한 사건 이후에 인터넷 세계에서 일어난 일이다. 각종 사회 문제에 급진적이고 정의로운 발언을 해왔으며 팔로워가 만 명 이상인 한 여성이 이 사건에서 뜰 기회를 발견했는지 사뭇 진지한 어조로 이런 트윗을 올렸다. "백인 남성의 특권 의식에 질릴 대로 질렸는지, 악어에 잡아먹힌 두 살짜리 애가 그리 불쌍하진 않네. 그 애비인 백인 남자가 수영 금지 표지판을 무시했을 게 뻔하지 않나"(물론 이 트윗은 냉소적 조롱보다는 도덕적 우월성을 높게 여기는 사람들에 의해 어마어마한 비난 세례를 받았고, 사실 나도 지금 여기에서 하고 있다). 2018년 초반에도 비슷한 트윗과 비슷한 조리돌림이 한차례 트위터를 휩쓸고 지나갔다. 어느 동화 같은 이야기가 화제가 된 적이 있는데, 나이젤이란 이름의 나이 든 커다란 흰색 갈매기가 지난 몇 년간 옆에 앉아 휴식을 취하곤 했던 콘크리트로 만든 모형 새 곁에서 눈을 감았다는 것이다. 이때 한 작가가 노기등등해 하면서 트위터에 다음 문장을 올렸다. "나이젤, 아무리 콘크리트 새라고 해도 너의 일방적인 애정 공세를 받아줄 의무는 없어." 그리고 페이스북에는 장문의 글을 올려 가짜 새를 향한 나이

젤의 구애는 이 시대 강간 문화의 상징이 아니겠냐고 강력하게 주장했다. "나이젤이라는 부비새류의 비극적이지 않은 죽음에 대해 페미니즘의 관점으로 원고를 쓸 수 있으니 관심 있으시면 청탁 주세요." 그녀는 원 트윗 밑에 이렇게 덧붙였고 이 글은 천 개 이상의 '좋아요'를 받았다. 이렇듯 인터넷 존재감을 어떻게든 돈으로 환원하고자 하는 비상식적인 행동들은 우리 세계가 어떤 곳인지 보여주는 살아 있는 예가 아닐 수 없다. 모든 사고의 발화는 온라인에서 즉석으로 이루어지고 자본주의에 의해 소비되는 이 세상에서 도덕성에 관한 대화를 나누는 것은 식은 죽 먹기이지만, 실제로 도덕적으로 사는 건 어렵다. 안타깝게 사망한 아기에 관한 뉴스를 백인 특권 의식을 거론하기 위해 이용하는 건 정의에 대한 키보드 담론이 정의를 실현하는 환경을 만들기 위한 실제적 행동보다 훨씬 더 많은 관심을 얻는 사회에서 가능한 행위다.

보수 우파 쪽에서는 어떨까? 정치적 정체성의 온라인 표출은 이쪽에서 훨씬 더 과격하다. 2017년 소셜 미디어 관리에 열심인 보수 기독 청년 단체, 터닝 포인트 USATurning Point USA, TPUSA가 켄트주립대학에서 독특한 낙태 반대 시위를 주도했다. 한 남학생이 기저귀를 차고 "아기를 위해 안전한 공간을"이란 이름의 운동을 벌인 것이다(이는 의도대로 삽시간에 입소문이 퍼졌으나 TPUSA가 원한 방향의 입소문은 아니었다. 끈질긴 놀림감이 되면서 패러디를 양산했는데 한 트위터 유저가 포르노 사이트의 로고를 기저귀 찬 소년에 합성한 사진을 올렸고 켄트주립대학의 TPUSA 회장은 사퇴했다). 이보다 더 어마어마한 결과를 가져온 사건도 있었다. 2014년에 시작된 어느 캠페인은 극우 인터넷 정치적 행위의 견본이 되었는데 남성 우월주의자 집단이 가세한, 일명 게이머게이트Gamergate로 알려진 사이버 테러다.

당시 사건이 발발하게 된 표면상의 이슈는 한 여성 게임 개발 자가 비평가에게 성 상납을 하여 게임 저널에서 호평을 받았다는 내용의 근거 없는 고발이었다. 그 여성 개발자를 비롯해 다른 페미 니스트 게임 비평가와 작가들은 표현의 자유와 "게임 저널리즘의 윤리"라는 미명 아래 성희롱, 강간 및 살해 위협 등의 사이버 폭력 을 당했다. 〈데드스핀Deadspin〉에 따르면 대략 만 명에 이른다는 게 이머게이터는 자신들의 행동을 전혀 반성하지 않고 나쁜 신념을 앵 무새처럼 반복하거나 그들의 행동은 고결하고 이상적인 목적에 따 랐다고 주장했다. 〈데드스핀〉의 모 회사인 고커 미디어Gawker Media 가 게이머게이터에 대한 경멸을 드러내자, 이들이 광고 불매 운동 을 하고 광고주들이 광고를 철회하면서 고커 미디어는 일곱 자리 숫자의 수익 손해를 보기도 했다.

2016년 비슷한 음모 이론이 전국을 뜨겁게 달구었다. 이번에 는 피자게이트Pizzagate다. 과격한 네티즌들이 힐러리 클린턴과 관련 된 피자 가게의 광고에 아동 성 노예에 대한 메시지가 숨어 있다는 사실을 발견했다고, 근거 없는 판단을 내렸다. 이 음모 이론은 극우 인터넷 사이트를 도배했고 워싱턴 DC의 코멧 핑퐁 피자리아와 그 식당과 관련된 모든 이들을 향한 공격으로 이어졌다. 한 남성이 소아 성애를 처단하기 위함이라고 말하면서 코멧 핑퐁으로 들어가 총기 난사를 하기도 했다(이렇게 소아 성애 논란에 광분하던 이들이 십 대 성 폭행 혐의를 받은 공화당 상원 후보 로이 무어Roy Moore는 적극적으로 방어 해주기도 했다). 반면 급진 좌파는 정치적 정당성을 무기화하는 능력 을 이용하지 못했다. 극우 세력에 반대하는 무장 극좌파인 안티파

Antifa는 중도 진보파에게 의절당했는데 안티파 운동이 유럽의 나치 저항 전통에 뿌리가 있는 단체이지, 편집증적인 급진 좌파 게시판이나 극단적인 유튜브 채널과는 관련이 없는데도 그러했다. 반면 게이머게이트와 피자게이트의 세계관은 현실 속에서 실현되었고 마침내 2016년 대선에서 정당성을 입증했다. 이 대선이란 사건은 인터넷에서 일어나는 최악의 일은 이제 오프라인에서 일어나는 최악의 일을 반영하는 것이 아니라 결정할 수도 있다는 사실을 시사한다.

대중 매체는 언제나 정치와 문화의 모양새를 좌지우지해왔다. 부시 시대는 명백히 케이블 뉴스의 실패와 맞물려 있다. 오바마 정권에서 행정부의 지나친 개입은 비판받을 수도 있었지만 정치인의 성격과 성취를 과장하는 인터넷에 의해 가려졌다. 트럼프의 집권은 이윤 창출을 위해 유저들에게 자극적인 뉴스를 전달한 소셜 네트워크의 존재를 등에 업고 이루어졌다. 하지만 나는 최근 들어 인터넷에 관한 모든 것이 왜 이렇게 끔찍할 만큼 가까워졌는지, 그럼에도 불구하고 모두가 이 놀이에 동참하는지 궁금해하는 중이다. 왜 어마어마하게 많은 사람들이 안 그래도 줄어드는 자유 시간을 말 그대로 고문 같은 환경에 밀어 넣지 못해 안달하는 것일까? 인터넷은 왜 이렇게 추악해졌고, 폐쇄적인 데다, 참을 수 없을 정도로 개인적이고, 정치적으로는 최종 보스처럼 결정적인 척을 할까? 그리고 왜 이 모든 질문이 같은 것을 묻고 있을까?

인정한다. 이러한 질문 자체가 생산적이지도 않다. 인터넷을 하다가 알게 되는 건, 우리가 딱히 해결할 수 없는 문제를 매일 단위로 인식하는 것이 그다지 큰 보상으로 돌아오지 않는다는 사실이다. 더 중요한 건 인터넷은 이미 그 자체로 거인과 같은 존재가 되었다는 점이다. 인터넷은 이미 현대 사회에서 가장 중요한 장기 기관이 되었다. 사용자의 두뇌를 재편하고 우리를 원시 시대에 가능했던 것보다 더 많은 오감을 활용하게 하면서 원시 시대처럼 초민감하고 주의 산만한 상태로 바꾸어버렸다. 인터넷은 관심을 착취하고 자아를 물화시키는 생태계를 이미 건설했다. 우리가 아무리 인터넷을 멀리한다 해도—나의 파트너가 그러한데, 그는 'TBT'가 '사실대로 말하면truth be told'의 약어인 줄 안다*—여전히 그것이 창조해놓은 세계 안에서 살아갈 수밖에 없다. 인간의 개성이나 이기심이 자본주의의 마지막 자원인 세계, 규제나 통제가 거의 불가능한 중앙집권적 플랫폼이 정한 조건에 따라야만 하는 세계이다.

그러나 인터넷은 많은 부분에서 인생의 즐거움과 떼어놓을 수 없는 관계에 있기도 하다. 우리의 친구가 있고, 가족이 있고, 커뮤니티가 있으며, 행복의 추구와도 깊은 관련이 있고, 운이 좋다면 직업과도 연결되어 있다. 퇴락하고 부패하고 있지만 이 안에서도 가치 있는 것을 간직하고 싶은 열망이 있기에 인터넷에 관해 다섯 가지의 질문을 해보고자 한다. 첫째, 인터넷은 어떻게 우리의 정체성에 대한 생각을 팽창시키는가? 둘째, 인터넷은 어떻게 나의 의견을 과대평가하도록 부추기는가? 셋째, 인터넷은 어떻게 우리의 적대감을 극대화하는가? 넷째, 인터넷은 어떻게 우리의 연대를 값없이 만드는가? 그리고 마지막으로, 인터넷은 어떻게 규모의 감각을 망가뜨리는가?

---

* 실제로는 '목요일로 거슬러 올라가자Throw back Thursday'의 약어로, 목요일에 (혹은 꼭 목요일이 아니라도) 추억의 사진을 올리는 해시태그를 의미한다.

*

    1959년 사회학자 어빙 고프먼은 연기하는 삶을 중심으로 고찰한 자아 정체성 이론을 발표했다. 그는 저서 《자아 연출의 사회학》에서 모든 상호관계 속 인간은 관객 앞에서 연기하는 연극배우처럼 공연을 하고 인상을 남기려고 한다고 말한다. 이러한 일상 속 연기는 계산된 행위일 수도 있는데 모든 대답을 미리 준비하고 연습하는 취업 면접이 그렇다. 아니면 무의식적일 수도 있다. 너무 많은 면접을 보다 보니 자연스럽게 면접관이 기대한 대로 연기하는 것이다. 자동으로 나올 수도 있다. 이를테면 MBA 학위가 있는 중상류층 백인 남성이라면 사회가 기대하는 적절한 첫인상을 만들어낼 수도 있다. 연기자는 자신의 연기에 완전히 사로잡혀서 본인이 연기하고 있는지도 모를 수 있다. 정말로 자기의 가장 큰 약점이 "완벽주의"라고 믿을 수도 있다. 아니면 자기가 지금 사람들 앞에서 포장하고 있음을 의식할 수도 있다. 둘 중 무엇이 되었건 그는 연기하고 있다. 연기를 그만두려고 노력한다 해도 그에게는 여전히 관객이 있고 그의 행동은 특정 결과를 만들어낸다. "물론 이 모든 세계가 무대는 아니다. 그러나 세계가 무대가 아닐 수 있는 방식을 구체적으로 증명하기도 쉽지 않다." 고프먼은 썼다.

    정체성을 전달하려면 약간의 자기기만이 필요할 수밖에 없다. 연기자는 설득력을 갖기 위해 "자신이 연기하는 법을 배워야 한다는 불명예스러운 사실, 매일매일 자신에 대해 절대 솔직히 말할 수 없는 것들이 있다는 사실"을 숨긴다. 가령 면접을 보는 사람은 자신의 가장 큰 약점이 종종 낮술을 마시고 일한다는 사실임을 알고 있지만, 그 자체를 떠올리지 않으려 한다. 당신 맞은편에 앉아 저녁을 먹으며 당신의 사사로운 연애사를 세상에서 가장 중대한 사건처럼 들어주는 친구는 속으로는 집에 가서 침대에 누워 바버라 핌 소설이나 읽고 싶다는 사실을 끝까지 숨긴다. 이러한 종류의 선택적인 은폐를 하고 있을 때 관객이 반드시 물리적으로 그 자리에 있어야 하는 것은 아니다. 주말에 혼자 집에서 걸레받이를 물걸레로 닦고 자연 다큐멘터리를 보고는 있지만 솔직히 말하자면, 방을 엉망으로 어질러 놓고, 서랍에 숨겨둔 약이나 하고, 즉석 만남 상대 찾기 사이트만 들여다보고 싶다. 사람들은 혼자 있을 때조차 화장실 거울 앞에 서서 가장 자신 있는 표정을 지어보이며 나는 이렇게 매력적인 사람이라고 중얼거린다. 고프먼은 "보이지 않는 관객이 존재한다는 생생한 믿음"은 굉장히 중요한 효과를 만들어낸다고 말한다.

　오프라인에서는 그래도 이 과정에서 어느 정도 한숨 돌릴 만한 여유가 있다. 무대와 관객이 계속 변하기 때문이다. 취업 면접이라는 무대에서의 공연은 친구 생일 파티라는 무대에서 한 연기와는 다르고 집에서 파트너를 위해 한 연기와도 다르다. 집에서만큼은 공연이 끝났다고 느낄 수도 있다. 이 세상은 모두 연극 무대라는 고프먼식 프레임 안에서는 집에 머물 때는 백스테이지에 있다고 느낄 수도 있다. 고프먼에 따르면, 우리에게는 나의 공연을 목격해줄 관객도 필요하고 같이 공연했던 "팀원"들과 함께 편히 쉬는 백스테이지도 필요하다. 큰 수익이 걸린 프로젝트의 프레젠테이션을 끝내고 동료들과 단골 술집에서 한잔을 기울인다거나, 예식과 리셉션까지 다 마치고 드디어 호텔에서 한숨 돌리게 된 신랑 신부를 생각해보자. 이들은 모두 여전히 연기를 하는 중이라고 말할 수 있다. 물론 조금 더 느긋해지고 무방비 상태가 되고 혼자라고 느낀다. 이상적으로 외부의 관객들은 그들이 앞서 선보인 공연을 믿었다. 잠재적 투자자들은 모두를 부자로 만들어줄 능력자들을 만났다고 생각하고, 결혼식 하객들은 눈처럼 깨끗하고 축복받은 신혼 커플을 두 눈으로 보았다고 믿는다. 그러나 고프먼은 말한다. "이 오명—이 자아—은 그에 따른 장면의 산물이지 원인이 아니다." 자아는 고정적이거나 조직적인 무언가가 아니라 공연에서 나타나는 극적 효과다. 상대는 이 효과를 믿을 수도 있고 믿지 않을 수도 있다.

당신이 고프먼식 프레임을 받아들였다고 가정한다면 온라인에서는 어떠할까. 온라인에서 이 시스템은 자칫하다 풍랑 속에서 좌초된 난파선이 될 수도 있다. 인터넷상에서 매일의 자아표현은 고프먼의 공연 상징과 여전히 통한다고 볼 수 있다. 무대가 있고 관객이 있다. 하지만 이곳에서는 다른 악몽 같은 상징 구조가 추가된다. 바로 거울과 메아리 그리고 팬옵티콘panopticon*이다. 우리가 인터넷 안을 돌아다니면 개인 정보가 추적되고 기록되며 기업에 판매된다. 이것은 비자발적인, 즉 내가 적극적으로 원하지는 않는 기술상의 감시체제라 할 수 있으며 우리의 소셜 미디어에서 자발적인 자기노출 행위에 대한 거부감을 무의식적으로 줄여주기도 한다. 우리가 무언가를 구매할 생각을 하면 그 생각은 어디로든 우리를 따라온다. 우리는 우리 자신의 정체성을 더욱 강화하는 웹사이트만으로 온라인 활동 범위를 제한할 수 있고, 아마 그렇게 하고 있을 것이다. 그리고 우리는 정확히 우리 같은 사람들을 위해 쓰인 글들만 읽

●　한 곳에서 내부를 모두 볼 수 있는 원형 교도소.

고 있다. 소셜 미디어 플랫폼에서 우리가 보는 모든 것은 의식적인 선택과 이어져 있고 알고리즘을 통해 선호도와 취향으로 연결되며, 모든 뉴스와 문화와 대인관계와 상호소통은 나의 프로필이라는 기본 필터에 의해 걸러진다. 인터넷이 영구적으로 지속시키려는 일상의 광기는 이 구조의 광기로서, 바로 개인의 정체성을 우주의 중심으로 놓는 것이다. 마치 나는 전 세계를 굽어보는 전망대 위에 올라가 있고 모든 것을 나 자신의 모습처럼 비춰주는 망원경이 손에 들려진 것만 같다. 소셜 미디어를 통해 사람들은 모든 새로운 정보를 나란 사람이 누구인가에 대한 직접적인 설명서로 바라보게 되었다.

이러한 시스템이 유지되는 이유는 수익이 나기 때문이다. 팀 우가 《주목하지 않을 권리》에서 썼듯이 산업은 서서히 생활의 배경 속으로 스며들어 인간 존재 안으로 들어온다. 19세기에는 빌보드와 포스터를 통해 도시의 거리로 들어왔고 20세기에는 라디오와 TV를 통해 우리의 집으로 들어왔다. 이제 21세기에, 아마도 마지막 단계처럼 보이는 이 인터넷이란 산업은 우리의 정체성과 관계망을 뚫고 들어왔다. 우리는 우리가 아는 나, 우리가 생각하는 나, 우리가 되고 싶은 나를 인터넷에 복제하면서 소셜 미디어 플랫폼에 수조 원을 벌어주고 있다. 그리고 점점 커지는 경제적·문화적 요구 때문에 이 욕망이 축소되긴 힘들다.

자아의 개성이란 이렇듯 육중하고 거대한 상업성 아래에서 찌그러지고 휘어진다. 물리적인 공간에서는 관객들이 한정되고 모든 공연에 시간제한이 있다. 온라인에서 나의 관객은 가설적으로 영원히 증가할 수 있고 공연은 결코 끝나지 않는다(기본적으로 끝나지 않는 면접이라 할 수 있다). 실생활에서 개인의 성패는 사실에 근거한 실제적인 행위에 따라 결정된다. 저녁 식사에 초대되거나, 친구를 잃거나, 혹은 일자리를 얻는 식이다. 온라인에서의 성취는 당신의 이름에 따라 '하트'와 '좋아요'의 숫자가 더해지는, 정서라는 모호한 영역에 갇혀 있다. 더 나쁜 건 그곳에서는 기본적으로 백스테이지가 없다는 점이다. 오프라인 관객은 필요에 따라 자리를 비우기도 하고 바뀌기도 하지만 온라인 관객은 절대 자리를 떠나는 법이 없다. 중고등학교 동창에게 밈meme*과 셀피selfie를 보내던 자아는 학교 총기 난사 사건 이후에 트럼프와 맞짱을 뜨게 될 수도 있다. 몇몇 파크랜드 학생들이 이로 인해 유명해졌다.** 트위터에서 백인 우월주의자와 농담을 주고받은 자아는 취직되었다가 해고되는 자아가 될 수 있다. 2018년 〈뉴욕타임스〉에서 해고된 퀸 노튼Quinn Norton***이 그런 경우다(아니면 사라 정Sarah Jeong****처럼 트위터에 백인 혐오 발언을 한 자아는 〈뉴욕타임스〉에 취직하고 몇 달 지나지 않아 게이머게이터들의 공격 대상이 될 수도 있다). 공적 인터넷 정체성을 유지하는 사람들은 그들의 엄마, 상사, 미래의 상사, 열한 살 조카, 과거와 미래의 섹스 파트너, 그들의 정치 성향을 싫어하는 친척들 그리고 어떤 이유에서건 그들을 보는 사람들이 동시에 볼 수 있는 자아를 만들

* 넓은 의미의 모방과 복제로, 최근에는 인터넷에서 유행하는 사진이나 짧은 영상 등의 특정 콘텐츠를 뜻한다.
** 트럼프가 파크랜드 총격 사건 후에 위로와 기도를 보낸다는 트윗을 남기자, 그 내용을 인용하여 "개똥 같은 소리는 듣고 싶지 않다"고 말한 학생의 트윗이 더 많은 지지를 받은 사건을 가리킨다.
*** 테크 전문 기자로 〈뉴욕타임스〉에 취직했으나 몇 년 전에 흑인과 게이를 조롱하고 네오나치와 소통한 트윗이 발견되면서 해고되었다.
**** 한국계 미국인으로, 〈뉴욕타임스〉에 채용된 후 백인 비하 트윗으로 논란이 되었으나 퀸 노튼과 달리 채용이 취소되지는 않았다.

어가고 있다고 할 수 있다. 고프먼에 따르면 정체성은 주장과 약속의 연속이다. 인터넷상에서 가장 고기능적인 사람이란 어떤 식으로건 관객을 끝없이 증가시키기 위해 무엇이든 약속하는 사람이다.

게이머게이트 같은 사건은 부분적으로는 이렇게 과도한 가시성에 대한 반응이라 할 수 있다. 악성 댓글trolling(악플)의 부상과 이것이 만들어가는 익명의 무례함과 저속함의 기조는 때때로 너무나 강한 힘으로 작용하는데, 인터넷은 인정을 기반으로 한 정체성이 중요하다고 일관되게 강조하기 때문이다. 특히 악플에서 극단적으로 드러나는 여성 혐오는 여성들이 온라인상에서 이익을 얻고 있는 방식을 드러내기도 한다. 존 버거가 썼듯이 여성은 언제나 자신의 정체성을 외적으로 드러내라는 요구를 받아왔다. 소녀였을 때부터 여성으로 배운 '자기 점수 매기기'는 내가 온라인에 "존재"해야만 하고 이것을 자산으로 이용하도록 했다. 이 세계에서 유일하게 여성으로만 살아본 나의 경험에 근거하면 여성으로서 개인적인 매력은 그 무엇보다 중요하고 자기노출은 권장된다. 분명히 불행한 패러다임이지만, 처음에는 여성들 사이에서 자리 잡았다가 이제는 인터넷 전체에 일반화된 이것은 인터넷 악플러들이 가장 혐오하고 적극적으로 부인하는 특징이다. 악플러들은 투명성과 호감도를 중심으로 지어진 인터넷의 근간을 흔들려고 한다. 그들은 우리 전부를 혼란과 익명의 세계로 끌고 가려 한다.

물론 악플보다 지나친 가시성이나 자기노출이 더 나쁘다는 주장을 펼칠 수도 있을 것이다. 2011년 〈GQ〉에서 독일 영화감독 베르너 헤어조크가 정신분석에 대해 이렇게 말한 적이 있다. "인간은 각자의 어두운 구석, 설명되지 않는 구석을 갖고 있어야만 한다. 집안 구석구석에 불을 밝혀서 식탁 밑이건 어디건 전부 조명을 비추는 아파트에서 살 수 없는 것과 마찬가지로, 나를 전부 노출하는 세계에서는 살 수 없다."

*

내가 처음으로 돈을 받고 글을 쓴 건 블로그 시대 끝물인 2013년도였다. 인터넷에 글을 쓰면서 생계를 유지하는 작가가 되고 싶었던 나는 직업적 동기가 충분했기에 소셜 미디어에서 적극적으로 활동했다. 내 일과 성격과 얼굴과 정치 성향과 반려견 사진을 "모두 공개"로 계속해서 업로드했다. 그러자 풋볼 경기 중에 가짜 행복을 만들어내던 치어리더 시절과 비슷한 종류의 불편함이 찾아왔다. 마치 이 모든 상황이 엄청나게 재미있고 지극히 정상이고 가치 있는 것인 양 행동하면 마법처럼 그렇게 되리라 애써 생각하고 있었던 것이다. 온라인에 글을 쓰려고 노력하는 행위는 미심쩍은 가정들을 정언 명령으로 바꾸는 것이라 할 수 있다. 스피치가 그것만으로도 충분한 영향력이 있다는 가정, 말과 행동에 동일한 힘이 있다는 가정, 나의 생각을 공들여서 적어 나가는 일은 매우 정의롭고 누군가에게 도움이 되거나 혹은 이상적이라는 가정을 기반으로 한다.

나 개인적으로는 의견 표출을 지나치게 내세우는 인터넷의 건강하지 않은 습성에 분명 많은 혜택을 입었다. 이렇게 누군가의 의견과 주장에 집중하는 경향은 인터넷이 대체로 물리적인 행동에 대한 요구를 최소화할 수 있기 때문이다. 별일 하지 않고 그저 화면 앞에 앉아 있기만 해도 충분히 인정받는 21세기적인 삶을 살고 있는 것이다. 때로는 인터넷은 놀라울 정도로 현실과 밀접하게 연결된 것 같은 느낌을 준다. 무언가를 원해서 클릭을 하면 두 시간 후에 그 물건이 당신 문 앞에 배달된다. 어떤 비극이 벌어지면 그에 관한 발언들이 무수히 리트윗되고 곧 고등학생들의 시위가 전 지역에 걸쳐 일어나기도 한다. 하지만 인터넷은 우리의 에너지를 선로에서 이탈시켜 행동에서 멀어지게 하는 느낌도 분명 준다. 진짜 세계의 핸들을 이미 그 세계를 통제하고 있는 사람에게 넘겨주고 우리는 우리 삶을 설명하는 보다 정확하고 옳은 방법을 알아내는 데만 급급하다. 2016년 대선을 앞두고 그리고 그 이후로도 점점 내가 관심을 갖는 이슈 중 95퍼센트는 의견을 주장하는 데에만 그치고, 그에 대해 내가 할 수 있는 일이 아무것도 없다고 느껴지기 시작했다. 끔찍한 정보들은 차고 넘치지만 그것들은 모두 권력을 공고히 하며 부자들의 이익을 유지하는 조건이고, 그에 대해 내가 할 수 있는 일은 극히 적은 이 상황이 나를 날마다 미약한 히스테리 속에서 살게 했다.

내가 운명론적으로, 우리는 어떤 일에 대해 **아무것도** 할 수 없다고 말하려는 것이 아니다. 사람들은 매일 발로 돌아다니고 대응하면서 세상을 더 나은 곳으로 만들고 있다.(나는 아니다. 나는 인터넷 앞에 앉아 있느라 너무 바쁘다!) 하지만 그들의 시간과 노동은 평가 절하되고 인터넷을 추진시키는 탐욕스러운 자본주의에게 도둑질당한다. 물론 인터넷이 자본주의를 추진하기도 한다. 근래에는 경제적인 생존 외에 다른 것을 하기에는 시간이 부족하다. 인터넷은 이 작은 틈을 집요하게 파고들어서 우리가 가진 최소한의 자유 시간을 불만족스러운 조각들로 재배치한다. 지역 사회에서 정치 활동을 하고 싶지만 물리적인 시간이 턱없이 부족할 때 인터넷은 싸구려 대안을 제공한다. 찰나의 즐거움과 허무한 연대를 던져주면서 계속해서 듣거나 말만 하는 상자 안에 가두어 놓는다. 이러한 상황에서 의견이나 주장이란 무언가를 향하는 첫 번째 단계가 아니라 그 자체가 목적이자 결론이 되어버린다.

2014년 〈제제벨〉의 에디터로 근무하면서부터 이 생각을 하기 시작했다. 나는 아주 많은 시간을 친페미니즘적인 여성 웹사이트의 머리기사를 읽으면서 보냈다. 이 세계에서는 여성의 발언 자체가 강력하며 충분히 흡족한 행위라는 가정이 있었다. 기사 제목들은 이러했다. "마일리 사이러스가 스냅챗에서 젠더 유동성에 대해 말했고 우리는 반드시 들어야만 한다." "우먼스 매거진 어워드 행사에서 에이미 슈머가 펼친 신체 자신감에 대한 연설을 들으면 눈물이 고일 것이다." 이 세계에서는 의견 형성 자체가 일종의 행동처럼 인식되었다. 블로그 필자들은 온라인 논쟁에서 어떤 편에 서야 하고 TV 프로그램의 특정 장면에 대해 어떻게 느껴야 하는지를 친절히 일러주었다. 정체성 자체도 이러한 의견들에 따라 움직이는 듯했다. 그저 페미니스트로 존재하는 것만으로도 매우 중요한 일을 하는 것처럼 여겨졌다. 이러한 개념은 트럼프 시대에 더욱 강도가 심해지고 복잡해졌다. 한편에서는 나 같은 사람들이 온라인으로 분노를 표출하기 바빴으나 대체로 이 사회에 아무런 영향도 미치지 못했다. 다른 한편 그 어느 시기보다 실질적이고 급속한 변화가 인터넷상에서 강력하게 이루어지기도 했다. 하비 와인스타인을 향한 폭로와 그에 따른 혼란 속에서 여성의 목소리는 대중의 의견을 흔들고 직접적인 변화를 이끌기도 했다. 권력자들은 자신의 윤리 의식을 재고해볼 수밖에 없었다. 괴롭힘과 학대를 휘두르던 자들은 직장에서 쫓겨났다. 하지만 이 서사 안에서도 행동의 중요성은 미묘하게 생략되었다. 거의 종교적인 숭배의 태도로 여성이 "목소리를 내는 것"에 대해 쓰는 사람들은 마치 그 목소리 자체가 여성들에게 하루아침에 자유를 가져다줄 것처럼 말했다. 더 나은 제도와 경제적 자원의 재분배와 남성들로부터의 실질적 투자는 그 뒷전인 것처럼 말했다.

고프먼은 무언가를 하는 것과 그 행동을 표현하는 것, 무언가를 느끼는 것과 그 느낌을 전달하는 것의 차이를 관찰한다. "행동의 재현은 그 행동 자체와는 어느 정도 달라질 수밖에 없다. 그러므로 잘못 재현될 여지가 많다"는 것이다(예컨대 내가 일몰을 감상하는 행위와 어떤 이에게 내가 일몰을 감상했다고 말하는 행위를 비교해보라). 인터넷은 이러한 류의 허위 진술이나 그릇된 설명을 조장한다. 인터넷은 "(우리) 행동에 따라오는 결과"로서의 인상을 자연스럽게 드러낸다기보다는 우리가 어떤 인상을 지속적으로 창조하기를 권장한다. 그렇기에 인터넷에서는 진실하지 않아도 되고, 이성적이지 않아도 되고, 정치적으로 참여하지 않아도 된다. 그저 그렇게 보이려고 노력하기만 해도 된다.

온라인이란 관심 경제에서 발언의 가치가 특히 과대평가되면서 문제는 한층 심각해진다. 실은 내가 이 조건에서 계속해서 이득을 얻고 있다는 사실에 대해 어떻게 생각해야 할지 모르겠다. 내가 지금의 경력을 쌓을 수 있었던 이유 가운데 가장 큰 부분은 사람들의 정체성과 의견과 행동을 망가뜨린 인터넷 덕분이었다. 작가로서 나의 글은 대부분 1인칭으로 쓰인 비판적인 텍스트고, 나는 온종일 내가 무엇을 어떻게 생각하는지를 알아내서 정리하는 데 시간을 보내며, 이 모호하고 의심스러운 행위를 정당화하려 애쓰면서 내재적인 위기에 봉착하곤 한다. 물론 독자로서 나의 이해와 사고의 틀을 넓혀주는 필자들에게 감사한다. 그들과 내가 이 일을 하며 돈을 받고 있음에 감사한다. 이전에는 출판계나 언론계가 문을 열어주지 않았던 작가들, 혹은 열외로 취급되었던 작가들이 인터넷 덕분에 독자들과 만났다는 사실 또한 감사한다. 그러나 나는 이 인터넷 시대의 전문적인 논평가들이 선의의 힘이 될 것이라고는 절대 주장하지 못하겠다.

＊

2017년 4월 〈뉴욕타임스〉는 밀레니얼 세대 작가인 바리 와이즈Bari Weiss를 편집국의 기자이자 편집자로 고용했다. 와이즈는 콜롬비아대학을 졸업하고 〈타블레Tablet〉의 에디터로 경력을 쌓은 후 〈월 스트리트 저널〉에서 일했다. 그녀는 시오니즘 계열의 보수주의자이다. 콜롬비아대학에서는 '학업의 자유를 위한 콜롬비아 학생들'이라는 클럽을 조직했는데, 이는 그녀를 "주눅 들게" 한 친팔레스타인 교수에게 징계를 내리도록 대학을 압박하기 위해서였다고 2005년 NPR에서 밝힌 바 있다.

〈뉴욕타임스〉에서 와이즈는 온건함과 냉담함이라는 가면 아래, 자신의 정치적 관점을 방어적이고 수사적으로 기술하는 칼럼을 쓰기 시작했다. "이 세상을 보다 교차적인 관점에서 본다면, 피해자됨이란 성인됨과 가깝다. 피해자들의 권력과 특권은 너무나 신성모독적이고 세속적이다." 그녀는 LGBT 단체인 시카고 다이크 마치Chicago Dyke March의 기획자가 다윗의 별 깃발을 막은 사건 이후, 이렇게 우아한 글솜씨로 대중에게 반유대주의를 경고하는 칼럼을 썼다. 그녀는 소셜 미디어에 아사타 샤쿠르Assata Shakur와 루이스 파라한Louis Farrakhan*을 지지하는 포스팅을 올린 우먼스 마치Women's March의 기획자들을 비판하는 기사도 썼다. 그녀는 이것이 진보주의자들이 보수주의자들과 마찬가지로 자신의 내적 증오를 검열하지 못한다는 사실의 증거라고 주장했다(이런 식의 양측 비난은 반대파뿐만 아니라, 지적 우월감을 느끼고 싶어 하는 중도파에게 언제나 각광받는다. 특히 그 칼럼은 공화당 대통령이 사사건건 폭력적인 언행을 한다는 사실은 무시한 채 진보주의자들이 무조건 '정중함'을 유지해야 한다고 말한다. 이후에 〈타블레〉는 네이션 오브 이슬람과 불편하지만 느슨하게 연대하고 있던 우먼스 마치 기획자들을 고발하는 기사를 썼고, 이들은 자기 검열 본능이 언제나 충분한 좌파들에게 비난을 받았다. 이 진보 좌파는 확실히 증오를 심각하게 여겼고 그 결과 우먼스 마치는 두 집단으로 분리되었다). 상당히 자주 와이즈의 칼럼은 그녀의 대담하고 독립적인 사고가 어떻게 그녀의 적들을 미치게 하고 자신을 공격하게 할지 예상하고 쓴 것 같다. "불가피하게 나는 인종주의자로 불릴 것이다." 그녀는 〈문화 도용의 세 가지 응원〉이라는 제목의 칼럼에서 이렇게 쓰기도 했다. "나는 대안 우파alt-right에 치우쳐져 있고 이슬람포비아라는 비난을 받을 것이다." 다른 칼럼에서는 이렇게 썼다. 확실히 그녀의 예상이 맞았다.

---

* 네이션 오브 이슬람Nation of Islam, NOI의 종교 지도자로, 이는 미국의 흑인 이슬람교도로 구성된 과격 단체다.

와이즈는 나를 화나게 하거나 의견을 달리하는 사람들도 인정할 수 있어야 한다고 주장하는데, 정작 본인이 그 조언을 제일 따르지 못하는 사람인 듯 보인다. 2018년 동계 올림픽에서 피겨 스케이팅 선수인 미라이 나가수가 트리플 악셀에 성공하자—올림픽 대회에서 이 기술을 성공시킨 최초의 미국 선수다—그녀는 재치있게 칭찬한다는 의도로 이러한 트윗을 올렸다. "이민자들: 그들은 언제나 일을 끝내주게 하지." 나가수는 캘리포니아에서 태어난 미국인이기에 트윗은 맹비난을 받았다. 이는 온라인에서 무언가 공격적인 말을 했을 때 허구한 날 일어나는 일이다. 내가 〈제제벨〉에서 일할 때도 대략 일 년에 대여섯 번쯤, 내가 쓰거나 편집한 글 때문에 때로는 우리의 실수를 지적한 다른 언론사 기사 때문에 트위터에서 맹폭격을 당했다. 이런 경험은 당황스럽고 불쾌했지만, 언제나 쏠쏠한 이득이 되기도 했다. 가령 와이즈는 그녀의 명백한 인종주의 트윗을 인종주의라 비난하는 사람들을 두고 "문명의 종말을 말해주는 근거"라고 했다. 몇 주 후 그녀는 〈우리 모두는 현대의 파시스트다〉라는 제목의 칼럼에서 화난 진보주의자들이 "지구를 도덕적으로 납작하게 만든다"라고 말했다. 어떻게 보면 와이즈의 주요 전략은 일부러 비난을 끌어들일 정도로 나쁜 주장을 하고, 그렇게 모인 비난 중에서 최악만을 추려서 이를 또 다른 나쁜 주장의 근거로 삼는 것이 아닌가 싶다. 그녀의 세계관 안에서는 '다수의, 잔뜩 화가 났으며, 열등한 군중'이라는 망령이 반드시 필요하다.

물론 인터넷에 다수의, 분노한 군중이 상주하는 건 사실이다. 미국에서 활동하는 영국 작가이자 영화감독인 존 론슨Jon Ronson은 2015년에 쓴 책 《당신은 조리돌림을 당한 적이 있나요So You've Been

Publicly Shamed》에서 2012년 언저리의 트위터 상태를 이렇게 묘사한다. "우리는 어떤 사람이 어떤 위반을 저지를지 언제나 주시하고 있다. 얼마 후 우리가 눈 똑바로 뜨고 열심히 찾는 건 위반이 아니라는 사실을 알게 되었다. 말실수였다. 다른 사람들의 저급함과 그에 대한 분노는 우리를 어마어마하게 소모시키기 시작했다. (…) 사실 화낼 대상이 아무도 없으면 이상하고 공허한 느낌마저 들었다. 누군가를 욕할 일이 없는 평온한 날들은 마치 손톱을 뜯을 때처럼 초조하거나 물에서 걷는 것처럼 답답하게 느껴졌다." 웹 2.0은 초기 인터넷과 명백히 분리되었다. 원래의 목적은 변해버렸다. 초기 인터넷은 친밀감을 기반으로 구축되었고, 지금 인터넷에 남아 있는 좋은 공간은 그러한 친밀감과 개방성의 산물이다. 하지만 인터넷이 반목을 기준으로 움직이는 조직으로 바뀌자, 이전에 우리를 놀라게 했고 보상이 있었으며 신기했던 것들은 점점 지루하고 유해하며 우울한 것이 되었다.

이러한 변화는 어느 정도 기본적인 사회상을 반영하기도 한다. 공공의 적을 나눠 갖는 것이 친구를 사귀는 가장 빠른 방법임을 우리는 초등학교 때부터 배우지 않았나. 정치적으로도 낙관적인 비전 아래 사람들을 결속시키는 것보다 무언가에 반대하는 사람들을 한데로 모으는 것이 훨씬 쉽다. 그리고 관심 경제학에서 분쟁은 언제나 더 많은 구경꾼을 모집한다. 고커 미디어는 이러한 적대감을 바탕으로 성장한 언론이다. 이 언론사가 운영하는 사이트의 목표는 모두를 적으로 만드는 것이다. 〈데드스핀〉은 ESPN을 타깃으로 했고 〈제제벨〉은 여성 잡지의 세계를 일삼아 공격했다. 밝고 다정다감하면서 수익도 나는 인터넷 콘텐츠가 유행하던 시기도 아주 짧게 있었다—아, 〈버즈피드〉의 시대요. 〈업워시〉 같은 사이트의 인기 여—하지만 잠깐의 유행은 2014년 즈음에 끝나버렸다. 오늘날 페이스북에서 가장 많은 조회 수를 기록하는 정치 의견들은 열심히, 끊임없이, 무언가를 반대하고 미워하고 비난하겠다고 단단히 결심한 듯한 글들이다. 사랑스러웠고 독특한 방식으로 마음을 따뜻하게 했던 웹사이트들인 〈더 아울〉, 〈더 토스트〉, 〈그랜트랜드〉는 모두 공중분해되었다. 각각의 매체들이 안녕을 고할 때마다 친밀감을 기반으로 하여 상생하려는 목표를 지닌 정체성은 이 세계에서 살아남기 힘들다는 사실을 또다시 확인할 수밖에 없었다.

인터넷 세계 전반에 불쑥 나타난 이 증오와 반목의 성향은 때로는 좋거나 유용할 수도 있고 가끔은 심지어 혁명적으로 작동할 수도 있다. 인터넷의 탈맥락화와 비마찰성 때문에 소셜 미디어 속 한 명의 평범한 개인은 그가 반대하는 단체나 유명인만큼 중요하게 보일 수 있다. 원수들은 어느 날 갑자기 (일시적이라 해도) 평평한 운동장에서 맞붙을 수 있었다. 고커 미디어는 주류 언론이 성추행이나 성범죄를 진지하게 여기지 않을 때부터 루이스 C.K.와 빌 코스비에 대한 비난 기사를 써왔다. '아랍의 봄' 운동, '흑인의 생명은 소중하다' 운동, 다코타 송유관 건설을 반대하는 시위 등은 소셜 미디어를 통한 전략적인 전개를 필두로 위계에 대항하고 전세를 뒤엎기도 했다. 파크랜드의 십 대 청소년들은 어느 날 미국 공화당에 대적할 만한 강적으로 등극하기도 했다.

하지만 겉으로는 평평한 운동장으로 보인다 해도 실제로 그렇지는 않다. 인터넷에서 일어나는 모든 일은 엉뚱하게 튀고 굴절된다. 평등과 자유를 열망하는 이데올로기는 인터넷의 열린 토론을 통해 힘을 얻지만, 그와 동시에 기존 권력이 자신의 권력을 침해하려는 이들을 (너무나 온라인스러운 방식으로) 공격하면서 세를 불리기도 한다. 안젤라 네이글Angela Nagle은 2017년 자신의 책《평범한 사람들 죽이기Kill All Normies》에서—"한번 휩쓸고 나면 쉽게 잊히지만 그럼에도 불구하고 이 시대의 문화와 사고를 깊이 형성하는 온라인 전쟁"을 설명하기 위한 책이다—대안 우파가 점점 커져가는 좌파 문화 권력에 대항하기 위해 똘똘 뭉쳤다고 말한다. 게이머게이트는 "이상한 전위 사상가들인 십 대 게이머, 스와스티카Swastika*를 당당히 올려놓은 애니 덕후들, 〈사우스 파크〉**를 즐겨보는 냉소적인 보수주의자들, 안티 페미니스트 심술쟁이들, 너드 스타일의 속 좁은 공격자들, 밈을 만드는 악플러들"을 하나로 뭉치게 했다. 이들은 "이제 지친 듯한 진보 지식인 타협주의자들의 진정성과 도덕적 자아도취"에 대항했다. 그러나 그녀의 주장에는 명백한 오류가 있으니 네이글이 이 진보 순응주의자들의 중심이라고 지칭한 이들은 대학생 사회 운동가, 정신 건강과 불가사의한 섹슈얼리티에 대해 쓰는 모호한 텀블러 계정들인데 이들은 실은 진보 진영에 조롱당하고 있고 그들을 싫어하는 사람들이 생각하고 싶어 하는 만큼은 절대 강력해진 적이 없었다는 사실이다. 게이머게이터의 세계관은 실제로는 그리 위협당하지 않는다. 그들은 열심히 자기 자신들이 비난받는다고 믿어야 했다. 아니면 그런 척하면서 좌파 필자들이 그렇다고 단언하기를 기다린다. 그러면 사람들에게 그들이 무엇을 할 수

---

* 나치를 상징하는 십자 문양.
** 자유지상주의 우파 경향을 띠는 풍자 애니메이션으로, 욕설이 많이 등장하며 인종차별을 서슴지 않고 수위가 높은 것으로 유명하다.

있는지 다시 알릴 수 있으니 말이다.

많은 게이머게이터들은 익명성이 더 높은 텔레그램, 포챈4chan에서 하고 싶은 말을 마음껏 내뱉고 있다. 이 사이트의 모토를 드러낸 한 게시판 이름은 "인터넷에 여자들은 없다"이다. 대부분의 포챈 이용자처럼 닉네임이 '익명Anonymous'인 한 유저는 이렇게 말한다. "이 법칙이란 네가 생각하는 것이 의미 있다는 말이 아니다. 실제 생활에서 사람들은 여자인 너를 좋아한다. 너와 한번 자고 싶어서 너에게 관심을 주고 너와의 대화가 재미있는 척하고 네가 똑똑하고 현명하다고 치켜세우겠지. 인터넷에서 우리는 너와 섹스할 기회가 없어. 이 말은 곧 여기서 '여자'란 존재하지 않는다는 뜻이야. 내 물건을 너에게 넣고 싶다는 이유로 네가 대화에서 우위를 차지할 수는 없다는 말이지." 그는 여성들이 사회생활에서 얻고 있는 부당한 이익을 게시판에 가슴 사진을 올리면서 갚으라고 말한다. "여기에서만큼은 네가 당해야 하지 않겠니?"

이것이 바로 실제로 작동하는 반목 세계의 원칙이다. 여성이 당하는 제도적 대상화의 결과를 여성 우월주의자들이 얻는 이득으로 해석하고 이들을 마녀사냥하면서 포챈에 모인 남자들은 정체성을 찾고 유용한 공공의 적을 만든다. 이 남자들 중 대부분이 "진보 지식인에 부합한 사상", 즉 페미니즘과 관련된 결과를 경험했다. 남녀 사이의 성이 평등화되기 시작하면서 어느 날 갑자기 이들은 섹스를 쉽게 얻지 못하게 된 것이다. 이들은 다른 방식으로 현실에 대처하는 대신, 즉 자신들을 진정으로 호감 있는 사람으로 만들려는 시도는 하지 않은 채—그러니까 여성들이 그 오랜 세월 비싼 대가를 지불해가며 진심으로 노력한 방식은 절대 차용하지 않은 채—폭력적인 여성 혐오를 중심으로 한 집단 정체성을 형성한 후 포챈에 혹시라도 들어온 여성들에게 이렇게 말하고 있는 것이다. "너에 관해 유일하게 흥미로운 건 알몸이야. 가슴을 보여줘. 그러지 않으려면 꺼져."

이 악플러들은 여성들이 실제로 갖고 있지도 않은 힘을 가졌다는 생각에 사로잡혀 있다. 인터넷에서는 여성들도 악플러 이야기를 할 때 때때로 똑같은 착각을 한다. 내가 〈제제벨〉에서 일하던 시기에 나 또한 이런 상황에 들어갈 수도 있었다. 악플러들이 나에게 협박 메일을 보냈다고 가정해보자. 내가 그나마 "운이 좋았기" 때문에 이런 일이 아주 흔하지는 않았지만 그렇다고 해서 뒷목 잡게 할 정도로 희귀한 일도 아니었다. 온라인의 관심 경제학은 나에게 말을 건다. 이 악플러들에 대한 칼럼을 쓰라고, 그들의 이메일을 인용하라고, 협박받는 경험을 통해 이 세상에서 여자로 산다는 것이 무엇인지 설명하라고 종용한다(비록 내가 해킹당하거나 맞거나 게이머게이터들에게 공격당하지 않았고, 다른 많은 여성들이 그랬던 것처럼 이사를 가야 하지 않았더라도 이런 경험은 인정받는다). 악플의 세계에 대한 나의 칼럼은 또 얼마나 어마어마한 악플을 그러모을까? 아마 나는 내 입장을 설명하기 위해 TV 프로그램에 나가야 할 것이고 그렇게 하면 그날 밤 더 많은 악플을 받을 것이다. 나 자신을 설명하고 정의할 때면 언제나 이 악플러들을 언급해야만 할 것이고 이들을 처치할 수 없는 괴물로 지칭할 것이다. 그러면 그들은 이데올로기의 정당성을 주장하기 위해 다시 돌아올 것이고 이 상황은 우리 모두가 죽을 때까지 끝나지 않을 것이다.

이렇게 반대하는 이들이 반대하면서 서로의 존재를 더 크게 만드는 건 모든 신념 체계에 적용되고, 나는 다시 바리 와이즈와 자신을 용감한 반골로 설정하는 여타의 기자와 작가들을 떠올린다. 일반적인 비난과 센 트윗들로만 주장을 만들어내면서 결국 자기를 미워하고 자기가 미워하는 사람들에게 기생하는 이들 말이다. 우습고 치졸하지만 지금 나 또한 이런 에세이를 쓰면서 똑같은 짓을 하고 있지 않을까. 오늘날 어딘가에 참여하면서 의도와 다르게 과장 해석되지 않기란 거의 불가능하다(참여하지 않겠다고 결심하고 입을 꾹 다물고 있어도 마찬가지다. 피자게이트에서 사탄의 페도필로 공격당한 사람들이 소셜 미디어 계정을 잠그거나 운영을 멈추자, 피자게이터들은 이를 자기들의 말이 옳다는 증거로 받아들였다). 악플러들과 나쁜 기자들과 현 대통령은 그 누구보다 잘 안다. 우리가 누군가를 끔찍하다고 욕할 때 우리는 그저 그들을 열심히 홍보해주고 있다는 사실을.

*

정치 철학자 샐리 슈월츠Sally Scholz는 연대를 세 가지 종류로 구분했다. 먼저 사회적 연대가 있다. 이것은 공동의 경험에 기반한다. 그리고 시민 연대가 있다. 공동체에 대한 도덕적 의무에 바탕을 둔다. 또한 한 가지 대의를 믿고 헌신하는 정치적 연대가 있다. 이러한 형태의 연대는 서로 겹치지만 별개이기도 하다. 다른 말로 하면, 정치적인 것이 반드시 개인적인 것일 필요는 없다. 적어도 직접 경험에서는 그렇다. 똥을 밟는 게 어떤 느낌인지 이해하고 싶어서 실제로 똥을 밟을 필요는 없다. 부당함이 끝나기를 바라는 일에 나의 시간과 에너지를 투자하기 위해 부당함의 손에서 직접 고통받을 필요는 없다.

하지만 인터넷은 모든 일에 "나"를 적용한다. 인터넷은 누군가를 지지하면 자동으로 그들의 경험을 나도 공유하는 것처럼 느끼게 한다. 연대는 정치나 윤리의 문제가 아니라 정체성의 문제이고 그것은 일상생활에서의 나를 솔직하게 드러냈을 때 최대한 성취된다. 경찰의 탄압에 맞서는 흑인의 투쟁과 신중하게 고른 스타일리시한 옷을 입어야만 무시당하지 않는 과체중 여성의 행보를 지지하고 싶은가? 인터넷은 윤리적이고 도덕적인 방식으로 이들과 연대를 표하는 대신, 내가 어떤 사람인지 전면에 드러내는 방식으로 연대를 표현하라고 권한다. 물론 나는 흑인들의 고초를 이해하고 지지하는데 나, 이 몸도 아시아계 여성으로서 백인 우월주의에 개인적으로 상처를 입었답니다(사실 외모상 백인과 가깝게 여겨지는 소수 민족 아시아계 여성인 나는 미국의 반흑인주의에서 이익을 얻기도 했다). 물론 패션 업계에서 간과되는 여성들이 쇼핑에 애를 먹는다는 점을 이해하는데 나, 이 몸도 이 업계에서 주변인 취급을 받았답니다. 타인을 지지한다고 하면서 자신을 중심에 놓는 태도는 그리 아름답지 않다.

사람들이 자유로움보다 상처에서 더 편안함을 찾는 현상은 제도권 안에서 권력을 누리며 객관적으로 피해를 당하지 않는 사람들도 자신의 상처를 최대한 드러내게 한다. 예를 들어 남성 인권 운동가들은 남성들이 제2의 시민이라는 얼토당토않은 주장을 중심으로 뭉친다. 백인 민족주의자들은 백인들, 특히 백인 남성들이 위기에 봉착해 있다는 생각을 중심으로 연합한다. 포춘이 선정하는 500대 기업 CEO 중에서 91퍼센트가 백인 남성이며 미국 정계의 90퍼센트가 백인이고 음악, 출판, 방송, 영화, 스포츠 업계 내 결정권자의 압도적 다수가 백인인 이 시대에 그렇게 말한다.

한편, 나를 솔직하게 드러내는 일을 합법적이고 역사적으로 필요한 상황에 적용하면 긍정적 결과를 가져올 수도 있다. 최근 몇 년간 페미니스트들의 위대한 연대의 순간은 여성 우대정책의 비전 공유에서 나온 것이 아니라 남성들의 모욕이라는 공통분모의 극단적 버전을 표현하는 데서 나왔다. 물론 이러한 순간은 세상을 바꾸어왔다. 2014년의 '예스올위민(#YesAllWomen)' 해시태그 운동은 또래 여성들에게 번번이 거부당하다 세상에 대한 적대감을 키워 여섯 명을 무차별 살해하고 열네 명에게 부상을 입힌 엘리엇 로저의 이슬라 비스타 총기 난사 사건에 대한 반응이었다. 여성들은 이 사건을 보며 매스꺼운 체험을 떠올리고 불편한 깨달음에 도달할 수밖에 없었다. 왜 집단 폭력은 거의 언제나 여성을 향한 폭력과 연결되어 있을까. 여성들은 남성이 자신을 해칠 것이라는 실질적인 공포 때문에 남성을 회유한 적이 있는 보편적 경험을 공유했다. 이때 어떤 남성들은 "모든 남자가 그렇지는 않다"는 전혀 불필요한 생각을 상기시킨다(나의 경우, 어떤 사람이 내게 외설적인 말을 하고 지나가는 걸 바로 옆에서 본 남자가 "모든 남자가 저렇지는 않다"고 연설한 적이 있었다. 그 남자는 내가 얼마나 불쾌해하고 있는지 보면서도 모든 남자가 나쁜 놈은 아니라는 점을 친절하게 오래도 설명했다). 여성들은 트위터와 페이스북에 해시태그로 사연들을 올리면서 당연하면서도 중요한 지점을 짚었다. 그렇다. 모든 남자가 여성을 두렵게 하지는 않는다. 그러나 모든 여성은 남성을 두려워한 적이 있다. 2017년 하비 와인스타인 폭로 이후 몇 주 동안 이어진 '미투(#MeToo)' 운동에서는 마치 댐의 수문이 열린 것처럼 권력자 남성에게 당한 착취와 희롱의 경험이 쏟아졌다. 이 사연들은 때로 불신이나 거부와 마주치기도 했다―설마 그렇게까지 했을 리가 없다, 그 여자의 저의가 의심스럽다―그래도 여성들은 남성 권력자들이 어떻게 행동했고 왜 거부할 수 없었는지 미투 경험을 더하면서 일제히 이야기했고, 서로의 닻이 되어주었다.

이러한 경우에 여러 종류의 연대감은 자연스럽게 섞이고 뭉친다. 여성 개개인의 피해 경험이 드러나면서 사회 전반에서 윤리적·정치적으로 성차별에 반대하는 분위기가 형성되었다. 그와 동시에 해시태그 자체에도 무언가 있었다. 이 해시태그의 디자인과 이것이 확신을 주고 연대하게 해주는 방식은 여성이 갖는 경험의 다양성을 지우고 페미니즘의 결정적 순간은 오직 여성의 취약함을 드러내는 순간이라 느끼게 만들기도 했다. 해시태그는 발언에서 맥락을 지우고 그 발언을 하나의 거대한 생각의 일부로 놓는다. 이 해시태그에 동참하는 여성은 예측할 수 있는 남성 공격성의 서사에서만 가시화된다. 상사가 덮쳤을 때, 낯선 사람이 집까지 따라왔을 때만 그녀가 보인다. 이보다 훨씬 예측하기 어려운 그녀 삶의 나머지 부분은 보이지 않는다. 다시금 서사의 주인이 되기 위해 #YesAllWomen이나 #Metoo를 사용하려 했던 여성들에게 이 해시태그는 적어도 부분적으로는 그들이 근절하고자 했던 것을 구상화했다. 즉 여성의 이야기란 언제나 통제력을 잃는 이야기로 느껴지는 방식이 되어버리기도 했다. 오직 그 이야기들만이 페미니스트를 연대하게 만들었다. 마치 연대하기 위해 서로의 아픈 경험을 공유하는 것이 절대적으로 필요한 것처럼, 우리는 다른 주제로는 연대할 수 없는 것처럼 만들기도 한 것이다. 우리가 현재 공유하고 있는 이 주제는 굉장히 중요하지만 이들 이야기의 차이점을―즉 왜 어떤 이들은 살아남고 어떤 이들은 그러지 못했는지—세세하게 밝히는 행위가 우리를 더 나은 세상으로 이끌지 않을까. 또한 트윗 하나에 개개인의 경험을 어디까지 책임질 수 있는지를 말할 공간도 의무도 없기 때문에, 해시태그는 서로 다른 발언을 미묘하게 동일시해버리기 때문에 #MeToo를 비판하는 사람들은 여성이 형편없는 데이트와 폭력적인 강간을 똑같이 생각하는 것 같다고 쉽게 비난하기도 한다.

또한 놀라운 것은 해시태그 디자인, 즉 디지털 설계 안에서 근본적으로 특별한 목적을 위해 (임시방편으로) 했던 실험이 우리의 정치적 논점의 많은 부분을 형성했다는 점이다. 포챈 유저들의 아이디가 '익명'이 아니었다면 세상은 달라졌을 것이다. 모든 소셜 미디어 플랫폼이 개인의 프로필을 중심으로 하지 않는다면, 유튜브 알고리즘이 구독자들의 관심을 끌기 위해 점점 더 극단적인 콘텐츠를 보여주지 않는다면, 아니면 그저 해시태그와 리트윗이 존재하지 않는다면 세상은 달라졌을지도 모른다. 해시태그 때문에, 리트윗 때문에, 프로필 때문에 인터넷상에서의 유대는 가시성, 정체성, 자기 홍보과 필연적으로 얽히게 되어버렸다. 대부분의 주류 언론도 연대에 대해서 말할 때는 인터넷을 반영한다. 리트윗이 많이 된 포스팅, 대의명분이라는 필터를 거친 아바타 사진들을 대세처럼 보여준다. 한편 실제적인 행동이 수반된 정치적 연대, 예를 들어 시위와 보이콧은 여전히 눈에 띄지 않는 주변부에서만 일어나고 언론의 조명을 받지 못한다. 남들에게 보여주기 위한 유대가 극단으로 가면 낯부끄러운 일들이 생기곤 한다. 보수적인 기독교인들끼리 스타벅스에서 서로를 알아보기 위해 바리스타에게 자신의 이름을 '메리 크리스마스'로 말하라고 한다거나, TV 프로그램 〈캣피시〉의 제작자 네브 슐만이 엘리베이터에서 한 손을 가슴에 얹은 셀카를 올리면서 "진짜 남자는 인내와 존중을 통해 자신의 힘을 보여줍니다. 손을 올리는 건 이 엘리베이터는 학대와 차별이 없다는 뜻입니다"라는 캡션을 덧붙이는 식이다(그러는 슐만은 대학에서 여학생을 폭행한 전력이 있다). 소셜 미디어에서 흑인 여성을 찬양하는 제스처도 마찬가지다. 선거 후에 백인들이 올리는 "흑인 여성이 미국을 구원할 것이다"라는 트윗들이나, 마크 러팔로가 올린 "기도를 했더니 신이 흑인 여성으로 답했다"는 낯부끄러운 트윗들 말이다. 백인들 입장에서야 평등이라는 이상에 참여하고자 하는 욕구의 발로겠지만, 제발 진정하라고 말하고 싶어진다. 《자아 연출의 사회학》에서 고프먼은 관중이 연기자에게 역할을 만들어주는 방식이 공연 자체보다 더 정교해질 수 있다고 말했다. 온라인에서의 연대 표현이 이렇게 느껴진다. 듣는 방식들이 너무나 극단적이고 연기 같아서 듣는 것 또한 하나의 쇼처럼 변한다.

*

마지막으로 심리상 가장 파괴적인 인터넷의 왜곡은 규모의 왜곡이라 할 수 있다. 이는 우연히 생긴 것이 아니라 인터넷의 구조적 형태와 발상에서부터 생긴 문제다. 소셜 미디어는 어떤 일이 당신에게 중요할 때만 중요하다는 개념을 바탕으로 구성되었다. 페이스북 뉴스피드를 만들 때 마크 저커버그가 남긴 초창기 메모에는 지금은 너무나 유명해져 곧잘 패러디되곤 하는 이런 문장이 있었다. "어떤 누군가에게는 아프리카에서 죽어가는 사람들보다 당장 자기 집 앞에서 죽어가는 다람쥐가 더 큰 관심사일 수 있다." 소셜 미디어 속에서 우리는 우리가 보는 것을 통제할 수 있는 것 같다. 그러나 처음에는 개인적으로 이후에는 집단적으로, 아무것도 통제할 수 없는 상태가 된다. 페이스북은 목표대로 사람들에게 오직 그들의 관심사만 보여주었고 그 결과, 10년 후에는 시민 의식의 종말을 가져왔다. 이러한 선택이 유저들을 감정적으로 자극해야 돈을 버는 회사의 이익과 결합하면서 우리는 현재의 상태를 공고하게 하는 뉴스 미디어만 소비하게 되었다. 오늘날 우리는 내가 지지하는 정치적 관점을 옹호하는 뉴스만 소비하는데, 이는 우리가 언제나 무조건 옳다고 느끼게 하고 더 나아가 광기에 빠지게 하기도 한다.

《주목받지 않을 권리》에서 팀 우는 우리의 주의력 통제를 증가시키는 방향으로 기획된 기술들이 종종 그 반대의 결과를 일으킨다고 말한다. 대표적으로 TV 리모컨이 그렇다. 여러 채널을 자유롭게 오가는 건 "자유 의지를 빼앗"고 시청자들을 "신생아나 파충류와 크게 다르지 않은 정신 상태"로 만든다. 인터넷에서는 리모컨도 필요 없이 자동적이고 일반적으로 이런 일이 이루어진다. 매우 다양하며 흥미로워 보이지만 어느 순간 지루해지는 소셜 미디어 피드가 대표적인 예다. 중독적이고도 정신을 멍하게 하는 정보들이 소방 호스의 물처럼 쏟아지면서 거의 온종일 우리 두뇌를 공격한다. 많은 이들이 지적한 것처럼 타임라인 앞에 앉아 있는 우리는 보상을 추구하는 실험실 쥐처럼 행동한다. 식량 공급기 앞에 놓인 실험실 쥐들은 식량 공급기가 음식을 정기적으로 공급하거나 보상이 전혀 없으면, 어느 순간부터는 결국 레버를 누르지 않게 된다. 그러나 불규칙하거나 보상이 드문드문 있으면 쥐들은 레버를 계속해서 누르고 또 누른다. 다시 말하면, 소셜 미디어가 대체로 불만족스러워지는 건 꼭 필요한 일일지도 모른다. 그래야 우리는 순간적인 쾌락의 감각이 우리를 스쳐가길 희망하면서 몇 초 만에 사라질 인정, 아부, 분노의 느낌을 갖기 위해 스크롤을 하고 또 하고 레버를 누르고 또 누르게 될 것이기 때문이다.

나 또한 인터넷이 주는 정보 세례를 한없이 받다 보면 머리가 둔해짐을 예리하게 의식한다. 한도 끝도 없는 채널들, 밀려오는 새로운 정보들, 생일, 죽음, 자랑, 폭격, 농담, 직업 공고, 광고, 경고, 불평, 고백, 정치적 사건은 이미 너덜너덜해진 우리의 뉴런을 기습 공격한다. 이 정보들은 우리를 자극하고 때리면서 끊임없이 대체된다. 이것은 결코 좋은 삶의 방식이 아니며 우리를 급속히 소진시킨다. 2016년 말 나는 〈뉴요커〉의 블로그에 당시 인터넷에 넘쳐 흐르던 유의 글인 "최악의 해"에 대해 썼다. 전 세계에 테러 공격이 있었고, 올란도의 게이 클럽 펄스에서는 총격 난사가 벌어졌으며, 데이비드 보위와 프린스, 무하마드 알리가 사망했다. 인종차별적인 공포와 증오를 자제하지 못한 경찰들에 의해 사상 최고로 많은 흑인 남성들이 총살당했다. 알튼 스털링은 배턴 루지 편의점 앞 주차장에서 CD를 판매하다가 경찰의 총에 맞아 숨졌다. 필란도 캐스틸은 차량 검문 도중에 주머니에서 지갑을 꺼내다가 목숨을 잃었다. 경찰의 폭력에 항의하는 시위 중에 댈러스 경찰 다섯 명이 사망했다. 도널드 트럼프가 미국의 대통령으로 선출되었다. 북극의 평균 기온은 2도 상승했다. 베네수엘라는 나라 전체가 무너지고 있었다. 예멘의 난민 가족들은 굶주렸다. 알레포의 일곱 살 소녀 바나 알라베드가 목숨이 위태로운 상황에서 트위터로 세계인들에게 시리아 격전지의 참상을 알렸다. 이러한 세계를 배경으로 우리가 있다─한심한 자아들, 한심한 좌절들이 있다. 짐을 잃어버렸다고, 지하철을 놓쳤다고 불평하는 우리가 있다. 어떤 소식들이건, 마치 벌을 받는 것처럼 뉴스의 폭격을 받는다는 느낌은 앞으로도 계속될 것 같다. 나는 한 사람이 인터넷을 통해 접할 수 있는 불운의 양에는 한계가 없고, 이러한 정보를 정확하게 바라보는 방법이 우리에게는 없다고 썼다. 이렇게 동시에 발생하는 인간의 다양한 경험을 수용할 만큼 우리의 심장을 넓어지게 해주는 가이드북이 없고, 우리는 시시한 것과 심오한 것을 분리하는 방법을 배울 수도 없다. 인터넷은 무언가를 아는 능력은 극적으로 증가시켰지만 무언가를 바꾸는 능력은 그 상태 그대로다. 아니, 어쩌면 우리 눈앞에서 쪼그라들고 있는지도 모른다. 나는 인터넷이 우리 손에 들려준 것은 쏟아지는 비극 앞에서 비통해하다가 냉랭해지기를 반복하는 사이클일 뿐이라고 느끼기 시작했다. 지나친 참여가 우리를 점점 더 무감한 사람으로 만들고 있다.

하지만 인터넷이 최악이 되어갈수록 우리는 그것을 더 갈구하는 듯 보인다. 인터넷은 점점 더 우리의 본성과 욕망을 형성하는 힘을 키운다. 이를 경계하기 위해 나는 강제로 선을 긋고 있다. 인스타그램 스토리도 보지 않고, 앱 알람도 꺼놓았다. 매일 45분이 넘으면 트위터와 인스타그램 계정을 닫는 앱에 의지하고 있다. 그럼에도 불구하고 나는 때때로 내 소셜 미디어 차단 설정을 풀고 다시 한번 레버를 누르는 실험 쥐가 되어, 마치 새로운 생각을 얻기 위해 자기 이마를 계속해서 때리는 여인처럼 웃기는 밈이라는 아무 쓸모없는 연료를 발견하려고 악몽 속을 헤맬 것이다. 인터넷은 아직도 너무 젊고 여전히 무언가가 추가될 것이라는 잠재의식 속 희망을 갖기 쉽다. 우리 모두 인터넷이 한때는 나비였고 연못이었고 꽃다발이었던 때를 기억하고, 싫증 난 연옥 안에 앉아서 인터넷이 다시 한번 변하여 우리를 놀라게 하고 다시 더 나은 사람으로 만들어주길 기다린다. 그러나 그렇게 되지는 않을 것이다. 인터넷은 인터넷과 교류하는 한 온전한 사람이 되는 것을 불가능하게 만들면서 이득을 취하는 구조다. 미래의 우리는 필연적으로 경박해질 것이다. 나의 일부는 점점 사라질 것이다. 개인으로서뿐만 아니라 재난을 함께 마주 보고 해결해가는 지역 사회의 일원으로서의 나도 사라질 것이다. 아티스트이자 작가인 제니 오델Jenny Odell은 《아무것도 하지 않는 법How to do nothing》에서 주의 산만이 "죽느냐 사느냐의 문제"라고 썼다. "집중하거나 소통하지 않는 사회 집단은 자기 힘으로 생각하고 행동하지 못하는 사람과 같다."

물론 사람들은 수세기 동안 새로운 매체가 나올 때마다 투덜거려왔다. 소크라테스는 글을 쓰는 행위가 "배우는 자의 영혼 안에서 망각을 생성한다"고 말했다. 16세기 과학자인 콘라드 게스너는 출판이 "무언가에 상시 접속된" 환경에만 집착하게 한다고 했다. 18세기에 남성들은 신문이 지적이고 도덕적인 고립을 시킨다고 했고 소설의 부상이 사람들, 특히 여성이 허구와 사실을 구분하지 못하게 만든다고도 했다. 우리는 라디오가 아이들을 집중하지 못하게 만든다고 걱정했고, 얼마 후에는 텔레비전이 라디오가 요구하는 신중한 관심을 약화시킨다고 했다. 1985년 닐 포스트만은 엔터테인먼트에 대한 미국인들의 갈망은 점점 유독해지고 텔레비전은 "시시함으로의 하락"을 유도한다고 했다. 오늘날 한 가지 다른 것은 더는 갈 곳이 없다는 점이다. 이제 자본주의의 미개발된 땅은 인간의 자아밖에 없다. 모든 것이 부품을 재사용하기 위해 떼어내는 방식으로 이루어진다. 물건과 노동뿐만 아니라 개성과 관계와 관심도 그렇다. 이제 다음 단계는 우리와 온라인 시장의 완전한 동일화이며 인터넷과 물리적으로도 영적으로도 불가분의 관계가 되는 것이다. 악몽은 이미 우리 문 앞에 있다.

　　인터넷이 지금보다 더 최악으로 향하는 걸 어떻게 멈출 수 있을까? 사회와 경제가 붕괴하면 그 일을 해줄 수 있을 것이다. 아니면 인터넷의 기본적인 수익 모델을 무너뜨리는 규제 법률이 나온다면 가능할 수도 있다. 지금 이 시점에서는 앞으로 언젠가 사회와 경제의 붕괴가 온다는 건 기정사실인 듯하다. 그것만큼은 최대한 늦추고자 우리가 할 수 있는 건, 우리의 인간성을 유지하기 위한 작은 시도들뿐이다. 자신의 실제 자아가 비난받을 점이 많고 일관성 없으며 중요하지 않은 존재임을 받아들이고, 그 자아에 따라 정직하게 행동하는 것이다. 우리가 인터넷에서 무엇을 얻고 있는지를 신중하게 돌아보고, 그것을 얻기 위해 얼마나 대가를 치르고 있는지도 생각해봐야 한다. 우리는 정체성에 대해서는 덜 신경 쓰고, 참을 수 없는 주장이란 것에 깊이 회의할 줄 알며, 반목과 증오가 우리에게 어떤 도움이 되는지 살펴보고, 나 자신부터 내세우지 않고는 연대감을 표현할 수 없을 때 부끄러워해야 한다. 그렇지 않았을 때의 대안은 말로 하기도 힘들 정도로 끔찍하다. 하지만 우리는 안다. 그 세계는 이미 우리 앞에 와 있다는 것을.

2장

리얼리티 섹션 나

Trick Mirror

최근까지도 지켜온 나의 가장 크나큰 비밀, 나 스스로에게도 깊이 봉인해놓고 해제하지 않았던 것은 내가 열여섯 살 때 3주 동안 푸에르토리코에서 리얼리티 쇼를 찍은 일이다. 프로그램 제목은〈걸스 대 보이스: 푸에르토리코Girls v. Boys: Puerto Rico〉로, 기획과 구성도 제목 그대로라고 보면 된다. 총 여덟 명의 십 대 청소년이 출연하고 그중 네 명은 남자, 네 명은 여자다. 우리는 폭 6.5킬로밖에 안 되는 작은 섬 비에케스에서 촬영했다. 야자수가 늘어서 있고 언덕이 많고 야생마들이 백사장을 뛰어다니는 아름다운 섬이다. 기본형식은 이렇다. 도전 과제를 놓고 남자팀, 여자팀이 경쟁해서 이긴팀이 점수를 따고 최종 우승팀이 상금 5만 달러를 가져간다. 도전이 끝나면 작은 조명들이 달린 하늘색 숙소로 가서 최선을 다해 십 대 남녀가 만들어낼 수 있는 드라마를 만들어낸다.

내가 다닌 고등학교는 3주간의 결석을 허가해주었는데 지금 생각해도 놀라운 일이다. 교칙상 민소매와 동성애를 금지하는 굉장히 엄하고 보수적인 학교였고, 나는 성적은 우수했지만 품행 점수는 들쑥날쑥했으며 여러 마땅한 이유로 인해 교사들에게 귀여움을 받는 학생은 아니었다. 그러나 우리 부모님이 학비를 감당할 수 없었을 때도 학교는 나를 내보내지 않았다. 나는 이미 졸업반이었는데, 우리 가족이 토론토에서 휴스턴으로 이사하면서 내가 한 학년을 건너뛰었기 때문이다. 그런데 또 소문에 따르면, 내가 다닌 작은 기독교 학교는 이미 다른 리얼리티 쇼인 〈배첼러레트〉에 다른 학생의 출연을 허가한 바 있었다. 종교적인 환경에서 자란 십 대에게는 어딘가 이상한 면이 있었는데, 조신해 보이면서도 실은 서로를 유혹하고 가식적으로 행동하며 속이려고들 한다는 점이었다. 이런 묘한 환경이 우리를 리얼리티 쇼에 안성맞춤인 캐릭터로 키운 것도 같다.

어찌 되었건 나는 학교 측에 "하나님을 위한 빛이 되고 싶은데, 텔레비전에서요"라고 말했고 그들의 허락을 받았다. 그리하여 2004년 12월 그래픽 티셔츠와 손바닥만 한 청치마를 잔뜩 싸 들고 푸에르토리코로 떠났고, 3주 후 소금기를 머금은 머리카락과 변색된 목재처럼 새까맣게 탄 피부로 자기도취와 흥에 겨워 집으로 돌아왔다. 〈걸스 대 보이스〉의 10회분 에피소드는 내가 고등학교를 졸업하고 맞은 여름에 〈다리아Daria〉 재방송과 캐나다 청소년 드라마 〈데거러시Degrassi〉로 유명한 채널인 노긴Noggin에서 방영되었다. 나는 친구를 집에 불러 1회를 같이 보았고 대체로 큰 화면에 나오는 내 얼굴을 보는 건 신기하면서도 한편으로는 심히 괴로운 일이었다. 대학에 입학한 후에는 기숙사 방에 TV를 놓지 않았는데, 그렇게 함으로써 TV 프로그램에 출연했던 한때의 경험을 뱀의 허물처럼 말끔히 벗어버릴 수 있으리라 생각했다. 술집에서 놀거나 장거리 자동차 여행을 갈 때면 때때로 옆 사람에게 나의 특이한 과거 경험담을 들려주기도 했지만, 나는 대체로 〈걸스 대 보이스〉를 잊고 살았고 13년이 흐른 후에야 에세이 소재로 쓰기 위해 그 쇼를 끝까지 시청했다.

오디션 테이프: 에이스. 뉴저지에서 자란 흑인 남학생으로 스케이트보드를 수준급으로 타고 공원이나 광장에서 화려한 기술을 선보이기도 한다. 지아. 텍사스에서 온 갈색 피부의 여학생으로 치어리더 생활이 조금 지겹다고 말한다. 코리. 켄터키주 출신 백인 남학생으로 한 번도 키스를 해본 적이 없다. 켈리. 피닉스 출신의 금발 소녀로 요가 매트 위에서 윗몸 일으키기를 하는 것이 특기이고 브리트니 스피어스와 닮았다. 데미안. 멕시코 억양이 약간 있는 라스베이거스 출신 남학생으로 남동생과 레슬링하기가 취미다. 크리스탈. 고양이 상의 흑인 소녀로 자기가 거만해 보인다는 걸 안다. 라이더. 붉은색이 도는 머리카락을 가졌고 귓불에 원형 구멍을 뚫은 캘리포니아 소년으로 조니 뎁과 닮았다는 소리를 듣는다. 패리스. 오리건주 출신의 아담한 금발 소녀로 자신은 언제나 약간 또라이였고 그 똘끼를 좋아한다고 말한다.

십 대 여섯 명이 파란 하늘 아래 햇살이 눈부신 도로에 모여 있다. 첫 번째 시합은 집까지 빨리 달리기로, 소년들이 이겼다. 지아와 코리는 하루 늦게 도착했는데 긴장해서인지 같이 키득거린다. 다 함께 진실 혹은 도전 truth or dare 게임을 한다(모두 '도전'을 선택하는데, 그것은 뽀뽀나 끌어안기였다).

아침이 되자 참가자들이 긴 테이블 앞에 모여서 먹기 시합을 한다. 처음에는 마요네즈, 두 번째는 바퀴벌레, 세 번째는 매운 고추 그리고 마지막으로 케이크다. 소녀들이 이겼다. 그날 밤에는 켈리가 코리에게 그의 생애 첫 키스를 선물한다. 모두가 패리스에게 지쳐가는데 천사 같은 얼굴을 하고 있지만 한시도 입을 다물지 않고 떠들기 때문이다. 세 번째 시합은 수영장에서 하는 튜브 농구다. 소녀들이 졌다.

나의 리얼리티 쇼 출연이라는 여정은 2004년 9월 어느 일요일 오후에 시작되었다. 캘리포니아 피자 키친에 들러 페투치니 알프레도를 잔뜩 먹은 후, 아이스링크에서 하키 연습을 마치고 나올 동생을 기다릴 겸 부모님과 쇼핑몰을 어슬렁거리는 중이었다. 15미터 떨어진 출연자 모집 홍보 가판대 옆에서 한 남자가 청소년들에게 다가가 새로운 프로그램에 출연할 오디션 테이프를 만들어보지 않겠냐고 말을 붙이고 있었다. "서핑보드 모양의 카드보드가 서 있었지." 최근에 엄마가 들려준 그날의 기억이다. "넌 그날 흰색 탱크톱에 하와이안 프린트 스커트를 입고 있었어. 이미 그 프로그램의 주제에 딱 맞는 옷을 입고 있었다고 해야지." 충동인지 장난인지 엄마는 가판대로 가보라며 내 등을 떠밀었다. "너는 펄쩍 뛰었어. 싫어! 엄마 뭐야! 절대 안 해! 그런데 네가 기가 막혀 하는 게 재밌어서 너 놀리려고 더 부추겼지. 네 아빠가 지갑에서 20달러를 꺼내더니 말했잖아. '우리 딸 저거 신청하면 아빠가 20달러 줄게.' 그러니까 아빠 손에서 20달러를 획 낚아채서 걸어가더니 테이프를 만들었고 그 돈으로 바로 쇼핑했나 그랬을걸."

몇 주 후에 프로듀서에게 전화가 왔고 이 쇼의 콘셉트를 설명해주었다("여학생과 남학생이 대결하는 구조고 촬영지는 푸에르토리코예요"). 그리고 나에게 2차 오디션 테이프를 보내줄 수 있냐고 물었다. 나는 적극적이고 활달한 내 성격을 보여주기 위해 최대한 우스꽝스러운 댄스 안무에 맞춰 "소녀들은 못 이겨요. 아니, 이길 수 있죠. 내가 들어간다면"이라고 약속했다. 막상 내가 출연자로 최종 선정되었다는 연락이 오자 엄마는 그제야 머뭇거렸다. 나의 어설픈 오디션 테이프를 본 바로는 설마 뽑히리라 기대하지 않았던 것이다. 하지만 그해에 엄마와 아빠는 자주 집을 비웠고 정신이 다른 데 쏠려 있었다. 당시 나는 부모님이 흔들리던 원인을 굳이 캐내려고 하지 않았고, 그 상황을 이용해서 집에 늦게 들어가거나 이렇게 저렇게 20달러씩을 받아내 포에버21에서 놀러 나갈 때 입을 티셔츠를 사곤 했다. 나는 먼저 오디션을 보라고 한 건 엄마니까 나를 꼭 보내주어야 한다고 졸랐다.

결국 엄마도 마지못해 승낙했다. 그러다가 어느덧 12월이 되어버렸고 나는 휴스턴 공항에 앉아 까르니따스* 타코를 먹으면서 휴대용 CD플레이어에 꼽은 헤드폰으로는 록밴드 브랜드 뉴Brand New의 음악을 들으며 음료가 가득한 플라스틱 컵의 거품 같은 기대에 부풀어 있었다. 모험이 시작되기 전의 달콤한 몽상에 너무 오래 빠져 있느라 타야 할 비행기를 놓쳐버렸고 빡빡한 촬영 스케줄에 차질이 생기고 말았다. 도착 장면을 찍을 때까지는 물론이고 첫 시합에 들어갈 때까지도 그곳에 갈 수 없을 것 같았다. 그나마 또 한 명의 남학생 출연자가 나처럼 하루 늦어서 하늘이 무너지지는 않았다.

● 돼지고기.

나는 그다음 24시간을 창피해 죽고 싶은 심정으로 발을 동동 굴렀다. 비에케스섬에 도착하자마자 이 멍청한 실수를 만회하기 위해 다음 시합은 내가 책임지겠다고 나섰다. "뭐든 먹을 수 있어. 주는 대로 다 먹을게!" 나는 소리쳤다.

우리는 뚜껑이 덮여 있는 네 개의 접시 앞에 섰다. 호루라기 소리가 들렸고 나는 뚜껑을 열어 내 음식의 정체를 확인했다. 매운 마요네즈였다.

참고로 나는 그때까지 16년 세월 동안 마요네즈가 들어간 요리를 거부해왔다. 치킨 샐러드나 에그 샐러드에는 손도 안 댔다. 샌드위치에 아이올리*가 조금만 들어 있어도 바로 알아채고 긁어내고 먹었다. 마요네즈란 내가 상상할 수 있는 최악의 식재료였다. 하지만 나는 이 두툼하게 쌓인 노란색 마요네즈 산에 얼굴을 푹 묻은 다음 게걸스럽게 삼켰고 당연히 온갖 군데에 묻히며 뚝뚝 흘렸다. 마요네즈를 빨리 먹기란 굉장히 힘든 과업인 것이다. 이 일이 끝난 후, 내 얼굴은 마치 필스버리 도우보이**가 방금 막 사정을 한 몰골이 되고 말았다. 여자팀이 이겼기 때문에 나는 이 용기 있는 도전정신을 후회하지 않았으나, 시합이 끝나고 프로듀서가 우리를 스노쿨링하는 곳으로 데려갔을 때 산호초와 물고기 2만여 마리가 어우러진 황홀한 절경에도 레인보우 리프Rainbow Reef를 감상하는 일에 집중하지는 못했다. 스노쿨링 장비 안이 나의 마요네즈 트림 소리와 냄새로 가득 찼기 때문이었다.

* 마늘, 난황, 올리브유로 만든 지중해 소스.
** 필스버리 밀가루 광고 캐릭터로 〈고스트 버스터즈〉에 나오는 마시멜로맨의 원조.

아니, 적어도 그랬다. 이것이 내가 항상 그때 일어난 일이라고 말하고 다닌 버전이다. 마요네즈 사건은 내가 그 쇼에서 정확히 기억하는 유일한 장면이고 사람들에게 언제나 그 에피소드에 대해서만 이야기하고 다녔다. 십 대 소녀가 상금을 받기 위해 매운 마요네즈를 걸신들린 듯 퍼먹은 경험은 충분히 웃기기도 하고 사람들을 기겁하게 하기에 확실한 추억이었으니까. 하지만 그 영상을 다시 보면서 내가 이제껏 실제로 벌어진 일과 다르게 말해왔다는 사실을 비로소 깨달았다. 시합 전에 나는 먼저 마요네즈를 먹겠다고 자원했다. 내 접시에는 뚜껑 같은 건 없었다. 그래서 마요네즈를 보고 화들짝 놀라지도 않았다. 그간 말하고 다녔던 것처럼 어쩌다 보니 마요네즈를 먹게 된 것이 아니라, 내가 일부러 마요네즈를 택한 것이 진짜 일어난 일이었다.

생각해보면 나는 일반적으로 이런 식의 실수를 하며 살아온 것 같다. 내 평생 굳이 말로 하지 않았을 때도, 그 이상한 일이 내가 선택한 게 아니라 그냥 내 앞에 툭 떨어졌을 뿐이라고 믿어왔다. 특히 나는 글을 쓸 때를 빼고는 생각이란 게 없는 편이기 때문에, 머릿속을 여백으로 남겨둔 채 황당한 일 앞에서 그냥 발이 걸려 넘어지곤 하는 사람처럼 말하고 다녔다. 어쩌다가 〈걸스 대 보이스〉에 대해 이야기할 기회가 생기면 나는 100퍼센트 우연히 그 쇼에 출연하게 되었다고, 완전히 무작위로 뽑힌 것 같다고, 그저 어느 토요일 쇼핑몰에서 멍하니 시간을 죽이고 있다가 오디션을 보았을 뿐이라고만 말했다.

나는 개인적으로 이 버전의 이야기를 선호한다. 하지만 다른 버전의 이야기 또한 정확하다는 점을 인정해야만 할 것이다. 나는 언제나 내가 특별한 존재라고 생각했고 그에 따라 행동하던 애였다. 내가 리얼리티 쇼에 출연하는 데 우연이 개입된 건 사실이다. 그러나 또 하나의 사실은 내가 신청할 때 들떠 있었고 열정적으로 매달렸으며 어쩌면 운명일지도 모른다고 생각한 것이다. 아빠가 흔들던 20달러는 절대적인 동기라기보다는 나의 내적 동기를 덮고자 하는 용도이기도 했다. 내가 출연자 신청 가판대까지 내 발로 걸어간 건 자기중심적인 성향이 아니라 부모님의 성화 때문이었다고 나 자신에게 말할 수는 있다. 내가 아끼던 아베크롬비 미니스커트와 리프 샌들에 어울릴 깜찍한 홀터 톱을 사기 위해서였다고 말할 수도 있다. 하지만 나중에 일기장을 보니 난 캐스팅이 확정되자마자 뛸 듯이 기뻐했고 전혀 당황하지 않았다. 이제 나에게 명백해졌고, 언제나 명백했어야 하는 진실은 이것이다. 열여섯 살짜리가 머리를 양 갈래로 묶은 채 비키니를 입고 텔레비전 화면 안에서 뛰어다닌다고? 그 아이에게 자기를 남들에게 열렬히 보여주고 싶은 마음이 없다면, 절대 일어나지 않을 일이다.

백사장 너머로 태양이 붉게 타오른다. 십 대들은 서로에게 티셔츠를 던진다. 여자팀이 진다. 패리스는 데미안을 좋아하는 기색이 역력하고 데미안은 지아와 가까워지고 싶어 한다. 그러나 지아는 끝날 때까지 어느 누구와도 키스를 하지 않겠다고 결심했다고 말한다. 데미안은 지아를 굴복시킬 수 있다고 생각한다. 라이더를 중심으로 한 사건들이 생긴다. 그는 건강한 운동선수지만 연극성 성격 장애가 있다. 장애물 경기가 벌어지고 또 여자팀이 진다.

켈리는 자신에게 반한 코리의 마음을 흔들어 경쟁에서 집중하지 못하게 한다. 패리스는 평균대에서 떨어진다. 에이스는 켈리와 사귀고 싶어 한다. "나와 코리, 에이스 사이에 삼각관계가 생긴 것 같아요." 켈리가 카메라를 보고 말한다. "여기 뭔가 분위기가 달아오르고 있어요."

〈걸스 대 보이스: 푸에르토리코〉는 2003년에 시작된 이 리얼리티 쇼의 네 번째 시즌이다. 첫 번째 시즌은 플로리다, 두 번째는 하와이, 세 번째는 몬태나가 촬영지였다. 이제 아무도 찾지 않는 팬 사이트에는 네 시즌의 출연자들이 소개되어 있고, 그들의 이름은 '이 페이지는 찾을 수 없습니다'로 연결되는 마이스페이스 페이지에 링크되어 있다. 각 시즌의 출연자 단체 사진은 다양성이라는 목적에 충실한 팩선PacSun*의 광고처럼 보인다. 아이들의 이름은 2000년에서 2010년에 매우 흔했던 교외 청소년의 이름들을 모아놓은 별자리 같다. 저스틴, 마이키, 제시카, 로렌, 크리스티나, 제이크.

때는 바야흐로 리얼리티 쇼의 전성기라 할 만했다. 이 업계의 암울한 이면이 자신을 서서히 드러내기 전의 비교적 순수한 시대였다고 할까. 리얼리티 쇼가 아직 새로운 타입의 맞춤 출연자, 즉 실리콘과 각종 약품을 이용한 카메라에 잘 받는 얼굴과 체형의 인간을 창조하기 전이었다. 자연스러운 성격이나 개성이 대본 없는 텔레비전 안에서 괴상하게 편집되고, 그들의 나머지 생활이 인스타그램에서 변비 차를 협찬받거나 지역의 삼류 클럽에 돈을 받고 출연하는 시대는 아직 오지 않았다. 2000년대 초반, 이 장르는 아직은

•　캘리포니아 청소년 의류 브랜드.

신선한 편이었다. 프로그램 밑에 깔린 개념은 21세기의 기술과 문화를 끌고 가던 것이기도 했다. 즉 무엇이든 팔릴 것 같은 환경 안에서 평범한 사람도 자연스럽게 자신을 포장할 수 있다는 개념이었다. 내가 계약할 때만 해도 유튜브 채널은 존재하지 않았다. 핸드폰으로 사진을 찍지도 않았고 소셜 미디어에 동영상을 올리지도 않았다. 2003년 MTV는 〈리얼 월드〉 시리즈의 파리 편과 샌디에이고 편을 방송했고, 〈리얼 월드/로드 룰즈 챌린지〉가 최초의 "성 대결" 시즌으로 방송되었다. 〈걸스 대 보이스〉도 비슷한 콘셉트라고 할 수 있다. 〈서바이버〉는 여전히 신선한 느낌이었고 〈라구나 비치〉는 이제 막 MTV를 지배하려 하고 있었다.

〈걸스 대 보이스〉는 저예산 제작사에서 만든 프로그램이다. 카메라는 총 네 대뿐이고 책임 프로듀서 두 명은 언제나 촬영 현장에 있었다. 작년에 나는 프로듀서 중 한 명인 제시카 모건 리히터에게 이메일을 보냈고 우리는 미드타운 맨해튼의 이탈리안 식당에 앉아 해피 아워에 즐길 수 있는 화이트 와인 한 잔을 마시며 이야기를 나누었다. 제스는 내가 기억하던 모습 그대로였다. 약간 건조한 미소를 지녔고 매부리코에 살짝 우울한 파란 눈의 그녀는 사라 제시카 파커가 주연한 영화에서 얄미운 여동생 역할을 하면 어울릴 것 같았다. 필요 이상으로 잘해주었던 제스를 우리 모두는 좋아했다. 패리스가 울고 있으면 제스는 자기 아이팟을 빌려주며 기분을 달래주곤 했다. 2005년 봄에는 켈리와 크리스탈과 나를 뉴욕까지 초대해서 십 대도 들어갈 수 있는 뉴욕의 핫한 장소들, 이를테면 〈록키 호러 픽쳐 쇼〉 공연이나 차이나타운의 가라오케에 데리고 가기도 했다.

2006년 제스는 〈걸스 대 보이스〉 제작사를 떠나 A&E 채널로 옮겨 7년간 〈호더스〉와 〈플리핑 보스턴〉의 제작 책임자로 참여했다. 현재는 디파추어 필름의 기획부 부장으로 일하며 여전히 리얼리티 쇼를 제작하고 있다("집 고치는 프로그램 정말 많이 했어." 그녀는 최근에 가브리엘 유니온과 드웨인 웨이드와 함께 〈올 스타 플립〉이라는 집 개조 프로그램을 만들었다고 하면서 말했다). 〈걸스 대 보이스〉는 제스의 첫 연출작으로 우리 바로 전인 몬태나 편 방영 시즌에 그 회사로 이직했다고 한다. 우리가 바의 의자에 코트를 걸고 있을 때 그녀는 그 프로를 연출했을 당시의 나이가 지금 나와 같다고 말했다.

제스는 8월부터 캐스팅 작업을 시작했고 모든 출연자를 혼자 뽑았다고 한다. 그녀가 말했다. "전국 각지에서 신청서가 왔지. 나는 유명한 스포츠 프로그램이 있는 대도시의 고등학교에 출연 홍보 팩스를 보내기도 했어. 우리 회사 주변 세 개 주에 있는 모든 수영 팀에는 직접 갔었고." 그녀는 이런 쇼는 생각보다 캐스팅이 어렵다고 설명했다. 지리적 그리고 인종적으로도 다양해야 하고, 개성도 있어야 하며, 인상이 강하면서도 우리 주변의 어디선가 본 듯한 인물을 찾아내야 한다. 기본적으로 운동신경이 있는 십 대를 뽑아야 했고 부모님들이 교과서만큼 긴 계약서(면책 약관)에 서명을 해주어야 했다. 제스에 따르면 이런 부모는 생각보다 적다고 한다. 그녀와 또 다른 연출자인 스티븐은 우리의 사진과 동영상에 관한 저작권을 갖고 있고 그것들을 다른 목적을 위해 써도 된다. "우리 애한테는 절대 안 시킬 거야!" 그녀가 말했다. "너도 시키면 안 돼!"(나중에 나는 면책 약관 바로 밑에 적힌 우리 엄마의 선명하고 깔끔한 서명을 보았다. 엄마는 이 서명으로 제작 책임자, 노긴, MTV 네트워크, 비아콤 인터내셔널에 "모든 저작권이나 법적 책임"을 넘기며 "부주의나 사고로 인한 부상이나

사망이 발생해도 방송 측을 고소할 권리를 포기한다"는 데 동의했다)

제스는 여섯 시에는 할렘에 있는 집에서 베이비시터가 퇴근한
다고 말하며 시간을 한번 확인하고선 마르게리타 피자를 주문했다.
그녀는 리얼리티 쇼 캐스팅은 기본적으로 방송 출연에 적합한 성격
을 가려내는 과정이라고 했다. "텔레비전 방송을 이해하는 사람들
이 있어. 시선을 어디에 두어야 하는지 알고, 카메라를 똑바로 쳐다
볼 수 있는 사람 말이야." 그녀는 우리 모두에게 전화를 걸어 질문
했었다. 누군가와 갈등이 있을 때 어떻게 푸는지, 이성 친구가 있는
지. "이런 간단한 질문에 대한 대답만 들어도 열여섯 살에 대해 많
은 걸 알 수 있어. 얼마나 당찬지, 아니면 얼마나 소심한지." 그녀가
말했다. "십 대니까 당연히 불안함도 있지. 그런데 대놓고 불편해
보이는 사람은 카메라에서 멋지게 보이질 않아. 리얼리티 쇼에서는
불안감이나 열등감이 전혀 없는 사람이 필요해. 아니면 너무 불안
해서 완전히 바보처럼 보이는 사람이거나."

이 쇼의 캐스팅은 기본을 따랐다고 제스는 말했다. 어른들이
나오는 리얼리티 쇼도 고등학교에서 볼 수 있는 전형적인 타입을
기준으로 뽑는다. 운동선수, 무도회 여왕, 괴짜 남자아이, 범생이,
"혀짧은 소리를 내는 백치미" 같은 여자애. 나는 우리가 어떤 특징
들 때문에 캐스팅되었는지 예측해봐도 되겠냐고 물었다. "켈리는
세련되고 예쁜 여자애." 내가 말했다. "패리스는 백치미 스타일, 코
리는 순수한 시골 소년, 데미안은 허당 푼수, 라이더는 운동선수, 크
리스탈은 내숭 떠는 못된 계집애."

"맞아, 약간 슈퍼모델 타입이지." 제스가 말했다.

"에이스는요?" 내가 물었다. "크리스탈은 흑인 커플이 탄생할

수 있으니까 그 애를 캐스팅했을 거라고 하던데요."(냉소적인 유머 감각을 가졌고 절대로 못된 계집애가 아니었던 크리스탈은 내게 자신의 역할이 "리얼리티 쇼의 전형적인 흑인 소녀"라고 말한 바 있다)

"당연히 다양성을 전제로 하긴 했지." 제스가 말했다. "그러면 너는 어떤 애라서 뽑힌 것 같니?"

"범생이 타입이었나?" 내가 물었다(물론 나는 다양성 때문에도 뽑혔을 것이다).

"아니." 그녀가 말했다. "물론 언제더라? 네가 학교 숙제를 하려고 했을 때는 스티븐과 내가 '이건 쓰레기 텔레비전이야. 저 애가 숙제를 못 하게 막아야 해'라고 하긴 했었어."

"그러면… 이성적인 타입?"

"아니지!" 제스가 말했다. "우리는 네가 이성적이지 않았으면 했어. 우리가 너를 뽑고 싶었던 이유는, 네가 모든 걸 아는 척하는 알파걸 타입의 졸업생 대표라서였어." 그녀는 나를 캐스팅한 또 하나의 이유가 운동신경이 탁월해 보여서라고 했다. 오디션 테이프에서 나는 풋볼 경기 중에 텀블링 패스를 하는 모습을 보여주긴 했다. 실은 손과 발의 협응력이 상당히 떨어져서 평소 체육 시간엔 공을 거의 못 잡는다는 사실은 교묘하게 숨겼다.

켈리, 크리스탈, 지아가 현관에 모여 무언가 심각하게 논의 중이다. 켈리를 두고 에이스와 코리가 질투로 싸우게 해서 남자팀을 분열시켜야 할 거라는 내용이다. 남자애들은 라이더에게 관심 있는 패리스를 이용해 여자팀을 흔들자고 한다. 패리스는 별일 아닌 일을 부풀려서 해석하며 울고불고 쉬지 않고 말한다. 라이더는 시합 중에 자주 평정심을 잃는다. "기분 나빠. 못해 먹겠어. 내 잘못도 아닌데." 라이더는 셔츠를 벗더니 바닷가에 돌을 던져 물수제비를 뜨면서 소리 지른다. "제기랄!"

십 대들은 춤추러 나갈 예정이다. 데미안은 여전히 지아를 꼬셔보려고 한다. 에이스는 머리에 셔츠를 쓰고 여자인 척하면서 지아가 데미안을 거부하는 장면을 흉내 낸다. 모두가 야외 해변 바에서 조심스럽게, 몸을 살짝씩 부딪치며 춤추는 장면을 보여준다. 숙소로 돌아오자 사회자들이 기다리고 있다. 이제 이 섬에서 나가야 할 사람을 투표로 뽑아야 한다. 각 팀에서 한 명씩 집으로 돌아간다.

〈걸스 대 보이스〉를 실제로 볼 용기를 끌어모으기까지 몇 달이 걸렸다. 이것은 사실 나에게는 그리 흔치 않은 일인데, 십 대에 이 쇼에 출연했다는 일 자체가 내가 그리 쭈뼛거리거나 쑥스러워하는 사람이 아님을 증명하기 때문이다. 하지만 나는 그야말로 물리적으로 손을 뻗어서 이 쇼를 틀 수가 없었다. 2018년 겨울, 브루클린의 술집에서 눈 오는 평일 밤에 술 몇 잔을 들이키고 나서야 친구 푸야를 집으로 불러 시즌의 반을 함께 보았다. 그리고 며칠 후 친구 케이트와 함께 나머지를 보았다.

십 대 때의 내 모습을 영상으로 보니 너무도 이상하고 어색했다. 또 하나 이상한 건 우리 모두 너무도 자연스럽게 행동한다는 사실이었다. 우리를 쫓아다니는 카메라 앞에서 혼자 이야기하는 것을 세상에서 가장 당연한 일처럼 여기는 듯했다. 그중에서도 가장 이상했던 건 그때의 내가 지금의 나와 큰 차이가 없다는 점이었을지도 모른다. 프로그램에 같이 출연했던 친구들에게 전화를 돌리기 시작하면서 시간의 왜곡은 더욱 크게 느껴졌다. 모두 서른 살 즈음이었는데, 그 나이대라면 대부분 청소년기와 현재의 자기 사이에 큰 차이가 있다고 느낀다. 하지만 우리는 앞서 제스가 언급했듯이 비정상적으로 자만심 넘치는 십 대였고 자아가 강하고 단단한 편이었다. 나는 모두에게 TV에 출연했던 때와 많이 달라졌다고 느끼는지 물었다. 모두가 철이 들었다고는 했지만 대체로 그때와 크게 다르지 않다고 답했다.

켈리는 결혼했고 뉴포트 비치에 살면서 부동산 회사의 사업 개발 분야에서 일한다. 크리스탈은 로스앤젤레스에 살고 다른 일로 돈을 벌면서 간간이 배우와 모델 일을 한다. 출연했던 다른 리얼리티 쇼 〈TLC 래틀드〉에서 만난 남자와 살면서 함께 20개월 된 딸을 키운다. 수줍은 시골 소년으로 켈리와 카메라 앞에서 생애 첫 키스를 했던 코리는 남자친구와 올란도에 살고 있으며 디즈니에서 일한다. 라스베이거스 출신의 푼수 데미안은 아직 그곳에 살면서 클럽 홍보를 한다. 에이스는 DC에 산다. 라이더는 내 메시지에 응답하지 않았다. 패리스는 페이스북에서 근황을 접했는데, 한 달째 외래로 조울증 치료를 받고 있다는 글을 올린 걸 보고 연락을 잠시 미루기로 했다.

나는 그들에게 우리가 이 쇼에서 맡은 역할이 무엇이라고 생각했는지 물었다. 출연자의 반은 모두에게 확실해 보였다. 코리, 켈리, 패리스 그리고 크리스탈은 전형적인 타입을 연기한 것 같았다. 착한 소년, 전형적인 미국 소녀, 또라이 그리고 못된 애. 그러나 나머지 네 명인 데미안, 라이더, 에이스, 나는 명확하게 정의되지 않았다. 데미안은 자신이 시건방진 놈으로 캐스팅된 것 같다고 했다. 켈리는 그가 웃기는 사고뭉치 역할이라고 답했고, 크리스탈은 "바람둥이 아닌가? 〈저지 쇼어〉에 많이 나오는 타입"이라고 답했다. 라이더는 모든 사람에게 각각 다 달랐다. 허세병에 걸린 예술 소년, 잘 노는 운동선수, 대담한 펑크 로커였다. 나도 그랬다. 물론 당사자인 내가 아닌 제삼자가 물었다면 다른 대답이 나왔을 수도 있지만 그들은 내 캐릭터를 똑똑한 애, 귀여운 애, "재밌는 남부 애" 혹은 내숭 떠는 애라고 말해주었다.

이런 질문을 하는 것 자체가 전형적인 십 대 판타지를 입증하는 것이다. 리얼리티 쇼는 감정적으로 미성숙한 사람들의 다양한 자기기만을 실현하기 위해 깔아주는 자리라고 할 수 있다. 리얼리티 쇼는 평범한 당신이 세세하게 관찰되고, 진지하게 해석되고, 어떤 사람인지 정의될 수도 있다는 꿈이다. 당신의 삶 자체가 영화의 소재가 될 수 있다는 꿈, 당신이 거리를 걷는 장면은 영화 속 한 장면이 되고 당신에게 맞는 사운드 트랙이 흐를 자격이 있는 사람이라는 꿈이다. 이 프로에서는 어른들이 우리를 위해 하나의 세상을 건설해주었다. 그리고 우리를 캐릭터로 분류했다. 이제 우리 사이에서 일어나는 드라마에는 어쿠스틱 발라드와 팝 펑크 음악이 적절히 삽입될 수도 있다. 우리의 정체성에는 명백한 서사적 역할이 주어진다. 나르시시스트들의 판타지가 드디어 이루어지는 것이다. 미드타운에서 함께 와인을 마실 때 프로듀서인 제스는 말했다. "리얼리티 쇼를 만드는 사람들끼리 자주 하는 말이 있어. 사람들은 계약서에 서명해. 대부분 다 유명해지고 싶어 하거든. 진짜 카다시안보다 더 나은 카다시안이 될 수 있다고 생각하지. 우리 핸드폰에 깔린 앱들을 봐. 모두가 관객을 갖고 싶어 하고, 또 관객을 가질 자격이 있다고 생각하는 거잖아."

고등학생 때 나는 〈걸스 대 보이스〉 카메라가 내게 제공할 법한 황홀한 관심과 애정을 열렬히 원했다. 일기장에서의 나는 끊임없이 다른 사람들에게 어떻게 보이는지를 해석하거나 과대평가하고 있다. 스스로 모니터하면서 친구들과 반 아이들이 날 어떻게 볼지 궁금해하고, 어떻게든 내가 보여주고 싶은 모습만을 보여주려고 한다. 지금 내가 쓰는 이 글은 조금 더 정직해지려는 시도이기도 하다. 나는 내가 느끼는 대로 행동하고 싶다. 나는 "내 진짜 모습"대로 살고 싶다. 하지만 나는 그 어떤 것보다 서사의 일관성에 관심이 있는 건 아닐까 걱정하기도 한다. 나는 내가 이제까지 해온 이 모든 자기 모니터링이 나를 만들어왔을까 봐, 아직도 내가 2004년에 일기장에 쓴 것처럼 "지아라면" 이 상황에서 어떻게 행동할까를 너무나 의식하고 있는 건 아닐지 걱정된다. 내가 "나 자신에게도 캐릭터"가 되어가는 위험에 처한 건 아닌지 걱정된다.

이 불안은 언제나 나와 함께 해왔다고 자신 있게 말할 수 있다. 그러나 〈걸스 대 보이스〉는 독특한 방식으로 불안의 일부를 용해시켰다. 끊임없이 감시되고 있던 그 쇼에서 나는 나 자신과 충분히 멀리 떨어질 수가 없었고 내가 남기고 싶은 인상에 대해 일일이 생각하고 행동할 수가 없었다. 모든 것이 일종의 연기로 취급될 때는 의식적으로 연기를 하는 것이 불가능하다. 2005년에 텍사스로 돌아간 후 내 일기에서는 그 많던 추측이나 짐작이 대체로 사라졌다. 고등학교 친구들이 날 어떻게 생각하는지에 대해 궁금해하지 않고 지낼 수 있었다. 그 쇼에서 내가 어떻게 보일지에 대해서도 깊게 생각하지 않았다. 내가 보여졌다는 걸 알고 나자 나 자신을 보고자 하는 욕망, 나 자신을 캐릭터로 분석하고 싶은 욕망이 사라졌다. 첫 에피소드를 보았을 때 난 생각했다. 아, 지루해. 재미없어. 민망하네. 뭐야, 나잖아.

몇 년 지나지 않아 다시 나는 사람들에게 어떤 인상을 남기고 싶은지를 생각하기 시작했으나, 이것은 마치 일기예보처럼 언제나 내 예상을 빗나갔다. 돌아보면 나는 이때부터 내가 남기고자 하는 인상을 의식적으로가 아닌 무의식적으로 통제하기 시작했던 것 같다. 나의 외적 자아에 점수를 매기는 일은 너무도 본능적으로, 자동으로 이루어져서 가끔 멈추고 그 행동을 인식할 수도 없었다. 리얼리티 쇼는 자의식을 모든 것과 불가분의 관계로 만드는 방식으로 나를 이 자의식에서 해방시킴과 동시에 그 자의식이라는 말뚝에 묶어놓기도 했다.

반신반의하긴 하지만, 이 체험은 인터넷과 동고동락하게 된 생활을 위한 유용한 준비 과정이라고 할 수도 있었다. 나는 그 쇼를 보면서 트위터 스크롤을 내리며 뉴욕에서 기차에 오를 때와 똑같은 기분을 느꼈다. 한편으로는 이 모든 자발적인 자아 비대증 밑의 나라는 인간은 대체 어떤 사람일까 생각하고, 다른 한편으로는 우리가 겉으로 보이는 모습과 거의 똑같은 사람일 거라 생각하기도 한다.

아침이 밝았고 십 대들은 아직 비몽사몽이다. 아침 식탁에서 지아는 패리스에게 어색하게, 앞으로 일어날 일에 대해 미안하다고 말하려 한다. 해변에서 실시한 투표에서 패리스와 라이더가 탈락한다. "개인적으로 받아들이지는 않을래. 하지만 기분이 개떡 같은 건 어쩔 수 없네." 패리스가 말한다.

남아 있는 여섯 명의 참가자는 큰 바퀴를 돌리면서 서로에게 공을 던진다. 여자팀이 진다. 에이스와 지아는 버려진 병영에 야간 조명 카메라와 자물쇠를 들고 들어간다. 소녀들이 또 진다. 다음 날 아침, 사회자가 1층으로 내려온다. 또 하나의 반전이 있다.

〈걸스 대 보이스〉의 모든 에피소드는 같은 방식으로 구성된다. 대결을 펼치고, 숙소에 돌아가 누구를 싫어하고 또 누구를 좋아하게 되었는지 이야기한다. 또다시 반복. 리얼리티 쇼는 계속해서 예상 화면이 축적되면서 일종의 최면이 된다. 고속 촬영으로 찍은 황금빛 해가 뜨고 카메라는 우리의 2층 침대 위 흰색 모기장을 콕콕 찌른다. 우리는 하품하면서 일어나 오늘 게임에선 반드시 이기리라고 되뇐다. 우리는 보드용 반바지나 비키니를 입고 해변에 줄지어 서 있다. 휘슬이 울린다. 우리는 모래 위를 뛰어다니며 거대한 퍼즐을 맞춘다. 사회자가 게시판에 점수를 기록한다. 다시 고속 촬영으로 해가 지고 형광 분홍색 태양이 진한 노을이 되어 하늘을 물들인다. 에피소드가 진행될 때마다 매일 밤 우리 피부는 더 진한 갈색이 되고 머리는 점점 더 엉클어지며 숙소에서는 서로에게 불만을 터트리다 싸우고는 가끔 키스를 한다.

그 쇼를 보면서 내 머릿속에서 얼마나 많은 기억이 사라져버렸는지 알고 깜짝 놀라기도 했다. 몇몇 도전 과제는 아예 기억에서 지워져서 난생처음 보는 것 같았다. 우리는 윈덤 리조트에서 각자 만든 기념품을 팔았다.(그랬나?) 바닥에 구멍이 뚫린 카약을 타고 경주를 했다.(그랬다고?) 손은 등 뒤에 묶고 무릎을 꿇은 채로 그릇에 들어 있는 개밥을 먹었다.(뭐?) 어떤 에피소드에선 내가 기타를 들고 우리의 연애 드라마를 주제로 한 길고 긴 발라드를 만들어서 부르기도 한다. 그리고 카메라가 꺼졌을 때 일어난 일에 대해서는 말 그대로 아무것도 기억하지 못한다는 점이 걱정스럽다. 이를테면 우리가 삼시 세끼 무엇을 먹었는지에 대해 아무 기억이 없다.

"아마 냉동 피자를 많이 먹었을걸?" 데미안이 말했다. "보통 점심은 식당에 가서 먹었지. 언제나 같은 식당." 크리스탈은 수화기 너머로 아직도 그때 먹었던 브랜드의 냉동 피자를 산다고 말했다. 그녀가 전화기를 들고 냉장고 근처로 가는 듯했다. "이거다. 셀레스테 피자. 전자레인지에 몇 분 돌려서 먹는 거." 켈리는 점심을 먹던 식당 이름도 기억해냈다. "바나나라는 곳이었어. 우리가 밤에 춤추러 간 곳은 세 셰크였고. 쇠꼬챙이에 작은 치킨구이가 꽂혀 돌아가고 있었어." 크리스탈은 세 셰크에는 라이브 밴드가 있었고 조명이 어두웠다는 것도 기억했다. "으, 우리는 '하바나 나이트'에 있다고 생각했지." 이들과의 대화가 끝난 후, 열쇠 구멍으로 희미하게 들어오는 빛처럼 나에게도 단편적인 기억의 조각들이 떠올랐다. 멜라민 접시에 음식이 나왔고 나는 언제나 똑같은 샌드위치만 주문했다. 야외 테이블과 끝없이 펼쳐진 까만 밤하늘과 발밑에서 까슬거리던 모래도 생각났다. 하지만 그것이 전부였다. 나는 이야기로 만들 수 없는 것들은 모두 잊어버렸다. 몇 주간 푸에르토리코에서 일어난 일을 어떻게든 앞뒤가 맞는 이야기로 만드는 건 내가 아닌 다른 사람의 몫이었다.

리얼리티 쇼는 무에서 유를, 없는 이야기도 짜내는 것으로 악명 높은 방송 포맷이다. 〈바첼러〉 시리즈는 "프랑켄비팅Frankenbiting"이라는 편집 기법으로 유명한데, 이는 오디오를 옮기고 가짜 맥락을 넣어서 참가자들이 하지도 않은 말을 하는 장면을 보여주는 것을 말한다(2014년 〈바첼러 인 파라다이스〉의 한 참가자는 너구리에게 사랑 고백을 하는 것처럼 편집되었다). 제스는 우리 프로그램 또한 촬영 후 3개월 동안의 편집 기간에 영상을 오리고 붙이며 위치를 옮겨서 스토리 라인을 형성했다고 말했다. 내가 봐도 약간의 편집 자국이 보였고 다른 친구들도 몇 가지 바뀐 점에 대해 말해주었다(각 팀에서 한 명씩 뽑아 탈락시켜야 했을 때, 앙심을 품은 것처럼 보이고 싶지 않던 패리스와 다른 남자아이들에게 치여 지나치게 주눅이 들었던 코리 둘 다 탈락할 사람으로 자기 이름을 썼던 장면은 편집되었다). 하지만 그럼에도 쇼는 매우 독특하고도 괴상한 방식으로 완전한 서사처럼 보인다. 그곳에는 십 대들의 목소리가, 불가능할 정도로 유연하고 탄력적인 몸이, 카메라 앞에서 속마음을 털어놓고 휘슬이 울리면 수영장에 뛰어드는 우리가 영원히 박제되어 있다.

비에케스섬에서 나는 부지불식간에 배우고 있었는지도 모른다. 21세기에는 경험의 맥락과 경험의 기록과 그 경험 자체를 구분하는 일이 어려울 수도 있다는 사실을 말이다.

바람 부는 축구장. 십 대들은 새로운 팀원을 맞이한다. 라이더가 여자팀에, 패리스가 남자팀에 합류한다. 이날의 도전 과제는 "인간 테이블 축구"다. 라이더가 합류한 여자팀이 이긴다. 시합 후에 패리스는 축구장에 앉아서 운다. 에이스와 데미안은 그녀를 한심해한다. "우리는 그 애를 감자 포대처럼 들고 옮겨야 했어요." 데미안은 말한다. 그날 밤 패리스는 코리에게 켈리가 남자팀의 분열을 위해 그를 이용한 것뿐이라고 말한다. 이 때문에 켈리는 패리스와 한판 붙고, 데미안은 중간에서 말리는 척한다. 아이들의 목소리는 점점 높아진다.

켈리가 코리에게 다가가 키스하려 한다. 데미안은 코리에게. 켈리는 남자친구가 있어도 항상 다른 남자를 만났다고 말한다. 여자들은 패리스에게 잘해주려고 한다. "모든 애들이 자기가 다른 애들보다 더 우월한 척하려고 애쓰네요." 패리스가 길가에 서서 코웃음 치며 말한다. "그래봤자 우리는 다 못난이들이에요." 두 팀은 카약을 타고 맹그로브 습지를 넘어가는 게임을 한다. 여자팀이 이긴다. 지아와 크리스탈은 카메라 앞에서 어느 사실을 털어놓고, 남자애들은 화가 나 씩씩거린다. 켈리가 에이스를 거들떠도 안 보고, 지아가 데미안에게 넘어가지 않아서다.

시즌 전체를 흐르는 주요 스토리 라인 중 하나는 내가 아무와도 입을 맞추거나 더듬지 않는다는 것이다. 나는 '진실 혹은 도전' 게임을 하면서 모두가 서로 입을 맞추었던 첫 번째 날부터 이 원칙을 고수했다. 정규 방송분이 끝나고 우리가 라스베이거스의 밝은 무대에 앉아서 지난 클럽들을 함께 보는 특집 에피소드가 있있는데, 데미안은 나의 원칙이 답답하고 바보 같다고 말했다. 나는 나만의 윤리의식이 있어서 미안하다고, 잘난척하며 꼰대처럼 말했다. 나에게는 내가 절대 깨지 않을 원칙을 적어놓은 수첩도 있다고 덧붙였다.

그때의 내가 거짓말을 했던 걸까? 기억에 따르면 나만의 원칙을 적은 수첩 같은 건 없었다. 아니, 어쩌면 지금의 내가 거짓말을 하는 건지도 모른다. 그런 수첩을 갖고 있었다는 건 현재 내 삶의 서사와는 어울리지 않으니까. 열여섯 살의 내가 성 경험과 관련하여 나만의 선을 엄격히 지킨 건 사실이다. 나는 첫 경험이 없었고 결혼할 때까지 순결을 지키고 싶었다. 물론 채 1년도 가지 않아

창문으로 던져버린 목표다. 하지만 지금은 그 쇼에서 내가 도덕적으로 보이고 싶었던 건지, 아니면 진짜 도덕적이었는지 잘 모르겠다. 종교적인 감시 속에서 살다 진짜 감시되는 세계로 가면서 나는 이 두 가지 개념을 구분할 수 있었는지 아닌지 모르겠다. 그때까지 한 번도 하지 않았으니 처음 만난 사람과 키스하는 것에 강한 반발심을 가진 건지, 아니면 TV 앞에서 처음 만난 사람과 키스하는 것에 강한 반발심을 가진 것인지 구분하지 못하겠다. 푸에르토리코로 떠나기 한 달 전에 〈걸스 대 보이스: 몬태나〉를 시청한 후, 나는 이렇게 일기를 썼다. "출연하기로 한 게 잘한 일일까? 약간 걱정스럽다. 모두 너무 쉽게들 눈이 맞고 여자애들은 내내 헐벗고 나온다. 아니, 소몰이 시합에서 왜 탱크톱을 입고 있는 거지? 난 절대 그러지 말아야지. 그래서 나는 티셔츠를 많이 챙겼다. 아주 넉넉히. 내가 얌전을 떨거나 남자애들에게 관심 없어 보인다면 좀 웃긴 일이긴 한데 집에서의 나는 절대 그런 이미지가 아니기 때문이다. 다만 그저 6개월 후에 TV를 볼 때 싸구려처럼 보이지 않길 바랄 뿐이다."

이러한 보수적인 윤리의식이라는 껍질 아래에는 명백히 우월감이 자리하고 있다. 나는 2000년대 초반에 어디서나 볼 수 있었던 십 대 소녀들보다 취향이나 행동거지 면에서 더 낫다고 생각하고 있었다. 블록버스터 코미디와 로맨틱 코미디에 등장하는 과장된 섹스와 지나친 감상주의의 아바타 같은 아이들, 언제나 남자애들 이야기만 하는 민망할 정도로 의존적인 여자애들과 나는 다르다고 생각했다. 나는 기질적으로 절대 호락호락하거나 만만해 보이고 싶지 않았고 이런 성향이 난잡하면 안 된다는 종교적 욕구와 합쳐졌다. 아니, 난잡하게 노는 여자처럼 보이면 안 된다는 욕구였을지도 모른다. 초기 리얼리티 쇼에서는 난잡한 것과 난잡하게 보이는 건 잘 구분이 되지 않았으니까. 아마도 편협하고 허영심에 가득했던 나는 가볍고 껄렁껄렁한 데미안은 내가 좋아할 만한 아이가 아니라고 생각했을 것이다. 그즈음 나는 나에게 무례하게 굴었던 귀공자 타입을 좋아했고, 노골적으로 상대에게 호감을 표시하는 건 촌스럽다고도 여겼다. 하지만 촬영 내내 속으로는 데미안을 좋아하고 있었고 그의 능란하고 엉뚱한 유머 감각도 마음에 들었다. 모든 도전이 끝나고 숙소에서 보내는 마지막 밤이었다. 우리는 마침내 카메라가 꺼진 상태에서 키스를 했다. 하지만 다음 날 우리가 연인처럼 작별 키스하는 걸 제스에게 들키긴 했다. 나의 확고한 결심을 무너뜨리게 한 팽팽했던 긴장은 두어 번의 키스 이후 바로 사라졌고, 우리는 둘 다 다시는 같은 방식으로 느끼지는 않았다. 이 글을 쓰려고 데미안에게 전화를 걸었을 때, 나는 샌프란시스코에서 취재 중이었는데 그때의 우리 이야기를 하며 웃느라 몇 분 동안 말을 하지 못한 적도 있었다. 그날 오후 인터뷰를 하는데 내 볼이 얼얼할 정도였다.

순결이나 성 경험의 문제는 코리에게 훨씬 더 큰 이슈로 다가갔다. 오디션 테이프에서 브리트니 스피어스를 좋아하고 한 번도 키스를 해본 적이 없다고 자신을 소개했던 코리는 첫 에피소드에서 우리 사이의 브리트니라 할 수 있는 켈리에게 첫 키스를 받았다. 코리와 켈리는 상호 합의에 따라 시즌 내내 연애 라인을 담당했다. 그들은 충분한 방송 분량도 보장받았다. 하지만 내가 전화했을 때 코리는 촬영하기 훨씬 전부터 자신이 게이라는 사실을 알았다고 말했다. 이제까지도 그와 키스를 나눈 유일한 여자는 켈리뿐이다.

돌이켜보면 이보다 더 확실할 순 없었다. 그는 너무나도 매력 있고 예쁜 켈리에게 육체적으로 전혀 끌리는 것 같지 않았다. 소지품의 주인을 맞추는 게임이 있었는데 나는 영화 티켓 묶음 속에서 여자애들이 열광할 〈푸시캣 클럽〉을 보자마자 그것이 코리의 소지품임을 확신할 수 있었다. 하지만 코리는 절대로 우리에게 자신의 진짜 모습을 밝히지 않았다. 켄터키주의 작은 동네 출신인 그는 벽장 속에 머물러야만 했다. 이전에 부모님에게 커밍아웃을 하려고 한 적이 있었지만, 그의 아버지는 듣지 않으려고 하면서 아들에게 최악의 악몽을 현실로 만들지 말아달라는 말을 건넸다고 한다(제스는 2005년에는 노긴 방송국이 동성애라는 주제를 쇼에서 다루는 것을 허가해줄지 확신할 수 없었다고 말했다). 그가 푸에르토리코로 떠날 때 그의 아버지는 "새기처럼 굴지 말라"고 당부했다. 새기는 애니메이션 〈스쿠비 두〉 속 캐릭터로 그의 아버지가 생각할 수 있는 가장 게이스러운 소년이었다. 코리는 현재 남자친구와 8년째 같이 살고 있으며 그의 목소리는 늘 그랬듯이 따스했고 그는 여전히 낙관적이고 현실적인 사람 같았다. 부모님과의 관계는 나쁘지 않지만 거리는 멀어졌다. 부모님은 파트너와의 관계를 겉으로 인정하지는 않으면서도 정중하게 대한다고 한다.

십 대들은 하와이안 프린트의 호텔 유니폼을 입고 윈덤 리조트 앞에 서서 직접 만든 기념품을 판다. 스페인어 실력을 살린 데미안 덕분인지 남자팀이 이긴다. 숙소로 돌아온 십 대들은 얼음을 갈아 얼음과자를 만들어 서로에게 던진다. 전기가 나가 깜깜한 어둠 속에서 모두 수영장에 모여 수영한다. 패리스가 에이스와 데미안의 몸에 매달리는 영상이 나오고, 지아는 카메라 앞에서 패리스가 자신의 풍만한 가슴을 이용해 남자애들과 친해지려 하는 것 같다고 말한다. 다음 날 십 대들은 카약 위에서 창 던지기 시합을 한다. 여자팀이 진다.

여자팀은 보너스 시합을 요청한다. 라이더와 패리스가 블러드 소시지◦를 빨리 먹는 게임을 하다 토한다. 켈리는 코리가 자기에게 적극적으로 다가오지 않아 짜증이 나 있다. "왜 우리 동네 남자애들과 다르지?" 켈리는 한숨 쉰다.

내가 1회를 제외한 나머지 방영분을 끝까지 보지 않을 수 있었던 이유 중 하나는 보려고만 하지 않으면 볼 필요가 없었기 때문이다. 그 쇼는 모든 것이 인터넷에 영원히 박제되기 전에 방영되었고, 또 유튜브에 클립들이 다시 올라오기에는 너무 마이너였다. 노긴 방송국은 2009년에 문을 닫았고 〈걸스 대 보이스〉의 동영상 클립과 팬 포럼이 있는 웹사이트도 사라졌다. 나는 2005년, 촬영 시기와 방영 시기 사이에 처음 페이스북에 접속했다. 그리고 그 전에 우리에겐 이미 라이브 저널과 장가xanga와 마이스페이스가 있었다. 이미 이 모든 사이트가 세상을 어떻게 바꿀지 명확히 보였다. 우리 생활은 그 자체로 리얼리티 쇼가 되어가고 있었다. 모두가 자기의 삶을 찍고 기록하여 남들에게 보여주었다. 나는 〈걸스 대 보이스〉에 참가하면서 굉장히 흔치 않은, 비대칭적인 자유를 누릴 수 있었다고 느꼈다. 이 쇼에서 나는 대중의 소비를 의도했으면서 나는 그 내용을 소비하지 않아도 되는 무언가를 할 수 있었다. 내가 절대 보지

◦   돼지 피를 넣은 순대 같은 소시지.

않아도 되는 나 자신의 이미지를 창조할 수 있었다.

그 시즌 방송이 끝나고 프로듀서들은 녹화 테이프를 우리에게 보내주었다. 대학교 때 친한 친구가 테이프를 달라고 해서 주었고, 친구는 한 번에 다 보았다고 했다. 내가 평화봉사단에 있을 때는 남자친구가 보았다(그는 리얼리티 쇼 속의 내가 "지금의 나와 똑같은데 더 못됐다"고 했다). 테이프들을 불태워버리겠다고 말하자 그는 내가 건드리지 못하게 자기 부모님 집에 숨겨놓았다. 그러다 그의 어머니가 실수로 테이프들을 굿윌에 기부했다는 말을 듣고 나는 펄쩍 뛰며 기뻐했다.

그리고 2017년 봄, 혼자 있고 싶은 마음이 들었던 어느 주말에 뉴욕 업스테이트의 게스트하우스를 빌린 적이 있었다. 나는 담배와 추리닝 바지를 가방에 넣고 기차에 올랐다. 늦은 밤 창문 옆 작은 테이블에 앉아 아이디어를 써 내려가던 때였다. 아니, 뭐든 쥐어짜내려는 사람들이 늘 그렇듯 아무 단어나 휘갈겨 쓰고 있었다. 내가 말하고 싶었던 주제는 현대 사회라는 인공적인 조건 아래에서 진정한 자아를 안다는 것이 왜 필요하고 그것이 왜 불가능한가에 대해서였다. 난로에 장작을 넣어 피우고 멍하니 불꽃을 바라보다가 큰 소리로 외쳤다. "맞다!" 그제야 내가 리얼리티 쇼에 출연했었다는 사실이 불쑥 떠오른 것이다. "아, 안 돼."

페이스북에 접속해 켈리와 크리스탈에게 메시지를 보냈다. 이상한 우연으로 크리스탈은 마침 그 주에 코스트코에 가서 VHS 테이프를 DVD로 전환하려던 참이었다고 했고, 나에게 복사본을 보내주겠다고 했다. 크리스탈은 쇼가 방영되었을 때 그것을 보았고 켈리와 코리도 마찬가지였다. 나는 나중에 데미안과 에이스가 나처럼 첫 한두 편만 보고는 멈추었다는 말을 듣고 마음을 놓았다.

"왜 끝까지 안 봤어?" 에이스에게 물었다.

"그러게, 왜 그랬을까. 우리는 이미 그 안에서 한 번 살았잖아. 무슨 말인지 알겠니?"

십 대들은 보물찾기를 하러 간다. 중앙 광장을 돌아다니면서 애완견에게 뽀뽀하거나 물구나무를 하는 사람들의 사진을 찍기도 한다. 여자팀이 이긴다. 숙소로 돌아왔을 때 데미안은 큰일을 봤는데 물이 안 내려간다며 커다란 양동이로 물을 붓는다. 남자들은 보너스 시합을 요청한다. 모두가 손을 등 뒤로 묶고 개밥을 먹는다. 여자팀이 또 이긴다.

밤에 십 대들은 서로의 눈에 눈가리개를 해주고 돌아가면서 키스를 한다. 그들은 잔디 깔린 언덕에 비닐을 깔고 기름을 뿌린 다음 미끄럼틀을 만든다. 카메라 앞에서 레슬러처럼 근육을 만들어 보인 후에 장난으로 몸싸움을 하기도 한다. 휘핑크림을 들고 서로를 쫓아다닌다.

비에케스섬 남부 해안에는 육지로 둘러싸인 만이 하나 있다. 맹그로브 나무가 숲을 이루고 있고 바람 한 점 없이 고요하다. 이곳을 모스키토만이라고 하는데, 모기가 많아서가 아니라 델 모스키토라는 배 때문에 지어진 이름이다. 실제로 캐리비안의 마지막 해적이었던 로베르토 코프레시가 소유했던 배다. 냉혹하고 잔인했던 해적으로, 그가 죽기 전에 수천 개의 보물을 숨겼다는 소문도 무성했다. 신문에 실린 한 편지가 죽은 다른 해적을 코프레시로 오인하면서 그의 전설적 힘에 대한 소문들이 재생산되었다. 그는 자신의 배를 눈앞에서 사라지게 할 수도 있었다. 그는 마법의 혈관을 갖고 태어나 불멸의 존재로 산다. 그 지방에 내려오는 전설에 따르면 그는 7년에 한 번씩 7일 동안 불길에 휩싸인 모습으로 나타난다고 한다.

밤이면 반짝반짝 빛나는 만은 전 세계에 다섯 개밖에 없고 그 중에서 모스키토만이 가장 밝다. 만의 얕은 물 안에는 1리터당 수만 개의 와편모충°이 사는데, 자극을 받으면 청록색 빛으로 자체 발광하여 바다를 일시적으로 푸르게 빛낸다. 달빛이 없는 밤에 배가 이곳을 지나가면 그 아래 영롱하고 신비로운 빛의 물길을 만들어낸다. 이 만은 와편모충이 서식하기에 더없이 안전한 환경이다. 맹그로브 열매는 이 예민한 생명체에게 풍성한 먹이를 제공하고 바다로 나가는 길은 얕고 좁아 파도의 방해를 막아준다. 그래서 와편모충이 강렬한 빛을 쏘는 것이다. 그러나 그들끼리 고립되어 있을 때가 아니라 외부의 침입자가 지나가면서 자극해야 빛을 낸다. 문제는 이 침입자들이 예민하게 유지되는 자연의 조화를 깨트릴 수 있다는 점이다. 모스키토만은 2014년에 1년 동안 전혀 빛을 내지 못했는데 관광객들이 사용한 선크림이나 샴푸 등의 화학약품이 원인인 것으로 추정된다. 오늘날 관광객은 화학약품을 바르지 않는 한에서 배에 탈 수 있고 2007년 이후에 수영은 전면 금지되었다. 우리가 이 쇼를 녹화한 건 그보다 2년 전이었다.

우리는 칠흑처럼 깜깜하고 고요한 밤에 작은 배를 타고 그곳으로 갔다. 천천히 움직이는 큼지막한 구름 뒤로 희부연 별들이 나타

● 미세한 플랑크톤의 일종으로서, 해양과 담수에 서식하며 대부분 색소체를 가져 광합성하는 부유성 단세포생물을 말한다.

났다 사라지곤 했다. 우리 모두는 잔뜩 긴장해 숨소리도 내지 못했다. 내 생각에 나처럼 여기 와서 프로그램을 촬영하는 이들은 자녀들에게 이런 종류의 체험을 제공해주고 싶으나 충분한 경제적 여유는 없는 가정에서 자란 아이들이었고, 아마 그래서 그 부모님들도 출연을 허가했을 것이다. 배가 만 한가운데에서 멈추었을 때 우리는 경이로움에 전율했다. 한두 명씩 물속으로 미끄러져 들어갔고 마치 은하수가 물 위에 쏟아져 내려 우리에게 찰싹 달라붙은 것처럼 우리 몸이 반짝거리며 빛을 내기 시작했다. 암흑의 한가운데에서 우리만 마법에 에워싸여 있었다. 마치 해파리처럼, 아니 브리트니 스피어스의 〈톡식Toxic〉 뮤직비디오 속 장면처럼 온몸에서 광을 내고 있었다. 우리는 엷은 푸른빛을 내는 바다에서 둥그렇게 모여 헤엄치고 함께 웃었다. 서로의 어깨를 쓰다듬고 탁탁 소리를 내며 형광색으로 빛나는 손가락을 신기한 듯 돌려보기도 했다. 한참을 그렇게 수영하다가 다시 배로 돌아왔을 때도 몸에서 플랑크톤이 뚝뚝 떨어졌다. 나는 반짝이는 물기를 머리카락에서 털어냈다. 내 몸을 감싼 이 모든 행운 때문에 감격해 숨이 막힐 것 같았다. 더없이 순수하고 형이상학적인 우연 안에 가만히 들어와 있는 느낌이었다. 우리 주변에 카메라는 한 대도 없었고, 만약 있었다고 해도 이 장면을 잡아낼 수는 없었을 것이다. 나는 중얼거렸다. 잊지 말자. 이 순간을 절대 잊지 말자.

십 대들은 바다에 뛰어들어 한 가지 물건을 찾아 헤엄쳐서 해안가로 온 다음에 그것이 누구의 것인지 추측한다. 지아는 지갑을 뒤지다가 영화 티켓 한 뭉치를 발견한다. "〈푸시캣 클럽〉이라고? 이건 보나 마나 코리지."

지아가 말한다. 여자팀이 이긴다. 켈리는 드디어 코리를 넘어오게 했고 함께 구석으로 가서 키스한다. 데미안이 2층 침대에서 지아를 간지럽히는 장면이 나가고 난 뒤 지아는 카메라에 대고 데미안이 끈질기게 시도 중이라고 말한다.

다음 시합 장소는 고등학교다. 십 대들은 수영복을 입고 나름대로 장식을 추가했지만 여전히 거의 벗었다고 할 수 있는 상태에서 무대에 올라가 푸에르토리코 학생 수천 명 앞에서 장기자랑을 한다. 학생들이 투표해 승리 팀을 결정한다. 그 무대 동영상은 말하기에도 민망하니 생략한다. 남자팀이 이긴다. 여자팀은 보너스 도전을 요청한다. 켈리와 데미안이 빅 사이즈 젠가 게임을 하고 켈리가 이긴다. 시합 내내 여자팀은 남자팀에게 한참 뒤처져 있었는데 이제 총점이 거의 비슷해졌다. 남자팀은 서로 네 탓이라고 비난한다. 패리스와 에이스가 서로에게 개소리 좀 그만하라고 소리를 지른다.

내가 마요네즈를 빨리 먹는 시합을 했던 에피소드와 다 같이 수영복을 입고 고등학교 무대에서 춤을 추었던 에피소드를 제외하고, 가장 보기 괴로웠던 부분은 모두가 패리스를 무시하고 따돌림을 하며 카메라 앞에서 뒷담화를 하고 그녀 앞에서 뻔뻔한 거짓말을 늘어놓는 장면들이었다. 그것은 내가 고등학교 때 특별히 착한 아이가 아니었다는 사실을 확실히 상기시켰다. 나는 학창 시절 여자애들에게 다가가 친한 척을 하여 패거리를 만들었던 것처럼 켈리와 크리스탈에게 붙었다. 가끔은 정말 욕이 나올 정도로 재수가 없게 행동했는데 그게 웃기다고 생각했거나, "진실"을 위해서는 무례

할 수도 있다고 생각했거나, 아니면 그냥 무신경한 까닭이었다. 그리고 패리스에 관해서라면 쇼 내내 나는 무신경했다. 어느 때였던가 패리스가 카메라 앞에서 독백을 하던 중 이렇게 소리 지르면서 막아버린 일도 있다. "패리스, 헛소리 좀 그만해." 그녀가 투표 후에 쇼에서 쫓겨났을 때 나는 반은 의식적으로 실은 내가 그다음 차례로 약한 고리라는 사실이 밝혀지면 어쩌나 걱정했다. 그래서 (나를 포함해) 다른 사람들이 그 사실을 알아차리지 못하게 하기 위해 일부러 패리스의 가장 거슬리던 부분을 똑같이 따라 해서 아이들에게 재확인시키곤 했다. 패리스가 코리에게 했던 것처럼, 데미안의 가슴 위에 다리를 벌리고 앉아서 내가 예쁘다고 말하라고 소리 지른다거나—쇼에서 프로듀서들은 화면을 반으로 나누어 패리스와 나의 모습을 비교하기도 했다—다들 왜 나에게 잘해주지 않느냐고 징징거리는 등 계속해서 흉내 내고 또 흉내 냈다.

고등학교와 리얼리티 쇼에서는 둘 다 인간들의 잔인한 면모 때문에 사건, 사고가 만들어진다. 이 글을 쓰면서 나는 모든 출연자에 대한 가사가 적힌 종이 한 장을 찾았다. 데미안과 나는 시합 장소로 향하는 밴의 뒷자리에 앉아 노래 가사를 쓰곤 했다. "망할 데미안은 멕시코에서 왔지. 데미안이 할 줄 아는 유일한 영어는 '망할'이야." 내가 썼다. "그러니까 망해라, 데미안." 데미안이 그 밑에다가 썼다. "망할 지아, 콧대 높은 책벌레 재수탱이. 항상 재수 없이 나대서 남자애들이 치를 떨지." 그러니까 친한 편인 우리도 서로에게 친절하지 않았다. 당연히 패리스에게는 한층 끔찍하게 잔인했다. 데미안은 썼다. "망할 패리스, 불안불안 전전긍긍. 언제나 몸은 달아서 뒤에서 해주길 원하지." 나는 그걸 보면서 키득대며 웃기까지 했다.

그렇게 대놓고 관심을 구걸하다니 차마 눈 뜨고 못 봐주겠어. 그렇게 생각했더랬다. 왜 무심한 척해야 한다는 걸 모르는 거야?

나는 결국 패리스에게 메시지를 보냈다. 오리건주 세일럼에서 자란 그녀는 현재 포틀랜드에서 살고 있었다. 내가 미안하다고 사과하자 그녀는 바로 답장을 보내주었다. "요즘 사는 게 지루해서." 며칠 후에 전화 통화를 하면서 패리스는 말했다. "홀푸드에서 일하고 있어. 거의 2년 되어가." 하지만 통화한 지 몇 분도 지나지 않아 그녀가 리얼리티 쇼의 먹잇감이 될 수밖에 없었던 이유가 다시 떠오르고 말았다. 패리스는 여전히 눈치 없는 수다쟁이에 아무나 붙잡고 속을 내보일 준비가 되어 있었다. "고등학교 때는 애들 틈에서 적응하기 힘들었거든. 그러다가 약을 처방해서 먹기 시작했지. '술이나 진탕 마시자, 약도 마음껏 해보자' 단계가 된 거야." 그녀가 말했다. "세일럼에서는 다들 그래. 부잣집 애들도 말이야. 백인 쓰레기가 아니라고 하더라도 모두가 약간씩은 그런 부분이 있어. 포틀랜드로 이사 온 이유는 날 안다고 생각하는 사람들과 마주치기 싫어서였기도 해. 생전 처음 보는 사람들이 날 쳐다보고 그래. '어, 네가 패리스구나. 이야기 많이 들었어.' 나에 대해서 쥐뿔도 모르면서 말이야."

패리스는 첫 번째 시합 후에 자기가 따돌림을 당한 것도 충분히 이해한다고 말했다. 내가 비행기를 놓쳐서 참여하지 못한 시합이었다. "쓰레기를 뒤지는 게임이었어. 그런데 똥 묻은 기저귀가 하나 나온 거야. 나는 배설물 공포증이 있단 말이야." 그녀가 말을 이었다. "기침해대고 기겁을 했지. 그때 켈리와 크리스탈이 나에게 화가 많이 났어. 시작부터 꼬였다는 걸 알았지. 하지만 나는 좀 특이

한 면이 있잖아. 난 평생 욕을 먹으며 살았거든. 다들 내가 너무 말이 많고 시끄러운 데다가, 황당하고 어이없는 소리를 한다고 하는 거 알아. 그런데 실은 난 내성적인 사람이기 때문에 너희들을 만나자마자 나의 가장 이상한 부분을 보여주는 걸 전략으로 삼았어. 그러면 너희가 나를 좋아할지 아닐지 바로 결정할 수 있잖아? 나는 또 어렸을 때부터 연극을 했었어. 우리 부모님은 감정을 충분히 느끼라고 늘 격려했고. 가끔은 고등학교 때 내가 너무 자유롭게 나 자신으로 사니까 애들이 질투하는 거라고도 생각했어. 왜냐하면 대부분은 그렇지 못하니까 말이야. 사람들이 날 어떻게 보고 어떻게 판단할지 늘 걱정하잖아."

패리스는 궁금해하는 친구들의 부탁으로 방송을 몇 번 보았다고 말했다. "아픈 기억이 다시 떠오르더라. 재미없는 부분이 많았어. 그래도 좋을 때도 있었지? 우리가 얼음과자를 던지던 밤 말이야. 그때는 모두가 친한 느낌이었어. 그리고 따돌림을 당하거나 적응하지 못하는 애들이 나를 보면서 이렇게 생각하지 않았을까 싶어. 와, 나만 이런 기분을 느끼는 게 아니네. 누군가 그렇게 생각하고 위로받았다면 나는 괜찮아."

한 달 후에 패리스가 오빠를 만나러 뉴욕에 왔고 우리는 구름이 잔뜩 낀 날 롱 아일랜드 시티에서 만나 점심을 먹었다. 보라색 아이라이너를 하고 초록색 레오파드 프린트의 가디건을 입은 그녀는 말했다. "나는 주먹 싸움하는 상황엔 약해." 그녀는 이십 대에는 더 강해졌다고 설명했다. "하지만 난 너를 30초 안에 감정적으로 무너뜨릴 수는 있지." 그녀는 나와의 통화가 끝난 다음 룸메이트들과 그 쇼를 다시 보면서 술 마시기 게임을 했다고 했다.

"첫 번째 규칙은 패리스가 울 때마다 마시기였어." 그녀가 망고 마가리타를 홀짝이며 말했다. "두 번째는 누군가 패리스를 욕하면 마시기였지. 그리고 여자팀이 져도 마셨어. 끝에 가서는 우리 모두 술이 떡이 됐고." 그래도 이번 일로 기분이 한결 나아졌다고 말했다. 다시 보니 자기에게 유머 감각과 끈기가 있었고, 존재감도 있었다고 했다.

나는 그 안에서 그녀가 정말 자신처럼 보였냐고 물었다. "응." 패리스는 대답했다. "하지만 과장됐지. 그 방송은 우리 모두를 만화 캐릭터로 만들어버렸어. 그러니까 나 아닌 다른 사람이 텔레비전에서 나를 연기할 때처럼 말이야. 그러면 나의 일부분만 사용하지 않겠니."

마지막 회다. 데미안이 말한다. "제가 여기 온 이유요? 재밌게 놀고 돈도 벌려고요. 사실 돈이 가장 큰 목적이죠." 켈리가 말한다. "남자애들한테 질 순 없어요. 나한테는 있을 수 없는 일이에요." 여자팀은 둥그렇게 모여 손을 잡고 기도한다.

마지막 시합은 릴레이 경기다. 첫 번째 주자는 헤엄쳐서 부표까지 간다. 두 번째 주자가 다시 해안가로 돌아온다. 세 번째 주자는 얽힌 밧줄을 건드리지 않고 통과한다. 세 번째와 네 번째 주자는 평균대에서 만나 자리를 바꾸어야 한다. 네 번째 주자가 바다에 흩어진 깃발 조각을 모아온다. 모든 팀원이 모여 이 조각을 하나로 이어 붙여 깃발을 완성한다. 라이더가 물에서는 지아보다 훨씬 빠르다. 지아는 다시 수영해서 크리스탈에게 바통을 넘긴다. 여자팀은 밧줄 통과하기에 들어갈 때는 앞서 있지만 크리스탈이 빗줄을 제대로 통과하지 못하고 켈리와 평균대에서 자리를 바꾸는 데 실패한다. 에이스와 코리는 경기를 끝낸다. 남자팀이 이긴다. 여자들은 절망하며 모래 위에 쓰러진다.

그날 밤 출연자들은 싸우기 시작한다. 라이더는 크리스탈 때문에 졌다고 말한다. 에이스는 패리스에게 "밥맛없는 금발 멍청이"라고 욕한다. 지아는 카메라 앞에서 에이스는 상금을 받을 자격이 없다고 말한다. 켈리는 누군가의 얼굴을 주먹으로 갈기고 싶다고 말한다. 다음 날 아침 황금빛 해가 뜨고 공기는 맑다. 십 대들은 다시 온순해졌다. 조용히 숙소 1층에서 짐을 싼다. 지아는 카메라에 대고 그녀와 데미안이 떠나기 전에 "친구 이상"으로 가까워진 걸 알게 되었다고 말한다. 데미안은 지아가 택시에 타기 전 긴 키스를 한다. 마지막 장면에서 패리스가 빈 숙소에 작별 인사를 한다.

촬영이 막바지로 흐르면서 우리는 서로 잡아먹을 듯이 싸워댔다. 우리는 모두 상금을 간절히 원했고 충분히 이길 수 있다고 자신하기도 했다. 반쯤은 각자의 집안 사정 때문이기도 했고, 반쯤은 제 손으로 이런 쇼에 출연 신청서를 써낸 이유이기도 한 넘치는 자신감 때문이기도 했다. 여자팀이 마지막 경기에서 졌을 때, 나는 진심으로 침통했고 내 존재가 와르르 무너지는 것처럼 절망했다. 마치 이 우주가 갑자기 엉뚱한 곳으로 방향을 튼 것처럼 어질어질했다. 그렇다고 우리가 완전히 빈손으로 돌아갈 예정도 아니었다. 다른 많은 리얼리티 쇼의 출연자들과 달리 우리는 주당 750달러라는, 열여섯 살 고등학생에게는 적지 않은 출연료를 받았다. 그럼에도 불구하고 그 모래사장에서, 나에게 있는지 없는지도 몰랐던 내 통장에 들어갔어야 할 상상 속 거액의 상금이 사라지자 눈앞이 캄캄해졌다.

내가 푸에르토리코로 떠나 있던 기간, 우리 부모님은 상당히 심각한 재정적·개인적 위기에 놓여 있었고 나는 떠나기 바로 직전에 그 사실을 알았다. 아마도 부모님이 나를 푸에르토리코에 보낸 결정적인 이유가 거기 있지 않았나 싶다. 부모님은 내 주장대로, 가까스로 얻어낸 방학을 잘 이용할 수 있다고 생각했을지도 모른다. 우리는 언제나 중산층 언저리에서 오르락내리락하곤 했지만, 부모님은 나를 철저히 보호했고 언제나 그 무엇보다 우선했다. 내가 받은 장학금에 의지하긴 했지만 사립 학교에 보내주었고 체조 수업비를 대주었으며 내가 조를 때마다 중고책방에 가서 마음껏 책을 고르게 해주었다. 하지만 이번에는 달랐다. 집이 날아가느냐 마느냐의 문제였다. 나는 고등학교를 졸업하자마자 경제적으로 독립해야 한다는 사실을 바로 깨달았고, 가능하다면 그날 이후부터는 우리 부모님이 그토록 열심히 살면서 지켜온 중산층의 안정성을 나 나름대로의 자원을 활용해 지키고 싶었다. 물론 부모님은 그 안정성을 잃었다.

상금은 내가 〈걸스 대 보이스〉에 출연한 가장 큰 동기 중 하나이기도 했다. 나는 이미 예일대학에 합격한 상태였고 상금을 받으면 장학금과 보태서 등록금으로 충당하고 내 의료 보험도 처리할 예정이었다. 그렇게 내 힘으로 뉴 헤이븐으로 가 예일대학을 나를 더 큰 세상으로 쭉쭉 뻗어 나가게 해줄 가드레일로 삼고 싶었다. 텍사스로 돌아왔을 때 나는 그 계획을 철회할 수밖에 없었고 입학 상담실 선생님이 마지막 순간에 추천해준 버지니아대학의 4년 장학금을 신청했다. 푸에르토리코 약발이 떨어지지 않은 상태에서 면접을 봤다. 내 몸매를 최대한 드러낸 옷을 입고 스스로에 대한 자신감에 취해서 카약과 마요네즈 이야기를 떠들어댔다. 최종 면접에서 장학생으로 선정되었고 나는 받아들였다.

내가 프로듀서인 제스에게 이 이야기를 하자 그녀는 우리 엄마가 프로그램이 방송되고 몇 달 후에 그녀에게 전화를 걸어서 제발 내가 예일대학에 갈 수 있게 설득해달라고 부탁했던 일을 꺼냈다. 엄마는 말했다. 어떻게 그런 특별한 기회를 내던질 수가 있나요? 우리 가족이 미국에서 중산층으로 살 수 있었던 이유는 내 생각에 부모님의 성장 과정 때문이었다. 부모님은 둘 다 마닐라의 엘리트 사립학교에 다녔고 명문대 졸업장이 인생을 바꾼다는 생각을 전적으로 신뢰했으며, 나도 그 생각을 공유했다가 어느 순간 버리고 말았다. 리얼리티 쇼에서 상금 획득에 실패한 일이 생각의 전환을 가져왔다고도 할 수 있다. 나는 미래라는 고집 센 녀석은 절대 예측할 수 없다고 생각하기 시작했다. 그리고 돈에 대한 욕구가 내 상상보다 훨씬 강하다는 사실도 알았다. 또한 그 순간 가장 재미있어 보이는 무언가를 충동적으로 선택하는 것처럼 한심한 건 없다고 생각하게 되었다.

출연자들은 라스베이거스의 화려한 무대 위에 모여 있다. 모두 촬영 당시와는 약간 달라 보인다. 에이스는 머리를 분홍색으로 물들였고 패리스는 단발머리로 잘랐다. 크리스탈은 교정기를 뺐다. 데미안은 지아에게 키스를 절대 안 하는 원칙 같은 건 한심하다고 말한다. "내게 **원칙**이 있어서 미안하네." 지아는 대답한다. 코리는 켈리가 자기를 오랫동안 갖고 놀았다고 분개한다. "나는 진실한 사람이라고요!" 그가 말한다. "나는 진짜 끝내주는 거짓말쟁이인데." 켈리는 브리트니 스피어스 같은 미소를 지으며 말한다.

크리스탈은 데미안이 자신과 몸으로 엮이고는 싶지만 말은 붙이고 싶지 않다고 말하는 걸 본다. 기분 나빴을까? "아니, 아주 웃기네요." 크리스탈이 말한다. 패리스는 지아가 자신에 대해 가슴을 이용해서 남자들의 관심을 얻으려 한다고 말하는 걸 본다. "관심 얻으려고 가슴 이용한 거 맞아." 패리스는 해맑게 말한다. 방송 출연 때보다 약간 통통해진 지아는 첫째 날 밤의 자신이 데미안과 절대 사귀지 않겠다고 말하는 장면을 본다. 그리고 그들이 마지막 날 키스를 하는 클립도 본다.

출연진들은 기회가 주어진다면 다시 또 해보겠느냐는 질문을 받는다. "당장요." 크리스탈은 말한다. "푸에르토리코에 온 건 내 인생 최고의 경험이었어요. 이걸 넘어서는 일은 찾기 힘들 거예요." 켈리가 말한다. 모든 출연진이 인사를 나누는 영상 위로 엔딩 크레딧이 올라간다.

여덟 명 중에서 이 쇼에 자의 반 타의 반으로 온 사람들은 나와 에이스뿐이었다. 에이스는 바이엘 제약 회사의 시장 조사에 참여했다가 길거리 캐스팅을 당했다. 다른 모두는 캐스팅 부스를 보고 먼저 동영상을 보냈다. 패리스는 〈걸스 대 보이스: 하와이〉에 캐스팅된 적이 있었지만 나이가 너무 어렸기에 이번에 다시 도전했다. "그때는 진짜 배우가 되고 싶었어. 나는 유명해지고 싶었거든. 아마 그게 뻔히 보여서 사람들이 나에게 못되게 군 것 같아. 난 그랬거든. 난 패리스야, 난 중요해."

우리가 그 쇼를 녹화할 때 켈리는 가장 유명한 편이었다. 그녀는 BMX 자전거 대회 챔피언이었고 단독으로 "갓 밀크?" 광고도 찍었고 또 다른 노긴 프로그램의 홍보 영상도 찍었다. 켈리는 통화 중에 말했다. "솔직히 말하면 말이야. 혼자서 나와 남동생 둘을 키우는 엄마 밑에서 가난하게 자랐거든. 이 모든 일이 눈앞에 펼쳐지는 순간, 내 탈출구로 보이더라." 그녀는 쇼가 방영된 후에 모델 일을 했는데 매니저는 이력에 〈걸스 대 보이스〉를 넣고 싶어 하지 않았다고 한다. 그리고 리얼리티 쇼에 출연했던 자신이 연기를 잘할 수 있다고 설득하기도 어려웠다고 한다. 켈리는 대학을 졸업한 후 로스앤젤레스로 갔고 이십 대에 창의적인 일로 성공하는 비결은 이미 집안이 부유해야 한다는 것을 알게 되었다. 그녀는 부동산 업계에서 승부를 보기로 했다. "이건 자신감을 밑천으로 하는 사업이야. 거짓말도 과장도 많이 해야 하지. 나는 이 일에 소질이 있어. 결국 연기랑 같은 것이라고나 할까."

크리스탈은 시트콤 〈팍스 앤 레크리에이션〉과 〈투 브로크 걸즈〉에 단역으로 출연했고 아직도 연기를 하고 있다. 그녀는 두 살 때부터 자기가 카메라 앞에 서고 싶어 한다는 걸 알았다고 한다. 우리 쇼가 방영된 후 어느 주말에 그녀는 라이더와 함께 샌프란시스코의 한 쇼핑몰에 〈걸스 대 보이스〉 티셔츠를 입고 갔다. 그곳에서는 〈데거러시〉 팬 미팅이 열리고 있었는데, 우리 쇼는 그 바로 전 시간대에 방송되었다. 크리스탈과 라이더는 노긴 팬들에게 둘러싸이고 싶었고, 실제로 그들은 모여 있었다(나의 경우 딱 한 번 사람들이 나를 알아보았는데 역시 쇼핑몰에서였다. 2005년 방학 동안 휴스턴의 홀리스 터에서 일한 적이 있는데, 그때 십 대 초반의 소녀 두어 명이 내게 말을 걸었다). 켈리는 애리조나주립대학의 여학생 클럽 가입 행사에서 몇몇이 자신을 알아보았다고 한다. 패리스는 1년 후 포틀랜드의 요거트 가게에서 누군가 알아보았다고 한다. 코리는 H&M에서 십 대 팬들과 사진을 찍었다고 한다. "너무 즐거웠지. 알다시피 나는 그런 15분짜리 유명세를 원했으니까."

"나도 유명해지고 싶었어." 데미안이 말했다. "나에게는 유명해진다는 게 곧 돈을 의미했거든. 그런데 지금은 다 개소리다 싶어. 어떻게든 막장 짓을 해가면서라도 이름을 알리려고 발버둥 치는 사람들이 있잖아. 누구지? 일본에 있는 자살 숲에 들어간 애 말이야. 그래, 로건 폴.* 만약 우리가 지금보다 어렸다면 우리 중 한 명은 유튜브 스타가 되려고 했을걸." 그가 한숨을 쉬었다. "나는 로건 폴 같은 인간은 절대 싫어." 그는 〈걸스 대 보이스〉 전에도 리얼리티 쇼를 찍은 적이 있다고 한다. 디스커버리 키즈 채널의 〈인듀어런스〉라는 프로그램이었고, 그 프로에 출연한 아이들 모두 배우가 되고 싶어 했다. "그게 우리 문화지. 나도 어릴 때 온종일 TV만 봤단 말이야. 그런데 그들은 나와서 하는 것도 없잖아? 저딴 건 나도 하겠다 싶었지."

"그래서 넌 정말로 유명해지고 싶어서 푸에르토리코에 왔었다는 말이야?" 나는 호텔 방을 서성이면서 그에게 물었다. 내 노트북

• 미국의 유튜브 스타로, 일본 여행 중 자살로 추정되는 남성의 주검을 촬영해서 공개한 영상으로 큰 논란에 휩싸인 바 있다.

에는 트위터가 열려 있었다. 어쩌면 그렇게 오랫동안 그 쇼를 보지 않은 이유는 내가 이 사실을 인정하지 않으려는 시도였을지도 모르지만, 결국 나는 내 얼굴이 화면에 나오는 것이 매우 매우 익숙한 사람이 되었다.

"우리 모두 유명해지고 싶어 하지 않았나?" 데미안이 말했다. "너만 빼고."

"내가 그렇게 말했어?" 나는 물었다.

"언젠가 둘러앉아서 그 이야기를 한 적이 있어. 그런데 너는 유일하게 그쪽에는 관심 없는 사람이었지. 너는 더 정정당당한 이유로 유명해지고 싶다고 했어. '나는 이런 것 따위로 유명해지고 싶지 않아. 난 책을 써서 유명해지고 싶어.'"

3장

언제나 최적화 중

Trick Mirror

이상적인 여성은 언제나 일반 명사처럼 존재해왔다. 오늘이라는 쇼를 진행하는 그녀가 어떤 모습일지 우리는 충분히 그려볼 수 있다. 그녀는 젊지도 늙지도 않은 나이이지만 누가 봐도 젊게 보이려 노력했고 그렇게 보인다. 머리카락에는 윤기가 흐르고 피부는 투명하며 누군가 자신을 보고 있다고 믿는 사람 특유의 자신감 넘치는 표정을 짓고 있다. 당신이 볼 때마다 그녀는 호사를 누리고 있다. 한적한 해변에서 노을을 감상하거나, 사막의 별 아래 누워 있거나, 신경 써서 차려진 식탁에 앉아 아름다운 물건과 함께 마찬가지로 사진을 잘 받는 친구들에게 둘러싸여 있다. 휴식을 취하는 자신의 모습을 보여주는 것은 그녀 직업의 중요한 부분이거나 중심이다. 이런 면에서 그녀가 특이하거나 보기 드문 사람이라고 할 수는 없다. 오늘날 많은 사람, 특히 여성들이 기꺼이 자신의 이미지를 포장하고 방송하는 것은 돈을 벌어들이는 기술이기도 하기 때문이다.

그녀는 개인 브랜드를 갖고 있고 아마도 남자친구나 남편이 있을 것이다. 그는 그녀 곁에 언제나 존재하지만 보이지 않는 고객을 대표하는 한 명의 물리적 실체로, 그녀를 흥미로운 주제이자 가치 있는 오브제이며 자연 발생적이면서도 방청객이 늘 따라다니는 광경으로 위치시킨다.

아직 이런 여성을 보지 못하셨는가? 그녀는 정확히 인간 인스타그램이라 할 수 있다. 다시 말해서, 시장의 법칙을 이해하고 재생산하는 평범한 여성이다. 오늘날 평범한 여성은 이렇게 이상적인 여성으로 진화해간다. 이 문제의 여성은 시장의 명령에 의심 없이 순응하고 있지만, 진정 이상적이라면 그 안에 자신의 진심 어린 열정까지 포함되어 있다. 이 여성은 시장이 자신에게 요구하는 요소들(훌륭한 외모 자산, 영원히 연장된 젊음, 자기표현과 자기감시의 탁월한 능력)에 진정 순수한 관심이 있다. 물론 이 시장이 그녀에게 무엇을 제공해줄지에도 같은 관심이 있다. 즉 자신을 더 매력적으로 만들어주고, 앞으로도 남들에게 내놓을 만하게 해주고, 그녀의 위치에서 할 수 있는 한 최고 가치를 끌어내도록 해주는 도구가 무엇인지 살뜰히 살핀다.

다른 말로 바꾼다면 이상적인 여성은 언제나 최적화 중이라 할 수 있다. 그녀는 신기술을 사랑하며 그것을 적극 활용하여 자신의 이미지를 방송하고, 이미지 자체를 세심하게 발전시켜 나가기도 한다. 머리 역시 고급 헤어살롱과 그곳 제품의 느낌이 난다. 피부에도 아낌없이 투자하는데 이 관리에는 영적인 의식과도 같은 신성함과 아침 알람을 맞출 때의 규칙적인 일상성이 결합되어야만 한다. 이전에는 메이크업으로 완성되었던 효과는 이제 얼굴에 보다 직접적이고 고정적으로 심어진다. 광대뼈가 올라가고 입술이 부풀려지며 주름은 채워지고 속눈썹은 4주에 한 번씩 전문가의 손길로 한 가닥 한 가닥 연장된다. 몸에도 같은 방법이 적용되어 이제는 의상이라든가 기능성 속옷 같은 전통적인 관리법이 굳이 필요하지 않다. 이미 운동으로 체형이 만들어져 있기에 감추거나 조정할 부분은 별로 없다. 이 여성에 관한 모든 것은 미리미리 철저히 관리되어 있기에 그녀의 현재 모습은 더없이 자연스러워 보이며 더 중요한 것은 본인도 크게 노력하지 않는다고 느낀다. 인공적인 방해물을 애써 제거해왔기에 그녀는 표면적으로 그리고 정당하게 아무 걱정이 없는 사람처럼 보이고 스스로도 그렇게 느낀다.

이 이상적인 여성은 언제나 과로를 하지만 그 티가 나지 않고 자연스럽게 보여야만 한다. 역사적으로 이상적인 여성은 여성이 재미있고 흥미롭게 여긴다고 교육받은 모든 일을 추구해왔다. 가정 살림이라든가 외모 관리, 남성의 찬사, 공손한 태도를 위해 노력했고 다양한 형태의 비보수 일을 군말 없이 맡아왔다. 이상적인 여성이란 개념은 쥐꼬리만 한 개성 정도만을 인정한다. 이상적인 여성은 언제나 자기의 의지로 지금의 자신이 되었다고 믿는다. 빅토리아 시대에는 다정다감한 성품에 현명한 아내이자 자상한 엄마인 "가정의 천사"가 되고 싶다고 믿었다. 1950년대에도 이상적인 여성은 이전과 마찬가지로 다정다감하고 현명한 아내이자 자상한 엄마였으나 여기에 가정용품 소비자로서의 힘이 하나 더해졌다. 최근 몇 년간은 어떠할까? 그녀는 자신이 뭐든지 될 수 있다고 믿는다. 스스로 더 완벽해지고 이 세상과 발맞추어 살아갈 수 있다면, 직업과 여가를 통해 그리고 "라이프 스타일"을 통해 그렇게 할 수 있다는 믿음만 있다면 얼마든지 원하는 사람이 될 수 있다. 그리하여 오늘날의 이상적인 여성은 값비싼 유기농 주스, 부티크 운동 클래스, 피부관리 습관, 그림 같은 여행이라는 휴가의 세계로 들어감으로써 그 안에 행복하게 남아 있기로 한다.

여성들 대부분은 자신이 독자적인 사고를 한다고 생각한다(발자크의 단편 소설 중 파키타라는 노예 소녀가 이렇게 외치는 장면이 무척 인상적이었다. "나는 내 인생을 사랑해! 인생은 나에게 공평하다고! 내가 노예라면 나는 여왕이기도 해"). 최근에는 여성 잡지도 우리의 외모라든가, 결혼 적령기나 신랑감이라든가, 삶의 방식에 대한 상의하달식 기사를 절대 쓰지 않으며 그런 태도를 지양한다. 하지만 이상적인 여성의 심리적 기생 동물은 자신을 거부하는 척하는 생태계 안에서도 진화하여 살아남는다. 만약 여성이 이 사회가 요구하는 미학, 예컨대 포토샵의 과장된 수정을 거부하기 시작하면 그 미학이 우리에게 맞추어 변한다. 이상적인 이미지의 힘은 절대로 사그라지지 않는다. 이제 광고나 잡지 표지처럼 전문가들이 생산한 이미지에 냉소를 보내는 여성들과 한편에 서는 일은 무척 쉽다. 하지만 내 친구들이 만들어낸 이미지를 의심하는 일은 어려워졌고, 내 즐거움과 이익을 위해 스스로 만든 이미지를 의심하기란 사실상 불가능에 가깝다. 물론 소셜 미디어 활용이 경력이자 자산으로 포장되는 시대적 흐름에 따라 우리 중 많은 이들이 이미지 만들기의 준전문가가 되긴 했다.

오늘날의 이상적인 여성은 최근 시장 친화적으로 변하고 주류의 존재 방식이 된 페미니즘과도 쉽게 공존한다. 이런 종류의 페미니즘 안에서는 되도록 많은 사람에게 보이고 호소하는 일이 매우 중요한데, 여성 개개인이 성취한 성공의 가치를 지나칠 정도로 크게 책정한다. 페미니즘은 우리를 괴롭히는, 이상적인 여성이라는 독재자를 제거하기보다는 이 땅에 더 단단히 자리 잡게 하고 판단하기 복잡하게 해놓았다. 오늘날 평범한 여성이 자기가 만든 신기루 속 이미지를 향해 한 발짝씩 걸어가는 것은 그 어느 때보다 심리적으로 아무런 걸림돌이 없는 일이 되었다. 그녀는—페미니즘의 온전한 응원을 받는 한—이 매혹적이고, 지속적이며, 대체로 기쁨을 선사하는 이미지 권력의 설계자가 자기 자신이라고 믿을 수 있다. 그 때문에 자신의 시간과 돈과 결정권과 자아와 영혼이 저당 잡혀 있다는 사실을 못 본 척 밀쳐놓을 수 있다.

＊

　어떻게 하면 "더 나은" 여자가 될지 고심하는 일은 한심하고 대체로 비도덕적인 프로젝트라 할 수 있다. 이보다 더 규모가 크면서 똑같이 한심하고 비도덕적인 프로젝트인, 가속화된 자본주의 안에서 어떻게 하면 더 나은 삶을 살지 고심하는 일의 소집합이라고 할 수 있다. 이러한 조건 안에서 더 나은 삶을 추구하는 일은 대체로 덫에 걸리면서 끝나고 의무와 요구사항은 끝도 한도 없이 늘어난다. 시스템이 제시하는 기준 안에서 우리는 필연적으로 만족의 느낌에 다다를 수가 없다.

　하지만 우리는 상황이 어려울수록 더욱더 최적화를 위해 노력해야 할 것만 같다고 느낀다. 나는 지나치게 효율적이거나 자기만족적으로 느껴지는 무언가를 했을 때, 이를테면 바Barre 수업에 가거나 패스트 캐주얼 찹 샐러드 전문점인 스위트그린Sweetgreen에서 점심을 먹을 때마다 내가 무엇을 위해 이렇게 사는지 돌아보게 된다. 스위트그린은 식사를 하기 위해 가는 장소라기보다는 연료를 공급받으러 가는 주유소와 같다. 나는 대체로 남들보다 급하게 먹는 사람이다. 남자친구는 내가 곧 음식을 빼앗길 사람처럼 먹는다고 말한다. 스위트그린에 가면 나는 평소보다 더 빨리 먹는다. 1초라도 지체했다가는 (삶의 많은 일이 실제로 그렇듯이) 이 시스템이 나를 당황하게 할 것 같아서다. 스위트그린은 최적화의 기적이라 할 만하다. 문자 보내면서, 발을 질질 끌면서, 눈을 반쯤 감고서 기다리는 손님들 40명은 대략 10분 안에 자기 샐러드를 받을 수 있다. 고객들은 다른 메뉴는 보고 말고 할 것도 없이 치킨 케일 시저 샐러드를 주문한다. 머리에 망을 쓰고 나란히 서 있는 짙은 피부색의 직원들은 샐러드에 치킨을 넣는 작업이 그들 삶의 목적인 것처럼 효율적으로 움직이고, 16시간 동안 사무실에서 이메일을 보내는 일이 그들 삶의 목적인 것만 같은 이 손님들은 잠깐의 점심시간에 도시 전문직의 건강하지 않은 습관을 상쇄시켜줄 한 접시의 영양소를 정신없이 흡입한다.

이 과정은 의식적이고도 깔끔하기에 (그리고 스위트그린의 샐러드가 꽤 먹을 만하기에) 이 상황에 맞추며 살아야 하는 삶을 정의하는 강력한 악순환의 계략을 보지 못하게 한다. 이상적인 찹 샐러드 고객은 그 자체로도 매우 효율적인 사람일 것이다. 그 사람은 10분 안에 12달러의 샐러드를 먹어야 하는데 남은 점심시간은 자신의 업무를 위해 기능해야만 정기적으로 12달러짜리 샐러드를 먹을 능력을 유지할 수 있다. 그는 자신의 몸이 이 12달러 샐러드를 원한다고 느끼는데, 이것이 샐러드를 요구하고 샐러드 구매를 가능하게 하는 도시 노동자의 전반적인 영양 불균형을 해소하기 위해서 가장 믿음직스럽고 편리한 비타민 섭취이기 때문이다. 찹 샐러드 경제가 악몽을 당긴다는 내용의 주장을 가장 처음으로 한 사람은 맷 뷰캐넌 Matt Buchanan으로, 그는 2015년 잡지 〈아울The Owl〉에 이렇게 썼다.

> 찹 샐러드는 사람의 손과 눈을 영양소 공급이라는 일에서 해방하기 위해 전략적으로 만들어진 음식이다. 사람들의 소중한 관심은 이제 더 긴급한 일이 있는 작은 스크린으로 향해야 한다. 그렇게 해야 데이터를 소비할 수 있으니까. 비즈니스 관련 이메일을 보내고, 아마존의 카탈로그를 보고, 페이스북의 끝없는 뉴스피드를 내리면서 기저귀를 쇼핑하거나 이웃들의 일상과 아기 사진 사이에 심어진 네이티브 광고*에 빠져야 한다. 그 사람은 매우 생산적인 사람일 텐데 점심시간에도 인터넷 대기업의 수익을 증진시키고 있으며 이것은 분명 국가 경제에도 이로울 것이기 때문이다. 적어도 점심시간에 도서관에서 책을 읽는 것보다는 시간 활용을 더 잘하고 있는 건 아닐까? 누군가는 그 시간에 그것을 통해 돈을 벌고 있으니까?

이후 〈아울〉에 실린 글에서 뷰캐넌은 찹 샐러드가 "중간 직급의 현대 지식 노동자 계층에게 완벽한 점심 영양 보충식"이라고 말한다. "여유 있게 제대로 된 한 끼 점심을 먹을 시간도 의향도 없는 이들, 팔에서 접시에서 얼굴로 가는 이 기계적인 행동에 필요한 시

• 일반적인 정보가 기사처럼 보이도록 디자인된 온라인 광고.

간과 관심 이상은 내기 어려운 이들을 위한 식사다. 입을 벌렸다가 닫았다가를 반복하다가 포크가 비어서 도착하면 그릇을 책상 밑 쓰레기통에 버리면 된다."

현대적 삶의 조건 아래에서 그가 묘사한 이 식사는, 그러니까 이메일에서 눈을 떼지 않아도 되는 기계적이고 효율적인 샐러드 급식 시간은 분명 잘살고 있는 인생일 것이다. 바쁘게 산다는 건 발전이고 혼자 식사를 해결하는 건 독립성이니까. 남들보다 조금이라도 더 빨리 달려왔거나 앞으로도 앞서 나가고 싶을 때 하는 행동이 아닌가. 인간의 생활이 햄스터 쳇바퀴 돌 듯해진 것은 너무나 오랫동안 자명했다(1958년 경제학자 존 케네스 갤브레이스는 말했다. "생산성이 낮을 때보다는 높을 때 복지가 증가한다는 사실은 더는 가정이 아니다. 고도의 생산성 증대는 더 높은 수준의 결핍이고 이는 더 높은 만족을 생성한다"). 하지만 불안정성으로 정의되는 오늘날의 경제 안에서 멍청한 적응은 그저 멍청한 의무라는 형태로 변할 뿐이다. 그래도 적응 못하기나 약해져서는 안 되고, 나약해지려는 마음은 어떤 대가를 치르더라도 쫓아내야만 한다. 그래서 나는 아주 급하게 채소를 섭취해야 할 필요가 있을 때면, 주중에 매일 새벽 1시까지 일해야 해서 저녁을 할 시간이 없을 때면, 스위트그린에 간다. 그리고 멍한 얼굴로 플라스틱 가림막 너머의 직원들에게 눈을 맞추면서 서 있다. 그렇게라도 해야 그들이 두 줄로 서서 온종일 케일 샐러드를 만들도록 강요하는 이 끔찍한 생산성에서 누군가라도 위로를 찾을 수 있을 것만 같다. 그리고 나는 내 샐러드를 "냉큼 잡아채서" 이메일을 읽으며 10분 안에 먹어치운다. 그리고 집으로 오는 지하철 안에서 다음에는 포인트를 적립하기 위해 전용 앱으로 샐러드를 사야겠다고 다짐한다.

우리는 이 인위적이면서도 끊임없이 상승하는 의무라는 조건 아래에서 어떻게든 그에 맞추어 생활을 효율적으로 조직하며 살다가 어느 순간 나 자신이 한심해질 때, 그러면서 이도 저도 못 하고 또다시 끌려가는 상황을 맞닥뜨릴 때가 아주 많다. 특히 우리 여자들은 삶의 이런 속성을 너무나도 잘 알고 있다.

*

나는 운동과 채식 같은 기능적인 신체를 만드는 이른바 건강한 습관이라는 면에서는 늦게 눈을 뜬 편이다. 젊은 여성의 어딘가 불안한 정서 상태 때문이 아니라, 내 확신에 따라서 운동과 채식에 관심을 갖기 시작한 건 스물한 살 때 평화봉사단에 가입하고 활동한 이후였다. 나는 초등학교 때는 체조 학원에 다녔고 중고등학교 때는 치어리더였는데, 전자는 재미있어서 자발적으로 했고 후자는 의무 사항이었다. 내가 다닌 학교에서는 무조건 한 가지 이상의 스포츠클럽에 참여해야 했는데 다른 운동을 하기에는 운동신경이나 경쟁심이 턱없이 부족했다. 청소년기에는 피자와 각종 치즈와 시나몬 롤을 끼고 살았고 미모에 대한 갑작스러운 기대에 압도당한 소녀들이 거식증과 폭식증을 바이러스처럼 퍼트리던 시기에도 대체로 무심하게 나의 쾌락 추구에 몰두했다. 고등학교 시절의 일기를 보면 저녁해가 진 다음에도 탄수화물을 섭취하는 나를 두고 치어리더팀 친구들이 엉덩이라도 때려줄 기세였다는 걸 알 수 있다. 나를 좋아한다고 따라다니던 한 남자아이는 내게 점점 살찌고 있는 거 아냐고 말하기도 했다("그래서 뭐? 나 지금 부엌에 가서 거하게 한 끼 차려 먹을 건데?" AIM[•] 메시지로 이런 답장을 보냈다). 당시 유행병처럼 번진 팔굽혀 펴기까지는 하지 않았지만, 친구가 다이어트나 운동에 대해 이야기할 때마다 그날 하루만 밥을 한 끼 굶거나 앉았다 일어나기라도 몇 번 해야 하는 건 아닌지 모르겠다는 충동에 휩싸이기도 했다. 사실 그 느낌을 피하기 위해 운동하러 가지 않았고 꿋꿋하게 먹었다. 나에게 건강이란 곧 절제를 의미했고, 절제란 곧 형벌이며, 형벌이란 나를 칼로리 계산과 토하기라는 토끼굴로 몰아넣는 행동이라 이해했다. 청소년기의 대부분을 나는 약간 건강하지 않은 상태로 그럭저럭 잘 지냈고 몸과 관련된 문제에 있어 적극적으로 새로운 시도를 하지 않았다.

이런 습관은 평화봉사단에 들어가면서부터 모두 변해버렸다. 이곳에서는 나의 외모에 대해 오래 생각할 필요가 없었고 그 무엇보다 건강이 최우선 순위를 차지하는 시급한 문제가 되었다. 봉사 활동 도중에 활동성 결핵에 걸렸고 약간의 스트레스 혹은 영양 결핍 때문에 숱 많던 검은 머리카락이 숭덩숭덩 빠지기도 했다. 그동안 무사히 기능하던 내 몸을 얼마나 당연하게 여겼는지 깨달았다. 나는 키르기스스탄의 서부 지방 한가운데에 있는 폭이 1.5킬로 정도밖에 안 되는 작은 마을에서 살았다. 만년설이 쌓인 산에는 낙엽송이 있고 먼지 풀풀 날리는 길을 양 떼가 건너가는 그 평화로운 마을에는 수돗물도 식료품점도 없었다. 바지런한 마을 사람들은 후추

• AOL이 제작한 인스턴트 메신저 서비스다. 한때 서양권에서 많이 사용되었으나, 페이스북이나 인스타그램 등에 밀려 결국 2017년 20년 만에 서비스를 종료했다.

와 토마토를 저장하고 사과와 양파를 창고에 쌓아두기도 했지만 그 외의 신선한 과일을 얻기는 어려웠고 시금치와 오렌지가 내 상상 속에서 가장 호사스러운 음식이었으며 채소나 과일 한 조각을 얻기 위해 주말 내내 뛰어다니기도 했다. 나는 금방이라도 찾아와 나를 무너뜨릴 것 같은 정신적 붕괴를 예방하기 위해 매일 내 방에서 요가를 하기 시작했다. 내가 운동을 하다니, 이건 기적이 아닐 수 없어! 스스로도 놀랐다. 평화봉사단 활동을 마친 후에도 운동 습관은 유지했다. 휴스턴으로 돌아왔을 때 자유 시간이 많아져 첫 등록에 할인을 해주는 고급 요가 스튜디오에서 오후 클래스를 다녔다.

2011년에 나는 풍요로운 미국이라는 신세계를 다시 소개받은 느낌이었다. 마트 한가운데 식품 코너에 쌓인 온갖 종류의 과일을 보자마자 감격해서 말 그대로 눈물을 흘렸다. 요가원에서는 내 주변에 있는 여성들의 광적인 에너지에 감탄하기도 했다. 그들은 무시무시한 슬로건이 적힌 빨간색 토트백을 들고 다녔다("묘비에 써야 할 완벽한 문구는 '내 에너지를 다 썼다'", "아이는 인생의 오르가즘"). 그들의 화제는 "오찬", 각질 제거제인 "마이크로더마브레이존", 400명의 이름이 적힌 결혼식 하객 리스트였고, 요가 수업이 끝나면 대기실에서 90달러짜리 레깅스를 사곤 했다. 바로 전해에 1년 동안 뒷마당의 재래식 화장실에서 편모충 변을 싸고 있던 나는 당시 그들의 발끝도 못 따라갔다. 나는 두려웠고 정신적으로 무력했으며 내가 나 스스로와 다른 사람들을 실망시켰다고 자책하고 다시는 인류에게 도움이 되지 못하는 인간으로 살리라고 생각했다. 이런 상황에 이런 여성들 사이에서 요가를 하는 것은 끔찍하기도 하고 진취적 정신을 일깨워주는 일이기도 했다. 37도가 넘는 방에서 마트에서 산 싸구려 매트 위로 스며드는 땀을 느끼며 시체 자세로 누워 있다가 눈을 깜박거리다 보면, 천장이나 벽에 다이아몬드 반지들이 반사한 빛이 그려졌고, 마치 잠깐의 암흑 속에서도 반짝이는 별빛이 나를 향해 미소 짓는 것만 같았다.

2012년 대학원에 진학하기 위해 앤 아버로 이사했다. 학기는 가을에 시작했지만 남자친구와 나는 초여름에 짐을 꾸렸다. 남자친구는 대학원을 졸업한 후 첫 직장을 찾고 있었다. 미시간에 마련한 우리의 작은 파란 집에서 나는 무겁고 우중충한 단편소설을 손보았고 과연 대학원에서 교수님의 지도를 받는다고 해서 이 괴로움이 줄어들까 궁금해했다. 대학원 동기들을 미리 만나 시큼한 맥주를 마시면서 2011년 올해의 소설인 《기차의 꿈》과 작가 로리 무어Lorrie Moore에 대해 토론하곤 했다. 대체로는 아기자기한 대학 도시를 어슬렁거리면서 이 순간이 앞으로 얻기 쉽지 않은, 목적 없이 보내는 마지막 시간이 될 거라고 직감했다. 강아지를 산책시키고, 반딧불이를 보고, 요가를 하며 지냈다. 어느 날은 요가 스튜디오에 갔는데 내 옆에 있던 여성이 '전사 자세 2번'을 하면서 질에서 축축한 느낌의 바람 소리를 내는 것이었다. 터지려는 웃음을 겨우 참았다. 그런데 그 여성은 요가 내내 질방구를 뀌고 뀌고 또 뀌고 또 뀌었다. 무려 한 시간 동안 그녀의 질에서 계속해서 소리가 났고 나의 감정은 혼란과 분열에 이르렀다. 황당하고 기가 막혀 웃음이 멈추지 않으면서도 불쾌하기도 하고 무섭기도 하다가 이 모든 감정이 섞여 우왕좌왕했고 우리가 마지막 휴식 자세로 들어갔을 때는 내 심장이 격하게 뛰고 있었다. 그 질방구 여성이 일어나서 나가는 소리가 들렸다. 다시 돌아온 기척이 느껴졌을 때 나는 눈을 살짝 뜨고 훔쳐보왔다. 다른 바지로 갈아입고 온 그녀는 내 옆에 누워 만족의 한숨을 쉬었다. 얼굴에 잔잔한 미소를 짓고 다시 한번 질에서 풍 하고 소리를 냈다.

그 순간, 나의 영혼은 이 2차 질 발산에 얼얼해졌다. 그저 내 몸에서 빠져나가고 싶은 마음뿐이었다. 나는 모든 것, 그러니까 신체와 야망이 균일하고도 효율적으로 작동하는 새로운 땅으로 가고 싶었다. 분명 몸에서 힘을 빼고 영혼의 안식을 찾아야 할 그 '시체 자세'를 취하던 중에 나는 내 몸 위로 침체의 망령이 떠돌고 있다고 느꼈다. 그리고 갑자기 철저한 훈련과 엄격한 규율 안에서 스릴을 느끼던 내 모습이 그리워졌다. 나는 이제까지 정신적으로는 그 본능을 따랐지만 몸으로는 멀리해왔다. 왜 그랬을까? 요가는 잠시 쉬어야 할 것 같았고, 바로 그때 평화봉사단 활동을 하면서 내내 느꼈던 생각이 나를 다시 덮쳤다. 내가 지금 여기서 무엇을 하고 있는지 모르겠고 앞으로도 영원히 모를 것이라는 그 생각.

며칠 후 쿠폰 사이트인 그루폰을 열심히 뒤져서 '퓨어 바'라는 스튜디오의 1회 무료 강좌 쿠폰을 찾아 인쇄했다. 그곳을 찾아가니 제시카 래빗*처럼 생긴 강사가 나를 맞았다. 담청색 눈동자에 인간으로서 가능하다고 생각한 적 없는 모래시계형 체형에 꿀빛 머리카락은 허리까지 치렁치렁 내려와 있다. 그녀가 안내한 동굴처럼 어두운 방에는 근육질 여성들이 정체불명의 빨간색 고무 기구 주변에 둥글게 모여 있었다. 앞 벽은 전면이 거울이었다. 이 여성들은 거울

• 영화 〈누가 로저 래빗을 모함했나〉에 나오는 굴곡 있는 몸매의 섹시한 만화 캐릭터.

로 자신의 모습을 비추어 보면서 결연한 표정으로 무언가를 준비하는 중이었다.

그리고 수업이 시작되었고 그 즉시 비상사태로 돌입했다. 바는 귀청이 터질 듯한 음악과 수시로 바뀌는 조명 아래에서 이루어지는 열광적인 의식이다. 경찰차가 내 전두엽에서 55분 내내 뱅뱅 돌고 있는 것만 같았다. 강사의 명령과 지시를 따르면서 해야 하는, 정신을 쏙 빼놓을 정도로 빠르게 바뀌는 포지션과 동작은 뇌진탕을 일으킨 발레리나가 카페인을 코로 흡입한 다음에 하는 행위 예술과 닮았다고 할 수 있었다. 팔 들기, 다리 들기, 골반 젖히기를 미친 듯이 반복한다. 제시카 래빗은 방을 돌아다니면서 우리에게 명령한다. "하이힐 신으세요"는 발끝으로 서라는 의미였고, "밀어넣으세요"는 숨을 들이마시라는 의미였다. 나는 내 앞에 놓인 고무공이나 라텍스 끈을 어떻게 사용해야 할지 몰라 헤맸다.

수업이 끝날 즈음이 되자 근육이 녹아버린 듯 다리가 후들거렸다. 제시카는 조명을 끄더니 작은 목소리로 이제 "백 댄싱" 시간이라고 말했다. 바닥에 눕는 동작이라고 짐작은 했는데, 육아 게시판에서 섹스를 완곡하게 표현할 때 쓰는 말 같기도 했다. 그리고 정말로 일종의 섹스 동작이라 할 수 있었다. 등을 바닥에 대고 누워서 어둠 속에서 엉덩이를 위로 힘껏 들어 올리는 동작인데 내가 지난 몇 년간 실제 섹스에서도 하지 않은 진지한 헌신과 열정이 필요했다. 마침내 수업이 끝나고 불이 들어왔을 때 나는 거울로 내내 보고 있던 검은색 레깅스의 골반이 실제로 내 앞에 있던 여성의 엉덩이였다는 사실을 깨달았다. 성공적으로 테스트 수업을 마쳤다는 생각에 만족스러우면서도 혐오스러운 기분에 빠졌다. "모두 모두 수고

하셨어요." 제시카가 달콤한 목소리로 속삭였다. 다들 박수를 쳤다.

*

바는 1960년대에 유대계 발레리나 로테 버크Lotte Berk가 발명한 운동이다. 단발 보브컷이 트레이드마크인 그녀는 2차 세계 대전이 일어나기 전에 독일에서 영국으로 피난했고 발레를 하기에는 나이가 들자 자신의 댄스 훈련을 기초로 한 운동 기술을 개발했다. 마흔여섯 살에도 여전히 유연하고 탄력적인 근육질의 몸은 걸어 다니는 광고판이 되었다. 그녀는 런던의 맨체스터 스트리트 지하에 여성 전용 피트니스 스튜디오를 열었다.

버크는 다채로운 매력과 사나운 성질의 소유자로 섹스에 집착했고 모르핀 중독자였다. 딸 에스더의 증언에 따르면 지독한 아동 학대를 일삼은 부모이기도 했다. 에스더가 〈텔레그래프〉에 고백하길, 열두 살에 그녀의 아버지가 성적인 접촉을 하려고 했을 때 엄마는 보호해주지 않았고 심지어 열다섯 살 때는 극장 동료에게 오럴섹스를 해주면 돈을 주겠다고 한 적도 있다고 한다. 버크는 같은 해 자신의 프로듀서가 에스더를 성폭행했을 때도 "그냥 잊어버려라"라고 했다. 자신과 엄마의 관계를 "사랑과 전쟁의 줄다리기"라고 표현한 그녀는 이제 여든세 살이다. 그녀는 여전히 뉴욕의 한 스튜디오에서 로테 버크의 운동법을 가르친다.

"엄마가 하는 모든 일에 섹스가 들어가요." 에스더는 2017년 〈더 컷〉 인터뷰에서 이렇게 말했다. "아시죠. 엄마에게서는 섹스가 느껴져요." 버크는 자신의 스튜디오에 고객들을 초대해 골반을 움직이면서 연인을 상상하라고 했다. 열심히 하지 않는 여성들에게는 승마용 회초리를 휘두르기도 했다. 그녀가 발명한 이 동작은 대놓고 유혹적이었고 그에 맞추어 이름도 붙여졌다. 프랑스 변기, 창녀, 오줌 싸는 개, 비데와 하기 등이다. 이 스튜디오의 고객 명단에는 조안 콜린스Joan Collins, 에드나 오브라이언Edna O'Brien, 야스민 르 봉 Yasmin Le Bon 등이 있었고 바브라 스트라이샌드Barbra Streisand도 한 번 온 적이 있는데 버크의 운동법은 따랐지만 그녀를 존중하지는 않았다고 한다. 버크는 대체로 직업상 외모 관리에 대한 강력한 욕망을 가진 여성들의 구루가 되었다. 그녀는 이른바 원스톱 숍을 운영했는데, 고객들은 수업이 끝나고 협업 파트너인 비달 사순과 메리 퀀트를 만날 수도 있었다.

버크의 제자인 리디아 바크Lydia Bach가 버크의 루틴을 미국으로 들여왔고 1970년 뉴욕 66번가에 미국 최초의 바 스튜디오인 '로테 버크 메소드'를 열었다. 1972년 〈뉴욕타임스〉는 이 스튜디오에서 처음 운동을 해본 고객의 말을 인용했다. "속부터 아파요. 그런데 이 느낌이 좋아요." 또 한 여성은 자신의 납작해진 복부를 어루만지며 바 수업 덕분에 성형수술과 멀어졌다고 말했다. 계속해서 다음과 같은 문장이 이어진다. "리디아 바크는 이 운동이 모던 발레, 요가, 재활 운동 그리고 섹스의 조합이라고 말한다. 섹스라니? 음, 수업의 마지막 순서는 무릎 꿇은 자세에서 하는 벨리 댄스라고도 할 수 있다. 사람들은 마치 코브라처럼 파도 모양으로 허리를 움직이는데 이런 동작이 허리선에 마법을 가져온다고 한다." 소규모 수업이고 수업료는 비싸다. 기사에 따르면 토요일에는 주로 패션모델이 찾는다고 한다.

첫 번째 뉴욕 바 스튜디오는 굉장히 인기가 높았고 명성은 몇
년 동안 유지되었다. 이 운동의 신봉자 중에는 매리 테일러 무어Mary
Tyler Moore, 이바나 트럼프Ivana Trump, 올슨 자매Olsen twins, 톰 울프Tom
Wolfe 등이 있다. 프랜차이즈 제안이 왔지만 독점으로 운영하길 원
했던 바크는 거절했다. 그러나 몇 년 후에 출간한 바에 관한 책에는
그녀가 흰색 레오타드를 입고 여러 포즈를 선보이는 사진들이 담겨
있다. 모래 빛 머리카락은 느슨하게 풀어져 있고 유두는 살짝 비치
며 몸매에는 흠잡을 데가 없다. 어떤 사진에서는 카메라를 향해 앉
아 다리를 양쪽으로 벌리고 손으로는 발바닥을 잡고 있다. 무심하
지만 자신감 넘치는 표정이다. 왼쪽 손가락에는 큼지막한 다이아몬
드 반지가 끼워져 있다. 이 책의 챕터 제목 중 하나는 실제로 이렇
다. "섹스."

세기가 바뀔 즈음이 되어서야 바크의 강사들이 뿔뿔이 흩어
져 독립하기 시작했다. 그 시점에서 로테 버크 메소드는 구식이 되
었다. 2005년 〈옵저버〉 기사는 그 스튜디오를 "뉴욕시 피트니스 프
로그램의 35세 마고 채닝Margo Channing*"이라고 불렀다. 이어서 적
었다. "이제 운동계의 참신하고 젊은 이브 해링턴Eve Harrington**은
2002년에 두 명의 전직 로테 버크 메소드 강사들이 세운 '코어 퓨
전'이라 할 수 있다." 아류처럼 보였던 코어 퓨전은 시장의 요구에
보다 적극적으로 부응해 더 세련되고 더 예쁘며 더 아늑한 분위기
로 꾸몄다. 조명이나 가구는 더 밝고 어디에서나 좋은 향기가 났다.

●   영화 〈이브의 모든 것〉의 주인공으로 한물간 스타를 지칭한다.
●● 영화 〈이브의 모든 것〉에서 마고 채닝의 팬이었다가 스타가 된다.

바크의 고객 수백 명이 이곳으로 갈아탔다. 얼마 안 가 더 많은 로테 버크 메소드의 강사들이 떠나서 그들만의 스튜디오를 열었다. '피지크57', '더 바 메소드' 등이 유명한 체인으로 성장했다.

2010년경 바 수업은 전성기를 맞았다. 〈뉴욕타임스〉의 트렌드 기사는 이 운동 강습이 열성 팬들을 낳았다고 말하며 "여성 모두가 부러워하는 댄서의 몸매, 그러니까 길쭉하고 날씬하며 날렵하지만 울퉁불퉁하지 않은 몸매를 따라잡을 수 있도록" 도와준다고 소개했다. 2011년 〈뉴욕타임스〉의 또 다른 기사도 같은 관점에서 시작하는데, 이것이야말로 바의 주요 홍보 전략이었다. 운동의 결과가 직접적으로 보이는 몸을 선사하는 것이다. "여성들은 길고 갸름한 팔과 바짝 올라붙은 탄탄한 엉덩이와 날씬한 다리와 위엄 있는 자세를 오래도록 꿈꿔왔다. 지금 이런 체형을 찾던 이들은 요가와 필라테스를 버리고 발레 바 앞에 서 있다." 한 여성이 증언한다. "내 몸의 구석구석, 안 변한 곳이 없어요." 어떤 사람은 농담조로 이렇게 말한다. "모든 근육이 열심히 움직이죠. 나만 빼고요, 아직은."

오늘날 바는 미국 내에 완전히 자리를 잡았다. 이 드넓은 땅에 안 들어간 곳 없이 빽빽하게 들어차 있으며 기본적으로 똑같은 수천 개의 거울 방에서 똑같은 옷을 입은 여성들이 똑같은 시간 동안 똑같은 동작을 하면서 각자의 유전자가 내려준 다른 몸을 똑같은 "발레 몸"으로 만들기 위해 전심전력을 다하고 있다. 가장 큰 프랜차이즈인 퓨어 바는 전국에 500개의 분점을 운영한다. 네바다주 헨더슨, 미네소타주 로체스터, 켄터키주 오언즈버러 같은 지방 소도시에도 반드시 있다. 맨해튼과 브루클린에서만 15개의 퓨어 바 스튜디오가 성황 중이다.

바의 부상은 몇 가지 면에서는 기존 운동과 다른 특징을 갖고 있다. 이렇게 가격대가 높고 이렇게 획일적인 형태의 운동이 이렇게 전국적으로 퍼진 적은 없다. 핫요가와 필라테스도 유행하기는 했지만 대체로 개인 스튜디오 수준에서 확장되었지, 전국적인 체인망을 열지는 않았다(요가 강습비는 대체로 한 회에 20달러 전후이지만 바는 거의 그 두 배에 달한다). 부티크 스피닝 강좌는 비교 대상이 된다. 바가 유행을 탈 때 같이 유명해졌고 비슷하게 수업료가 높다. 하지만 가장 큰 체인인 '소울사이클'은 전국에 75개 지점만 있고 오언즈버러 같은 곳에서는 찾아볼 수 없다. 극단적으로 다른 정치적·문화적 배경을 가진 수만 명의 미국 여성이 바로 대동단결하고 있다. 이들은 다리를 1인치 더 찢으라는 강사의 말을 따르기 위해 1분에 60센트를 지불하는 것이 충분히 가치 있는 일이라고 철석같이 믿고 있다.

대학원에 다닐 때 차를 몰고 가는 길에 있는 칠리스 그릴의 유혹을 이기고 퓨어 바로 직행했고, 그렇게 나 또한 신봉자가 되었다. 나는 준비된 몸이라고도 할 수 있었다. 청소년기에 받은 엄격한 신체 훈련—댄스, 체조, 치어리딩—과 자가 치료법으로 시작한 요가를 통해 서서히 깨달았는데, 특별히 부정적인 결과가 없는 한 작은 거울이 달린 방에서 나에게 명령하라고 다른 사람에게 돈을 주면서 내 몸의 내부와 외부에서 느끼는 방식을 통제할 의향이 있었다. 바수업료는 대학원생이 감당하기에는 터무니없이 비쌌지만 나는 한 달도 빠지지 않고 등록했다. 이는 더욱 기능적인 삶을 위한 확실한 투자처럼 여겨졌다.

내가 투자한 것은 건강이었을까? 협소한 의미에서는 그렇다.

바는 나를 더 강하게 했고 자세도 교정해주었다. 그리고 내 몸에 대해서 생각하지 않아도 되는 사치를 누리게 해주었다—이것은 너무 많은 이들에게 금지된 일이고, 너무 많은 멍청한 이유 때문에 그렇다. 내 몸은 대체로 괜찮게 느껴졌고 괜찮게 기능했다. 하지만 바 수업이 키운 지구력은 신체적인 것보다는 심리적인 쪽에 더 크게 작용했다. 정말로 기분 좋은 것은, 내 몸을 숨 쉴 틈 없이 돌아가는 자본주의적 삶에 맞게끔 만들어준다는 느낌이었다. 바는 하루에 12시간씩 일하는 사람, 도우미 없이 독박 육아를 해야 하는 사람, 아침저녁으로 복잡한 지하철에 몸을 싣고 출퇴근하는 사람에게 하프 마라톤을 준비하지 않고도 비슷한 운동량을 보장해준다. 어쩌면 스위트그린을 먹을 때의 느낌을 주는 운동이다. 둘 다 이 독재적이고 장기적인 고행에 적응하도록 돕는 메커니즘이다. 형식 면에서 봤을 때도 바는 쉬지 않고 일해야 하는 시대에 가장 적합한 운동인데, 필요하다면 5분 만에 사무실에 다시 올 수도 있고 샤워를 하지 않아도 된다. 그리고 여성들에게 여전히 불합리하게 멋진 외모를 기대하는 시대에도 이상적인 운동이라 할 수 있다.

물론 마지막에 열거한 "외모" 때문에 바는 그렇게 수많은 사람들에게 투자할 가치가 있는 운동이라고 여겨졌을 것이다(이는 운동을 취재한 모든 신문 기사가 강조하는 내용으로, 2005년 〈옵저버〉에 실린 어느 기사 제목은 "엉덩이의 전쟁"이었다). 바는 결과 지향적이며 보여지는 것을 기반으로 하는 운동이다. 크로스핏이나 부트 캠프*처럼 컬

• 미국의 군대 훈련과 야외 피트니스가 보편화되면서 현대적으로 발전한 피트니스 프로그램을 말한다.

트적 요소를 갖고 있지만 이 운동의 1차 목표는 힘이 아니라 외모다. 이 운동은 댄스 수업이나 왕복 수영처럼 기분 좋은 취미가 아닌데, 당신이 추구하는 재미가 대체로 수업이 끝나서야 찾아오기 때문이다. 바 수업에서 나는 내 몸이 피트**에서 점검받는 경주용 자동차 같다고 생각했다. 나는 이곳에서 팔을 돌리고 다리를 들고 엉덩이와 복부를 자극하고 빠르게 스트레칭을 한 다음 다시 트랙으로 들어가 속도를 낸다. 핫요가나 소울사이클이나 크로스핏과 달리 바는 거의 압도적으로 여성만 하는 운동이라는 사실도 우연이 아니다 (아주 드물게 남성 회원도 들어오지만, 그의 몸은 탄탄한 근육질이거나 매우 마르고 길쭉하며 대체로 클럽 의상에 가까운 옷을 입고 있다. 영화 〈드롭 데드 고저스〉에서 브리트니 머피가 한 말이 떠오르지 않을 수 없다. "그거 알아요, 아빠? 피터는 게이에요").

실제로 바를 해보면 발레와의 연관성은 미미하고 얄팍하다고까지 할 수 있다. 플리에 비슷한 동작이 있어서 발가락을 세우고 엉덩이를 모으기는 하며 이 운동의 이름처럼 발레 바barre를 잡는 데 많은 시간을 할애한다. 그게 전부이고 다른 공통점은 별로 없다. 그러나 개념상으로 이 운동을 홍보하는 데 있어 발레라는 이름은 반드시 필요하다. 여성의 몸 중에서 특히 발레리나의 신체는 탄탄하고 유연하면서 엄격하게 단련되어야 하며 마땅히 그래야 할 이유가 있다. 모델이나 배우처럼 직업상 마르고 우아한 몸매를 유지해야하는 여성들도 있지만 발레리나는 그저 미모나 성공을 위해 사회의

●● 자동차 경주에서 주행 중에 응급 수리와 타이어 점검이나 교환, 연료 보급 등을 하는 곳.

미적 기준을 맞춘다기보다는 고도의 운동 능력과 예술성을 위하여 몸을 만들어야 한다. 따라서 연관성이 적다 해도 발레에서 끌어온 운동 방법은 일반 여성의 이상적인 몸을 만들고자 하는 노력을 더 없이 진지하며 예술적이고 전문적인 목적으로 만들어준다. 물론 이 것은 훌륭한 투자라 할 수 있을 것이다. 아니, 보다 정확하게 말하면 실용적인 자기기만이라 할 수 있다. 언제나 환한 미소를 잃지 않고 관중과 심판들 앞에서 어깨를 쭉 펴며 진심으로 명랑하고 즐거운 척했던 것 또한 나에게 "좋은" 일이라고 여겼던 시절처럼 말이다. 우리를 지쳐 떨어지게 하는 사회 안에서 어떻게든 더 효과적으로 기능하는 법을 배우는 것, 나는 바로 이 점 때문에 사람들이 바 수업 한 시간에 40달러를 낸다고 생각한다. 수익률이 보장되는 투자인 셈이다.

*

당신이 여성이라면 좋아하는 많은 것들이 당신에게 적대적으로 사용된다. 혹은 그 반대로 당신에게 불리하게 작용했던 많은 것들은 당신이 좋아해야 할 일로 설정되기도 한다. 성적 대상이 되는 것이 이 범주에 포함된다. 기본적으로 갖추어야 할 친절한 태도나 관대함도 그렇다. 가능하면 예쁘게 보이고 싶은 것—꾸미고 멋을 내는 데서 즐거움을 찾는 것—또한 그렇다.

나는 예뻐 보이고 싶고 꾸미는 걸 좋아하는 편이다. 하지만 그것이 의무나 명령이 되어버렸을 때 내가 이 일을 얼마나 진심으로, 독자적으로 **좋아하는**지를 말하기 어렵다. 1991년 나오미 울프는

《무엇이 아름다움을 강요하는가》에서 여성이 속박되지 않고 지위가 높아질수록 이상하게도 외모에 대한 기준은 상승한다고 말한다. 마치 우리의 문화는 젠더 평등이라는 열병을 어떻게든 더 퍼트리지 못하도록 계속해서 면역 반응을 만들어내는 것만 같다. 뿌리 깊은 가부장적 논리가 우리가 더는 경제적으로나 법적으로 남성에게 의존하지 않는다는 사실을 바로잡기 위해 더 높은 미적 기준에 도달하라고 명하는 것만 같다. 울프는 우리의 시간 낭비가 다른 식의 시간 낭비로 대체된다고 말한다. 20세기 중반 미국은 "무궁무진하지만 돌아서면 새롭게 할 일이 또 생기는" 가사 노동에 여성들이 온 힘을 쏟게 만들었고 꼼꼼한 살림과 주부들의 소비로 남자들이 사회 무질서라 생각하는 현상을 바로잡고자 했다. 이제 가사 노동은 마찬가지로 무궁무진하지만 돌아서면 새롭게 할 일이 또 생기는 미모 노동으로 대체되었고 우리는 수많은 시간과 불안과 돈을 소비하며 내가 통제할 수 없는 기준에 매달린다. 울프는 미모 관리가 일종의 "세 번째 직업"이 된다고 했다. 우리가 상상할 수 있는 모든 환경과 조건 안에서 살아남기 위해 반드시 필요한 가외 의무가 되는 것이다.

왜 똑똑하고 야망 있는 여성들이 이 덫에 빠질까?(나는 왜 클렌징폼이 내 친구라도 되는 듯이 각별하게 대할까? 왜 나는 지난 5년 동안 내 외모를 지키는 동시에 주말까지 나를 혹사시켜도 되는 몸을 만들기 위해 수천 달러를 쏟아부었을까?) 울프는 여성이 이 미모 신화를 받아들이기 위해서는 다음의 세 가지를 믿어야 한다고 말한다. 첫째, 여성은 미모가 "여성이 권력을 갖기 위해 마땅히 갖추어야 할 자격"이라고 믿는다. 둘째, 여성은 미적 기준이 운과 차별에 의지하고 있음을 무시하고 미모는 고된 노력과 기업가 정신과 아메리칸 드림의 문제라고 상상해야 한다. 셋째, 여성은 자신이 권력을 차지할 때마다 미모에 대한 요구사항도 커질 것이라고 믿어야 한다. 개인적인 성취로는 아름다워야 하는 의무에서 자유로워지지 않는다. 사실 성공은 한층 더 자신의 외모에 매달리게 하고 "외적 자의식과 양보심"을 갖게 한다.

철학자 헤더 위도우즈Heather Widdows는 2018년 자신의 책《퍼펙트 미Perfect Me》에서 미적 이상이 최근 더 윤리적 차원으로 승격되었다고 주장한다. 역사적으로도 미는 여성의 가치와 도덕성의 상징으로 기능했다. 동화를 보자. 사악한 여자는 못생기고 선한 공주는 아름답다. 이제 미모는 여성의 가치와 도덕성 자체로 해석되고 있다고 그녀는 말한다. "우리가 미를 추구하고자 끊임없이 노력해야만 하는 이유는 이를 윤리적 이상으로 보는 논리가 있기 때문이다. 성공을 위한 다른 윤리적 이상이 늘 그렇듯, 완벽함이란 언제나 우리가 닿을 수 없는 곳에 있고 아무리 애써도 절대 잡을 수 없지만 그렇다고 해서 이상의 힘이 깎아내려지진 않는다. 성취하기 어렵기에 이상의 힘은 더욱 강해진다." 이렇듯 미모가 윤리적인 이상이라는 믿음 아래 여성들은 자신의 외모를 가꾸기 위한 일상의 노력에 도덕적 가치까지 부여하게 되었고, 미적 기준을 충족하지 못하는 일은 "지엽적이거나 부분적인 실패가 아니라 자아의 실패로까지" 간주된다.

페미니즘은 미모는 선이라는 개념에 충실하게, 종종 매우 복잡한 방식으로 매달려 왔다. 〈제제벨〉이 온라인 페미니스트 담론의 중심에 선 이유 중 하나는 광고나 잡지 표지에 포토샵을 사용하지 않겠다고 대대적으로 선언했기 때문이었다. 이런 관점은 한편으로는 현대 미적 기준의 인공성과 부정직함을 즉시 드러냈지만 다른 한편으로는 더 높아진 기대라는 공간을 차지한, 늘 존재했던 "진짜" 아름다움에 대한 강력한 갈망을 보여주기도 했다. 오늘날 자연스러운 발색으로 유명한 화장품 브랜드 글로시에가 열광적인 팬들을 낳은 사실로 알 수 있는 것은 이제 우리는 어떤 인공적 노력 없이도 완벽해 보이는 미모를 이상화한다는 것이다. 아이폰 카메라 앞에서 민낯이어도 물광이 나야 하고, 피부에는 모공이 없어야 하며, 무슨 일이 있어도 자연스럽게 아름다워야만 한다.

주류 페미니즘은 소위 "몸의 긍정"이라 불리는 운동에 앞장서 왔다. 이는 어떤 사이즈의 옷을 입건 모든 여성의 미모를 인정하기로 실천하면서 미적인 이상을 다양화하자는 운동이다. 늦었지만 반가운 변화이고 긍정적인 면이 무척 많다. 그러나 이는 양날의 칼이 되기도 한다. 미모의 정의를 보다 광범위하게 확대하는 것은 분명 좋은 일이고 나 또한 개인적으로도 매우 감사해하고 있다. 이는 평범한 얼굴들이 일상적으로 사진 찍히는 문화에 의해 공식화된, 미모가 여전히 어마어마하게 중요하다는 개념에 기초한다. 이 밑에 깔린 기본 가정은 모든 사람에게 아름답다고 칭찬하는 것이 정치적으로 중요하며, 모두가 점점 더 아름다워질 수 있고 스스로 그렇다고 느끼도록 하는 일은 의미 있는 프로젝트라는 것이다. 그러나 왜 우리 문화는 그 반대 방향을 상상하지 못할까? 즉 미모의 중요성을 축소시키는 방향, 미모가 덜 중요해지는 쪽으로 가지 않을까?

하지만 오늘날은 미모뿐만 아니라 그 어떤 것도 축소의 방향으로 가지 않는다. 그리고 페미니즘은 이런 논의의 어떤 측면을 절대 비판하지 못하게 해왔다. 페미니즘은 개개인의 성공에 큰 점수를 주고 개인의 선택이 얼마나 중요한지 강조해왔기에, 더욱 성공하고자 내린 여성의 선택을 비난하는 것은 "페미니스트적"이지 않다고 여긴다. 그 선택이라는 것이 결국 사회적 기대와 미모 노동이라는 예측 불가한 배당금에 의해 축소되고 강요되는 상황일지라도 그렇다. 이 기준 안에서는 필연적으로 그 여성이 젊고 부유하고 관습적으로 매력적일 때 점수를 딴다. 위도우즈는 주장한다. "스스로 선택했다는 사실 하나가 부당하거나 착취적인 관습이나 행동을 갑자기 마법처럼 정당하거나 비착취적으로 만들지는 않는다." 주류 페미니즘은 여성의 선택—우리의 문제뿐만 아니라—이 정치적임을 인정하는 데 주저해왔고 "여성의 임파워먼트"라는 비전을 강조했지만, 결국 이 임파워먼트에서는 힘을 얻기는커녕 빼앗긴다고 느껴지게 했다.

문제의 뿌리는 애초에 주류 페미니즘이 가부장제와 자본주의와 타협하여 주류가 되었다는 점에서 찾을 수 있을 것이다. 오래 지속된 자격 요건들은 버리지 않았고 이름만 달라졌다. 미모 노동은 "자기 관리"라는 보다 진보적인 명칭으로 바뀌었다. 2017년 페미니스트 작가 태피 브로데서애크너Taffy Brodesser-Akner는 〈뉴욕타임스 매거진〉에 체중 감량에 대한 새로운 용어들이 탄생했다는 글을 적었다. 여성 잡지는 이제 "날씬해지자! 식생활을 조절하자!" 같은 기사 제목을 달지 않는다. 그 대신 "가장 건강한 내가 되자! 강인해지자!"로 바꾸었다. "사람들은 이제 단식을 하고, 식재료 본연의 영양소를 살린 '클린 이팅clean eating'을 하고, 라이프스타일을 바꾼다. 이는 수많은 증거가 가리키듯, 다이어트의 다른 말일 뿐이다." 때때로 페미니즘은 현재 상황보다 더 만족스러운 진보를 더는 상상할 수 없는 듯하다. 50년대 잡지가 남편을 위해 시간과 돈을 사용해 아름다워지라고 조언했다면, 이제 우리는 서로서로 그때와 똑같은 일을 하라고 말한다. 다만 이번에는 우리 자신을 위해서다.

물론 자기 계발에서 진정한 기쁨을 발견할 수 있는 것도 사실이다. "미적 이상은 즐거운 것이고 또 힘든 것이기도 하다. 그리고 대체로는 절대적으로 중요한 특징이다." 위도우즈는 쓴다. 미적 이상은 우리의 신체가 잠재력과 자기 관리의 원천임을 이해하라고 말한다. 미적 이상은 다른 많은 것을 희생한 후에는 자신의 힘을 표현할 수 있는 유형의 방법을 제공하기도 한다. 포르노 업계, 모델 업계, 인스타그램 인플루언서 업계는 여성이 남성보다 자주 앞서갈 수 있는 유일한 직업이다. 하지만 미모 노동의 가치를 인정하는 주류 페미니즘의 도래는, 어떤 경우건 이 상황을 대부분 악화시킨다. 울프가 1990년에 여성이 언제나 이상적인 자아로 보이도록 기대받는 패러다임을 비판했다면, 우리는 이제 조금 더 깊이 파고 들어가야 한다. 이제 아름다움의 신화가 아니라 라이프스타일의 신화라는 패러다임이 생겼다. 여성은 사용 가능한 모든 기술과 자본과 정치를 끌어모아 이상적인 자아가 되도록 노력해야 한다. 이 인정사정없는 자기 계발이 자연스럽고, 당연하고, 페미니스트적이라고 이해하고 누가 뭐래도 한 여성으로서 세상을 가장 잘 살아가는 방법이라고 믿어야만 한다.

*

최적화의 문제는 고대까지 거슬러 올라가는데, 물론 당시에

"최적화"라고 불리지는 않았을 것이다. 〈아이네이스Aeneid〉에서 베르길리우스는 '디도의 문제'로 알려진 상황을 묘사한다. 여왕 디도는 카르타고를 건설하기 위해 원주민과 협상을 벌였고, 수소 한 마리의 가죽을 얇게 잘라 이어서 그것이 둘러쌀 수 있는 만큼의 땅을 허락받았다. 문제는 둘레가 일정할 때 어떤 모양이 부피를 최대화할 수 있을지였고 B.C. 2세기의 제노도루스Zenodorus가 그 시대의 수학을 이용해 계산한다. 정답은 원이다. 이 등주 문제*를 1842년 스위스 기하학자 야코프 슈타이너Jakob Steiner가 나는 아무리 봐도 절대 이해할 수 없는 현대적 방법으로 증명했다.

1844년 "최적화하다optimize"라는 단어가 처음 동사로 쓰였는데 이는 "낙관주의자optimist처럼 행동"하는 것을 의미했다. 우리가 현재 사용하는 것처럼 "최대한 활용하다"는 의미로 쓰이기 시작한 것은 1857년이었다. 그다음 10년 동안 경제학에 최적화의 바람이 불었는데 바로 한계혁명Marginal Revolution 때문이다. 경제학자들은 인간이 여러 가지 선택지의 한계 효용을 계산해 선택한다고 주장했다 (어떤 소비재의 한계 효용이란 우리가 그것을 소비하거나 사용할 때마다 증가하는 이득을 말한다). "최소한의 노력으로 최대한의 욕구를 만족시키기 위하는 것—바람직하지 않은 것을 최소한으로 소비하면서 바람직한 것을 최대한 지키는 것—다시 말하면 쾌락의 최대화가 바로 경제의 문제다." 영국의 경제학자 윌리엄 스탠리 제번스는《정치경제학 이론》에서 이렇게 말한다. 우리는 모두 내가 가진 것에서 최대

● 평면에서 둘레가 일정한 도형 중에서 넓이(부피)가 가장 큰 것을 구하는 문제 내용.

한을 끌어내고 싶어한다.

사전에서 말하는 최적화의 원리란 무언가를 "가능한 한 완벽하고, 기능적이며, 효과가 뛰어나게" 만들어내는 과정으로, 오늘날 극단적으로 각광받고 있다. 이 나라의 경제가 합심하여 최적화에 걸맞은 유니폼을 선사하기도 했다. 바로 애슬레저다. 최적화된 삶을 살고 있거나 혹은 최적화된 삶을 살고 싶다는 욕망을 나타낼 때 입는 옷이다. 나는 애슬레저를 너무 비싼 운동복쯤으로 정의하지만, 좀 더 넓게 정의하자면 2016년까지 970억이라는 매출을 달성한 산업이기도 하다. 약 10년 전에 나타난 애슬레저는 몇 번의 외적인 변화를 거쳤다. 처음에는 검은색 레깅스와 화려한 색상의 탱크톱이었는데, 2000년대 초반 애슬레저가 막 부상하던 시기에 요가 교실과 카페를 오가며 사회적 상호작용을 주고받던 여성들이 선호하는 외출용 유니폼의 스판덱스 버전이었다. 최근 애슬레저는 여러 가지 종류로 나뉘었다가 다시 섞이고 만난다. 우주 이미지의 히피 룩(독특한 프린트, 은하계 패턴)이 있고, 모노크롬 LA 룩(메시 소재, 뉴트럴 컬러, 야구 모자)이 있다. 미니멀리즘이 유행하기도 했고 "바 교실에서 만나"라는 끔찍한 슬로건이 적힌 옷들도 나타났다. 대표적인 브랜드로는 룰루레몬Lululemon(트임에 메시 소재를 덧댄 "에지 있는 원더 언더 레깅스"는 98달러다), 애슬레타Athleta(후드가 달린 탱크톱인 "패시피카 컨투어드 후디 탱크"는 59달러다), 스웨티 베티Sweaty Betty("엉덩이 불태우기 중? 당신의 엉덩이에 투자하라"는 별칭을 가진 "파워 웨트룩 메시 크롭 레깅스"는 120달러다), 어딘가 엽기적인 콘셉트의 스피리추얼 갱스터Spiritual Gangster("나마스테"가 엉덩이에 적힌 레깅스는 88달러, "내 눈으로 봐야 믿는다"라는 문구가 새긴 면 탱크톱은 56달러다)도 있다. 사실 이것들은 중가품이라 할 수 있고, 명품 브랜드도 애슬레저를 출시하고 있다.

　남성들도 애슬레저를 즐겨 입는다. 컬트적인 신봉을 받은 밀레니얼 액티브웨어 브랜드 아웃도어 보이스Outdoor Voices는 스스로 "슈퍼휴먼이 아니라 휴먼"이라고 부르는 충실한 남성 팬층을 확보했다. 하지만 이 옷의 개념과 카테고리의 대부분은 여성에게 속해 있다. 전업주부, 대학생, 피트니스 전문가, 휴식 중인 모델들의 일상을 위해 만들어진 옷이다. 운동장 밖에서도 운동복을 입는 여성들이나 발레리나처럼 외모의 시장 가치를 모니터할 이유를 찾아내는 사람들이다. 물론 이 옷에는 명확한 장점들이 있고, 그 안에는 또 다른 인센티브가 숨겨져 있기도 하다. 입기 쉽고 세탁기로 세탁이 가능하고 구김이 방지된다. 모든 최적화 경험과 제품들과 마찬가지로 애슬레저는 편안하지 않고 보호해주지 않는 세상에서 나를 편안하게 하고 보호해준다. 2016년 모이라 웨이겔Moira Weigel은 잡지 〈리얼 라이프〉에 이렇게 썼다. "룰루레몬은 그것을 입는 사람에게 인생에서도 걸림돌이 없어진다고 공표한다." 그녀는 처음으로 스판덱스 속옷을 입었던 날을 회상한다. "내 몸을 케이싱*에 구겨 넣었을 때의 느낌을 묘사할 단어는 딱 하나, 최적화되었다는 것이었다."

　스팽스와 값비싼 레깅스에 쓰이는 원단인 스판덱스는 2차 세계 대전 중에 개발한 새로운 낙하산 원단이다. 이 원단은 유연했고, 탄력적이었고, 강했다("유연하고, 탄력적으로, 강해지세요. 여성분들!

● 소세지의 원료를 채우는 얇은 막의 재료로, 양·돼지·소의 창자나 셀룰로스 필름을 사용한다.

140

우리처럼요!" 나는 아마도 임파워먼트 콘퍼런스에서 눈에서 레이저를 쏘아대며 이렇게 소리 지르고 있을지도 모른다). 고품질의 스판덱스를 입으면 매우 편한데 나는 강아지가 썬더셔츠**를 입었을 때의 기분이 이렇지 않을까 상상한다. 하지만 이러한 확신과 안정감 밑에는 시대의 요구라는 기류가 흐르고 있다. 기본적으로 21세기의 코르셋이라 할 수 있는 보정속옷shapeware은 옷 아래 있는 몸을 통제한다. 애슬레저는 당신이 운동을 통해 몸을 통제하고 있다는 사실을 세상에 광고한다. 룰루레몬 레깅스에 몸을 넣으려면 운동으로 만들어진 몸을 갖고 있어야만 한다(이 회사의 창업자는 "일부 여성들은" 자신의 브랜드를 입을 수 없다고 말하기도 했다). 웨이겔은 말한다. "자기 노출과 자기 검열은 피드백이라는 무한 루프 안에서 만난다. 이 바지는 특정 종류의 신체에만 '작동되기' 때문에, 이 옷을 입는다는 것은 당신이 나가서 운동하여 그 몸을 만들어야 한다는 사실을 상기시킨다. 그들은 당신이 이상적으로 보여줄 수 있는 몸을 생산해야 한다고 권유한다."

이것이 바로 애슬레저가 운동복과 패션 사이를 파고든 방식이다. 운동복은 당신의 성과를 최적화하고 패션은 당신의 외모를 최적화한다. 애슬레저는 두 가지를 동시에 해낸다. 이것은 일이 즐거움으로 새롭게 정의되며, 우리가 더 많은 노동을 받아들이게 된 시기의 맞춤복이 되었다. 여성에게는 외모를 가꾸기 위한 시간도 일이며 당신은 심지어 그것이 재미있다고 믿어야 한다. 그리고 애슬

●● 반려견이 천둥이나 폭죽 소리에도 안정을 취할 수 있도록 디자인된 진정용 자켓을 말한다.

레저의 진짜 술수는 당신이 이 일을 하도록 만들어졌다는 것을 물리적으로 제시한다는 점이다. 즉 당신은 이 사회에서 고기능적이고 최대한 매력적인 소비자라는 존재가 되기 위해 고된 노동을 하는 것이 지구에서 시간을 보내는 좋은 방법이라고 생각하는 사람이다. 웨이겔의 지적에 따르면 이는 "착용자 인식enclothed cognition"*이라는 현상이기도 하다. 문화적 서사가 있는 옷을 착용했을 때 인지 기능에도 변화를 가져올 수 있다. 한 실험에서 피실험자에게 흰색 가운을 입으라고 해보았다. 이 옷이 실험실에서 입는 가운이라고 말하면 그들은 더 신중하게 행동했다. 그러나 화가의 작업복이라고 말하면, 주의가 산만해지며 덜 신중하게 행동했다. 그들은 자기가 입은 옷이 말하는 그 사람이 바로 자신인 것처럼 느꼈다.

최근에 나도 친한 친구의 결혼식에 하객으로 참석하기 위해 스팽스 한 벌을 샀다. 우리 들러리들은 바닥까지 끌리는 연분홍색 드레스를 입어야 했는데, 수축 포장지처럼 몸에 딱 달라붙는 데다 어깨끈이 없었다. 처음으로 그 드레스에 몸을 끼워 넣었을 때, 나는 거울에 내 배꼽 안쪽까지 비치는 것을 확인했다. 얼굴을 한번 구기고 포기한 후 온라인으로 98달러짜리 "오트 쿠튀르 하이 웨이스티드 쏭"을 샀다. 며칠 뒤에 도착한 속옷을 착용하고 그 위에 드레스를 입어보았다. 숨을 쉴 수가 없었다. 땀을 흘리기 시작하자 내 얼굴이며 몸은 훨씬 더 못생겨 보였다. "젠장, 이게 뭐야." 중얼거리며 거울 속 나를 보았다. 사진을 찍을 때 예쁘게 보이는 것이 내면 깊숙이 자리한 삶의 목적인 여성의 나쁜 예시 같았다. 물론 그 순간,

---

* 옷이 착용자의 심리적 과정에 미치는 영향.

98달러짜리 끈팬티와 인스타그램 모델을 위해 디자인된 드레스를 입은 나는 정확히 그런 사람이었다.

*

역사학자 수잔 G. 콜은 사회적 가치를 주입하는 최고의 방법은 그 가치를 에로스화하는 것이라고 썼다. 트럼프 시대에 나는 이에 대해 많이 생각한다. 대통령은 자신의 지배적인 통치 방식에 성적인 주인 의식을 투사한다. 수동적인 모델 타입의 여성을 측근으로 두고 딸까지도 남성 우월적으로 대한다(이 시대에 백인 우월주의자들이 온라인 여성 혐오자들과 결탁한 것도 우연은 아니다. 여성 혐오자들은 시대 역행적이고 폭력적이며 우월적인 이데올로기를 똑같이 시대 역행적이고 폭력적이며 우월적인 행동에 적용하고 있다). 우리 주변에서 무엇이 에로스화되어 있는지를 보면 사회가 무엇을 우선순위로 놓는지 해석할 수 있다. 남성의 권력과 여성의 복종, 남성의 폭력과 여성의 고통이 그렇다. 여성의 가장 흔한 성적 이미지는 침묵하면서 조용히 일을 수행하는 인위적인 모습이다. 남성 권력을 굳히거나 더 강하게 하는 특징, 여성의 에너지를 앗아가고 시간을 낭비하게 하는 특징들이다.

여성은 이런 상황에서 힘이 아주 없지는 않고, 어떤 여성들은 성적 전형성을 전복시키고 다양화하여 미적이고 흥미롭게 만들기도 한다. 하지만 그런데도 힘을 얻는다는 명목으로 성에서 직접적으로 아이디어를 끌어낸 문화적 상품에는 보다 주의를 기울여야 할 필요가 있다. 여성들이 주도했다고 해도 그렇다. 예를 들어 나는

〈틴 보그〉가 십 대들에게 선거의 중요성을 깨우치게 하고자 "하이스타킹 정치"를 열정적으로 사용하는 것을 의심스럽게 보고 있으며, 인스타그램 인기 모델 에밀리 라타이코프스키가 계속해서 누드를 칭송하는 페미니스트 플랫폼을 강조할 때도 수상스럽다. 그리고 나는 나의 오랜 친구 바에 대해서도 사실은 굉장히 떨떠름하게 생각하고 있다.

바 수업은 기이하고도 임상적으로 에로스화된 경험이다. 이는 음악 때문이기도 하다. 바는 클럽에서 만난 낯선 사람과 섹스를 한다는 가사의 EDM을 배경 음악으로 침묵 속에서, 집단적으로, 오전 7시의 육체적 고통을 참는 수많은 여성들과 함께 재차 왼쪽 엉덩이를 조이라고 명령하는 운동이다. 바 수업의 어떤 면은 캐스팅 카우치* 같은 포르노적인 면이 있다. 운동을 하러 온 당신은 카메라에서 "오디션"을 보고 있는 젊은 여성이 된다. 역시 작업에 참여 중인 섹시하고 아름다운 강사는 30초에 한 번씩 자세를 바꾸고 다리를 머리 위로 들라고 지시한다. 그녀는 애교 있는 목소리로 외친다. "그래요, 바로 그거죠. 더 깊게! 다리를 흔드는 거 좋아요. 이제 점점 진해집니다. 그거예요, 너무 멋져요. 여러분, 끝내줘요. 바로 그거예요, 그거!!!" 그녀는 아플 때, 그때가 곧 기분이 좋아지는 때라는 것을 상기시킨다. 한번은 내가 다리를 벌리는 스트레칭을 하고 있을 때 강사가 내 엉덩이에 손을 얹고 앞으로 굴려 가랑이가 더 쭉쭉 찢어지게 한 적도 있다. 그녀는 한 손으로 내 엉덩이를 잡고 다른 손

---

* 배우가 배역 책임자와 성관계를 하는 대가로 배역을 얻어내는 관행을 빗댄 표현이다.

으로 내 척추를 펴면서 허리와 어깻죽지를 앞으로 밀었다. 물론 고통스러웠지만, 대본대로라면 나는 좋아해야 했다.

일부 바 스튜디오는 이에 대해 굉장히 뻔뻔하게 나온다. 로스앤젤레스의 팝 피지크는 헐벗은 모델 사진으로 홈페이지를 도배하며 상품을 판매한다. 팝 볼—규칙적인 간격으로 당신의 허벅지 사이에 넣고 눌러주는 고무공—은 여성의 맨살이 보이는 등허리에 놓여 있다. 아무것도 입지 않은 엉덩이가 보이며, 그녀가 신은 특별한 15달러짜리 양말이 눈에 띈다. 이 스튜디오는 광고를 아메리칸 어패럴 스타일로 찍었는데 하이 컷 레오타드**를 입은 사진이라든가 가랑이 부분을 클로즈업한 사진이 많으며, 웹사이트는 이렇게 말한다. "고객들이 더 뜨거운 성생활을 경험했다고 합니다. (…) 음, 우리는 그렇다고 들었어요."

로테 버크와 리디아 바크 또한 바 수업의 성적인 측면을 인정했다. 그러나 요즘은 대부분의 스튜디오가 그런 종류의 수업은 하지 않는다. 다른 종류의 그룹 운동과 달리 바에는 아주 진지하고 까다로운 정신적인 훈련 요소가 있다. 우리는 우리의 표현과 반응을 통제해야 한다. 내가 어떤 시점에서 깨달은 건 바로 이 점 때문에 바가 나에게는 자연스럽게 느껴졌다는 사실이다. 내가 했던 유일한 운동은 굉장히 여성적이고 외모 중심적인 활동이며 그 안에 들어간 고통과 노력은 숨기도록 되어 있었다(이것은 어쩌면 내가 바에 끌린 이유 중 가장 흉한 측면일지도 모른다. 나는 질방구 사건 이후, 곧바로 바에 끌렸다. 나는 억압과 통제를 에티켓의 문제로—어쩌면 미학의 문제로—보았

●● 허벅지와 엉덩이를 깊게 드러낸 수영복 같은 운동복.

다. 그래서 타인의 실수를 잔인하게 평가하고 반사적인 혐오를 느꼈을지도 모른다). 바 강습은 훈련이자 의식이고, 그렇게 느껴진다. 한 시간 동안 거울과 각종 장비와 정해진 동작만이 있는 방에서 감시를 당하고 벌을 받는다. 강사는 종종 눈을 감고 말 그대로 몸과 자신을 분리하라고 말한다. 이 또한 좋지 않은 방식으로 섹시하게 느껴진다. 바는 여성의 성적 표현의 스펙트럼에서 가장 양극에 있는 것만 뽑아온 것 같다. 하나는 포르노적이며 공연적인 것이고, 또 하나는 억압이며 통제다.

어찌 되었건 바는 확실히 무언가를 에로스화한다. 가장 먼저 이의식은 버크가 만들고 창조하도록 고안한 특정한 타입의 몸이 바람직하다고 강요한다. 마르고 유연하고 어딘가 모르게 십 대 같은, 누군가 봐주길 기다리고 사진 찍히고 만지게 할 준비가 된 몸이다. 하지만 대중문화를 소비한 적 있는 사람에게 이것은 특별히 그렇게 팔기 어려운 상품은 아닐 것이다. 나는 바가 정말로 성적인 느낌을 주는 건 이 몸을 만들어가는 과정이라고 생각하기 시작했다. 의식, 훈련 그리고 특히 비용이 그렇다.

비용은 매우 중요하고 페티시를 이어지게 하는 데는 더욱 그렇다. 우리는 스스로 소중하다고 생각하는 것에는 큰돈을 기꺼이 지불하기도 하지만, 누군가 우리에게 너무 많은 돈을 요구하면 그것이 소중한 것이라고 믿게 되기도 한다. 이러한 메커니즘은 웨딩 산업에서 특히 만연하고 바 또한 이와 긴밀히 연결되어 있다. 바 체인은 모두 "예비 신부" 패키지를 팔고 결혼박람회에도 광고를 내보낸다. 퓨어 바는 "퓨어 브라이드" 티셔츠를 판다. 엣시Etsy에서는 "결혼식 직전 땀 흘리기" "짝짓기 전에 스쿼트를" "신부가 바 교실로 걸어가네" 등의 문구가 적힌 바 수업용 탱크톱을 살 수 있다. 바 스튜디오인 바 메소드는 처녀 파티 패키지도 판매한다. 평범한 일상 속에서 바는 여성들에게 당장 결혼식장에 들어가도 괜찮을 법한 자신의 모습을 상상하라고 부추긴다—관찰과 선망의 대상이자 이상적인 여성의 살아 있는 실체가 되라고 말한다.

애슬레저는 그 특성상 자본 또한 에로스화한다. 스트리퍼 의상과 마찬가지로, 애슬레저는 여성의 몸을 수익을 기대할 수 있는 하나의 자산으로 포장한다. 요컨대 초기 투자를 필요로 하는 이 오브제는 소규모 자산들로 나뉘고—가슴, 복근, 엉덩이—모든 자산에 가치가 매겨지며 이를 통해 계속해서 투자금을 회수해야 한다. 두꺼운 압박 끈과 은근한 노출 디테일이 있는, 기가 막힐 정도로 비싼 가격의 애슬레저는 후기 자본주의의 페티시 의상이 아닐까. 시장에서 당신 몸의 성과를 높이고 싶다는 갈망을 강박적으로 충족시키고 싶을 때 사는 옷 말이다. 새로 등장하는 브랜드들은 이 모든 것을 대놓고 드러낸다. 알로 요가는 하이 웨이스트 망사 레깅스(98달러)와 가슴 아랫부분을 잘라낸 문릿 브라(90달러)를 출시했다.

내가 이 모든 것을 단번에 이해한 건 2016년 어느 봄날이었다. 당시는 〈제제벨〉에서 일한 지 1년 남짓이 지났을 때로, 유니언스퀘어 근처에 있었던 우리 회사 건물 1층에는 330평 규모의 룰루레몬 매장이 있었다. 그날 오후 나는 바 수업을 예약했는데 언제나 챙기던 후줄근한 운동복을 깜빡 잊고 가져오지 않았다. 숨을 깊게 들이쉬고 아래층으로 내려가서 생애 처음으로(아직도 유일하다) 룰루레몬 매장에 들어갔다. 피팅 룸에서 윗도리를 입어보려 하는데 내가 평상시에 그다지 자주 볼 일이 없는 가슴골이 깡통에서 삐져나온

밀가루 가죽처럼 목둘레로 툭 튀어나오는 것이었다. 어쨌든 할인 중인 두 제품을 샀는데도 가격은 170달러 정도였다. 나는 지하철을 타고 월가로 내려가서 엘리베이터를 타고 허드슨강이 내려다보이는 16층으로 올라갔다. 바 학원에는 커다란 통창이 있었고 한 시간 동안 수없이 바뀌면서 몸의 각 부분을 비출 조명은 안 그래도 밝은 방을 환하게 채우고 있었다. 그날따라 기분이 평소와는 다르게 뻐딱하면서도 이들과 같은 팀인 것처럼 느껴졌다. 자신의 몸이 곧 직업과 연결되는 사람들을 위한 값비싼 비즈니스 캐주얼인 정교하게 디자인된 스판덱스 옷을 입고 하늘을 향해 난 유리창을 통해 반짝거리는 수백 개의 작은 사무실 창문들을 바라보고 있었다.

나는 나처럼 걸리적거리는 것 없는 인생을 위해 노력하는 여성들 사이에 있다는 사실을 의식했다. 우리는 모두 이 비싼 수업에 등록할 정도로는 돈을 벌거나, 혹은 벌려고 노력하고 있다. 수업은 우리에게 힘과 규율을 주었는데, 이는 우리가 다시 이 비싼 수업을 감당할 수 있게 한다. 우리는 즐거움과 비슷하지만 진짜 즐거움은 아닌 기분을 안고, 이 성과와 끝없는 노동의 시대를 온몸으로 끌어안고 있었다. 강사는 재잘거렸다. "여기서 그만두고 싶으시죠? 바로 그렇기에 계속하는 게 중요합니다!" 내가 앉은 구석 자리에서는 건물 바로 아래의 거리가 자세히 보였고 관광객들이 황소 동상 앞에서 사진을 찍고 있었다. 나는 누군가가 건 최면 속에 들어와 있는 것만 같았다. 주홍빛 오후의 햇살이 인도를 비친 후에는 노을이 서서히 그 자리를 차지하려 하고 있었다. 스튜디오 안의 조명이 선홍색과 진파란색 등으로 바뀌었다. 그리고 우리는 모두 입을 꾹 다물고 엉덩이들을 열심히 돌렸다. 우리는 세포라에서 포인트를 적립하는, 고급 미용실에서 머리를 하는 바로 그런 여자들이었다. 나는 몸과 마음을 분리시킨 채 생각했다. 우리는 이렇게 끔찍한 걸 우선순위에 놓을 수 있는 정도로 운이 좋은 사람들이구나. 외모를 통해 사회적 자본을 더 모을 수 있을 정도의 경제적 자본을 가진 사람들이구나. 외모는 어떤 면에서는 우리의 경제적 자본을 지키고 더 획득할 수 있도록 도와줄 것이다. 이것은 우리의 경험을 이어주는 조직이며, 일하지 않아도 되는 여성과 부유한 남자와 결혼한 여성과 나처럼 일하는 여성 사이를 이어주는 끊을 수 없는 고리였다.

몇 달 후 나는 그 방의 같은 자리에서 또다시 거리를 내려다보았다. 이 수업이 내게 어떤 의미인지 때때로 강렬하게 느낄 때와 마찬가지로, 심장이 갑자기 조여드는 것 같았다. 바깥 날씨는 맑고 상쾌했다. 거리에 있는 모든 사람이 자신의 딸을 어떤 동상 앞에 세우고 사진을 찍는 데 몰두하고 있었다. 두려움 없는 소녀상Fearless Girl이었다.

*

이상적인 여성은 아름답고, 행복하고, 자유롭고, 완벽한 능력까지 갖춘 것처럼 보인다. 정말 그럴까? 어떤 특정한 방식으로 보이는 것과 실제로 그런 사람인 것은 두 가지 다른 개념으로, 행복해 보이고 자유로워 보이려고 노력하는 건 실제로 그렇게 느끼는 능력에 방해가 되기도 한다. 인터넷은 이 문제를 성문화하고 체계화해버렸고 이제 더는 도망갈 수도 없게 만들었다. 최근 몇 년간 대중문화는 소셜 미디어가 탄생시킨 자아의 균열을 반영하고 있다. 이러한 이야기들의 주인공이 대체로 여성이고, 이 여자 주인공이 주변에 있는 이상적인 여성의 온라인 아바타 때문에 혼란스러워하다가 결국 미쳐간다는 건 무얼 말해주고 있을까.

이 중에서 가장 유명하고도 작품성 높은 작품은 드라마 〈블랙 미러〉의 한 에피소드일 것이다. 브라이스 달라스 하워드가 분한 주인공은 사람들에게 인정받기를 아주 간절히 원하는 여성으로, 자신보다 높은 소셜 미디어 등급과 화려한 삶을 가진 어린 시절 친구에게 상당히 집착하는 모습을 보인다(드라마 안 소셜 미디어 시스템은 그 사람의 겉모습 그리고 세상과 어떤 관계를 맺느냐에 따라 점수를 매기는데, 이는 중국에서 개발해 2017년 베타 테스팅에 들어간 사회신용시스템Social Credit System과 크게 다르지 않다). 이 에피소드는 하워드가 마치 DC 코믹스의 늪지 괴물처럼 진흙 범벅이 되어 친구의 결혼식에 쳐들어가 난동을 부리는 장면으로 끝을 맺는다.

2017년에 개봉한 영화 〈언프리티 소셜 스타〉 또한 비슷한 장면으로 시작한다. 이번에도 팽팽했던 긴장이 한꺼번에 터지는 위기의 행사, 결혼식이다. 오브리 플라자가 연기한 우리의 존재감 없는 주인공*은 초대받지 못한 결혼식 리셉션에서 바비인형 같은 신부에게 페퍼 스프레이를 뿌린다. 그리고 이 사건으로 정신 병원에 입원한다. 퇴원한 후에는 로스앤젤레스로 이사 가서 엘리자베스 올슨이 연기하는 테일러 슬론이라는 라이프스타일 블로거를 스토킹하고 똑같이 따라 한다. 이 영화 시나리오에서 가장 뛰어난 점은 테일

---

* 인스타그램에서 나온 말장난인지 이 캐릭터의 이름은 "잉그리드ingrid"다. 그리드grid는 흡사 바둑판 같은 격자무늬를 가리키는데, 인스타그램 피드가 바로 이 3열 그리드 형태를 띤다.

러라는 캐릭터다. 테일러는 지나치게 전략적인 사기꾼이나 가짜가 아니라 평범하고 조금 맹하며 진심으로 귀엽고 착한 소녀로, 소셜 미디어 스타라는 그녀의 정체성은 자신도 모르는 사이 혹은 신경도 쓰지 않던 사이에 소셜 미디어의 바람과 유행을 타고 주어졌다는 설정이다. 결국 마지막에—스포일러 주의—주인공은 자살 시도를 하고 절대 저렇게 살면 안 된다는 교훈을 주는 캐릭터로 유명해지면서 영화는 끝난다.

출판물에서도 이런 이야기들은 자주 볼 수 있고 가벼운 대중 소설부터 본격 문학에 이르기까지 장르도 다양하다. 2017년 쇼퍼홀릭 프랜차이즈로 대성공을 거둔 소피 킨셀라Sophie Kinsella의《나의 완벽(하지 못)한 인생My (Not So) Perfect Life》에서 젊은 주인공 케이티는 자신의 완벽한 상사인 데메테르의 소셜 미디어 인기에 집착하면서 데메테르의 몸매, 의상, 가족, 사교 생활, 집, 휴가를 똑같이 따라 하려 한다(이 책은 로맨틱 코미디의 구성을 따르는데 두 여성은 번갈아서 서로를 망신 주다가 마지막에는 한 팀이 된다). 2017년에 나온 올리비아 수직Olivia Sudjic의《심파시Sympathy》는 루이스 캐롤의 '앨리스'에서 영감을 받은 이야기로, 거울은 스마트폰이 되고 물약은 메스암페타민이 된다. 주인공 앨리스 헤어는 인터넷으로 알게 된 작가 미즈코에게 빠져들고 그녀의 일거수일투족을 지켜보다 자신이 어떤 면에서 미즈코의 영혼의 쌍둥이, 그림자, 메아리라고 믿는 지경까지 간다.

이런 이야기에는 과장된 이진법과 체념적인 세계관이 있다. 왜 여성은 성공하거나 실패하거나 둘 중 하나일까. 그런데 이 현실에서 회피할 수 없다는 점이 왜 인생의 진실처럼 느껴지기도 할까. 우리가 시장에서 도망갈 수 없다고 치자. 그렇다면 이 시스템에 맞추어 살기를 거부하면 되지 않을까. 수많은 여성이 자본주의와 가부장제의 교차 지점에 갇혀 있다. 이 두 가지 시스템은 극단적으로 가면 개인의 성공을 위해서는 도덕성을 상실하는 위험까지 감수해야 한다고 말한다. 그러면서 이 개인의 성공이라는 것이 어마어마하게 달콤하고 가치가 있다고 말한다. 이상에 가까이 다가가기 위해, 어떤 절대적으로 완전한 이미지에 나를 넣기 위해서는—결혼식에서 똑같은 포즈로 멋진 사진을 찍기 위해서는—개인적인 성공이 반드시 필요하다고 느끼게 한다. 물론 자본주의와 가부장제 아래에서 성공하는 데에도 보답이 있다. 그 조건에 기꺼이 맞춰서 살 의향을 갖고 있을 때 따라오는 보답이 있다. 지극히 피상적인 차원에서 딱 그에 맞는 보답만 있다. 이 덫은 굉장히 아름다워 보인다. 조명도 근사하다. 당신에게 어서 들어오라고 손짓하고 환영한다.

*

1985년에 발표된 도나 해러웨이의 에세이 〈사이보그 선언〉은 근본적으로 완전히 불행해진 여성의 조건 속에서 현 상황과 양립할 수 있는 자유를 찾기 위해 우리는 어떤 자세로 나아가야 할지에 관한 독특한 답안을 제시한다. 그녀는 "나의 역설적인 신념, 나의 신성 모독의 중심에는 사이보그의 이미지가 있다. 사이보그는 기계와 유기체의 하이브리드이며 사회적 현실의 창조물이면서 픽션의 산물"이라고 말한다. 20세기 후반은 "자연과 인공, 정신과 육체, 자기 발전과 외적 디자인, 유기체와 기계에만 적용되던 많은 구분을 모호하게 만들었다. 우리 기계는 혼란스러울 정도로 생생하고 우리 자신은 놀라울 정도로 활력이 없어졌다"고 말한다.

해러웨이는 사회적·기술적 기계에서 분리할 수 없는 방식으로 만들어진 여성들도 얼마든지 유기적이 되고 과격해지고 저항할 수 있을 거라 상상했다. 다시 말해 우리는 사이보그처럼 될 수 있다—우리 스스로 선택하지 않은 이미지로 형성되었지만 그렇기 때문에 불성실하고 불복종할 수 있다. "서출 자손은 종종 자기 조상에게 극단적으로 불충하다. 결국 그들은 아버지들이 없이 살았기 때문이다." 사이보그는 "반목하며, 유토피아를 그리며, 순수함이라고는 전혀 찾을 수 없다". 그녀는 자신의 삶을 이루는 조건들이 언제나 인공적이었음을 이해한다. 그녀는 이 세상 안에서 자신의 삶이 따라야 할 법칙이 무엇이건 존중하지 않기로 한다. 이 얼마나 놀라운 가능성인가.

해러웨이가 제시한 사이보그 이전에도 인공적이면서 반항적인 창조물은 존재했다. 1818년에 출간된 메리 셸리의 《프랑켄슈타인》이 있고, 1968년에는 영화 〈2001 스페이스 오디세이〉가 나왔다. 1982년에는 필립 K. 딕의 60년대 후반 소설을 원작으로 한 〈블레이드 러너〉가 개봉했다. 그러나 최근 몇 년 동안 이 사이보그는 특히 여성의 형태로 다시 나타나고 있다. 2013년에는 호아킨 피닉스를 사랑에 빠지게 하는 컴퓨터 작동 시스템을 스칼렛 요한슨이 연기한 〈허〉라는 영화가 있었다. 이 컴퓨터 기술은 스스로 업그레이드를 하면서 자신의 관심 분야를 추구하고 한 남자의 가슴을 들었다 놓았다 한다. 2016년도 영화 〈모건〉에서 안야 테일러 조이는 연구실에서 태어난 슈퍼 휴먼인 모건을 연기했는데, 다정하고 우수한 소녀였던 이 로봇은 5년 후 아름답고 지능적인 젊은 여성으로 성장한다.

모건은 〈딥 블루 씨〉에 나오는 유전 인자가 조작된 상어처럼 무자비한 존재로 진화하고 그녀를 막으려는 과학자들을 모두 살해한다.

2016년 HBO는 마이클 크라이튼의 1973년작 영화 〈웨스트월드〉를 리메이크한 같은 제목의 판타지 시리즈를 발표했는데, 서부 시대를 배경으로 한 가상 테마파크에서 탠디 뉴튼은 아름다운 인공지능 로봇 창녀고 에반 레이첼 우드는 로봇 농장 처녀다. 두 캐릭터는 웨스트월드의 관광객들에게 반복적으로 강간당하고 구출되기 위해서만 존재하다가 자유 의지를 발전시키자마자 반란을 일으킨다. 2015년에는 알리시아 비칸데르 주연의 〈엑스 마키나〉가 있었다. 매혹적인 휴머노이드는 자신을 창조한 창조자의 시스템을 망가트리기 위해 우아하고 독한 복수를 감행한다. 그를 죽이고 다른 안드로이드의 피부를 씌우고 붙여서 문밖으로 나간다.

현실에서 우리 여성들은 사이보그들보다 훨씬 더 고분고분하다. 우리가 하는 반항들은 너무 사소하고 자잘하고 하찮다. 최근 인스타그램의 이상적인 여성은 자신을 둘러싼 시스템에 대항하는 모습을 아주 조금씩 보여주고 있긴 하다. 이제 모델이나 인플루언서들이 소셜 미디어에서 반인스타그램 발언을 언젠가 한 번쯤은 할 것이라 예측할 수도 있다. 관객들에게 자신의 미모를 유지하고 보여주기 위해 피나는 노력을 기울였던 아름다운 젊은 여성은 어느 날 인스타그램이 불안과 열등감의 구덩이였다는 고백의 포스팅을 올린다. 그녀는 당분간 소셜 미디어 활동을 쉬겠다고 말하고 일주일 후에는 이전과 똑같은 모습으로 되돌아온다. 시스템에 대한 저항은 시스템의 조건 안에서만 이루어진다. 우리에게 어떤 괜찮아 보이는 도구가 생기면, 그에 반대하는 것보다 적응하는 편이 훨씬 더 쉽다.

사실 기술은 우리가 반대하는 건 고사하고 그에 따르게 한다. 특히 미모와 관련된 문제에서 우리는 기술을 최대한 활용해 이 제도의 요구에 맞추는 것을 넘어 이러한 요구를 증가시킨다. 여성에게 "어디까지가 가능한가"의 영역은 미모와 관련된 모든 능력 안에서라면 무한정 확장되며—카다시안의 몸매 보정을 위한 각종 실험을 생각해보라. 혹은 성형외과 의사는 젊은 모델들에게 완전히 새로운 얼굴을 선사하기도 한다—이에 대한 집착은 수많은 방식을 통해 예전과 똑같이 남아 있다. 그런데 우리는 호르몬 조절 피임약에 대해서는 황당할 정도로 무지하고 전 세계 수백만 명의 여성들이 이 약만 먹으면 왜 그렇게 기분이 나빠지는지에 대해서도 무지하기만 하다. 우리는 우리의 임금을 "최적화"하지 않았다. 우리는 육아 제도를, 정치적 대표성을 "최적화"하지 않았다. 우리는 전히 수많은 영역에서 동등성parity을 현실로 생각하지도 않고, 완벽한 젠더 평등에 가까워지는 건 꿈도 꾸지 않는다. 우리는 시장의 자산으로서 우리 자신의 능력을 최선을 다해 최대화해왔다. 그게 전부다.

여기서 빠져나가기 위해, 나는 사이보그의 길을 따라가야 한다고 생각한다. 우리는 세상의 법칙을 깨고 나갈 의지가 있어야 하고 기반을 약화시키려 해야 한다. 사이보그가 힘이 있는 까닭은 자신의 인공성 안에서 잠재력을 포착했기 때문이다. 이 인공성이 자신 안에 얼마나 단단히 박혀 있는지를 의심 없이 받아들였기 때문이다. 해러웨이는 쓴다. "기계는 우리이고 우리가 만들어진 과정이고 우리가 재현된 모습이다. 우리는 이 기계에 책임을 질 수 있다." 사이보그의 꿈은 "공통의 언어를 사용해서 실현되는 것이 아니라 강력한 헤테로글로시아(이종언어)를 통해 이루어진다"—이종언어란 타인의 언어에 포함된 말의 형태로, 이 언어 내부에서 갈등을 생산하는 것이다.

우리가 원한다면 가능하다. 그러나 과연 우리가 원할까? 당신은 무엇을 원하는가?—어떤 욕망을 갖고 있으며 어떤 불복종을 마음에 두고 있는가?—만약 당신이 이상적인 여성이 되는 데 성공했다면, 그 여성의 모습으로 만족하고 사랑받는다면, 당신을 언제나 과장하게 하고 폄하하는 시스템 안에서 효율적으로 기능하는 사람이 되었다면, 과연 탈출을 원할 것인가?

4장

순수한 여자 주인공들

Trick Mirror

당신이 소녀였고 문학을 통해 자신의 삶을 상상해왔다면, 아마 순수한 어린 시절을 보내다가 애수에 찬 청소년기를 거쳐 냉소적인 성인기로 서서히 이동했을 것이다. 그리고 어느 시점에서 자살하지 않았다면, 당신은 그저 그 세계에서 감쪽같이 사라졌을 것이다.

　　어느 정도까지는 우리가 살아가는 인생과 책에서 읽는 이야기를 분리할 수 없다. 그러나 여기서는 오로지 책 이야기만 하는 것으로 하자. 책 속에서 잠시 동안은 모든 것이 아름답고 황홀하다. 그저 살아 있는 것만으로도 흥미진진한 모험이 될 수 있다. 로라 잉걸스, 앤 셜리, 아나스타샤 크룹닉*, 벳시 레이**는 그런 세상을 살았다. 당신이 동화 속 소녀였을 때는 매일 아침 눈을 뜨면서부터 즐거

●　　로이스 로리의 '아나스타샤' 시리즈에 등장하는 주인공 이름이다.
●●　　마우드 하트 러브레이스의 '벳시-테이시' 시리즈에 등장하는 주인공 이름이다.

움이 시작되었고 온갖 스릴이 이어졌다. 그러다 어느 순간부터 이 세상이 심술궂어지거나 당신이 우울하게 변한다. 소설 속 십 대 소녀들은 욕망의 대상이고 비극의 주인공이며 이해할 수 없는 운명에 압도당한다.《벨 자》의 에스더 그린우드나《처녀들, 자살하다》의 럭스 리즈번을 보라. 혹은 어른들을 영 어덜트 소설로 끌어들였던 캐릭터들, 강인한 여전사이지만 삼각관계의 소재이자 혁명의 도구로 쓰인 캣니스 에버딘이 있다.《트와일라잇》의 연약한 미녀 벨라 스완은 어떤가. 혹은 그녀의 에로틱한 버전이며 도플갱어인《그레이의 50가지 그림자》의 아나스타샤 스틸을 떠올려보자. 완전한 성인 여성이 되면 그보다 더 암울해진다. 사랑과 돈, 혹은 이 두 가지 모두의 부재나 결핍이 삶을 부식시킨다. 운명이란 강적이 망치처럼 머리 위로 떨어진다. 그리하여 우리의 엠마 보바리는 비소를 털어 넣었고, 안나 카레니나는 기차로 뛰어들었으며, 에드나 퐁텔리에*는 바다로 향했다. 릴라는《나의 눈부신 친구》에서 초반에 사라지고, 레누는 전쟁에서 돌아온 군인처럼 녹초가 된다. 진실하고 의지력 강한 엘리자베스 베넷을 비롯해 결혼이라는 결말로 향하는 이야기의 여주인공들은 비극에서 제외되지만 문학에서 자취를 감추어 버린다.

실제 내 삶에서 나는 온갖 이해관계와 성공과 실패가 공존하는 성인기가 진정으로 좋고, 나의 (밝고 명랑했다고 하는) 아동기로 돌아가고 싶지 않다. 하지만 문학 속에서는 아동들만이 언제까지나 나와 동일시할 수 있고, 또 하고 싶은 캐릭터들이다. 아마도 내가 휴

●　케이트 쇼팽의 소설《각성》의 주인공이다.

스턴 교외에서 자랐고 햇살에 바래 은빛으로 탈색된 금발 머리 친구들과 작은 자전거를 타고 새로 짓고 있는 이층집들 사이를 쏘다녔기에 나와 그 동네 꼬마들, 혹은 내가 사랑했던 동화 속 여주인공들 사이에 어떤 유의미한 차이가 존재한다는 것을 미처 알지 못했기 때문일 수도 있다. 우리 동네 아이들은 모두 스트리트 하키와 마리오 카트 게임을 했다. 모두 나무에 올랐고 얼음땡을 했으며 스파이 게임을 좋아했다. 우리는 모두 똑같았다. 우리 부모님은 필리핀계 캐나다 이민자로 싱크대 위에 전기밥통을 놓았고 부부싸움은 타갈로그어로 했다. 하지만 부모님은 주일마다 우리를 데리고 대형교회에 갔다가 크래커 배럴 식당으로 향했다. 부모님은 이민자이자 미국인이라는 두 개의 정체성을 아무렇지 않게 몸에 걸치고 있었다. 적어도 어린 내 눈에는 그렇게 보였고, 우리 학교에 다니던 몇 안 되는 다른 이민자 친구들 가정도 우리와 별반 다르지 않았다.

초등학교 3학년 정도가 되자 나의 정체성이 내가 보고 읽는 것과의 관계를 지배할 수 있다는 사실을 조금씩 눈치채기 시작했다. 나는 그 일이 어느 날 오후에 일어났는지도 정확히 기억한다. 분홍색 물방울무늬 커튼에 분홍색 벽지로 둘러싼 내 방의 바닥에 앉아 친구 앨리슨과 파워 레인저 게임을 하고 있었다. 앨리슨은 그날따라 끈질기게 내가 옐로우 레인저를 해야 한다고 고집을 부렸다. 내가 싫다고 하자 앨리슨은 그렇다면 우리는 같이 이 놀이를 할 수 없다고 했다. 앨리슨이 농담하는 게 아니라는 사실을 깨닫고—이것을 진심으로 자연의 법칙처럼 믿는 듯했다—나는 이성을 잃을 정도로 광분했다. 사실상 앨리슨은 이제 좀 착각에서 깨고 나의 한계를 이해하라고 말하고 있었다. 그 친구에 따르면 나는 절대 핑크 레인저가 될 수 없었고 그 말은 곧 내가 베이비 스파이스•가 될 수 없다는 뜻이었다. 나는 교실에서 의자 장난을 치다가 선생님에게 쫓겨나는 로라 잉걸스가 될 수 없었고, 메트로폴리탄 미술관의 분수대에서 목욕을 하는 클라우디아 킨케이드가 될 수 없었다. 우리 사이에 깊은 골이 생겼다. 나는 앨리슨에게 더는 같이 놀고 싶지 않다고 했다. 앨리슨은 집으로 갔고 나는 한동안 화를 주체하지 못하고 부들부들 떨면서 가만히 앉아 있었다.

그날은 아마도 자기기만의 시작이었거나 종말이었을 것이다. 그 후에도 나는 여전히 동화 속 소녀들에게 나를 투영했지만 무언가 확실히 달라졌다. 내가 지금까지도 그들을 사랑하는 이유 중 하나는 이제는 희미한 추억이 되어버린 진정 순수했던 시절을 떠올리게 하기 때문일지도 모른다. 내가 원하던 대로 나라는 사람을 경험할 수 있었던 시절, 영원히 끝나지 않을 것 같았던 천국 같은 여름 방학에 이글이글 타오르는 텍사스 햇살이 네모난 그림을 그리는 방바닥에 배를 깔고 누워 책을 읽던 시절 그리고 이미 복잡한 여성 캐릭터가 된 청소년기에도 "복잡한 여성 캐릭터"라는 표현 같은 건 듣지 못했던 그날들이 진심으로 그리워서일지도 모른다. 동화 속 소녀들은 모두가 씩씩하고, 어른 여주인공들은 모두 억울해한다. 그래서 나는 어린 시절 이후에 명확해져버린 어떤 사실이 싫다. 이 이야기들이 보여주는 것과 배제하는 것, 여성들의 용감함과 아픔이 문학에 너무 집중적으로 표현된 것이 싫다. 실제 세상은 여성이 이 모든 감정을 경험하기에 충분하지 않다.

• 걸 그룹 '스파이스 걸스'의 멤버인 엠마 버튼을 가리킨다.

*

　어린이 문학의 인기 요인은 언어와 문장에도 있을 수 있으나 그 외의 다른 요소들이 많다. 이런 책들은 참으로 투명하다—마치 내가 원한다면 언제나 들어갈 수 있는 세계의 카탈로그를 읽는 것처럼 사물을 가까이서 들여다보게 한다. 검소함과 사치스러움이 공존하는 이 멋스러운 세상은 단맛과 짠맛을 동시에 내는 음식처럼 중독성이 있다. 로라 잉걸스의 '초원의 집' 시리즈가 복원한 개척자 시대라는 스노우볼을 들여다보면 옥양목과 페티코트가 있고, 언덕에서는 말이 뛰어다니고, 옥수수밭이 펼쳐져 있으며, 딸기 모양의 버터 틀을 구경할 수 있다. 메이플 시럽 사탕과 머리를 묶는 리본들, 옥수숫대로 만든 인형, 양 갈래로 딴 머리가 있다. 우리는 그들이 소유한 물건과 작은 사건들을 그보다 생기 넘치지는 않는 나의 어린 시절의 경험처럼 친밀하게 느낀다.

　모든 책에는 그만의 색상과 풍경이 있다.《벳시-테이시 그리고 팁》(1941)은 이런 묘사로 시작한다. "6월이었고, 숨을 들이쉴 때마다 장미 향이 났다. 태양은 연초록빛으로 넘실거리는 언덕에 금가루를 뿌렸다." 벳시와 테이시가 한 살씩 나이를 먹어감에 따라 이전에 나왔던 모티브들을 다시 등장시킨다. 코코아 컵이 나오고, 피아노를 치며 노래를 부르고, 학급 조회를 하며, 가짜 결혼식이 나온다. 《빨강 머리 앤》(1908)으로 들어가면 초롱꽃이 피어 있고, 코디얼•• 을 마시며, 초록 지붕 집 아래에 살고, 퍼프 소매 원피스를 입는다.

•• 알코올이 함유된 단맛의 주스

이러한 오브제와 공간적 배경은 줄거리나 캐릭터와도 불가분의 관계를 맺고 있어 이야기의 매우 중요한 소재로 기능한다. 지금까지도 내가 가장 좋아하는 소설의 첫 문단은 E.L. 코닉스버그의《클로디아의 비밀》(1967)이다.

클로디아는 촌스러운 옛날식 가출은 절대 할 수 없었다. 그러니까 등에 배낭을 메고 씩씩거리면서 집에서 탈출하는 일 말이다. 클로디아는 불편한 걸 정말로 싫어했다. 심지어 소풍도 지저분하고 불편해서 싫었다. 그 모든 벌레들이며, 컵케이크 위로 끈끈하게 녹아내리는 아이싱은 용서할 수 없었다. 그래서 클로디아는 자기의 가출은 어딘가로부터 도망가는 것이 아니라 어딘가로 향하는 것이 되어야 한다고 생각했다. 되도록 넓고 안락하며 실내였으면 좋겠다. 그리고 가능하다면 아름다운 공간이라면 더 좋겠다. 그래서 클로디아가 집을 나와 가기로 한 곳은 뉴욕시의 메트로폴리탄 미술관이었다.

우리는 이 문단의 명사들 덕분에 열두 살 클로디아에 대해 알아야 할 것은 모두 안다. 클로디아는 벌레와 햇살과 컵케이크를 싫어하고, 메트로폴리탄 미술관을 사랑한다. 클로디아는 남동생 제이미와 그의 친구 같은 "비상금"과 같이 떠난다. 악기 가방에 옷가지를 잔뜩 넣고 뉴욕으로 가는 기차에 올라, 메트로폴리탄 미술관의 보물들 사이에서 모험을 시작한다.

《클로디아의 비밀》에서 가장 좋은 점은 우리의 주인공들이 모험 도중에 절대 겁을 먹지 않는다는 점이다. 남매는 집을 그리워하지도 않는다. 동화 속 어린이 주인공들이 언제나 배짱만 가득했던 건 아니지만 이들에겐 회복 탄력성이 내재되어 있다. 하나의 중심 줄거리보다는 일회성 에피소드로 이루어져 슬픔과 공포를 잊을 여유가 있고, 사건들과 게으름과 즐거움이 공존할 수가 있다. 줄리 앤드루스 에드워즈—〈사운드 오브 뮤직〉을 찍은 줄리 앤드루스의 결혼 후 이름이다—가 1971년에 발표한 소설 《맨디Mandy》의 주인공은 아일랜드의 고아로 외로움 때문에 종종 눈물을 흘리곤 하지만 언제나 순수한 희망과 모험 정신을 갖고 있다. 《브루클린에서 자라는 나무A Tree Grows in Brooklyn》(1943)의 주인공 프랜시 놀란은 길거리 치한을 만나기도 하고, 아빠는 알코올 중독으로 세상을 떠나며, 언제나 배를 곯는 처지에 놓여 있다. 대체로 궁핍한 현실이 이어지다가 이따금 경이로운 순간이 찾아올 뿐이다. 그런데도 프랜시는 연민과 낙관과 자존심을 잃지 않는다. 한 인간의 자존감이 주변 환경 때문에 허물어지지 않는다는 이야기가 그렇게까지 이루기 힘든 판타지일까? 그런 건 불완전하고 현실을 모르는 순진무구한 관점인가? 어린이 문학에서 소녀들은 자신이 중요하다는 점을 잘 알고 트라우마에 잡아먹히지 않는다. 성인 소설에서 여성이 서사의 중심에 서기 위해서는 언제나 트라우마가 맨 앞자리로 와야 한다. 소녀들이 강간을 당하고 당하고 또 당해야만 비로소 스토리라는 것이 만들어질 수 있는 것만 같다. 블라디미르 나보코프의 《롤리타》(1955), V.C. 앤드루스의 《나의 사랑스러운 오드리나My Sweet Audrina》(1982), 존 그리샴의 《타임 투 킬》(1989), 제인 스마일리의 《천 에이커의 땅에서》(1991), 조이스 캐롤 오츠의 《멀베이니 가족》(1996), 스티븐 킹의 《그린 마일》(1996), 이언 매큐언의 《속죄》(2001), 앨리스 세볼드의 《러블리 본즈》(2002), 캐런 러셀의 《늪 세상Swamplandia!》(2011), 가

브리엘 탤런트의 《마이 앱솔루트 달링》(2017)이 모두 그렇다.

*

우리는 우리의 동화 속 어린 여주인공들을 **좋아한다**. 단짝 친구처럼 느끼기도 한다. 이 소녀들은 대체로 다정하고, 영민하며, 사랑스럽다. 하지만 그들이 그렇지 않다 해도 우리는 그들을 좋아한다. 비벌리 클리어리의 '비저스 앤 라모나' 시리즈에서 라모나 큄비는—책 한 권의 제목에도 들어가 있을 정도인데—골칫거리로 묘사된다. 《라모나와 엄마Ramona and Her Mother》(1979)에서 라모나는 치약한 통을 싱크대에 다 짜버리는데 그냥 그렇게 하면 어떤 기분이 드는지 알고 싶어서다. 《라모나 포에버Ramona Forever》(1984)에서는 이런 문장이 등장한다. "라모나는 착한 사람을 질색하기 시작했는데 착한 건 지루하기 때문이다." 루이즈 피츠허그의 《꼬마 스파이 해리엇Harriet the Spy》(1964)에 나오는 해리엇은 짜증을 잘 내고 엉뚱한 소리를 하며 잘난 척하고 어퍼 이스트 사이드의 사람들을 흉보는 것이 취미다. 스파이 짓을 하다가 들키자 같은 반 친구의 뺨을 때리기도 한다. 선생님들 중 한 명을 이렇게 평가하기도 한다. "미스 엘슨은 두 번 이상 생각하기엔 시간이 아까운 부류의 사람이다." 하지만 그런데도 우리는 그녀를 좋아한다. 까칠하고 또 전형적이지 않기 때문에 좋아한다. 라모나는 친구 스포트에게 장래희망이 뭐냐고 물어보고서 정작 그 대답은 듣는 둥 마는 둥 하다가 이렇게 말한다. "음, 나는 작가가 될 건데. 내가 저게 산이라고 부르면 저건 산이 되는 거야."

많은 아동 문학의 여주인공들은 어린이 작가들이고 통찰력이 뛰어나며 수다스럽다(그들은 대체로 자전적 이야기 속 어린 작가의 분신이다. '초원의 집' 시리즈에서는 실제로 그렇고 '벳시-테이시' 시리즈나《작은 아씨들》에서는 본질적으로 그렇다). 루시 모드 몽고메리는 열한 살의 앤 셜리를 수많은 독백으로 소개한다—앤 셜리는 나중에 여자친구들과 단편소설 클럽을 시작하기도 한다.

"제라늄이 평생 제라늄으로 불리기만 한다면, 제라늄의 기분은 나쁠 수도 있지 않겠어요? 아주머니도 항상 아주머니로 불리는 걸 좋아하지 않으실 거잖아요. 그래요, 전 오늘부터 제라늄을 보니라고 부르겠어요. 오늘 아침엔 침실 창으로 보이는 벚나무에 이름을 지어주었어요. 저는 그 나무를 눈의 여왕이라고 부르기로 했는데 아름다운 흰색이잖아요. 물론 일 년 내내 벚꽃이 피진 않겠지만 활짝 핀 벚꽃을 상상할 수는 있잖아요. 그렇죠?" 몽고메리의 작품 속 또 한 명의 소녀 작가는 '에밀리' 시리즈의 주인공이자 약간 우울한 기질을 지닌 에밀리 스타다. 그녀는 열세 살 때 나중에 작가로 유명해져 부자가 되고 싶다고 말한다. 유명한 작가는 못 된다 해도 글은 계속 쓰겠다고 말하면서 "나는 그냥 그래야만 해"라고 덧붙인다. 에밀리는 창조적인 영감에 사로잡혀 있을 때는 "번개가 찾아왔다"고 말한다.

로이스 로리의《아나스타샤 크룹닉》(1979)은 시리즈의 첫 책으로, 열 살의 아나스타샤—열정적이고 강박적이기도 하며 황당한 유머 감각을 가진—는 선생님이 시를 쓰는 숙제를 내주자마자 이렇게 생각한다. "단어들이 머릿속에서 나타나서 둥둥 떠다니다가 알아서 정렬되고 문장으로, 시로 완성되었다." 아나스타샤의 머릿속에서는 너무나 많은 시가 태어나기 때문에 학교에서 집으로 빨리 뛰어가야만 한다. 그래야 조용한 장소에서 머릿속에 담긴 시들을 적어놓을 수 있다. 그녀는 여드레 동안 시 한 편을 고치고 또 고쳐서 완성한다. 학교에서 같은 반 친구가 이런 시를 읽는다. "우리 개 이름은 스팟 / 먹고 마시는 걸 좋아하는 스팟." 그 친구는 A를 받는다. 그리고 아나스타샤가 자신의 시를 읽는다.

쉬 쉬 바다처럼 고요한 밤은
주름이 자글자글한 존재와 수영을 하고 있어

들어봐(!)

이들은 축축하고 검은 밤에서
속삭이듯 움직이니까

실력 없고 얄미운 교사는 각운이 맞지 않는다며 그 시에 F를 준다(그날 밤 시인이기도 한 아나스타샤의 아빠 마이런은 이 커다란 빨간 글자 F를 "기막히게 좋은Fabulous"으로 고친다).

벳시 레이 또한 작가인데 작가치고는 특이한 타입이다—행복하고, 인기가 많으며, 무던하다. 열두 살에 그녀는 자신의 "서재"인 단풍나무 아래에 앉아 시와 소설을 쓴다. 이는 자전적 소설이고 벳시는 어린 마우드 하트 러브레이스다. 전형적인 유년 시절 작가이자 여주인공인 조 마치가 루이자 메이 올콧의 분신인 것과 마찬가지다. 《작은 아씨들》(1869)에서 조는 자매들과 함께 연기할 연극 대본을 쓰고, 창 옆에 몇 시간이고 앉아서 책을 읽고 사과를 먹고 자신들과 로리가 함께 만든 신문 〈피크위크 포트폴리오〉를 편집한다. 올콧은 이렇게 묘사한다. "조는 한 번도 자신이 천재라고 생각하지 않았다. 그러나 글쓰기의 신이 들어오면 그에게 온전히 자신을 맡긴 채 욕구, 고민, 나쁜 날씨 따위는 아랑곳하지 않고 희열에 가득한 나날을 보낼 수 있었다." 아마도 이 책에서 가장 큰 갈등이라 할 수 있는 건 조가 "몇 년 동안" 쟁기로 땅을 갈 듯이 쓴 습작 노트를 에이미가 불태워버린 사건일 것이다. 이후 조는 가족을 부양하기 위해 통속 소설을 쓰기도 한다. 속편인 《작은 신사들Little Men》(1871)에서 조는 자매들의 삶을 소재로 한 원고를 집필하기로 한다.

아동 소설의 여주인공들은 대체로 경제적인 필요 때문에, 또한 그들이 살던 시대가 아동 노동을 당연시했기 때문에 어린 나이부터 열심히 일한다. 로라 잉걸스는 십 대 초반부터 바느질로 돈을 번다. 열다섯 살이 되었을 때는 교사 자격증을 따고 장님인 언니 메리의 학비를 벌기 위해 가정 교사로 일한다. 고아인 맨디는 겨우 열 살에 식료품점에서 일한다(그녀 또한 작가적 기질이 강했는데 "《로빈슨 크루소》와 《이상한 나라의 앨리스》를 실제로 일어난 일처럼, 현실 세계의 그 무엇보다 더 짜릿하고 흥미롭게 느꼈다"). 《브루클린에서 자라는 나무》에서 프랜시는 버려진 물건을 주워다 팔고 술집에서 일하다가 조화를 만드는 공장에서도 일한다. 엄마는 딸이 번 돈으로 남편의 장례식을 치르고 착하지만 무능한 아들을 학교에 보낸다. 그러나 이 캐릭터들은 밥벌이의 문제가 아닐 때도 언제나 근면 성실하고 찾아서 일을 한다. 앤 셜리는 교사로 발령받은 첫 마을에서 환경 미화 클럽을 만든다. 헤르미온느 그레인저는 호그와트에서 더 많은 수업을 듣기 위해 시간을 되돌리는 마법의 물건을 사용한다. 아나스타샤 크룹닉은 차밍스쿨에서 개인 비서로 일하며 노부인 이웃이 과거의 영광을 찾도록 돕는다(잠시 그 여성을 작가 거트루드 스타인으로 오해한 것이다). 맨디는 버려진 오두막을 발견하고, 잡초를 뽑고 꽃을 심고 울타리를 고치면서 거의 초월적이고 관능적인 쾌감을 얻는다. 해리엇은 매일 학교 수업이 끝나면 부지런히 스파이 활동을 한다. 이 소녀들이 진정 재미있다고 느끼는 일은 보람 있고 끊임없이 이어지며 진취적인 활동이다.

　이 중 어느 누구도 선의 대변인은 아니다. 앤은 우스꽝스럽고 조는 실수투성이에 완고하다. 아나스타샤는 맹하고, 벳시는 변덕스러우며, 해리엇은 인내심이 없고, 로라는 버릇이 없다. 그들 또한 예뻐 보이고 싶고 사랑받고 싶다는 평범한 바람을 갖고 있으나, 이들의 욕심과 야망은 이들의 성격이나 인생과 반목하지 않는다. 그들은 이 세상 안에서 그저 자기 자신의 모습으로 존재한다. 《제2의 성》(1949)에서 시몬 드 보부아르는 말한다. "소녀는 여성이 되기 전에는 인간이었다. 소녀는 자신을 여성으로 받아들인다는 건 체념이자 자기 훼손이라는 사실을 이미 알고 있다." 어쩌면 바로 이 때문에 이들 어린 캐릭터들이 모두 이토록 열정적이고 독립적이며 주어진 기회를 최대한 이용하기 위해 동분서주하고 있는 건지도 모른다. 그들은—혹은 더 중요하게도, 그들을 창조한 작가들은—여성의 성인기는 언제나 뭔가 불길하고 우울하다는 것, 곧 결혼과 자녀를 의미하고 그것은 곧 인생의 끝을 의미한다는 사실을 이해했기 때문일지도 모른다.

*

문학 속에서, 또 실제로 많은 인생에서 결혼은 욕망의 종말을 시사한다. "나는 어린 시절 읽은 동화 속에서 여주인공들이 결혼하는 것이 너무나 싫었다." 레베카 트레이스터가 쓴 《싱글 레이디스》(2016)의 서문은 이렇게 시작한다. 《작은 아씨들》에서 조는 가벼운 통속 소설들을 쓰지 말아야 한다는 베어 교수의 제안을 받아들이면서 "잉크병의 코르크를 막는다". 《작은 신사들》에서 조는 엄마가 될 뿐만 아니라 양부모가 되어 베어 교수의 학교로 온 소년들을 돌본다. 벳시 레이와 로라 잉걸스의 이야기는 결혼과 함께 간단히 끝난다. 앤 셜리는 다섯 자녀를 낳고 시리즈의 마지막 편 《잉글사이드의 릴라Rilla of Ingleside》(1921)에서 이야기를 딸에게 넘겨준다.

이 캐릭터들은 여자인 자신이 어떤 인생의 행보에 발을 들여놓게 될지 인지하고 있다. 몇 년 전 《싱글 레이디스》가 출간된 후 트레이스터를 인터뷰했을 때 그녀는 '초원의 집' 시리즈 중 하나인 《실버 호숫가》(1939)의 한 부분을 인용했다. 열두 살의 로라와 사촌 레나는 마차를 타고 빨래를 배달하러 간다. 그 집의 아내가 그들을 맞으며, 열세 살인 딸 리지가 전날 결혼했다고 자랑스럽게 알린다.

캠프로 돌아오면서 (로라와 레나는) 잠시 침묵에 빠져들었다. 그러다 둘 다 동시에 입을 열었다. "그 언니, 나보다 나이가 별로 많지도 않은데." 로라에 이어 레나는 말한다. "나보다는 한 살 어리다고." 그들은 완전히 두려움이 가득한 얼굴로 서로를 마주 본다. 레나는 흑갈색의 곱슬머리를 뒤로 넘긴다. "어리석게도! 좋은 시절 다 갔네."

로라는 울적한 목소리로 말했다. "맞아, 이제 마음대로 놀지도 못하잖아." 조랑말마저 우울해진 듯 발을 질질 끌었다.

얼마 후, 레나는 그래도 리지가 해야 할 일이 전보다 줄어들 수는 있을 거라고 말했다. "어쨌든 자기가 사는 집에서 자기를 위한 일을 하잖아. 아기도 낳을 거고."

(…) "내가 마차 끌어도 돼?" 로라는 물었다. 그녀는 어른의 인생에 대해서는 생각하고 싶지도 않았다.

《작은 아씨들》 1장에서 첫째 딸 메그는 조에게 말한다. "너도 이제 나이를 먹었으니 천둥벌거숭이 같은 짓은 그만하렴. 행동거지를 조심해, 조세핀. (…) 너도 이제 숙녀가 되었다는 사실을 명심하고." 열여섯 살의 메그가 말하자 열다섯 살의 조는 다음과 같이 대답한다.

"나 숙녀 아니야! 어른이라니 상상만 해도 끔찍해. 3월의 신부가 되어 땅에 끌리는 드레스를 입고 중국 과꽃처럼 단장하는 건 질색이야. 나처럼 남자애들의 놀이와 일을 좋아하는 애가 여자 몸으로 산다는 것만으로도 충분히 힘들거든! (…) 그리고 요즘엔 더 최악이야. 나는 불러만 준다면 아빠처럼 전쟁터로 나가 나라를 위해 싸울 거야. 그런데 나는 집에서 할머니처럼 바느질이나 하고 앉아 있잖아!"

20세기 후반에 출간된 아동 문학에서는 이 질문이 한 가지 대답으로 귀결되진 않는다. 시대와 관습은 변했고 소녀들은 전 시대 동화 주인공들처럼 성인기를 본능적으로 두려워하진 않는다. 로리가 쓴 시리즈의 마지막에서 두 번째 책인《이 주소에서의 아나스타샤Anastasia at This Address》(1991)에서 아나스타샤는 결혼에 대해 고민한다—결혼하고 자유를 잃을까 봐 걱정하는 것이 아니라 자기에게 구애한 첫 번째 남자와 결혼할까 봐서다. 엄마는 맥주캔을 따면서 말한다. "우선 말이야. 네가 결혼을 하고 싶어 할지 아닐지 지금 어떻게 아니? 요즘은 여자가 결혼하지 않고도 얼마든지 행복하게 살 수 있는 시대야."

하지만 우리의 어린이 여주인공이 느끼는 미래에 대한 본능적인 거부감은 결국에는 점점 사라진다. 그들의 성장을 지켜본 우리는 안다. 이들은 아동 문학의 단정하고 온건한 논리에 따라 행복한 결말로 나아간다. 로라 잉걸스, 벳시 레이, 앤 셜리는 모두 그들을 인격적으로 존중하는 남편과 결혼한다. 그들의 욕망 또한 성인 여성의 삶에 맞추어 진화한다.

*

우리가 만난 청년기 여주인공들의 미래는 다르다—자연스럽고 필연적이지 않고, 불가해하고 트라우마를 남긴다. 실비아 플라스의《벨 자》(1963)는 소녀에서 성인기로 진입하는 데 따르는 변화와 이것이 어떠한 반향을 일으키는지를 통찰한 소설로, 열아홉 살의 에스더 그린우드는 계속해서 공허를 맞닥뜨린다. "오늘도 내일도 그다음 날도 내 앞에는 희끄무레하고 넓고 끝없이 황량한 거리만이 펼쳐져 있다." 멀리 서 있는 전봇대를 볼 때, 에스더는 실제로 시력이 나빠진 듯 사물을 볼 수 없다. "눈을 부릅떠보지만 열아홉 번째 전봇대 다음부터는 단 하나의 전신주도 볼 수가 없다."

《벨 자》는 실비아 플라스가 자살하기 한 달 전에 영국에서 가명으로 출간되었다. 주인공 에스더는 잡지 〈레이디스 데이〉의 공모전에 당선되어 뉴욕에서 여름 인턴십을 하게 된다. 그녀는 어퍼이스트 사이드에 실제로 있는 유명한 여성 전용 호스텔인 바비존Barbizon을 모델로 한 아마존Amazon에 머무른다. 전도유망한 여학생 인턴들은 눈코 뜰 새 없이 바쁜 여름을 보낸다. 사진 촬영을 하기도 하고, 각종 견학과 연회에 참석하고, 에디터들 눈에 들기 위해 애쓰면서 앞날을 계획한다. "나는 인생의 전성기를 보내고 있다고 생각해야겠지. 여기 있는 다른 여자애들처럼 저렇게 꿈에 부풀어 있어야 하겠지. 하지만 도저히 그렇게 행동할 수가 없다. 나는 주변에 있는 모두가 빠르고 거침없는 한가운데서 둔하게 움직이는 태풍의 눈처럼 아주 고요하고 공허하다."

에스더는 인턴십을 하기 전에 자신의 지성을 중심으로 정체성을 형성해왔고 그것은 언제나 새로운 세계를 활짝 열어주었다. 하지만 이 조숙한 우등생의 시대는 종말을 맞으려 한다. 그녀는 "경주로가 없는 세상에서 경주를 하는" 기분이다. "나의 삶은 동화책에 나오는 초록색 무화과나무처럼 이파리가 멀리멀리 뻗어 있을 줄 알았다. 가지 끝마다 매달린 탐스러운 무화과 같은 멋진 미래가 손짓하고 윙크를 보냈다. (…) 무화과나무의 갈라진 자리에 앉아, 어느 열매를 딸지 정하지 못해서 배를 곯고 있다." 글쓰기 강좌를 들으려 했지만 지원자 선정에서 탈락하면서 집에 처박혀 점점 시들어간다. 전기 충격 치료를 받는다. 수면제를 삼키고 지하실의 작은 방에 웅크리고 있다가 며칠 후 거의 죽기 직전에 발견된다.

《벨 자》는 지독한 신경쇠약 환자의 황폐한 내면을 구체적으로 그리기도 하지만, 이 사회가 여성에게 기대하는 인습이 그 여성을 본성에서 얼마나 멀어지게 하는지도 보여준다. 소설 초반에 에스더는 기본적인 사회화 과정과 마주하면서 자신과는 너무도 다른 세계라고 느낀다. 택시에서 내리는 여자들 무리를 바라보면서 "신부 들러리만 있는 결혼식 파티" 같다고 생각한다. 그녀는 "두 사람이 같은 침대에서 잠든다는 건 상상할 수조차 없다". 뉴욕에서의 마지막 날 밤, 컨트리 댄스 클럽에서 만난 마르코라는 남자는 그녀를 정원으로 데려가 진흙 바닥에 쓰러뜨린 후 강간하려 한다. 그녀가 그의 얼굴을 때리자 그는 자신의 코를 손으로 쓱 훔치고서 피를 그녀의 볼에 문지른다. 이후 에스더는 집착했던 처녀성을 버리면 자유로워질 수 있다고 생각한다. 다이어프램을 삽입해 피임을 하고(그녀는 의사에게 말한다. "남자는 걱정할 것이 하나도 없으니 얼마나 좋을까요. 내 머리 위에서 긴 꼬챙이에 달린 아기 머리가 계속 흔들리고 있는데요. 나에게도 그 준비를 하라고요"), 처음 만난 수학 교수 어윈에게 처녀성을 떠넘기듯 줘버린다. 그와 섹스한 후에는 출혈을 하고 그 피를 닦은 수건은 "검게 물들어 피가 뚝뚝 떨어진다". 그녀는 다시 병원에 입원한다.

이 서사 밑에서 진실이 점점 모양을 갖추는데, 지나치게 부정적으로 보이기도 하지만 그녀의 우울증이 만들어낸 얼토당토않은 이야기는 절대 아니다. 그 진실이란 에스더의 미래는 그녀가 어릴 적 상상한 무화과나무와는 같지 않다는 것이다. 끝도 없이 뻗은 가지도 없고 끝도 없이 뻗은 길도 없다.《제2의 성》에서 시몬 드 보부아르는 말한다. "결혼과 출산은 여성의 운명을 완전히 압도해버리기에 그 여성이 결혼과 출산의 비밀을 살짝 엿보는 순간부터 그녀의 몸은 불길한 위협을 받는다고 느낀다." 에스더는 고민한다. "나는 왜 이렇게 모성애가 없고 특이할까. 온종일 아기를 돌보고 있어야 한다면 나는 아마 미쳐버릴 거야." 그녀는 결혼 생각만 해도 치가 떨린다고 말한다. "낮에는 요리와 청소를 하고 저녁엔 그보다 더 많은 더러운 접시를 닦고 완전히 지쳐서 잠에 곯아떨어지겠지. 15년 동안 A만 찍힌 성적표를 받은 여학생에게 이렇게 암울하고 헛된 인생이 있을까." 에스더는 남자친구의 엄마가 몇 주일 동안 뜨개질한 아름다운 러그를 벽에 걸지 않고 부엌 바닥에 깔았던 장면을 기억한다. 며칠 지나지 않아 그 러그는 "더러워지고 납작해져서 아름다운 문양은 알아볼 수도 없었다". 에스더는 생각한다. "나는 알고 있었다. 남자가 결혼 전에 여성에게 장미와 키스와 레스토랑에서의 저녁 식사를 가득 안기면서도 결혼식이 끝나자마자 그 아내가 미세스 윌라드의 부엌 매트처럼 자기 발밑에서 납작해지길 은밀히 바라고 있다는 것을."

시몬 드 보부아르는 장 폴 사르트르와 결혼하지 않고 열린 관계를 유지했는데 그녀의 제자였던 비앙카 비에넨펠트가 1993년에 쓴 글에 따르면, 보부아르는 때때로 가르치던 여학생들과 동침한 후 그녀들을 사르트르에게 넘겨주기도 했다고 한다(평생 비혼이었던 루이자 메이 올콧 또한 의식적으로 결혼을 반대했다. 친구에게 쓴 편지에는 다음과 같은 내용이 담겨 있다. "조는 끝까지 독신 작가로 남았어야 했어. 하지만 너무나 많은 열혈 독자들이 나에게 편지를 보내서 조를 로리, 혹은 누가 되었건 꼭 결혼시켜야 한다고 조르잖아. 이들의 간절함을 이길 수가 없었고, 나는 그냥 심술이 나서 조를 아무하고나 결혼시켜버렸어").《제2의 성》

(1949)에서 보부아르는 "여성의 드라마"는 자아의 개별적 경험과 여성성의 집단적 경험 사이의 충돌에서 발생한다고 말한다. 여성은 자기 자신에게는 본질적으로 이 세상의 중심이고 근본이다. 그러나 이 사회에서 그녀는 중심이 아니라 주변이고, 부차적이고, 남성과의 관계라는 조건에 따라 정의될 뿐이다. 보부아르는 이것들은 "영원한 진실"이 아니지만 "모든 개별적인 여성의 존재 밑에 흐르는 기본 조건"이라고 말한다.

《제2의 성》을 읽다 보면 마치 근래에 출간된 책처럼 지금 이 순간의 이야기를 하고 있어 기운이 빠지기도 한다. 보부아르는 남성은 여성과 달리 자신의 젠더와 "한 인간으로서 갖는 소명의식" 사이의 갈등을 전혀 경험하지 않는다고 말한다. 여성이 사춘기에서 성인으로 가는 길에는 짜릿함과 슬픔이 공존하는데 여성의 몸, 사람들이 그 몸에서 요구하는 것이 성인기의 삶을 결정하리라는 것을 깨닫기 때문이다. "이 시기의 젊은 여성들이 종종 신경증적 증상을 보인다면, 상상하고 싶지 않은 시련을 안기며 자신을 저주하게 만드는 지리멸렬한 운명 앞에서 무방비 상태가 되기 때문일 것이다. 그녀의 눈에 여성성은 역겨움, 고통, 죽음을 의미하지만 그녀는 이 운명에 사로잡혀 있다."

여성성이 고통과 죽음을 의미하는 이 상황은 주디 블룸의 소설 《호랑이의 눈》(1981)에 등장하는 상황과도 겹친다. 열다섯 살 데이비의 섹슈얼리티는 죽음과 연결되어 있다. 책은 자신이 운영하던 세븐 일레븐에서 강도에게 살해당한 아버지의 장례식 장면으로 시작한다. 우울감과 트라우마로 몸부림치는 데이비에게 사건이 일어난 날이 자꾸만 플래시백처럼 떠오른다. 그 시간에 남자친구와 해변에서 키스를 하고 있었던 데이비는 이날 이후로 육체적 접촉이 두렵기만 하다. "나도 그에게 키스하고 싶지만 도저히 할 수 없었다. 키스는 그날 밤을 생각나게 했다. 그래서 그의 팔에서 빠져나와 도망쳐버렸다."

그리고 성과 죽음을 연결한 대표적 소설인 제프리 유제니디스의 《처녀들, 자살하다》(1993)가 있다. 리즈번가 자매들은 미시간주의 그로스포인트에 살고 있는 다섯 명의 십 대 소녀들로, 종교적인 부모님—그리고 그들 사이의 비밀스러운 힘—때문에 외부 세계와 교류하지 않고 오직 죽음만이 열어주는 오싹한 자유로 끌리듯 다가간다. 가장 먼저 자살을 시도하는 리즈번가의 딸은 막내 서실리아로 그녀는 욕조에서 손목을 긋는다. 이제 막 십 대로 들어선 막내는 모든 것이 허무하다. 그녀는 집 앞에 서서 반딧불이를 바라보며 이웃에게 이렇게 말하기도 한다. "쟤네들 죽은 거죠. 겨우 스물네 시간밖에 못 사네요. 알에서 깨어나고, 알을 낳고 그리고 죽어버리는 거죠." 자살을 시도한 이후, 의사가 그녀가 아직 어려서 인생이 얼마나 나빠질 수 있는지 모른다고 말하면서 달래려 하자 서실리아는 말한다. "확실히 알겠네요. 의사 선생님은 열세 살짜리 여자애가 되어본 적이 없으시죠?"

*

《처녀들, 자살하다》는 유제니디스의 데뷔 소설로, 그가 리즈번 자매들의 존재를 극화한 방식—"소녀가 된다는 것의 속박과 그것이 당신의 마음을 움직이게 하고 꿈꾸게 하는 방식"—은 청소년기 여성의 생생하고 부정할 수 없는 무언가를 탁월하게 잡아내긴 했지만 책 전체가 남성의 관점에서 서술된다. 유제니디스는 십 대 소녀의 삶에 언제나 존재하는 남성성의 압력을 설명하기 위해 책의 화자를 다정하면서도 거슬리고, 이들에게 지나치게 집중하는 불특정 다수의 동네 소년인 1인칭 복수 "우리"로 정했다. 이 소년들은 음침하면서도 헌신적인 열성으로 리즈번 자매들을 관찰한다. 마치 '훔쳐보는 톰'*이 종교 순례를 떠난 것 같은 목소리다. 이 소년들은 십 대 소녀의 몸이라는 더러운 기적에 집착하면서 관련 물건을 수집하고(리즈번가의 체온계를 가져와서 말한다. "그 애들 입에 넣었던 거잖아"), 오래된 사진을 훑고 주변 사람들을 인터뷰한다.

리즈번가의 딸들인 터리즈, 메리, 보니, 럭스, 서실리아는 열세 살부터 열일곱 살까지로 십 대 생활의 사이클을 볼 수 있도록 골고루 분포되어 있다. 한 그룹으로서 이들은 어린이에서 성적 대상으로 변하는 여성의 몸의 변화에 대한 사례 연구라고 할 수도 있다. 이는 다섯 명의 사례가 한꺼번에 제시된다는 면에서 사실로 굳어지고, 거의 오컬트처럼 청교도적인 리즈번가의 특성 때문에 더욱 과장되기도 한다. 화자인 소년들은 학교에서 리즈번 자매들의 얼굴을 훔쳐보면서 이렇게 느낀다. "마치 우리가 그간 베일을 쓴 여자들만 봐온 것처럼, 얼굴을 드러낸 그 애들은 정숙하지 못해 보였다." 소녀들은 친구를 사귀는 것이 금지되어 있었기 때문에, 소년들은 이들을 동급생이라기보다는 장식장의 인형이나 창가의 창녀들처럼

● 영어에서 쓰이는 관용적 표현으로, 엿보기를 좋아하는 사람이나 관음증 환자를 가리킨다.

바라본다. 이 이중창 뒤에서—교도관 같은 부모와 관찰자 소년들—리즈번 자매들은 일종의 신화가 되어버린다. 다음과 같은 두 가지가 결합하면서 그들은 비극적이면서도 미화된 존재로 나타난다. 이들은 순수하면서도 자극적이다("이 눈부신 다섯 명의 소녀들은 레이스와 러플이 달린 홈메이드 드레스를 입고 탐스러운 살결을 조금씩 드러낸다." 서실리아는 웨딩드레스를 입고 흙 묻은 맨발을 드러내기도 한다). 그들은 동물이면서 성인聖人이다("쓰레기통에서 탐팩스 한 개가 발견되었는데, 리즈번 소녀들의 몸속에 있다 나온 지 얼마 안 된 것이다"). 리즈번 소녀들의 몸은 이 마을의 모든 것을 해석할 수 있는 기준이 된다. 소년들은 이 집 주변에서 나는 냄새를 "덫에 걸린 비버"*의 것이라고 생각한다. 여름날 공기는 "분홍빛이고, 습하며, 베개처럼 폭신하다". 비옥한 다산의 느낌과 불운한 운명의 느낌이 공존한다.

《처녀들, 자살하다》의 여주인공은 장난스럽고 수수께끼 같은 넷째 딸 럭스로, 고등학교에서 가장 인기 많은 남학생 트립 폰테인은 그녀를 "옷을 입고 있는 사람 중에서 가장 벗고 있는 사람"으로 본다. 얼마 동안은 럭스가 리즈번 자매들의 곤경을 해결할 사람처럼 보이기도 한다. 그녀는 덫에 갇히지 않는다—럭스는 "건강한 장난꾸러기"의 기질을 발휘하고 또 트립을 이용해서 부모님을 설득해 무도회 참가를 허락받는다. 럭스는 무도회가 끝나고도 집에 가지 않고 트립과 풋볼 경기장에서 섹스를 하기도 한다. 럭스는 자기를 포함해 모든 자매가 외출 금지를 당했을 때도 지붕에 올라가 남자들과 섹스를 한다(화자들의 머릿속에 이 이미지는 영원히 남아서 나중

• 비버beaver에는 여성의 음부라는 뜻도 있다.

에 어른이 되어 아내와 잠자리를 할 때도 그들이 생각하는 여자는 럭스다. "그녀는 우리가 사랑을 나누는 창백한 유령이다. 언제나 그녀의 발이 지붕 홈통 옆에서 흔들리고 있는 것만 같다").

하지만 럭스 또한 자유롭고 찬란한 십 대 여성의 삶을 사는 사람은 아니다. 리즈번 자매들이 관찰자들의 판타지를 충족시킬 준비가 된 것처럼 보이던 밤—한밤중에 그들을 집으로 초대하고, 그들이 자동차를 준비해주면 같이 도망가자고 한다—럭스는 어두컴컴한 집에서 소년들의 벨트를 풀어 매달아 놓는다. 소년들은 드디어 자신들의 욕망이 실현되길 기다리며 긴장한 채 굳어 있다. 럭스는 차고에 가서 엔진을 켜고 일산화탄소를 마셔 질식사한다. 터리즈는 치사량의 수면제를 삼킨다. 소년들은 밧줄에 목을 매단 보니를 보고 기겁해서 줄행랑을 친다.

*

시몬 드 보부아르는 말한다. "십 대 소녀는 비밀의 감각과 우울한 고독"에 갇힐 수밖에 없다. "그 소녀는 자신이 이해받지 못한다고 확신한다. 그에게는 자기 자신과의 관계가 유일하게 열정적인 관계다. 그녀는 자신의 고독에 도취되어 있다. 자신은 다르다고, 우월하다고, 특별하다고 느낀다." 이 묘사에 맞는 캐릭터들이 블록버스터 영 어덜트 소설에 등장하는 여주인공이다. 이런 시리즈의 주인공이 디스토피아 세계관 안에 있다면 고독하고 특별한 존재로서의 자신을 완강히 밀어붙이고, 로맨스물의 주인공이라면 자신이 특별하다는 생각을 인정하기 전에 표면적으로는 거부하는 척한다.

블록버스터 영 어덜트 소설에서 우울하고 억압되어 있는 상대 남자 캐릭터와 마찬가지로, 이 여성들은 자신들의 미래를 그리지 못한다. 디스토피아 이야기에서 그 이유는 직접적으로 나타난다. 수잔 콜린스의 소설《헝거 게임》(2008)은 북미 대륙에 세워진 미래의 독재국가 판엠을 배경으로 한다. 수도 캐피톨과 그 아래 12개 구역으로 나뉘는데, 각 구역에서 십 대 소년과 소녀 두 명을 뽑아 경기장에 몰아넣고 마지막 생존자 한 명이 남을 때까지 서로 죽고 죽이게 하는 '헝거 게임'이 치러진다. 우리의 여주인공 캣니스 애버딘은 여동생이 구역의 희생자로 뽑히자 자신이 대신 나가기로 한다. 캣니스는 분명히 용감하나, 음울하고 운명론적인 방식으로 그러하다. 그녀가 용감한 이유는 미래가 악몽이라 확신하기 때문이고, 연인과 사랑에 빠지는 이유는 이미 모든 것을 잃어 더는 잃을 것이 없다는 느낌 때문이다. 베로니카 로스의《다이버전트》(2011) 또한 비슷한 장치를 사용한다.《다이버전트》와《헝거 게임》시리즈는 각각 1억 부 이상 팔렸다.

이제 베스트셀러가 된 로맨스 시리즈를 보자. 이들 시리즈의 특징 중 하나인 미래의 불투명성―그리고 그에 따른 불가피성―은 여주인공의 성격 때문인데, 이 소녀들은 마치 두부처럼 남들이 만지는 대로 변하는 수동적인 캐릭터다. 이들은 그저 누군가의 삶에 환상과 자극이 되기를 기다리는 존재다.《트와일라잇》의 벨라 스완과《그레이의 50가지 그림자》의 아나스타샤 스틸은 영 어덜트 소설과 성인 상업 소설을 깔끔하게 이어준다. 어떤 면에서 이들은 같은 캐릭터라고 할 수 있는데 E.L. 제임스의《그레이의 50가지 그림자》(2011)는 스테프니 메이어의《트와일라잇》(2005) 팬픽션 사이트에 쓴 소설이 그 시작이다. 벨라와 아나스타샤는 둘 다 종이 인형처럼 남들이 이끄는 대로 움직이며 스스로 자기 인생에 대한 선택을 내리지 못한다. 자기들이 어떤 운명 속으로 걸어 들어가고 있는지를 이해할 능력이 부족한 것만 같다. 그들은 이런 무지에도 무지한데, 디스토피아 소설의 주인공이 자신의 용기에 무지한 것처럼 로맨스 소설의 주인공은 어찌 된 일인지 자신들의 미모에 놀랍도록 무지하다(이런 책들에서 남성 캐릭터들이—자기가 얼마나 예쁜지 모르는 여자들을 찬양하는 팝 가수들도 마찬가지인데—캣니스, 아나스타샤, 벨라에게 마법처럼 끌리는 가장 큰 이유는 그녀들이 자신의 미모와 매력에 무지하기 때문이다). 그리하여 벨라는 피에 집착하는 뱀파이어, 아나스타샤는 BDSM*에 집착하는 백만장자와 얽힌다. 두 캐릭터는 그들 앞에 어떤 운명이 다가올지 감지할 때 약간 반항하기도 하지만 결국 벨라는 에드워드에게 물려 뱀파이어가 되고 아나스타샤는 해결할 수 없는 유년 시절의 상처와 위험천만한 헬리콥터 사고의 소용돌이 속으로 들어간다. 그들에게는 열정적인 사랑이 있으나 미래를 그들의 손으로 직접 만들어갈 책임에서 면책받는다. 그들의 미래는 그들이 사랑에 빠진 남자들이 가진 극단적인 문제로 이미 결정되었다.

충분히 짐작하셨겠지만 나는 《트와일라잇》 유의 이야기를 참을 수가 없다(이런 책들의 형편없는 구성과 문체도 크게 도움이 되지 않는데, '50가지 그림자' 시리즈의 묘사 방식은 너무나도 거친 데다가 젊은 여성의 이야기는 자극적인 남자와 얽히는 즉시 터무니없이 납작해지고 한심해

• 속박Bondage, 훈육Discipline, 사디즘Sadism, 마조히즘Masochism 등 뒤틀린 성애를 가리킨다.

질 수 있다는 생각을 심어준다). 1980년대에 1권이 출간된 프랜신 파스칼의 '스위트 밸리 하이' 시리즈를 읽으면서도 이야기가 지나치게 연애와 남자친구를 중심으로 돌아간다고 느꼈다. 그리하여 청소년기에 들어서면서 여자 주인공들과 나의 관계는 급격히 변했다. 어린 시절 만났던 동화 속 여주인공들은 내가 어떤 사람이 되고 싶은지 보여주었지만, 십 대에 접어든 여주인공들은 내가 어떤 사람이 되고 싶지 않은지를 보여주었다. 자신의 외모와 매력 때문에 인생이 달라지고, 결국 파국으로 흘러야만 흥미로워지는 여자가 될까 봐 두려웠다.

물론 예외는 있었다. 나는 1985년에 1권이 나온 필리스 레이놀즈 네일러의 '앨리스' 시리즈를 좋아했다. 사라 데센의 《달과 발맞추기Keeping the Moon》(1999)와 주디 블룸의 책들도 사랑했다. 이 책들은 따스하고 깊이 있고 현실적인 영 어덜트 소설로, 주인공은 자신이 특별한 존재라고 생각하지 않으며 그들의 평범함이 이 이야기들의 가장 큰 매력이다. 하지만 동화책을 읽기에는 자랐고, 고전 문학을 소화하기에는 무리였을 시기에 나는 할인마트에서 파는 대중 소설이나 집 근처 작은 도서관에서 빌린 가벼운 책들을 읽었다. 메리 히긴스 클라크의 로맨틱 서스펜스 페이퍼백을 읽다가는 무서워서 기절할 뻔했고 북클럽이 선정하는 눈물겨운 책들, 예컨대 빌리 레츠의 《마음이 머무는 곳》 등을 읽었다. 기억 상실이나 의료 사고가 나오는 조디 피코의 소설도 읽었는데, 스토리가 너무 극단적이라 내가 그와 관련이 없다는 사실만으로도 그저 안심이 되는 이야기들이었다.

*

　　동화 속 여주인공이 미래를 편안한 거리에서 바라보고, 십 대소설 속 여주인공이 통제할 수 없는 힘에 의해 어딘가로 맹목적으로 끌려간다면, 성인 소설의 여주인공은 어떨까? 그들은 오래도록 꿈꾸었던 그 미래로 들어가 삶이 음울하고, 쓰라리고, 실망스럽다는 사실을 발견한다. 그녀는 대체로 너무 이르게 남들이 이미 정해버린 결말로 향하는데, 결혼과 출산은 원하던 삶으로부터 그녀를 멀찍이 떨어트려 놓는다.

　　일단 우리의 여주인공은 아주 당연하게도 아무런 의문 없이 결혼하고 아기를 낳는다. 독립적으로 살아가는 여성이 충분히 많아졌지만, 오늘날에도 여전히 이러한 기대는 유지된다. 리베카 솔닛은 《여자들은 자꾸 같은 질문을 받는다》(2017)에 실린 에세이에서 버지니아 울프를 주제로 강연하던 도중에 관객에게 질문을 받은 내용에 관해 쓴다. 버지니아 울프가 아기를 낳지 않았다는 점에 대해 어떻게 생각하느냐는 질문이었다. 그녀는 몇 년 전 다른 강연에서도 같은 질문을 받은 적이 있었다. 준비된 답변이 있었기에 울프가 왜 그런 결정을 내렸고, 자신은 왜 그런 결정을 내렸는지 얼마든지 설명할 수 있었다. "하지만 그 질문에 대답할 수 있다고 해서 내가 반드시 답해야 하는 건 아니며, 누군가 그 질문을 반드시 해야 하는 건 아니다. 그 질문은 여성이라면 아기를 가져야만 한다는 가정에 기초하고, 여성의 생식권이 공공의 문제라고 가정한다. 보다 근본적으로 들어가면, 그 질문은 여성이 자신의 삶을 살아가는 적합한 방식은 그것 하나뿐이라고 가정한다."

우리는 그 한 가지 방식이 무엇을 말하는지 너무도 잘 알고 있다. 결혼, 출산과 육아, 자비로움, 의무적으로 느껴야 하는 축복이다. 솔닛은 여성의 행동과 처신에 관한 규정과 명령은 보통 행복이라는 용어 아래 부정직하게 표현된다고 지적한다. 우리는 진심으로 여성이 행복해야 하기에, 이것이 행복의 조건이기에 여성들이 아름답고 이타적이고 근면한 아내이자 엄마가 되길 바란다고 하지만 사회가 말하는 여성의 행복 모델은 언제나 남성에게 이익이 돌아가고 여성을 경제적 약자에 위치시킨다(표면상으로 여성 해방을 이론화할 때도 "걸보스"라는 명칭처럼 남성 권력을 지칭하는 용어로 정의한다). 하지만 여성이 결혼하고 아름다움을 유지하고 아이를 낳고 기타 등등을 모두 한다 해도 여전히 그들은 결핍되어 있다고 하면서 솔닛은 다음과 같은 강렬한 명문을 남긴다. "여성이 되는 데에 정답 같은 건 없다. 우리에게 정말 중요한 기술은 그 질문 자체를 어떻게 거부하느냐일지도 모른다." 이것은 어떤 목적을 문학적으로 선언한 것이다. 얼마 후 솔닛은 여성이 오직 가정에 속박되는 결정을 하는 것도 문학적 문제가 아닐까 생각한다. "우리는 무엇이 좋은 삶인지에 대한 단 하나의 줄거리만을 받았는데, 그 줄거리를 그대로 따른 수많은 사람들이 결국 나쁜 삶을 살게 되는데도 그러했다. 우리는 하나의 모범적인 플롯에서 하나의 행복한 결말이 나올 것처럼 말하지만 무수히 많은 삶의 형태가 우리 주변에서 피고 또 질 수 있다."

이 문제는 다른 방식으로 문학적이기도 하다. 18세기 말 중산층이 발달하고, 사랑을 바탕으로 한 결혼이 관습이 되었으며, 소설이 꽃을 피웠다. 이전에는 한 가정의 부는 임금 노동이나 상품 생산이 아니라 토지와 유산에서 유래했다. 따라서 결혼 안에서 여성은 가족이 부를 세습하고 유지하는 수단으로 기능했다. 또한 산업 혁명 이전에는 가계를 유지하기 위해 아내도 남편과 함께 일해야 했다. 하지만 경제 구조가 급격히 변하고 개인주의와 여가가 증가하면서 결혼은 굉장히 개인적인 측면을 갖게 되었다. 꼭 그래야만 했다. 새로운 시장 경제 안에서 가정 내에 존재하던 기존의 의무는 불필요해졌고 중산층 여성들에게서 직업이 사라졌다. 그래서 결혼을 지극히 개인적인 성취이자 실존적인 중대성을 띤 무언가로 프레임을 씌우는 서사가 문학 속에서나 실생활에서나 여성들의 삶을 형성했다.

결혼이 미국 사회를 이루는 관습의 총체가 된 건 2차 세계 대전 전후였다. 이어서 페미니즘의 두 번째 물결이 닥쳤고,《제2의 성》과 베티 프리단의 《여성성의 신화》(1963)가 등장했다. 보부아르의 사상을 바탕으로, 중산층 백인 여성이 사회적 기대에 의문을 품어야 한다고 주장한 이 책에서 프리단은 이렇게 썼다. "우리는 여성들 내면에서 들려오는 이 목소리를 무시해서는 안 된다. '나는 남편과 자녀와 우리 가정 외에 더 많은 것을 원한다.'" 이후 여성들은 지나치게 부풀려진 결혼의 가치를 낮추기 시작했고, 남성들에게는 요긴하며 여성들을 규제하는 힘이 되었던 결혼의 역사에 반발하려 했다. 이 문제는 정치적 의지가 개입되기 훨씬 전, 이미 문학에서 드러나 있었다. 19세기 가장 유명한 문학의 여주인공인 엠마 보바리와 안나 카레니나는 불행한 결혼에 갇혀 있었고 아이들의 엄마이기에 품위 있게 그 결혼에서 빠져나올 가능성은 없다. 그들은 자신만의 문학적 문제에 직면하는데, 그들이 원하는 것은 그들이 사는 사회에서는 불가능하고 그 소설 속 인물들—사람들—은 지금 여기 존재하는 것만을 원해야 한다.

*

성인 소설 여주인공은 십 대 여주인공과는 다른 이유로 자살한다. 십 대들은 몸에서 수분이 빠져나간 듯 모든 욕망이 고갈되어 삶의 의미를 찾지 못하지만, 성인들은 욕망으로 가득 차서 결국 그 욕망이 그들을 죽인다. 아니, 그들의 욕망이 유난히 컸다기보다는 그들이 처한 삶의 조건이 평범한 욕망을 모진 운명으로 이끌었다고 할 수 있다. 이디스 워튼의《기쁨의 집》(1905)에 나오는 릴리 바트가 그렇다. 스물아홉 살이 되도록 부유한 남성과 결혼하지 못했다는 사실은 중상류층 사회에서 쫓겨날 충분한 이유가 되고, 그녀는 약물 과다 복용으로 생을 마감한다. 당대의 사회 관습이 무너뜨린 가장 가련한 여인은 테스다. 토머스 하디의《테스》(1891)에서 가난한 낙농업자인 테스는 청소년기와 성인 여주인공에게 일어날 수 있는 최악의 일을 모두 경험한다. 그녀는 사촌에게 유린당해 임신하며, 사랑에 빠진 남자는 그녀가 처녀가 아니라는 사실을 알고 저버린다. 그녀는 자신을 강간했던 남자를 죽이고 연인과 도망치던 중 경찰에게 쫓기고, 체포 직전 스톤헨지의 바위에 마치 재단 위 제물처럼 눕는다. 그녀의 몸과 삶은 남자들의 세계에 바쳐진 제물인 것이다.

귀스타브 플로베르의《마담 보바리》(1856)에서 아리땁고 귀가 얇으며 낭만적인 연애소설을 즐겨 읽는 농부의 딸 엠마는 시골 의사 샤를르 보바리와 결혼하지만, 곧바로 후회와 환멸에 빠진다. 결혼 생활은 기대보다 훨씬 더 따분하고 권태롭다. 플로베르는 이렇게 쓴다. "엠마는 책에서는 너무도 아름답게 표현된 단어들인 지고의 행복, 열정, 황홀감 같은 단어가 실제 삶에서 정확히 어떤 의미를 갖는지 알아내기 위해 노력했다." 그녀는 "여행을 가거나 수녀원으로 돌아가고 싶었다. 죽고 싶기도 하고 그러면서도 파리에서 살아보고 싶었다". 세상은 그녀에게 권태로운 삶에 만족하라고 하지만 그녀는 그렇게 하질 못한다(그녀는 자신의 아기를 보면서 생각한다. "아기가 이렇게 못생길 수 있다니! 정말 이상해"). 플로베르는 이렇게 묘사한다. "그녀는 무슨 일이든 일어나길 기다렸다. 난파한 배의 선원처럼 자신의 인생에 깔린 고독을 절망적인 눈으로 바라보면서 저 멀리 수평선 너머 안개 속에서 흰 배가 나타나기만을 기다렸다."

현실과 욕망의 간극을 이기지 못한 엠마는 연인과 애정 행각을 저지른다. 첫 연인 로돌프는 야반도주하기로 약속한 전날 그녀를 버리고, 엠마는 이후 두 번째 연인 레옹을 만난다. 애인들이 그녀에게 쏟는 관심은 왜 충분하지 않을까(그녀는 의아하다. "인생의 이 불충분함은 어디에서부터 오는 걸까—그녀가 기대려고 하는 모든 것마다 왜 그 즉시 부패해버리는 걸까"). 엠마는 사회가 주입한, 여성의 행복은 사랑과 물질적 소비로 해결된다는 생각을 온전히 받아들였다. 연애가 실패하면 허무함을 이기지 못하고 사치를 하다 큰 빚을 지고 연인들에게 돈을 구해달라고 구걸한다. 그녀는 불륜 또한 시간이 지나면 결국 부부 관계처럼 진부해진다는 사실을 알게 된다. 엠마는 비소를 먹고 천천히 고통스러운 죽음을 맞는다. 다른 19세기 소설처럼 서사를 끌고 가는 건 남성의 보호 없이는 경제적 안정을 이루지 못하는 여성의 무능력함이다.

레프 톨스토이의 《안나 카레니나》(1878)의 주인공은 엠마와는 완전히 다른 부류의 여성이다. 그녀는 지적이고 유능하고 통찰력도 있다. 하지만 그런데도 그들의 인생은 닮은꼴이다. 이 소설 또한 불륜으로 시작해 자살의 암시로 끝난다. 불륜과 자살은 시침과 초침처럼 얽히면서 독자들에게 어떤 식으로 이야기가 진행될지 알린다. 안나는 아내 돌리 몰래 바람을 피운 오빠 스티바를 방문하기 위해 찾은 기차역에서 청년 사관 브론스키를 만나고 그 즉시 강렬하게 이끌린다. 그때 한 남자가 발을 헛디딘 건지 일부러 몸을 던진 건지 기차선로에 떨어지고 안나는 말한다. "나쁜 일이 일어날 징조야." 이 여행에서 안나는 스티바를 용서해달라고 돌리를 설득한다. 그리고 브론스키와의 사랑은 불꽃처럼 타오른다. 상트페테르부르크에 돌아가서 마주한 남편과 아이의 모습은 실망스럽기만 하다. 자신은 이제 겨우 이십 대 후반인데 빠져나올 수 없는 덫에 갇힌 것만 같다. 오빠 스티바와 달리 그녀는 불륜을 저지르면 사회에서 싸늘하게 외면당할 것이다. 그녀는 마치 스릴섬처럼 보이는 듯한 꿈을 반복해서 꾸는데 남편과 연인이 동시에 그녀에게 "열정적으로 애무"를 한다. 톨스토이는 이렇게 쓴다. "그녀는 이것이 가능할 것이라 생각하지 않았지만, 이렇게 하면 훨씬 더 간단해지지 않냐고 그들에게 웃으면서 설명하고 두 사람 모두 행복해하고 만족한다. 하지만 이 꿈은 악몽처럼 그녀를 짓누르고 그녀는 공포 속에서 깨어났다."

안나는 브론스키의 아이를 임신하고 남편에게 고백한다. 그녀는 이제 이 불륜을 끝낼 수도 없고 자신의 사회적 지위를 유지하면서 이혼할 수도 없다. 그녀는 흐트러지기 시작한다. 톨스토이는 이렇게 쓴다. "그녀는 자신의 위치가 확실해지고 명확해지길 바라는 꿈이 영원히 소멸되었음을 알고 눈물을 흘렸다. (…) 모든 것이 옛날 방식으로 돌아갔다. 아니, 이전보다 더 최악이 될 것이었다. (…) 그녀는 앞으로 절대 사랑 안에서 자유를 찾지 못할 것이다." 언제나 명철하고도 활기 넘쳤던 안나는 빠르게 무너져간다. 사람들과 관계 맺기가 힘들어지고 잠들기 전에는 모르핀을 맞아야 한다. 브론스키에게도 화내고 변덕을 부리는데 여성이 남성에게 힘을 발휘할 수 있는 방법은 그것밖에 없음을 알기 때문이다. "마음 깊은 곳에서는 딱 한 가지 이상한 생각에만 흥미가 동했다." 그리고 갑자기 깨닫는다. "오직 그것만이 모든 문제를 해결할 것이란 생각에 점점 빠져들었다." 그 생각이란 죽는 것이다. 그녀는 기차선로에 몸을 던진다.

《마담 보바리》에서는 대체로 모든 비난이 경솔하고 어리석으며 허영기가 있는 엠마에게로 향한다. 《안나 카레니나》에서 우리의 여주인공은 고귀하면서 비극적이고 비이성적일 수밖에 없는 욕망의 희생자다. 케이트 쇼팽이 쓴 이 플롯의 페미니스트 버전인 《각성》에서 불륜은 여주인공 에드나 퐁텔리에가 독립과 자기주도권을 더듬거리며 찾아가는 데 필요한 외적 도구일 뿐이다. 그러나 결국 에드나도 자살을 시도하는데 소설의 마지막 장면에서 그녀는 멕시코만으로 걸어 들어가고 파도는 그녀의 발목을 뱀처럼 휘감는다. "그녀는 레옹스와 아이들을 생각한다. 그들은 그녀 삶의 일부였다. 하지만 그들이 그녀, 그녀의 육체, 그녀의 영혼을 소유할 수 있다고는 생각하지 않았어야 했다." 케이트 쇼팽은 에드나가 죽는 장면을 자유를 찾고 죄의식을 버리는 관능적이고 감각적인 순간으로 설정한다. "윙윙대는 벌들의 소리, 패랭이꽃의 사향 같은 향기가 온 천지에 가득했다."

*

왜 하필 언제나 불륜일까? "대부분의 여성은 결혼했거나, 결혼
했었거나, 결혼할 예정이거나, 결혼하지 못해 괴로워한다." 이 유명
한 문장을 남긴 보부아르는 이렇게 말한다. "결혼에는 불쾌한 거짓
말이 있는데, 결혼이 에로티시즘을 살려야 할 것 같지만 그것을 죽
이는 데만 성공한다는 점이다." 남편은 "첫 번째로 시민이나 주인
이고 두 번째 직업이 남편"인 반면, 아내는 "결국 그리고 오직 아내
이다". 보부아르의 결론에서 여성은 부정을 저지를 수밖에 없는 운
명이다. "불륜은 여성 해방의 유일하고 확고한 형태다. 거짓말과 불
륜을 통해서만 그녀는 자신이 누군가의 소유물이 아님을 증명하고
남성의 오만함을 농락할 수 있다."(2003년 로라 키프니스는 논란이 된
책《사랑은 없다》에서 이렇게 주장한다. "불륜은 사랑에는 노력과 희생이 수
반되어야 한다는 윤리를 벗어나기 위한 노동 파업이라 할 수 있다.")

이제는 내가 수시로, 아무렇지 않게 "여주인공heroine"이라는 단
어를 쓰고 있다는 사실을 인정할 때가 된 것 같다. "영웅hero"의 여성
명사는 그리스 고전 문학에서 처음 사용되었고 순결한 처녀로서 영
웅의 전통을 따른 여성들에게 적용된 단어였다. 따라서 잔 다르크,
성 루치아, 남성을 참수시켜 도시를 구한 유디트가 여주인공, 즉 헤
로인이었다. 하지만 18세기에 여주인공의 개념이 변하기 시작했다.
소설은 특별하기보다는 그 시대의 평범한 여성을 등장시켰고, 문학
은 문학 비평가 낸시 밀러가 "여주인공의 텍스트"라 부른 서사들을

창조했다. 즉 여성이 남성들을 위해 만들어진 세상 속에서 어떻게 타협하는가를 주제로 한 다종다양한 서사가 만들어졌다.

1997년 심리학자이자 이론가인 메리 게르겐Mary Gergen은 젠더에 따라 완전히 달라지는 서사 구조를 대조했다. 한편에는 "자주적이고 성장하는 자아를 지닌 남자 주인공이 타인의 도움 없이 혼자서, 일편단심으로 목표를 향해 나아가는 서사"가 있고, 다른 한편에는 "참을성 있고 이타적이며 환경에 취약한 여주인공이 목표 추구가 요구하는 집요한 근성이 부족해 이리저리 떠밀려지며 방황하는 서사"가 있다. 보부아르는 이것을 초월성 대 내재성이라는 용어로 설명했다. 남성들은 자신의 조건을 초월해 멀리 뻗어갈 수 있으나, 여성들은 한계로 규정되고 그 안에 얽매인다. 케이트 잠브레노Kate Zambreno는 《여자 주인공들Heroines》(2012)에서 보부아르의 의견에 동의하면서 전통적인 젠더 역할의 실존적 공포를 이렇게 묘사한다. "남자들은 넓은 세상으로 뛰쳐나가 자신을 초월하고, 여성들은 그날 하루가 끝날 무렵 지워지고 잊힐 일을 하며 축소된다. 텅 빈 오후에 겨우 흔적이 남아 있는 사람들 사이에서 보이지 않는 존재로 살아간다."

전통적으로 문학 속 남성 캐릭터들은 남성이 처한 조건의 산물이라기보다는 보편적 인간의 조건에서 형성될 수 있는 인물의 전형이었고, 그렇게 받아들여졌다. 스티븐 디덜러스(《젊은 예술가의 초상》), 그레고르 잠자(《변신》). 라스콜니코프(《죄와 벌》), 닉 애덤스(헤밍웨이의 《닉 애덤스 이야기》), 네디 메릴(존 치버의 《헤엄치는 사람》), 맹인(레이먼드 카버의 《대성당》), 홀든 콜필드(《호밀밭의 파수꾼》), 해리 '래빗' 앵스트롬(《달려라, 토끼》), 시드니 카턴(《두 도시 이야기》), 칼 오베 크나우스고르(《나의 투쟁》) 등이 그렇다. 물론 이들 모두가 전통적인 영웅 서사의 여정, 즉 주인공이 세상을 탐험하고 적들을 무찌르고 승리를 안고 돌아오는 줄거리를 정확히 따르지는 않는다. 그러나 이 모든 이야기에서 남자 주인공들의 여정은 따르거나 부인하거나 언제나 어떤 문법을 제공한다. 실제 줄거리에 상관없이 주인공을 신화 속 인물로 창조하려 한다.

반면 문학 속 여성 캐릭터들은 언제나 여성이라는 조건을 전면적으로 제시한다. 그들은 섹스와 가족과 가정을 중심으로 돌아가는 세계에서 살 수밖에 없는 운명이다. 그들의 이야기는 언제나 사랑과 의무의 문제를 중심으로 형성된다—비평가 레이첼 블라우 뒤플레시스는 이렇게 쓴다. "사랑이란 하나의 개념으로, 우리 문화는 (여성에게) 모든 가능한 교양, 성공/실패, 배움, 교육, 성인기로의 전환을 이 안에 집어넣기 위해 사랑을 이용한다." 그래서 나는 "여주인공"이라는 용어를 여성성이라는 조건에서 빠져나올 수 없는 문학 속 여성들을 위해 사용했다. 때때로 그들은 모성이나 애착을 거부하는데, 존 디디온이 쓴 《플레이 잇 애즈 잇 레이스Play It as It Lays》(1970)에 등장하는 고속도로에서 정신을 잃는 마리아 와이어스 같은 캐릭터가 그렇다. 가끔은 억압을 탄생의 스토리로 탈바꿈시키기도 한다. 《여자를 증오한 남자들》(2005)의 리스베트 살란데르나 레브 그로스만의 《매지션The Magicians》(2009)에 나오는 줄리아 같은, 강간의 상처를 지닌 어두운 캐릭터들이 그렇다(이 두 시리즈 모두 남성이 썼다는 사실을 짚고 넘어가야겠다. 남성들은 이렇듯 너무나도 탁월하고 예리한 여성 주인공 소설을 창조할 수 있고 또 창조해왔으나, 그들은 반복적이고도 매우 실용적인 방식으로 강간을 소재로 사용한다). 가끔은 이러한 캐릭터들이 사회가 기대하는 여성성을 적극적으로 활용하여 자신의 강점으로 만들기도 한다. 《베니티 페어》(1848)의 베키 샤프, 《바람과 함께 사라지다》(1936)의 스칼렛 오하라, 《나를 찾아줘》의 내레이터인 소시오패스 에이미 던이 그렇다(보부아르를 다시 인용하자면 "여성은 기생충의 역할을 부여받았는데, 모든 기생충은 약탈자다"). 이 모든 여성은 인간으로서 기본적인 자유를 추구할 뿐이다. 그러나 우리 문화는 여성의 자유와 해방을 부식의 징후로 해석했고 오랫동안 여성이 자유로우면서 착한 사람일 수 있는 방법은 없었다.

결말이 결혼으로 끝나는 소설 속 여주인공들—《제인 에어》와 제인 오스틴의 여성들—은 그 법칙에서 제외되는 가장 두드러진 예라고 할 수 있다. 그들은 복잡하고 개성 있는 성격을 유지하면서도 착하고 그 자체로 완전하며 조화롭다. 엘리자베스 베넷은 너무나 훌륭하면서도 명민하고 의식 있는 관찰자인데 그녀는 기본적으로 명랑하고 관습적이며 호감을 주는 인물이기 때문이다. 그러나 동화책처럼 이 책들이 어떤 특정 시기만을 그리고 있다는 사실을 간과해서는 안 된다. 《오만과 편견》(1813)은 새로운 사랑의 환희를 그리는 듯하다가 곧바로 다아시와 함께하는 엘리자베스의 행복한 미래를 축약해서 보여준다. 이 소설이 결혼하고 10년 후를 그렸다면 엘리자베스의 정서가 어떠했을지 궁금하지 않은가. 엘리자베스는 행복했을까? 만약 그렇다면 그녀에 대한 책이 나올 수 있을까? 행복한 결혼 생활을 하는 여성에 대한 위대한 소설을 누군가 쓴 적이 있던가? 물론 성별을 불문하고 소설 속 주인공들은 대체로 불행하다. 하지만 남자 주인공들은 주로 실존적인 이유로 불행하다면 여주인공들은 사회적 관계 때문에, 남성의 권력 때문에 그리고 남자 때문에 불행하다.

　너무 큰 상처 없이 결혼이라는 한계와 타협하는 여주인공이 등
장하는 소설도 있는데《미들마치》(1871)의 도로시아 브룩과《여인
의 초상》(1881)의 이사벨 아처가 그렇다. 도로시아와 이사벨은 똑
똑하고 사려 깊고 독립적인 캐릭터로, 그들의 이야기를 끌고 가는
기조는 불확실성이다. 도로시아는 첫 번째 남편 커소번과의 어긋난
결혼 생활이 그의 사망으로 끝나고 난 뒤 재혼하여 더 행복한 결혼
생활을 하며 소설이 끝난다.《여인의 초상》에서 이사벨이 오만하고
참을 수 없는 오스먼드에게 돌아간다고 생각하며 소설을 덮을 수도
있지만, 우리는 그녀가 로마에서 오래 머물지 않을 수 있다는 사실
도 알고 있다. 여기서 결혼은 중요한 질문이지만 결말은 아니다. 결
혼이 여성을 파괴하지도 완성하지도 않는 세 번째 길이 있을 수도
있으며, 현대 소설이 이러한 방향으로 가려고 하기도 한다.

*

　지난 50년 동안 여성으로 산다는 것의 의미는 크게 변화했고
여성의 삶과 문학도 그와 함께 나란히 변화를 거듭했다. 제프리 유
제니디스의《결혼이라는 소설》(2011)에서 한 대학생은 이 소재에
대해 자신의 영문학 교수의 관점을 빌려 말한다.

　인생의 성공이 결혼에 좌우되고, 결혼이 돈에 좌우되던 시절에는 소
　설가들이 쓸 만한 소재들이 있었다. 전쟁 서사시와 결혼 소설 말이
　다. 성 평등은 여성에게는 분명 좋은 일이지만 소설에는 나쁜 일이 되

고 말았다. 이혼으로 간단히 결혼을 취소해버릴 수 있는데 뭐가 문제지? 엠마가 남편에게 별거나 이혼을 청구했다면 뭐가 문제였을까? 이사벨 아처와 길버트 오스먼드의 결혼에 혼전 계약서가 있었다면 어땠을까? (교수가) 생각하는 한 결혼은 이제 더는 큰 의미가 없고 소설도 그렇다. 결혼의 갈등을 중심으로 한 소설을 요즘에 어떻게 찾을 수 있을까? 아마 찾기 힘들 것이다.

그러나 이 교수가 생각하는 것처럼 결혼 소설이 영원히 끝나버리지는 않았다. 지난 몇십 년간 소설 속 여주인공들은 이전과 똑같이 사랑과 사회적 제약이라는 문제에 대해 천착해왔고 이제 같은 문제를 다른 방식으로 대답할 뿐이다. 여성이 주인공인 현대 소설은 주인공이 처한 상황을 반영하거나 전복시키는 대신 (이제는) 개념 자체를 폭발시키고 재창조하고 비틀어서 서사적 갈등이 여성의 자아 감각에 영향을 미치도록 한다. 오늘날 가장 잘 알려진 여주인공들은 작가이기도 한데, 그렇게 해서 그들 삶에서 진행되는 스토리 라인을 예민하게 의식할 수밖에 없는 내적 이유를 준다.

1997년에 출간되었다가 2006년에 재발간된 크리스 크라우스의 《아이 러브 딕》의 화자 크리스 크라우스는 실패한 영화감독으로, 남편 실베르와는 잠자리를 거의 하지 않는다. 그녀는 딕이라는 이름의 미지의 인물에게 정신 못 차리고 빠져들고 그에게 집착적인 편지를 보낸다. 19세기였다면 이런 종류의 관습에 대한 도전은 우리 여주인공 인생을 파괴했을 것이다. 하지만 《아이 러브 딕》에서 이 편지들은 크리스의 결혼 생활에 활기를 되찾아주고 그녀를 평생 꿈꿔왔던 예술가로 변모시킨다. 그녀와 남편 실베르는 딕에게 보낼 편지를 함께 쓴다. "우리는 방금 섹스를 했고, 그 전에 두 시간 동안 당신 이야기를 했어." 그리고 편지를 통해 크리스의 자아에 대한 감각은 되살아나기 시작한다. 그녀는 실베르를 떠나고 딕에게 편지 쓰는 일은 계속된다. "왜 세상 모두가 여자가 자신이 얼마나 바닥인지 이야기해버리면 그녀의 가치도 바닥으로 떨어진다고 생각하는 걸까?" 그녀는 딕에게 물으면서 자기가 왜 "여자 괴물"이 되고 싶은지 설명한다. 나는 사실 개인적으로 이 책을 전혀 재미있게 읽지 못했다—급진적이지만 심각하게 지루하다고 느꼈다—하지만 크리스의 프로젝트가 대담했다는 점은 인정해야만 한다. 여주인공이 자신이 처한 사회적 조건의 문제를 해결하려 하기보다는 여주인공 스스로 문제가 된다. 그리고 자신의 정체성, 예술가로서의 훈련, 문학의 한 형태로 문제를 읽고 추적하려 했다.

제니 오필이 쓴 탁월한 소설 《사색의 부서》(2014)의 화자는 삼십 대 작가이며 엄마이고 크리스의 캐릭터가 연상되는 "괴물 예술가"가 되고 싶었지만, 가정의 행복을 가꾸려 노력한다. 그녀는 스스로 만든 속박을 사랑하면서 증오한다. "'아기가 너무 예쁘죠?' 사람들이 묻는다. 나는 '아니요'라고 답한다. 뒤통수의 곱슬곱슬한 머리카락이 귀엽지. 다만 우리는 그 사진 1,000장을 찍어야 한다." 화자는 잔인할 정도로 냉소적이고 무정하다. 그녀는 자신의 인생을 이렇게 바라본다. "앨커트래즈섬의 독방에 갇힌 죄수가 한밤중에 단추를 바닥에 흘리고 어둠 속에서 다시 찾는 이야기다. 매일 밤, 이렇게 새벽까지의 시간을 견딘다. 다만 나에겐 단추가 없다. 여러 가지 차이점을 고려해봐도 나의 밤은 결국 그의 밤과 동일하다고 할 수 있다." 소설의 분위기는 갈수록 웃기고도 어두워지는데, 오필의 화자는 어떤 면에서 세계 역사에서 전례 없는 방식으로 얼마든지 자유롭게 결혼을 떠날 수 있어서다. 이 소설은 남편의 외도를 밝히기 바로 전에 화자를 1인칭에서 3인칭으로 바꾸어, "나는"은 "아내는"이 된다. 이는 화자이자 작가가 사회적 관습이 우리 자아의 밑바탕을 이룬다는 사실을 인정하는 것이며, 때로는 우리가 원해서 그렇게 되기도 한다.

그리고 우리는 엘레나 페란테를 이야기해야 한다. 이 시대 어떤 작가보다도 블록버스터급 규모로 문학적 성취를 이룬 그녀는 다소 과장된 페미니스트 관점을 통해 여성의 이야기를 우주에서 가장 빛나는 이야기로 승격시켰다. 그녀는 여성들이 지배하는 우주를 매우 실제적이고 구체적으로 창조했다. 페미니스트 철학자 애드리아나 카바레로Adriana Cavarero가 말한 "존재, 관계, 관심"으로 정의되는 세상이며, 남성들이 지배하는 추상적인 우주와 대조를 이룬다. 그녀의 작품—《성가신 사랑》,《버려진 사랑》,《잃어버린 사랑》 그리고 나폴리 4부작—을 감싸는 배경은 전후 이탈리아로, 외적인 권력은 남성이 갖는 듯하지만 의식과 정체성의 규칙은 여성이 세워놓은 세상이다. 여성은 자아의 그림자, 아이콘, 집착의 대상, 유령 등 서로에 대한 기억과 이야기에 함몰된다. 페란테의 화자들이 모든 감성과 지성을 활용하여 자아를 성장시키고 자신의 인생을 통제하는 중에 타인의 이미지를 불러와 자신을 제3자처럼 인식하는 과정을 보는 것은 너무나 초월적이고, 이는 시몬 드 보부아르의 의도이기도 하다.

《버려진 사랑》(2002)의 주인공 올가는 어린 시절 보았던, 남편에게 버림받고 정신을 놓아버린 "불쌍한 여자"가 될까 봐 두렵다.

올가는 자신의 결혼 생활도 그와 비슷한 상황임을 알게 된다. "나의 자아를 그가 만족하는 것, 그가 열광하는 것, 그의 인생을 생산적으로 만드는 것에 쏟아부었다니 얼마나 큰 실수였나." 그녀는 잃어버린 작가로서의 경력을 생각하며 회한에 젖는다. 그녀는 몇 년 전 교육을 받은 여성들이 결혼으로 어떻게 되는지를 듣고 코웃음을 친 적이 있다. "바람을 피우는 남편의 손에서 장식품처럼 부서지는 여자들을 알고 있다. 나는 그들과 다르고 싶었다. 재능 있고 무적의 언어를 가진 여자가 되고 싶었지, 잃어버린 사랑에 골몰하는 버려진 아내의 매뉴얼이 되고 싶지 않았다." 올가는 버려진 아내의 줄거리를 건네받긴 했지만 자신이 그 줄거리에 속하지는 않기로 한다. 데이나 토르토리치Dayna Tortorici가 페란테에 관해 〈앤플러스 원N+1〉에 쓴 에세이에서 그는 이렇게 말한다. 《버려진 사랑》은 '망가진 여성'이 되고 싶지 않은 망가진 여성의 이중 의식을 묘사한다." 올가는 불쌍한 여자의 이야기를 이렇게 통과한다. "시련의 과정이다. 처음에는 불쌍한 여자가 된다. 그다음에 다시 올가가 된다." 페란테의 작품에서는 통제할 수 없는 자아와의 교감을 통해 통제할 수 있는 자아가 나타난다.

제1권 《나의 눈부신 친구》(2011)로 시작하는 나폴리 4부작은 두 친구 엘레나(레누)와 릴라를 어린 시절부터 노년기까지 쫓아간다. 이렇게 방대한 시간 구조의 여성 서사를 통해 페란테는 여성의 정체성 형성이 얼마나 오랜 시간 특별하고 깊이 있게 이루어지는가에 초점을 맞춘다. 레누와 릴라는 서로를 통해 또 서로를 반박하면서 자신을 정의하는데, 친구의 인생은 마치 읽고 있는 책처럼 자기 삶의 대안적 이야기가 된다. 《나의 눈부신 친구》는 이러한 세계의 절반이 갑자기 사라지면서 시작한다. 이미 노년이 된 레누는 릴라가 사라졌다는 사실을 알게 된다. 레누는 컴퓨터 앞으로 가서 그들의 삶을 처음부터 써 내려가기 시작하면서 이렇게 생각한다. "이번에는 누가 이기는지 보자."

나폴리의 가난하고 거친 동네에 사는 레누와 릴라는 쌍둥이이면서도 정반대다. 그들은 반에서 가장 똑똑한 아이들이나, 다른 방식으로 똑똑하다. 레누는 성실하고 조심스러우며 릴라는 총명하면서 냉혹한 면이 있다. 릴라가 중학교 입학시험 비용을 마련하지 못하면서 그들의 이야기는 갈라진다. 공부를 계속하는 레누를 가르치기도 한 릴라는 열여섯 살에 식료품점 아들과 결혼한다. 결혼식 날 릴라는 레누에게 공부를 그만두지 않겠다고 약속해달라고 한다. 필요하다면 자신이 돈을 대겠다고 한다. "너는 나의 가장 눈부신 친구야. 너는 남녀 통틀어서 최고가 되어야 해." 릴라는 말한다.

릴라는 대학에 간 레누와 소원해지고, 그녀가 가식적인 사회주의자 작가들과 어울린다고 비난하기도 한다. 레누는 첫 소설을 발표하지만 릴라가 초등학교 때 쓴 이야기를 자신도 모르게 표절했음을 알게 된다. 레누는 릴라가 파업을 조직했다는 소식을 듣고 이렇게 상상한다. "릴라는 승리했다. 자신의 성공으로 존경받는다. 그녀는 혁명의 전사가 되어 나에게 말하겠지. 너는 소설을 쓰고 싶어 했고, 나는 진짜 사람들과 진짜 피로 현실에서 소설을 만들어." 두 친구 사이의 갈등과 유사성—미러링, 탈선, 대조, 틈은 모두 동시에 작동한다—은 내가 만난 그 무엇보다도 더 정확하게 다양한 여성 권위 사이의 타협을 반영하는데, 그 자체가 남성 권위의 구조에서 타협한 것이다. 레누와 릴라는 우리가 읽었던 책들의 여주인공들, 우리일지도 몰랐던 여주인공들, 지금의 우리인 여주인공들 사이의 얽히고 얽힌 관계를 보여준다.

＊

　　2015년 페란테는 〈베니티 페어〉와의 인터뷰에서 영감을 어디서 얻었냐는 질문에 "옛날 책"인 애드리아나 카바레로가 쓴《릴레이팅 내러티브Relating Narratives》를 언급했다. 2000년에 영어로 번역된 이 밀도 높은 책은 정체성이란 "완전히 해설적이고 관계적"이라고 말한다. 카바레로에 따르면 정체성은 우리가 선천적으로 갖고 태어났다가 드러내는 것이 아니라 다른 사람들이 제공하는 내러티브를 통해서 서서히 이해해가는 것이다. 작가는 〈오디세이〉의 한 장면을 언급한다. 율리시스는 신분을 숨긴 채 파이아케스의 정원에 앉아 맹인 남자가 부르는 트로이 전쟁에 대한 노래를 듣는다. 자신의 삶을 다른 사람이 표현하는 것을 들어본 적이 없던 율리시스는 이 노래를 듣고 울기 시작한다. 한나 아렌트는 그 순간을 "시적으로 말하면" 역사의 시작이라고 부른다. "율리시스는 이전에는 한 번도 눈물을 흘리지 않았고 노래로 듣고 있는 그 일이 실제로 일어났을 때도 울지 않았다. 남을 통해 그 이야기를 듣고 나서야 자신이 어떤 사람이었는지를 완전히 인식했다." 카바레로는 쓴다. "'다른' 이가 전달한 스토리가 그의 정체성을 드러냈다. 기품 있는 보라색 튜닉을 입고 있는 그는 이제 그 이야기에 무너져서 아이처럼 운다."

　　카바레로는 율리시스의 이야기를 3차원으로 확장하는데, 이 주인공은 갑자기 자신의 이야기를 인식했을 뿐만 아니라 자신의 이야기가 서술되어야 한다는 사실도 깨닫는다. 그녀는 이렇게 쓴다. "정체성과 서술 사이에는 (…) 욕망이 들어가 이 둘을 연결한다." 책의 후반부에서 카바레로는 페란테에게 깊은 영향을 미쳤던 밀라노 여성 서점 조합의 회원이었던 에밀리아와 아말리아라는 실제 인물의 이야기를 전한다. 에밀리아와 아말리아는 서로에게 자신의 인생 이야기를 들려주었으나 에밀리아는 자신의 이야기를 정돈된 언어로 말하지는 못했다. 그러자 아말리아는 친구의 이야기를 대신 쓰기 시작했다. 그 시점에서 그녀는 그 이야기를 이미 여러 번 반복해서 들었기 때문에 거의 외우고 있었다. 에밀리아는 아말리아가 써준 자신의 이야기를 핸드백에 넣고 다니면서 읽고 또 읽는다—자신의 인생을 이야기의 형태로 이해하면서 "풍부한 감정을 갖고 고통을 이겨냈다".

카바레로는 이 일화는 〈오디세이〉의 일화와는 다르다고 지적하는데, 맹인과 율리시스는 서로 모르는 사이지만 아말리아와 에밀리아는 절친한 사이였다. 아말리아의 서술은 서술되고자 하는 에밀리아의 필요에 직접적인 응답을 해주었다. 두 여성은 1970년대에 밀라노 여성 서점 조합이 부흥시키려 했던 아피다멘토affidamento, 즉 "위임"에 따라 행동했다. 두 여성이 서로의 이야기를 서로에게 "위임"할 때는 이야기의 유사성이 아니라 차별성을 더 중시했다. 이야기 사이의 차이가 정체성의 중심이 된다는 사실을 이해했기 때문이고, 차이점을 들여다보면서 자신의 정체성을 창조했으며 이렇듯 다른 점을 서로의 힘으로 받아들이기도 했다(오드리 로드도 1979년에 같은 주장을 했다. 서로의 다른 점들을 그저 "참아줄 수 있는" 무언가로 보지 않고 "반드시 필요한 반대편의 자원으로 보면 우리의 창조성이 마치 변증법의 결과처럼 번뜩일 수 있다"고 했다). 1990년에 영어로 번역된, 밀라노 여성 서점 조합의 여성들이 집필한《성적 차이Sexual difference》에서는 이렇게 말한다. "이 세상을 해석하는 일에 관하여 다른 여성에게 권위와 가치를 부여하는 것은 자기 자신에게 권위와 가치를 부여하는 방법이 될 수 있다." 위임은 서로를 여성이자 인간으로 이해하는 틀이 되었을 뿐만 아니라 첫 번째 정체성을 바탕으로 두 번째 정체성을 만들어나갈 수 있게 했다. "언제나 남성의 중재에만 보편적 정당성을 부여하며 젠더에 따른 중재를 고려하지 않는 사회에서 여성들이 중재를 하는 형태라고 할 수 있다." 오직 남성 권력이 형성한 세계의 현실, 언어, 문학적 전통을 부여받았던 여성들이 자기들의 이야기를 다른 이에게 전달하면서 이 세 가지를 동시에 부활시켰다. 에밀리아가 아말리아에게 대신 쓰게 한 자신의 서사를 이용해 자신만의 서사를 만든 것과 같은 과정이라 할 수 있다.

밀라노 여성 서점 조합은 위임 작업을 하면서 여성 저자가 쓴 책들을 집중적으로 읽었고 그 여성 작가들을 "(우리 모두의) 어머니들"이라고 불렀다. 자신들을 그 소설가라고 상상하기도 하고 소설 속 여주인공의 자리에 앉아보면서 이러한 역할 놀이에서 무엇을 배울 수 있는지를 알아보기도 했다. 그 결과 그들은 "문학과 인생 사이에 그어진 선을 지웠다"고 말한다. 그들의 소망은 이 수많은 여성 소설가와 여성 주인공들 안에서, 이 정체성 찾기라는 위대한 실험 안에서 그들이 삶의 주인이라는 사실의 원천을 찾아내는 것이었다. 어쩌면 그 여성들은 "나에게서부터 터져 나오기 시작하는" 여성의 언어를 찾아냈을지도 모른다.

*

    아마도 당신은 이쯤이면 눈치챘을지 모르겠다. 너무 후한 힌트를 주고 싶지는 않았지만 그래도 어렵지 않게 알아보았을 것이다. 이제까지 이 에세이에 등장한 모든 캐릭터는 백인이고 이성애자다 (헐렁한 청바지와 허리에 찬 연장통이 잘 어울리는《꼬마 스파이 해리엇》의 해리엇은 예외일 수도 있겠다). 이는 아마도 여주인공들의 이야기에 숨겨진 문맥이 아닐까. 주인공을 무조건 백인 이성애자로 내세워 보편적 캐릭터로 가정한 것은 문학 속 여주인공들의 얄팍한 복수가 아닐까 싶기도 하다. 또 다른 여성 문학의 전통도 있는데 이는 박탈과 저항과 아름다움으로,《두 개의 달 위를 걷다》(샤론 크리치, 백인 작가)(1994)와《줄리와 늑대》(진 크레이그헤드 조지, 백인 작가)(1972)가 자메이카 킨케이드(흑인 작가)의 단편소설〈걸Girl〉(1978)과 연결되고《망고 스트리트》(산드라 시스네로스, 멕시코 작가)(1984)의 에스페란자는《그들의 눈은 신을 보고 있었다》(1937)의 재니 크로퍼드와 연결된다.《빌러비드》(토니 모리슨, 흑인 작가)(1987)의 세서와《컬러 퍼플》(앨리스 워커, 흑인 작가)(1982)의 셀리는《여성 전사The Woman Warrior》(맥신 홍 킹스톤, 중국계 미국 작가)(1976)나《사랑의 묘약》(루이스 어드리크, 백인 작가)(1984)의 플레어와 연결된다.《나이트우드》(주나 반스, 백인 작가)(1936)와《캐롤》(퍼트리샤 하이스미스, 백인 작가)(1952)과《스톤 부치 블루스Stone Butch Blues》(레슬리 페인버그, 레즈비언 부치)(1993)도 레즈비언 소설이라는 점에서 공통점이 있다. 그러나 비백인이나 비이성애자의 이야기들은 모두, 사회적으로 다르다고 주입받는 존재적 특성 때문에 개성을 얻는다. 그들은 어떤 원형이

나 원조를 말하는 서사로 통합되지는 않는다. 여주인공의 텍스트가 방해받은 적 없는 남성 경험이 절대 말할 수 없는 문화적 불평등 때문에 부자연스러워지는 것과 마찬가지로, 문학 속 비백인이나 비이성애자 여성은 여주인공의 텍스트가 절대 설명하거나 도달하지 않는 방식으로 부자연스럽다.

여기서 다시 한번 나는 파워 레인저 역할 놀이가 현상학적 타자 개념에 대해 가르쳐준 그날 이후로 내 안에 자리 잡은 이 비대칭에 대해 생각한다. 나는 친구 앨리슨이 내가 핑크 레인저 역할을 하면 절대로 안 된다고 주장해서 화가 났지만, 그 주장 뒤에 숨겨진 다른 사실이 더 나쁘다고 할 수 있다. 그것이 더 나쁜 이유는 아마도 앨리슨이 의식을 하지 못해서일 수도 있다. 문제는 앨리슨이 옐로우 레인저 역할을 하지 못한 것이 아니라, 더 정확하게 말하면 그 역할을 할 수 있다고 생각해보지도 않았다는 점이다. 어른이 되면서부터 소설 속 여주인공의 세계에서 나를 찾기가 머뭇거려진 이유는 이 관계가 상호적이지 않으리라는 의심이 들었기 때문이다. 나는 내 안에서 조 마치를 보지만 이 세계의 조 마치들은 내 안에서 그들을 볼 수 있다고 기대하지도 않고 보지도 못한다. 가끔 백인 친구들과 저녁을 먹고 수다를 떨다가 만약 자기를 주인공으로 한 영화를 찍는다면 어떤 배우로 하고 싶은지에 대한 이야기가 나올 때가 있다. 백인 친구들은 마치 마트의 한 복도를 전부 차지한 진열대에서 시리얼을 고르듯이 비슷비슷한 연예인들을 데리고 온다. 다채롭고 미묘하게 다른 팬톤의 색감처럼 금발, 갈색 머리, 빨강 머리 친구들은 자기와 닮은 캐릭터들을 다양한 선택지에서 고른다—장애 유무나 체형으로까지 고를 수는 없다—반면 나에게는, 대략 5년 전에 나왔던 영화에서 아시아계 조연 역할을 번갈아서 했던 세 명의 여배우 외에는 선택권이 없다. 물론 요즘 출간되는 현대 소설에 나처럼 생긴 여성들도 등장하긴 한다. 지하철이나 저녁 파티에 꽂아놓는 장식품처럼 나오거나 그 주인공 남녀의 백인성에서는 찾을 수 없는 성실함으로 무장한 캐릭터로 나오기도 한다. 여성이 인간의 조건을 대표하는 어떤 상징으로 보이도록 허락되지 않았다고 할 수 있지만, 나는 여성의 조건을 대표하는 상징도 아니었다. 더 최악은 문학 속에서 여성이 처한 조건—백인이자 억압당하는 조건—은 너무나도 불만족스러웠다는 점이다. 나는 내가 들어가고 싶지도 않은 영역에서 차단당했다. 여주인공의 텍스트가 우리에게 알려주는 것은 여성들이 최대한 잘해봐야, 그러니까 구조적 억압을 최소한으로 받는다 해도 여성들은 여전히 자신의 인생에 의해 파괴된다는 점이다.

하지만 여성 문학이 이러한 현실을 증명하기 위해 존재한다면, 여성 문학과 현실은 얼마든지 다시 쓸 수가 있다. 여성의 모험, 혹은 모험의 결핍을 보면서 지금 강제되는 것이 무엇이건 영원하지 않고 숙명도 아니며 어쩌면 진실도 아니라고 생각할 수 있다. 문학 속 여성들이 용감했다가 백지처럼 되었다가 모진 운명을 맞게 되는 궤적은 이 사회의 산물일 수 있다. 여성이 겪는 인생 여정이 단 하나의 선택권밖에 없는 것처럼 설정되었다는 사실은 우리가 너무나 오랫동안 다른 길이 가능함을, 아니 사실은 많은 다른 길들이 존재해왔음을 보지 못했다는 사실을 증명할 뿐이다.

이 글을 쓰면서 떠오른 건, 내가 만약 이 여주인공과 동일시하는 일은 그만두고 그녀에게 나를 위임하면 어떨까 하는 생각이었다. 그러니까 밀라노 여성들이 서로 그랬던 것처럼 우리 사이의 차별성을 부각하면 나 자신의 정체성, 어쩌면 그녀의 정체성까지 확인할 수 있지 않을까?《성적 차이》를 쓴 밀라노 여성들은 제인 오스틴에 대해 논의하다가 의견이 갈라지는 순간을 맞았고, 한 여성이 냉소적으로 말한다. "그녀와 우리는 달라요." 그 선언은 "문자 그대로 아주 끔찍한 말처럼 들렸다. 쓰라리고, 얼얼하고, 삼키기 힘들었다". 여성들은 쓰고 있다. "하지만 얼마 가지 않아 우리가 지난 몇 년 동안 인식하지 않았던 사실을 인정했다. 우리는 똑같지 않다. 같았던 적도 없다. 그리고 우리가 그렇게 생각할 이유도 없다." 차이점은 문제가 아니다. 해결책의 시작이다. 그들은 이러한 깨달음이야말로 진정한 자유의 토대가 될 수도 있다고 판단했다.

나 또한 밀라노 여성들이 문학 속 여주인공들을 어머니들이라고 이해했다는 점에 매달린다. 나도 몇 년 전에 그런 방식으로 이들을 읽었다면 좋았을 것이라고 생각하기도 한다. 엄마를 볼 때 딸이 느끼는 그 복합적이고, 이중적이며, 그러나 근본적으로 자유로운 감정을 느꼈다면 어땠을까. 딸들은 엄마에게 저항하는 동시에 의지한다. 딸은 때로는 지독하게, 때로는 사랑과 감사를 담아서 엄마를 이용한다. 자신이 그보다는 더 나은 존재가 되기 위해 필요한 기반으로 이용한다.

5장

헥스타시

Trick Mirror

내가 어릴 적 다녔던 교회는 규모가 엄청나게 커서 우리끼리는 그곳을 리펜타곤Repentagon*이라고 불렀다. 건물 한 채가 아니라 3,400만 달러의 가치를 지닌 거대한 캠퍼스로 구성된 이 교회는 휴스턴 중심가에서 서쪽으로 10마일 떨어진 나무가 울창한 백인 거주 지역에 1980년대에 지어진 이래 점점 확장되어, 지금은 42에이커(약 17만 제곱미터)에 달하는 부지를 점유하고 있다. 굽이진 도로를 타고 들어가면 분수대가 하나 있고 그 앞에 고전적인 건축 양식의 회백색 성전이 자리한다. 그 옆에는 평범하고 소박한 담청색 벽의 예배당이 있다. 캠퍼스 안에는 학교, 식당, 서점, 농구 코트 세 곳, 운동 센터 그리고 사방이 거울로 된 아트리움이 있다. 외야석을

●　　메가 처치, 즉 초대형 교회가 국방부 청사인 펜타곤을 떠올리게 한다고 해서 지은 별명으로 보인다. 텍사스 휴스턴 우드웨이에 있는 세컨드 침례교회 Second Baptist Church다.

갖춘 운동장이 있고, 그 옆에도 운동장이 몇 개 더 있다. 학기 중에는 쉬는 시간의 소란 속에서 일정한 리듬의 풋볼 연습 소리가 이끼가 잔뜩 낀 떡갈나무들이 만든 듬성듬성한 벽 사이로 들린다. 쇼핑몰 크기만 한 주차장들이 캠퍼스 주변을 둥그렇게 에워싸고 있는데, 일요일에는 자동차 대리점이 되고 주중에는 요새를 둘러싼 아스팔트 해자가 된다. 이 모든 시설의 중심에 신도 6,000명을 수용할 수 있는 팔각형 모양의 6층짜리 본관 예배당 건물인 워십 센터가 있다. 센터 안에는 두 개의 커다란 발코니, 대형 비디오 스크린, 거의 200개의 스톱과 만 개 이상의 파이프가 달린 초대형 파이프 오르간, 신도들이 침례를 받을 수 있는 세례반이 있다. 엄마는 종종 사진을 촬영하는 봉사를 했고, 세례받기 위해 물에 머리를 담그는 아기와 어른들을 메이저 리그의 공 하나하나처럼 찍었다. 9시 30분 예배에 찬양을 부르는 베이비부머 성가대석이 있었고, 11시 예배에 엑스 세대 교회 밴드가 공연하는 무대도 있었다. 바닥부터 천장까지 뻗은 스테인드글라스 창문에는 창세기부터 계시록까지 성경의 모든 장면이 정교하게 채색되어 있다. 당신은 요람에서 무덤까지 이 리펜타곤 안에서만 보낼 수도 있다. 어린이집 입학을 시작으로 초중고 12년 과정을 마치고 예배당에서 결혼해 매주 성경공부 모임에 참석하고 아이를 낳으면 워십 센터에서 세례를 주고 은퇴 후에는 퇴직한 친구들과 라켓볼을 하고 치킨 샐러드 샌드위치를 먹고 때가 되면 사랑하는 사람들이 성전에 모여 당신을 애도하리라는 사실을 알고 눈을 감을 수도 있다.

이 교회는 1927년에 세워졌고 학교는 20년 후에 설립되었다. 우리 가족이 1990년대 중반 이곳으로 이사 왔을 때 휴스턴은 호황과 풍요를 자랑하는 대도시로 성장하는 중이었다. 남부 복음주의 교회, 텍사스 석유 채굴 기업, 할리버튼과 엔론 그리고 엑슨과 부시의 시대였다. 예배 중에 부목사들이 부유한 신도들에게 반은 강요해서 얻은 어마어마한 금액의 십일조와 건축헌금은 호화스러운 신축 건물과 시설이 되어 눈앞에 나타나곤 했다. 이 교회는 크리스마스에 가짜 눈송이 수십 부대를 수입한다. 내가 고등학교에 다닐 때 건축한 유아부와 초등부를 위한 5층 건물 안에서는 실물 크기만 한 기차를 타고 놀 수도 있었다. 그리고 격납고라고 부르던 청소년부를 위한 공간에는 한쪽 벽에 대형 비행기의 앞부분이 절반쯤 들어간 장식이 되어 있었다.

우리 부모님이 원래부터 복음주의 교회 신도였던 것은 아니고, 이렇게 과한 시설을 선호하는 편도 아니었다. 필리핀에서 자란 부모님은 어느 시점에서 가톨릭을 떠났고 내가 태어나기 전에는 캐나다에서 작은 침례교회에 다녔다. 그러다가 복잡한 고속도로와 드넓은 평지로 이루어진 휴스턴으로 이사 와 낯설어하고 있을 때 눈만 돌리면 이 목사의 얼굴이 보였다. I-10 고속도로에 심어진 옥외 광고판 안에서 그는 통근자들을 향해 언제나 자상한 미소를 짓고 있었다. 우리 부모님은 그의 따스하고 고상하면서도 설득력 있는 설교에 감화되었다. 이 교회의 담임 목사는 우리가 흔히 아는 복음주의 목사들보다 더 점잖았고, 그때 당시 공항에서 파는 자기계발서유의 복음서와 소름 끼치는 마리오네트 미소로 유명했던 휴스턴의 대표 목사 조엘 오스틴보다 덜 느끼했다. 오스틴의 자녀들도 내가 다닌 학교에 다닐 만큼 이 캠퍼스의 명성은 대단했는데, 우리 부모님은 텍사스로 이사 온 지 몇 달 되지 않아 입학 요청을 했다. 그리고 네 살이었던 나는 이 교회가 운영하는 학교의 1학년이 되었다.

내가 열두 살이었다면, 혹은 고등학생이었다면 이 상황을 이렇게 순순히 받아들이지 않았을 것이다. 그러나 나는 뭐든 하고 싶어서 몸이 근질거리는, 다루기 쉬운 꼬마였다. 열심히 친구를 사귀고, 댄스반에서 발가락 끝으로 서고, 하라는 숙제는 모두 했다. 매일 있는 성경공부 시간에는 가는 가죽끈으로 구원 팔찌를 만들어 구슬을 끼웠다. 까만색 구슬은 내 죄를 뜻하고, 빨간색 구슬은 예수님의 피를 상징한다. 흰색 구슬은 순결, 파란색 구슬은 세례. 영적 성장을 하면 초록색 구슬을 끼우라고 했고, 나를 기다리는 천국의 거리를 뜻하는 황금색 구슬도 있었다. 크리스마스에는 뮤지컬에 참여했다. 지금도 기억하는 어떤 뮤지컬에서는 CNN, 즉 "하늘나라 뉴스 방송국Celestial News Network"의 기자가 되어 예수님의 탄생을 중계했다. 수요일 밤에는 성가대 연습을 했는데 선생님에게 상을 받고 싶어서 찬송가 가사를 달달 외웠다. 초등학교 때 우리 가족은 I-10 고속도로를 타고 훨씬 서쪽으로 향하면 나오는, 황량한 허허벌판에 모델하우스가 우후죽순 생기고 있던 교외로 이사 갔다. 일요일이면 나는 정체된 고속도로를 기어가다시피 하는 자동차의 뒷자리에 순둥이 남동생과 얌전히 앉아 어두운 예배당에서 우리의 영혼에 대해 생각할 시간을 준비했다. 영적인 문제는 단순하고 확고하게 느껴졌다. 나는 나쁜 아이가 되고 싶지 않았고 저주받고 싶지 않았다(이 순서는 뒤바뀔 수 있다). 나는 구원받고 싶었고 착한 아이가 되고 싶었다.

그때는 신을 믿는다는 건 대체로 아무런 특별할 것 없는 일, 가끔은 재미있기도 하고 가끔은 사적이고도 완벽한 떨림을 주는 일이기도 했다. 아동기와 기독교는 선과 악을 너무나도 명확하고 깔끔히 정리해준다. 특히 어린 시절 교회에 다니면서 그 모든 성서 속 우화와 시편과 전쟁 이야기를 접하면 강도는 더 심해진다. 성서에서는 천사들이 우리 집 문 앞까지 온다. 아버지는 아들을 제물로 바친다. 물고기들은 몇십 배로 불어나고 도시는 활활 불탄다. 출애굽기에 나오는 공포 영화를 방불케 하는 피, 개구리, 종기, 메뚜기, 흑암 등의 순서로 줄줄이 이어지던 재앙들은 내 머리에 고정되었다. 그러나 기독교의 잔혹한 폭력성에는 절대적인 안전이 따라오기도 한다. 종교적 전능과 신비라는 만족스러운 장막 아래에는 우리가 어떤 사람이 되어야 한다는 확실한 그림이 있었다. 나는 매일 밤 기도하면서 내게 이 복된 삶을 주신 하나님께 감사했다. 나는 본능적으로 축복받았다고 느꼈다. 황금빛 햇살이 내리쬐는 주말 오후, 끝이 안 보일 만큼 너른 들판을 자전거로 쌩쌩 달리다 보면 신성한 느낌에 사로잡히곤 했다. 스케이트장에서 빙그르르 돌면서도 저 높은 곳에서 누군가 나를 내려다보고 있음을 알았다.

초등학교 고학년으로 가면서 이 온전함의 느낌은 내게서 스르르 빠져나가기 시작했다. 학교에서는 디즈니 영화를 금지했는데 디즈니월드가 게이 퍼레이드를 허가하기 때문이라고 했다. 5학년 때 휴거에 집착하던 한 성경학교 교사는 나의 아치 코믹스와 피스 사인peace-sign* 공책이 이교도적이라며 압수했고, 당시 베스트셀러였던 《레프트 비하인드》** 한 권을 쥐어주었다. 수영장 조명이 물에 떨어지면서 우리 학교의 한 여자애가 감전사했는데 어른들은 이 비

---

* 평화와 반전의 상징 기호.
** 휴거를 소재로 한 기독교 스릴러물.

극 또한 하나님의 뜻이니 받아들여야 한다고 말했다. 그 무렵 캠퍼스 곳곳에 텔레비전 스크린이 설치되었고 우리의 소탈하면서도 로봇 같은 담임 목사님이 수시로 화면에 나타나 아무도 보지 않는 설교를 했다. 예배당에서는 때때로 선전용의 진부한 종교 영상을 틀어주었는데 그중 최악은 잘생긴 검은 머리 아저씨가 SF 영화에 나올 법한 새하얀 방에서 아들에게 작별 인사를 하는 장면이었다. 배경 음악으로 애절한 바이올린 선율이 흐르고 아들은 작별 인사를 하고 끝없는 복도를 걸어서 처형을 받으러 간다. 하나님을 위해 순교하러 간다는 것이다. 나는 눈물을 뚝뚝 흘렸다. 왜냐하면—제기랄—나에겐 심장이란 게 있었기 때문이다! 영상이 끝나면 다 같이 "나는 어린양을 따르리"라는 찬양을 불렀다.

중학교 때 나는 내 안의 양가감정을 인식하기 시작했고 내가 멀어지고 있다는 사실을 충분히 알았기에 심란해지기도 했다. 예배의 거의 마지막 순서인 새 신자 환영에서 목사는 신도들에게 일어나 주 예수 그리스도를 영접했냐고 물었는데 그때마다 가슴을 콕콕 찌르는 죄의식에 시달렸다. 나는 아직도 잘 모르겠고 신의 존재를 확신할 수가 없다. 이 말은 곧 내가 주님에게 또다시 신앙을 고백하고 또 고백해야 한다는 의미가 아닐까. 나는 나쁜 사람이 되고 싶지 않았고 특히 지옥에서 영원히 불타고 싶지도 않았다. 교회에서는 내가 조금만 한눈을 팔면 하나님과의 관계도 멀어진다고 가르쳤다. 나에게는 천국이 예정되어 있지 않고, 나는 부름받지 않았다. 하나님이 나를 용서해주고 구원해주시길 원한다면 나 또한 노력해야 했다. 그때부터 주일마다 워십 센터에 가면 광장공포증에 시달렸다. 몇천 명의 사람들이 가득 들어찬 공간에서 가장 사적이어야 할 영혼의 문제에 대해 생각한다는 건 적절하지 않다고 느꼈다. 나는 예배를 빠지기 시작했고 가끔은 엄마들이 갓난아기를 어르는 복도의 소파에 웅크리고 앉아 있었다. 아니면 가장 꼭대기 예배석에 올라가서 다행히 나를 감시하는 다른 신도들이 없다는 것을 확인한 후 요한계시록을 주제로 한 사이키델릭한 책을 읽으며 시간을 보냈다.

어느 주일에는 예배 전에 부모님에게 스웨터를 차에 두고 왔다고 말했다. 손가락에 낀 자동차 열쇠를 달랑거리며 넓고 울리는 아트리움을 지나갈 때 목사님의 설교 소리가 긴 복도 끝까지 따라왔다. 주차장 앞에 서니 이글이글 타오르는 태양 때문에 아스팔트가 말랑거리는 것만 같았고 눈이 따가웠다. 나는 하늘색 쉐보레 서버번의 조수석으로 들어가 키를 꽂고 시동을 켰다. 기독교 방송이 나온다. 89.3 KSBJ*, 슬로건은 "하나님이 들으신다". 나는 주파수 버튼을 눌러서 컨트리, 얼터너티브 락, 스페인어 방송을 듣고 지나가다 그 전에 한 번도 듣지 못한 방송에서 멈추었다. 휴스턴의 힙합 라디오 방송국, 박스the Box다. 이 방송국은 일요일마다 이 곡들을 틀어준다. 촙트 앤드 스크루드chopped and screwed다.

＊

휴스턴은 텍사스주의 메가 처치처럼 전례 없이, 측량할 수 없이 팽창하고 있다. 비행기에서 내려다봐도 이 도시는 한눈에 들어오지 않는다. 해수면에서 몇십 미터 정도만 올라와 있는 대지는 낮

● 휴스턴의 CCM 라디오 방송 채널이다.

고 평평하며 고속도로는 끝도 없이 펼쳐져 있다. 가장 넓은 중심부의 고리 모양 고속도로인 601번과 벨트웨이 8의 중심에서 교차하는 네 개의 고속도로는 원을 여덟 부분으로 나눈다. 휴스턴 시내에 마차 바퀴 모양의 선들이 그려져 있다고 보면 된다. 그레이터 휴스턴*은 면적이 2만 6,000제곱킬로미터로 대략 뉴저지주만 하고 인구는 600만 명이다. 이 도시는 걸프만에서 한 시간이 채 안 걸리고, 따라서 근처에는 사람이 거의 살지 않아 외계 행성 같은 포트 아서의 정유공장 단지와 갤버스턴 부두의 더러운 물 위에 뜬 길고 긴 유령 교각들이 있다. 이 모든 것에서는 방사선의 기운이 느껴지고 주인이 누구인지 모를 큰돈이 어디선가 세탁되고 있을 것만 같다.

휴스턴의 날씨는 모든 걸 태워버릴 듯이 뜨겁고, 텍사스의 다른 지역과 마찬가지로 의기양양하고 야심만만한 개척자들이 각자의 영역을 만들어가는 장소라는 분위기가 있다. 따라서 휴스턴에는 진정한 공적 영역이라 할 만한 것이 없다. 이 안에도 예술 신들이 있고 화려한 갈라와 그런지가 번갈아 유행하기도 하지만 그들 사이에서만 알려져 있다. 우리에게 집단이라는 개념은 우리의 마음이 볼 수 있고 다룰 수 있는 것에 한정되기 마련이다. 이것이 바로 휴스턴 주민들이 메가 처치에 자석처럼 끌리는 이유 중 하나인데, 교회에만 가면 보통 크기의 도시에 산다는 인상을 받기 때문이다. 어떤 기준에서 휴스턴은 미국에서 가장 다양성이 있는 도시라 할 수 있을 정도로 인종이 다양하다. 그러나 심각하게 분리주의적인 주이기도 한데, 부유한 백인들이 이 도시가 과시하는 삶의 질을 위해

● 휴스턴의 대도시권을 말한다.

소수 민족을 착취해온 역사가 깊다. 수십 년 동안 주 정부는 쓰레기 대부분을 국경 주변의 도시인 흑인 밀집 지역에 내다 버렸다. 이 도시는 최근에도 어지러운 속도로 팽창 중으로 매년 대략 3만 채의 새 주택이 건설된다. 하지만 대도시의 수많은 인구가 섞이는 일은 별로 없는데 휴스턴은 겉으로 드러내지 않지만 비슷한 계층끼리만 어울리는 계급 사회다. 또 토지사용제한법이 없어 교회 바로 옆에 스트립 클럽이 있고 고층 건물의 틈새에 편의점이 있는 식이다. 그 결과, 고속도로만이 이 도시에서 진정 유일한 공공장소가 되고 말았다. 자신들의 동굴에서 나와 휴스턴의 커다란 바큇살 위에 올라 교통지옥 속에 갇혀 있으면서 드디어 다른 사람들 옆에 서게 되는 것이다.

내가 교실 바닥에 앉아 구원 팔찌에 구슬을 끼우던 시기에 도시 남쪽에서는 또 하나의 우주가 태어나 서서히 몸집을 키워갔다. 80년대 중반 텍사스서던대학 라디오 방송국은 고등학생들이 아프리카 밤바타Afrika Bambaataa나 런 디엠씨Run-DMC를 흉내 내는 〈키즈 잼Kidz Jamm〉이라는 힙합 쇼를 시작했다. 1986년에는 제임스 프린스가 휴스턴 최초의 힙합 레이블인 랩 어 랏Rap-A-Lot을 설립했고 게토 보이스Geto Boys라는 흑인 3인조 갱스터 랩 그룹을 배출했다. 게토 보이스는 고향에서 주로 활동하는 것을 원칙으로 했고("오늘 들려드릴 음악은 게토 보이스의 베스트 앨범, 게토 도프입니다. 텍사스 피프스 워드에서 녹음한 음반입니다") 그리고 약간 사이코 같은 그룹이다(게토 보이스의 1991년 앨범 〈우리를 멈출 수 없어We Can't be Stopped〉의 커버 사진은 멤버이자 왜소증인 부시윅 빌이 눈 하나를 잃고 환자 이송용 침대 위에 앉아 있는 모습이다. 부시윅 빌은 마약인 PCP를 한 뒤 자신의 엄마가 생명

보험을 받게 하려고, 그의 여자친구—어떤 버전에서는 엄마이기도 하다—에게 자기 얼굴을 총으로 쏘아달라고 애원하기도 했다. 병원에서 사망 선고를 받았으나 전설에 따르면 영안실에서 부활했는데 아마도 혈류의 속도를 느리게 하는 PCP의 효과 때문으로 보인다. 이후 게토 보이스의 앨범 제목은 〈부활The Resurrection〉이 되었다).

90년대에 이 도시를 사로잡고 이후 전국의 힙합 신을 바꾸어버린 휴스턴 사운드는 이렇다 할 특징 없는 교외의 낡은 이층집, 지저분한 잔디와 철조망 뒤의 싸구려 방갈로, 단조로운 주택 단지가 모인 610번 도로 남쪽과 45번 도로 서쪽에 자리한 서니사이드, 사우스 파크, 걸프게이트 같은 곳에서 탄생했다. 원조 휴스턴 래퍼들 대부분은 남부 출신이거나 북부 힙합 신에서 몇 명이 나왔고 아마도 가장 유명한 휴스턴 래퍼일 유지케이UGK는 휴스턴에서 동쪽으로 한 시간 가야 하는 포트 아서 출신이다. UGK의 음악은 잘 다듬어졌고, 자기만의 색깔과 권위가 있다. Z-로Z-Ro, 릴 케케Lil' Keke, 릴 트로이Lil' Troy, 폴 월Paul Wall, 릴 플립Lil' Flip 같은 휴스턴 래퍼는 외설적이고 솔직하며 마취된 듯 불길한 느낌을 전하는 음악을 한다. 이들의 음악은 마치 마약에 취한 캐딜락 에스컬레이드가 부르르르 떠는 것 같고 혹은 누군가 스피너 휠이 장착된 자동차를 세우고 차창을 아주 아주 천천히 내릴 때 나는 사운드 같다. 하지만 휴스턴 사운드의 진짜 주인이 있다면 그는 래퍼가 아니다. 그는 로버트 얼 데이비스 주니어Robert Earl Davis Jr, DJ 스크루DJ Screw다.

DJ 스크루는 1971년 오스틴 외곽의 한 동네에서 태어났다. 아버지는 트럭 운전사였고, 어머니는 세 종류의 청소 일을 하면서 갖고 있던 LP 음반으로 불법 테이프를 만들어 가욋돈을 벌기도 했다.

다른 많은 휴스턴 래퍼들처럼 스크루도 어린 시절부터 악기를 배웠는데 그는 피아노를 잘 치는 편이었다. 디제잉은 독학하거나 사촌과 같이 익혔고 사촌은 그가 물리적으로 음반을 긁어서 소리를 내는 것을 지켜보다 DJ 스크루라는 별명을 지어주었다. 스크루는 고등학교를 중퇴하고 휴스턴으로 이사 가 남부의 스케이트장에서 디제잉을 하기 시작했다(휴스턴에서 스케이트장은 신인 디제이들의 연습 장소였다). 말이 없고 내성적이며 둥그런 얼굴에 큰 사이즈의 티셔츠를 입고 진중한 눈빛을 한 스크루는 거의 강박적으로 테이프를 만들었다. 처음에 그가 사운드의 템포를 느리게 해 시그니처 사운드를 발명한 건 우연이었다. 1989년의 어느 날, 실수로 턴테이블의 엉뚱한 버튼을 누르자 그 음악을 들은 친구가 그에게 10달러를 줄 테니 테이프 하나를 전부 그렇게 느리고 질벅질벅한 템포로 녹음해 달라고 했고 스크루는 그 작업을 하고 또 했다. 사운드에는 중독성이 있었다. 그는 자신의 믹스테이프 위에 휴스턴 래퍼들의 곡을 입혔다—그들의 길고 물 흐르듯 흔들리는 랩 세션을 입힌 다음 테이프를 다시 길게 늘이면 비트가 생략되고 더듬거리는 듯한, 심장이 곧 멈출 듯한 사운드로 바뀐다. 스크루는 샘스클럽에서 파는 회색 카세트테이프를 한 다발씩 사와서 믹스테이프를 복사한 다음 손으로 직접 쓴 라벨을 붙여 집에서 팔았다. 그 시절 스크루의 테이프를 손에 넣는 것은 최고의 행운이었다. 그가 이끈 힙합 그룹, 스크루드 업 클릭의 앨범은 그 지역의 명예의 전당이 되었다.

곧 모두가 스크루 테이프를 원했다. 사람들은 도시 곳곳에서 그의 집까지 찾아왔고 그러다 다른 주에서 건너왔고 전국 각지에서 찾아왔다. 이웃들은 스크루가 마약상이라 생각했고 경찰이 몇 번

급습했다가 빈손으로 돌아가곤 했다. 사실 스크루가 자기 음악을 보다 전문적으로 알릴 방법은 찾아보면 얼마든지 있었다—지역의 힙합 유통 회사인 사우스웨스트 홀세일은 인기와 입지를 넓혀가는 휴스턴 아티스트들이 만드는 이 독립 시장에서 수익을 얻을 기회를 찾고 있었다—하지만 스크루는 전혀 효율적이지 않은 수작업 방식을 고수했다. 은행 계좌 없이 현찰로만 거래했고 친구들을 경비로 세운 채 집 앞 자동차 진입로에서 저녁 두 시간 동안만 카세트테이프를 팔았는데, 매일 밤 그의 집 주변 골목에는 차들이 꼬리에 꼬리를 물고 차례를 기다리곤 했다. 그는 늘어나는 주문량을 절대 맞출 수가 없었다. 〈텍사스 먼슬리〉 기자인 마이클 홀에 따르면, 좌불안석이었던 레코드 매장 주인들이 이런 밀매업자들에게 음반을 대량으로 사들여 되팔기 시작했다고 한다. 1998년 스크루는 마침내 공식 매장을 열었다. 사우스 파크 근처의 한 상점에 방탄유리를 설치하고 '스크루드 업 레코드'라는 간판을 걸었다. 이곳에서는 오직 스크루의 카세트테이프만 팔았다.

활동한 지 10년째가 된 시점에서 스크루는 이미 휴스턴 밖에서도 유명인사가 되어 있었다. 그가 발명한 촙트 앤드 스크루드 기법은 힙합 신에 깊이 스며들었다. 휴스턴 북부 출신 프로듀서이자 스위샤하우스 레코드의 공동 설립자인 마이클 "5000" 와트Michael "5000" Watts가 이 사운드를 적용했다. 그의 스위샤하우스 동업자인 론 COG Ron C 또한 이 사운드를 차용했다. 와트는 90년대에 인기 절정을 누린 휴스턴의 힙합 방송국 박스에서 매주 일요일 디제이를 했고, 촙트 앤드 스크루드를 더 많은 휴스턴 청취자에게 소개했다. 그즈음 독보적으로 뛰어났던 스크루 음반의 퀄리티는 조금씩 떨어지고 있었다. 그의 몸 또한 흡사 자신의 시그니처 음악의 템포를 따르는 듯 점점 비대해지며 느릿느릿해졌다. 코데인 성분이 들어간 감기 시럽, 일명 린lean에 중독된 까닭이었다.

린은 이제 래퍼 하면 떠오르는 마약이 되었는데 일부는 휴스턴 신의 이색적 특징 때문이고—교외 마당의 그릴, 바퀴 같은 고속도로, 마약 시럽의 미학—일부는 릴 웨인처럼 유명한 그 약의 추종자들 때문이기도 하다. 하지만 마약이란 원래 사용 인구의 특징과 상관없이 어느 곳에나 퍼질 수 있다. 감상적인 컨트리 블루스 아티스트인 타운스 반 잔트는 휴스턴에 휴가를 왔다가 감기 시럽과 사랑에 빠진 후, 이것을 델타 맘마Delta Momma(DM이란 말은 감기약인 로비투신의 성분이 덱스트로메토르판인 데서 나왔다)라고 불렀고 이 약의 관점에서 가사를 쓴 노래(1971년에 발매한 〈델타 맘마 블루스〉)까지 만들었다. 춥트 앤드 스크루드 힙합은 린이 주는 느낌을 그대로 모방했다고 할 수 있다—마치 이해할 필요가 없는 결론으로 서서히 흘러가는 것만 같은 현실과 분리된 감각에서 오는 자신감과 안정감을 느끼게 한다. 이 약이 선사하는 관대한 방향 상실의 감각은 휴스턴이라는 도시에 완벽하게 녹아든다. 온종일 한 번도 고속도로에서 벗어나지 않아도 될 것 같은 곳, 모든 것을 부식시킬 듯한 한낮의 뜨거운 햇살이 저녁이면 매연 섞인 현란한 일몰로 이어지다가 길고 습한 밤이 되는 이곳. 춥트 앤드 스크루드는 불순하고 부도덕해도 바로 용서받을 것 같은 휴스턴만의 독특한 무언가를 잡아낸다. 이 음악은 시럽으로 멍해진 머리로 달리는, 이 도시의 한계를 규정하는, 무한 루프처럼 벗어나지 못하는 상상 속 고속도로였다.

맹렬한 햇살이 내리꽂히는 메가 처치의 주차장에서, 부모님의 하늘색 서버번의 낡은 시트에 앉아 춉트 앤드 스크루드 사운드를 몇 소절 듣자마자 이 곡들이 탄생한 맥락을 이해하기 훨씬 전인데도 그 음악과 이 장소와 내 기분이 찰떡처럼 어울린다고 생각했다. 이 사운드는 마치 종교와도 같이 완전한 구조의 양극단을 오갔다. 원죄와 구원이 하나로 얽혀 있었다. 불안으로 잡아끌면서도 확신으로 덮어주었다. 어린 시절에 듣던 자장가처럼 불길하면서도 평온했다. 사악함은 신성한 의지와도 같음을, 더 나아가 영적으로 느껴질 수 있음을 인정하는 음악이었다. 적어도 선함을 가장하면서 악을 숨기는 것보다 훨씬 나아 보였다.

아니면 휴스턴은 나의 안전지대 안으로 이미 많이 넘어왔는지 모른다. 얼마 가지 않아 이 도시의 음악이 나의 안전한 환경에 속속 스며들었다. 우리의 문화생활에조차 토지사용제한 따위는 없었다. 내가 처음으로 엉덩이를 격렬하게 흔드는 트월킹을 배운 건 열세 살 때 갔던 치어리딩 캠프로, 그곳에서 우리는 옆이 길게 파여 속옷이 보일락 말락 하는 남색 스커트를 맞추기 위해 치수를 쟀다. 풋볼 게임에 갈 때는 반드시 그 미니스커트를 입어야 했는데, 우리는 그 짧은 옷을 입고 절제를 강조하는 기독교 학교에 갔다. 캠프에서는 연습 중에 다치지 않도록 지켜달라고 예수님께 기도했고, 그런 다음 서로의 몸을 30미터 위로 던져댔다. 남부 랩이 뜨고 있었다. 수업이 끝나면 서로의 방에 놀러가서 춤을 추고 아웃캐스트를 듣고 넬리를 듣고 루다크리스와 티아이를 들었다. 당시 바이러스 퍼지듯 유행하던 동작을 엉성하게 따라 했고 실력 좋은 친구들에게 박수를 쳐주었다. 우리는 여전히 일주일에 두 번씩 교회에 나갔으며 이 모든 건 얼마든지 병행 가능하다고 느껴졌다. 어떤 날 밤에는 친구들과 청년부에 가서 예수님을 찬양했고, 어떤 날 밤에는 똑같은 아이들과 십 대들을 위한 밤을 즐기고자 클럽에 갔다. 리펜타곤을 지나쳐서 웨스트하이머에 있는 주류 판매점과 스트립 클럽이 죽 늘어선 곳으로 차를 몰았고, 모든 여자애들이 미니스커트를 입고 각자의 구원을 찾는 지하 공간에 들어갔다. 가끔은 천장에서 거품 머신이 열려 우리의 싸구려 푸시업 브라를 적셨다. 처음 보는 사람들과 몸을 딱 붙이고 입을 모아 스위샤하우스의 랩들을 따라 했다.

우리는 프렌치 키스도 위험하다고 배운 십 대들이었다. 백인 부유층 기독교의 영역이 아닌 것은 무엇이든 음침하고 삐뚤어졌다고 했다. 그러나 내가 볼 때 가장 타락한 건 교회 같았다. 우리에게 금지된 것들이야말로 진실하고 깨끗하게 느껴지기 시작했다. 처음 감기 시럽을 맛본 건 대학생 언니 오빠들이 방학을 맞아 고향으로 돌아왔던 어느 더운 여름날 밤이었다. 나는 커다란 스티로폼 컵에 얼음과 술과 스프라이트를 넣고 시럽을 섞었다. 얼마 지나지 않아 친구 집에 있는 수영장에 들어가 엉덩이까지 오는 물을 헤치며 천천히 걸었다. 듣기만 하면 마음이 말랑말랑해지던 〈오버나이트 셀러브리티Overnight Celebrity〉가 흐르고 있었다. 미리 벤 아리는 부드러운 소울 음악을 바이올린으로 연주하고 트위스타는 경매사처럼 속사포 같은 랩을 쏟아내고 있었다. 갑자기 그 노래들이 영원히 끝나지 않을 것 같았다—마치 일요일의 템포처럼 느려졌고, 나를 들어 옮길 수 있을 만큼 무거워졌다. 물은 내 손으로 쥘 수 있을 것 같았다. 하늘은 방대하게 끝없이 뻗었고, 벨벳처럼 그윽했다. 위를 올려다보니 휴스턴의 하늘이 늘 그렇듯 공해는 저 너머의 별을 가렸다. 그 순간, 어린 시절만큼이나 내가 축복받은 존재라고 느꼈다.

*

　지금은 제도적 종교와 멀어진 지 아주 오랜 시간이 흘렀다. 이 시점에서 나는 내 인생의 첫 15년 동안 쌓아올린 것을 나머지 15년간 허물어뜨리는 중이다. 하지만 나는 내가 자란 방식에 언제나 기쁨을 느낀다. 리펜타곤에서 받은 특훈 때문에 나는 어떤 기이하고 편협하고 극단적인 환경에서도 그다지 불편해하지 않고 적응할 수 있는데 이건 그 무엇과도 바꾸고 싶지 않은 살아남기 기술이다. 그리고 기독교는 나의 내면 깊이 자리한 본능을 형성했다. 가장 좌파적인 관점에서 세상을 보게 되었다. 가난한 사람, 투옥당한 사람, 아픈 사람 편에 서는 지도자라면 무조건 지지해야 할 것 같은 욕구를 느낀다. 수년간 기도하면서 나의 행동을 단속한 덕분에 일상생활에서 도덕성에 집착한다. 기독교 신학을 접하며 내가 위태로운 환경에서 자랐다고 생각할 수도 있게 되었다. 그래서 나는 무엇이 진정 선한 행동인지, 스스로 파고들어 기준을 정할 수 있었다.

　실상 이러한 신앙적 유산이야말로 내가 제도적 종교를 떠난 주된 원인이었다. 나는 큰 텐트와도 같은 남부 복음주의와 점점 내 안에서 크게 자라던 정치적 신념을 화해시키려는 노력을 더는 하고 싶지 않았다. 복음주의 교회가 지긋지긋했는데 이들은 백인 부유층 기독교인들에게 부는 일종의 기름 부음이라고, 백인들은 진정으로 다른 인종보다 더 귀하다는 믿음을 갖도록 가르치고 있었다—물론 이들은 예의 바르게, 다양한 교회에 넉넉한 연말 기부금을 내면서 이런 신념을 가진다(이 교리에 따르면, 일반적으로 텍사스에서는 빈부 격차 또한 신의 계획이나 의도처럼 설정된다. 만약 당신이 가난하다면 그것은 불운한 일이다. 신이 그렇게 명했기 때문이다). 우리 학교 학생들은 백인들의 세상이라는 보호막 속에서만 살면서 "멕시칸"이나 "블랙" 같은 단어는 마치 비방이나 욕이라도 되는 듯 본능적으로 작은 목소리로 속삭였다. 나는 복음서가 끊임없이 부의 재분배를 가르치고 있다고 생각했다―세례 요한은 누가복음에서 이렇게 명한다. "대답하여 이르되 옷 두 벌 있는 자는 옷 없는 자에게 나눠줄 것이요." 성경에 이런 구절은 수없이 많다―그러나 내 주위의 모든 사람은 세금은 무조건 낮아야 하고 전쟁은 정당하다고 믿는 듯했다. 죄에 대한 두려움이 만들어내고 영구화하는 것이 있었으니, 순결 성교육이었다. 이 순결 성교육을 받은 부유한 집안 아이들은 낙태를 하게 되고, 가난한 소녀의 아기들은 오직 태어날 때까지만 사랑받고 지원받다가 그 후에는 아무도 관심을 주지 않는다. 사람들은 언제나 기쁨이 넘치고 행복해 보이고 서로에게 친절했지만, 그 밑에는 치사하고 잔인한 면모들이 도사리고 있었다(우리 교회에서 오래 사역한 어느 목사는 2015년 트랜스젠더가 자신의 성 정체성에 맞는 화장실을 이용할 권리를 부여하는 휴스턴 평등권 조례가 "기만적이고 생명에 위협을 가하는" 법이라고 반대의 목소리를 높였다. 이 목사는 2018년 중간 선거 이후 "민주당은 기본적으로 신이 없는 종교를 믿는다"고 말하기도 했다. 2019년 〈휴스턴 크로니클〉은 지난 20년 동안 남부 침례교단에서 발생한 총 700건의 성폭행 사건을 조사하고 특집 기사를 썼다. 이 기사에서 우리 교회의 대표 목사들이 결국 법원까지 간 두 건의 성추행 사건을 어떻게 다루었는지가 밝혀져 큰 비난을 받았다. 한 건은 2010년 젊은 목사와 관련되었고 다른 한 건은 1994년 청년부 음악 감독을 맡았던 계약직 남성이 저질렀다. 이와 무관하게 작성된 1992년의 어느 진술서에서는 당시 남부 침례교 협회의 협회장이었던 우리 교회 담임 목사가 콘로의 한 교회에서 청년부 목사로 일하던 아동 성추행 범죄자에 대한 재판에서 증언해달라는 요청을 받았으나 거부한 사실이 적혀 있다. 그는 자신이 회장이지만 남부 침례교 협회에 가입된 교회에 권력을 행사할 수 없으며, 각 교회는 자립적으로 운영된다고 말했다. 그는 "다른 교회의 교인이 교인에게 저지른 성범죄를 어떻게 다룰지에 대해 의견을 갖고 있지 않다"고 덧붙였고, 이 주제에 대해 증언을 하면 "현재 그레이터 휴스턴 전역에서 방송되는 그의 텔레비전 사역에 부정적인 영향을 미칠 것이라"고도 말했다).

2000년대 초반 10년간 텍사스는 보수 기독교 우파 성향이 정치와 문화를 장악하고 있었다. 조지 W. 부시는 사랑받았고 애국자법Patriot Act*은 그를 영웅으로 만들었다. 이라크에서는 대량 살상이 일어났다. 신앙을 사람들 앞에서 전시하면서 종종 자신들의 우월성과 지배력을 강조하는 경우도 많았다. 어떤 해에는 몇 달에 한 번씩 크리스천 보디빌더 그룹이 교회로 와서 전화번호부를 찢는 퍼포먼스를 하면서, 이것이 바로 우리가 예수님께 받은 힘과 능력이라고 했다. 핼러윈에는 교회에서 흥가 콘셉트의 "심판의 집"이라는 연극을 상영했다. 주인공은 파티에서 맥주를 마시고 계속 죄를 저지르다 지옥으로 떨어진다는 내용이었다.

이런 한심한 연극에 정을 떼기는 쉬웠다. 그래도 나는 이후로도 얼마간 신앙 자체에 대한 강렬한 허기를 갖고 있었다. 고등학생 때부터 대학 신입생까지 대략 5년 동안 관심을 내면으로 돌려서 내

---

* 9·11 직후 테러 및 범죄 수사에 관한 수사의 편의를 위하여 시민의 자유권을 제약할 수 있도록 새로 제정된 미국 법률이다. 2001년 10월에 성립한 후 2015년 6월에 폐지되었다.

안에 나만의 교회를 지으려고, 신앙을 더 압도적이고 순수한 것에 다가가게 하는 무언가로서 이해해보려고 노력했다. 신앙 일기를 쓰며 강렬하고 들쑥날쑥하게 순간적으로 왔다 사라지는 영적인 갈망을 기록해보았다. 아직은 내 안에 살아 있는 이 믿음을 잃지 않게 해달라고 애원했다. 어떤 종류의 연극도 하지 않도록 도와주세요. 나는 내 신앙과 일치되는 삶을 살고 싶다고, 자만심을 줄이고 싶다고, 더 나은 사람이 되지 못해 죄송하다고, 생명을 주셔서 감사하다고 하나님에게 기도했다. "하나님의 목적에서 즐거움을 얻는 것과 내가 기쁨을 얻는 것에서 하나님의 목적을 찾는 것 사이에 선을 긋는 것이 어렵다." 술을 마시는 것이 근본적으로 잘못되었는지 아닌지를 이해하려고 애쓰던 시점에 나는 이렇게 썼다(우리 고등학교에서는 그 사람 자체의 성향이나 판단에 따른 행동으로, 이를테면 파티를 하거나 게이이거나 임신을 했다는 이유로 퇴학을 당할 수 있었다). 나는 내 삶을 구성하는 양극단 사이에 서서 그것으로 이끄는 두 줄을 꼭 잡은 다음 내가 더는 느낄 수 없는 것을 어떻게든 느끼려고 해보았다. 마침내 나도 모르는 사이, 한쪽 끈을 스르르 놓았다.

내가 나의 종교를 서서히 내려놓던 시기, 가장 기이하면서도 가장 수긍이 가고 가장 문학적인 작품을 쓴 기독교 작가인 C.S. 루이스의 책을 닥치는 대로 읽었다. 《천국과 지옥의 이혼》에서는 지옥을 황폐하고 회색빛이고 흐릿한, 아무 일도 일어나지 않는 마을로 묘사한다. 공상과학 소설인 《페렐란드라》에서 화자인 루이스는 외계의 영혼을 만나 그의 색깔에 이름을 붙일 수 없다고 말한다. "파란색일까? 아니면 황금색, 보라색, 빨간색? 그 어떤 색깔도 아니었다. 어떤 시각적인 경험을 하고 나서 돌아서자마자 어떤 색이었는지 기억할 수 없다니. 이 얼마나 기이한 일인가." 루이스의 이야기는 계속 이어진다. 언어학자 랜섬 박사는 금성(페렐란드라)으로 여행을 가고, 압도적으로 아름다운 행성을 경험한다. 루이스는 이렇게 묘사한다. "과도한 쾌락이라는 이상한 느낌이 찾아왔지만, 이 감각은 그가 모든 감각을 한꺼번에 느끼는 도중에 전달되었다. 내가 '과도한'이라는 단어를 쓴 이유는 오직 랜섬만이 페렐란드라에서 보낸 첫 며칠을 묘사할 수 있기 때문인데 그는 쾌락을 느끼면서도 죄의식이 조금도 없었다는 점에 놀랐다."

내가 가장 즐겨 읽은 책은 역시 《스크루테이프의 편지》로, 경험 많은 고참 악마 스크루테이프가 자신의 조카이자 풋내기 악마인 '주니어 유혹자' 웜우드에게 인간을 미혹에 빠뜨리는 방법을 가르쳐주는 내용이다. 스크루테이프는 웜우드에게 상기시킨다. "지옥으로 가는 가장 안전한 길은 천천히 가는 길이란다. 완만한 내리막길, 발밑의 부드러운 땅이 있지. 갑작스러운 갈림길도 나오지 않고 이정표도 없고 표지판도 없단다." 처음 그 문장을 읽었을 때 누가 내 손금을 읽어주는 줄 알았다. 책 제목에 들어간 스크루screw라는 단어도 우연히 그 당시 나를 사로잡은 대상(스크루의 음악)과 이름이 같았고, 그래서 더욱더 나를 미혹의 길로 빠지게 한 것들과 나의 관계를 암시하는 듯했다. 사람을 지옥으로 이끄는 평범한 유혹은, 나의 경우에는 약물과 음악이었다. 내가 따라간 길은 사실 완만하고 부드러웠으나 내가 굳이 이정표를 원한다면 그것이 된 사건이 있었다고 말할 수도 있다. 너무 단순화하고 싶지는 않지만, 처음 엑스터시를 했던 그해에 나는 신을 믿지 않기로 했다.

나 이전의 많은 이들처럼 나 또한 종교와 마약이 비슷한 이유에서 매혹적이라는 사실을 알게 되었다(나는 고등학교 3학년 때 하나님에게 이렇게 기도하곤 했다. 하나님 아버지, 당신은 내가 완전히 내려놓기를 바라십니다). 종교와 마약 둘 다 초월로 향하는 길을 제공한다. 현실을 뛰어넘는 황홀감과 용서의 세계로 초대하며, 매우 실제적인 느낌 속으로 빠뜨린다. "엑스터시"라는 단어는 어원상으로는 그리스어의 엑스타시스_ekstasis_에서 왔는데 'ek'는 "바깥"이라는 뜻이고 'stasis'는 "서다"이다. 즉 쾌락 또는 기쁨에 도취한 상태로 황홀에 빠진다는 건 당신이 몸 바깥에 서 있다는 뜻이며 이는 수많은 길로 인도해줄 수 있는, 아주 근사한 기분이다. 《스크루테이프의 편지》에서 악마는 조카에게 말한다. "가장 중요한 게 무엇인지 아느냐. 그 환자에게 주어진 조건이나 현재 마음 상태에서 어떤 특정한 순간에 적, 즉 우리 가까이에 오도록 하는 것이다."

다시 말하면, 원인보다는 결과가 더 중요하다는 뜻이다. 중요한 것은 그 일 자체가 아니라 그 일이 당신을 신으로 이끌었느냐, 저주로 이끌었느냐의 문제다. 악마는 묻는다. 네가 성스럽게, 축복받은 것처럼 느끼게 하는 조건이 뭐지? 나에게는 이 미적분이 믿기지 않았다. 나는 기독교 신앙 속에서 황홀감에 과도하게 도취하곤 했었다. 그러니까 금요일 오후에 햇살이 모든 것을 반투명하게 만드는 길을 멀쩡하게 걸어오면서 쾌락에 가까운 행복감에 젖어들고는 했다. 스크루테이프의 용어로 말하자면, 신처럼 느껴지는 그 모든 것이 나를 더는 크리스천으로 살지 못하게 했다. 교회보다는 마약이 더 선처럼 느껴졌고, 마약보다는 교회가 더 악처럼 느껴졌다.

영어로 글을 쓴 최초의 여성이라고 알려진 이는 기독교 신비주의자로 14세기 영국에 살던 은둔 수도자인 '노리치의 줄리안'이다. 그녀가 런던에서 100마일 떨어진 노리치에 있는 성 줄리안 교회를 다녔기에 이 이름이 붙여졌다는 설이 많다. 줄리안은 서른 살에 심한 병을 앓았는데, 이때 하나님의 환상을 열여섯 번 체험했고 이 경험과 자신의 견해를 《계시》에 기록했다. "하나님이 그다음에 나타나셨을 때, 나의 영혼은 지극한 영적 쾌감으로 채워졌다. 이 기쁨 안에 있으면 나는 영원한 확신으로 가득했다. (…) 이 느낌은 너무 즐겁고 너무 선해서 나는 완전한 평화, 안락, 휴식에 젖어들고 이 세상의 어떤 것도 나를 해칠 수 없을 것만 같다." 그런데 이렇게 고도의 흥분 상태였다가도 곧바로 가라앉고는 한다. "이 황홀감은 오직 몇 분간 이어질 뿐이며 내 기분은 역전된다. 나는 박해받는 것만 같고, 나 자신이 피곤하고, 내 인생이 너무 역겨워 도무지 살고 싶지가 않다."

이런 종류의 경험은 인간 공통의 경험이라 할 수 있으며 시대와 이유를 초월해 기본적으로 동일한 문장과 표현으로 기록되고는 한다. 1960년대 영국의 생물학자 알리스터 하디 경은 줄리안의 감정과 정확히 일치한다고 할 수 있는 수천 개의 이야기를 수집해 아카이브를 만들기도 했다.

어느 날 밤, 나는 부산한 글래스고 거리를 품위를 지키려 노력하며 천천히 걷고 있었다. 행인들이 한시바삐 목적지로 향하고, 차들이 경적을 울리며 서로를 앞지르려고 하던 거리 한구석에서, 갑자기 천상의 음악이 흐르더니 햇살이 모든 광경을 감싸 안았다. 햇살은 알록달록한 빛깔로 몸체를 바꾸면서 가로등이 들어오기 시작하는 거리를 한층 밝게 물들였고, 나는 기묘한 평화와 환희 속에 나를 맡긴 채 한동안 가

만히 서 있었다.

하디의 아카이브는 엄밀히 따지면 종교적 체험의 개요서라고 할 수 있다. 인터넷 매거진 〈에온Aeon〉에서 줄스 에반스는 이 자료를 "크라우드소싱 성경"이라고 부르기도 했다. 하지만 이 자료에 실린 종교적 황홀감에 관한 글들은 마약성 화학물질의 작용에 대한 정보를 제공하는 북부 캘리포니아 기반의 비영리 교육 사이트 〈에로위드Erowid〉에 올라오는 향정신성 약물 체험기 중에서도 쉽게 찾아볼 수 있는 문장들이기도 한다. 매년 수천만 명이 방문하는 이 사이트에는 2만 4,000건 이상의 마약 체험과 관련된 증언이 올라와 있다. 물론 고백의 상세한 내용은 조금씩 다르다고 할 수 있지만 황홀 체험, 즉 당신을 몸의 외부에 서게 하는 느낌은 상당히 비슷하고 일관된 방식으로 기술된다. 〈에로위드〉에 실린, 어느 십 대 소년이 지하실에서 몰리를 한 이야기는 엑스터시가 치료 목적으로 사용되었던 1970년대 중반부터 1980년대 중반에 전문가가 실행한 약물 실험 기록과도 크게 다르지 않다.

이 시기에 엑스터시는 아담이라는 별칭으로 불렸는데, 사용자들에게 마치 천국에 다녀온 듯한 순수한 느낌을 유도하기 때문이었다. 1985년에 나온 책《심장으로 가는 관문Through the Gateway of the Heart》에는 이 "아담 요법"에 대한 기록이 실려 있다. 어느 성폭행 생존자는 엑스터시를 복용하고 이렇게 느낀다. "굉장히 특별한 존재 감각이었다. 나를 둘러싼 색깔들이 공명하고 변화하며, 내 세계는 공포에 휩싸이거나 수축하기보다는 광활하게 확장된다. 찬란한 오라가 나를 감싼다. 나라는 사람의 정신은 고양되고 심장은 커진다.

육체적으로는 피곤했지만 사랑으로 가득하고 내면 깊은 곳에서부터 솟구치는 평화를 느꼈다." 또 한 사람은 쓴다. "나는 우리와 함께 거주하시는 성령의 편히 쉬는 집이 되어가고 있다고 느낀다. 이 영은 내 눈이 볼 수 있는 것을 뛰어넘어 아름다움, 완벽한 비율과 조화를 보게 될 것이다. 나는 언제나 신을 의식할 수 있는 신의 완벽한 신전이 되려고 한다." 또 다른 글에서는 약물이 종교적인 체험이 되는 방식을 이렇게 묘사하기도 한다. "내 몸 안으로 하나님을 초대하고 그분에게 복종한다."

이제 대체로 '몰리'로 불리는 이 엑스터시는 엠파토겐empathogen 또는 엔탁토겐entactogen이다. 80년대에 이 유기화합물이 일으키는 사랑과 공감empathy, 혹은 "내면과의 연결"을 묘사하기 위해 사용된 이름이다. 정식 명칭은 메틸렌디옥시 메스암페타민3,4-methylenedioxy methamphetamine으로, 줄여서 MDMA로 불린다. 이 약물은 세로토닌의 재흡수를 억제하고, 이 세로토닌과 도파민의 분비를 촉진시킨다(첫 번째 메커니즘은 여러 항우울제에서 찾을 수 있다. 선택적 세로토닌 재흡수 억제제SSRI는 두뇌에 세로토닌 활성을 증가시킨다). 엑스터시는 1912년 독일의 제약회사 머크Merck가 비정상적인 출혈에 대한 치료제를 찾는 과정에서 만들어졌다. 50년대에 미 육군 화학부대Army Chemical Crops가 동물을 대상으로 실험했고, 60년대에는 구조적으로 비슷한 약물인 MDA3, 4-methylene-dioxy-amphetamine가 "사랑의 마약"이라는 이름으로 유행했다. 70년대에는 몇몇 과학자가—이 약에 아담이라는 이름을 붙인 레오 제프Leo Zeff를 포함해—이 약물을 직접 시도했고, 암암리에 MDMA로 정신과 치료를 하는 의사들의 네트워크가 점점 커지기도 했다. 1978년 알렉산더 슐긴과 데이비드 니콜스가 인간을 대상으로 첫 엑스터시 실험을 한 논문을 발표해 이 약물의 잠재적 치료 효과를 제시했다.

화학약품으로 얻을 수 있는 황홀감—이를 엠파토제네시스 empathogenesis라 한다—은 단계마다 다르게 일어난다. 약물을 섭취한 사람은 처음에는 자기 자신에게 관심을 집중하면서 수줍음과 소극성을 벗어버린다. 그다음 단계에선 다른 사람의 감정을 인식하고 소중히 여긴다. 마지막으로, 자신의 웰빙이 자신이 속한 집단의 웰빙과 서로 깊이 관련되어 있다고 느낀다. 정신과 의사 줄리 홀랜드는 엑스터시에 대한 임상실험 보고에서 이렇게 기록한다. "대부분의 사람들 안에 도사리고 있는 두려움을 완전히 제거한다." 대인관계와 관련하여 비정상적으로 높은 희열감을 일으키는 다른 약물—머시룸이나 애시드—과 다른 점은 엑스터시는 그 순간 일어나는 일에 관해 사용자를 혼란스럽게 하지 않는다는 점이다. 당신은 그 경험에 대한 통제감을 유지할 수 있다. 자아 인식과 기본적인 현실 감각은 변하지 않는다. 엑스터시가 제공하는 구원의 감각은 현실에 기반을 두고 있기에 구름 속에 둥둥 떠다니는 듯한 상태를 전달하는 환각제의 황홀감보다는 조금 더 오래가기 때문이기도 하다. 연구자이자 심리 상담가이며 알렉산더 슐긴의 아내인 앤 슐긴은 이 약을 "영혼을 위한 페니실린"이라고 칭하기도 했다. 엑스터시는 어떤 사람이 평생을 질질 끌고 다닌 심리적 부담을 완전히 벗어버렸을 때 될 수 있는 최고 버전의 자신인 것처럼 느끼게 한다.

과학자와 의사들이 이 약물의 치료 효과를 연구하고 기록하는 작업을 하고 있을 때 규제 당국은 엑스터시를 불법 약물로 만들고자 노력하고 있었다. 50년대에 합법적인 MDA 실험에 참여했

던 한 참가자가 450밀리그램의 약물을 주입받은 후 사망하는 사고
가 일어났다. 1977년부터 1981년까지 최소 여덟 명이 MDMA를 복
용한 후 사망했다(맥락상 말하자면, 미국에서 과도한 음주로 매년 9만 명
이 사망하고 흡연으로 50만 명이 사망한다. 엑스터시는 가벼운 약물은 아
니지만, 만약 합법이었다고 해도 담배나 알코올에 비하면 사망률은 현격히
낮았을 것이다). 1985년 미국 마약단속국은 엑스터시를 금지 약물
로 지정하고 1년 동안 긴급조치를 내렸다. 연구자들은 항의했다.
금지 기간이 끝나기 직전인 1986년, 마약단속국 소속의 어느 판사
는 MDMA를 스케줄3 항목에 포함해야 한다고 주장했다. 이 항목에
는 의학적 사용이 인정되고 남용과 중독의 잠재력이 보통 정도 되
는 약물이 포함되며 테스토스테론이나 케타민 그리고 스테로이드
등이 여기 속한다. 그의 의견은 기각되었다. MDMA는 스케줄1, 남
용의 잠재력이 높고 의료적 목적으로 사용될 수 없으며 절대로 금
지해야 할 약물 항목에 포함되었다. 헤로인이 이 항목에 있고, 목욕
소금을 포함해서 조건에 딱히 맞지 않는 LSD와 마리화나도 여기 속
한다.

그즈음 한 마약상은 이 화합물에 엑스터시라는 새 이름을 붙였
다. 브루스 아이즈너가 1989년에 쓴 MDMA의 역사를 다룬 책에서
익명으로 등장한 이 사람은—내가 볼 때는 너무 깔끔하고 의도적인
문장이라 직접 했다는 설명이 의심스럽지만—이렇게 말했다고 한
다. "엑스터시라는 이름이 붙은 데에는 이유가 있다. 이것이 공감이
라는 이름의 약보다 더 잘 팔릴 것이기 때문이다. 물론 공감보다 적
절한 이름은 없겠지만, 그것이 무슨 의미인지 아는 사람이 얼마나
될까?" 1990년대 이 마약은 국경을 뛰어넘으며 선풍적으로 유행했

고 수많은 사람이 열광했다. 어마어마한 분량이 미쓰비시 로고가 붙은 상자에 담겨 뉴욕시로 배달되었다. 20세기 말에 마약단속국은 매주 200만 회분의 엑스터시가 미국으로 들어온다고 발표했다. 이 약은 대학생이던 내가 처음으로 시도했을 때도 엑스터시로 불리고 있었다. 관중 250명이 모인 디제이 걸 톡의 콘서트가 시작되기 직전이었다. 2011년 평화봉사단을 마치고 돌아오니 엑스터시는 몰리라는 이름으로 바뀌어 있었다. 이 약은 다시 한번 가장 대중적인 마약이 되었고 10년 동안 전국 곳곳에서 열린 대형 음악 페스티벌의 중추 역할을 했다고도 할 수 있다. 특별한 행사에서도 평범한 일상에서도 하는 약이었다.

엑스터시의 위험성에 관한 이야기들은 주로 도시 전설에서 나온다. 예를 들어 엑스터시가 척추를 젤리처럼 흐물흐물하게 만든다는 오래된 루머는 80년대 임상 실험에서 환자들에게 요추 천자를 실시했던 데서 나왔다. 두뇌에 구멍을 만든다는 이야기는 1989년 〈뉴욕타임스〉의 기사에서 한 연구자가 엑스터시에 노출된 동물들의 두뇌 손상을 언급하면서 퍼졌다(또한 마약을 많이 한 사람들은 두뇌에 구멍이 뚫린 것처럼 느끼는데 이 때문에 나온 말일 수도 있다). 사실 엑스터시가 위험하게 된 건 마약상들이 만드는 저질품들 때문이다— 한동안 뉴욕 근방에서 너무나 독한 싸구려 몰리가 공급되면서 1년 동안 쳐다보지 않은 적도 있다—게다가 예방조치를 취하지 않은 상태에서 약물을 과다 투여하면 언제나 위험이 따를 수밖에 없다. 또한 엑스터시의 마법은 처음에는 강하지만 반복되면 점점 약해진다는 것도 기록된 사실이다. 내 이야기를 하자면, 처음보다 매우 조심스럽게 사용하는 쪽으로 바뀌었다. 황홀감에 도취된 상태가 안 그래도 점점 내게서 사라지고 있는, 아무런 자극 없이도 순수한 행복감을 느끼는 능력을 무디게 할까 봐 두려워서다. 그리고 "그 상태" 이후에 이따금 찾아오는 우울한 기분이 내 생활에 오래도록 부정적인 영향을 미칠까 봐 두렵기도 하다.

하지만 여전히 그때마다 나는 성스러운 기분을 느낀다. 치유된 것 같은, 종교적인 느낌을 받는다. 이는 위험할 정도로 대담한 기분을 만들어주기도 한다. 대체 무엇이 다를까? 당신의 세계는 일렁이는 파도의 아름다운 떨림처럼 재구성된다. 당신의 영혼은 눈부시고, 섬세해지고, 한계라고는 없어진다. 당신은 스스로 고갈되는 느낌 없이 사랑하는 모든 사람에게 자기의 가장 좋은 부분을 내줄 수 있음을 이해한다. 이것이 바로 스테인드글라스의 다이아몬드 같은 빛이 내 주변에 무릎을 꿇은 신도들의 살갗에 떠다니는 어두운 예배당에서 예수님의 자녀가 느끼는 기분이 아닌가. 이것이 바로 거의 헐벗은 스물두 살의 내가 몸에는 낮의 온기를 머금고 바람에 머리를 나부끼면서 내 앞에 영원히 펼쳐진 것만 같은 분홍빛 노을을 바라볼 때 느꼈던 기분이 아니었나. 나는 여기 오기 위해 살아왔어. 나는 타락했고 미미하지. 나는 측량할 수 없는 존재이기도 해. 그래도 구원을 받지 못하지는 않을 거야. 열일곱 살 때 친구 방에서 처음 엑스터시를 하고 끈적끈적한 밤거리로 미끄러지듯 걸어 나갔을 때, 나는 내 몸의 무게를 전혀 실감하지 못했다. 마치 교회에서 처음 배웠던 그 진실로 다시 돌아간 것 같았다. 즉 무슨 일이든 일어날 수 있고, 무슨 일이 생기건 간에 내 안에 혹은 내 밖에 있는 그분의 은혜가 나를 끌어내줄 것이다. 계시의 본질은, 다시 경험하지 않아도 된다는 것이다. 내가 원하는 한, 내 앞에 드러난 사실을 믿을 필요도 없다. 70년대에 과학자들은 MDMA 치료가 개별적이며 몇 번 안에는 끝날 것이라 말했다—그들 표현에 따르면, 일단 메시지를 받고 나서 전화를 끊어도 되는 것과 같다. 그러니 일단 한번 들어보는 것이 좋으리라. 전화를 받은 다음부터 당신은 변할 테니까.

과학자들은 종교 또한 그렇다고 말하지 않았다. 하지만 그렇게 말했어야 한다.

*

"처음 읽을 땐 전혀 영적으로 보이지 않는 시로, 영혼의 문제에 관한 에세이를 시작하면 어떨까?" 앤 카슨은 2005년에 쓴 책 《탈창조Decreation》의 타이틀 에세이에 이렇게 적었다. 그녀가 언급한 시는 기원전 580년에 절벽에서 투신해 죽었다고 알려진 그리스 시인 사포Sappho가 썼다. 사포는 뱃사공 파온에 대한 사랑 때문에 이런 결정을 했다고 하지만, 아마도 사포적Sapphic●인 이유로 사실이 아닐 확률이 높다. 카슨은 《탈창조》에서 사포를 1310년에 화형당한 프랑스 기독교 신비주의자 마르게리트 포레트와 연결하고, 2차 세계 대전 중 나치 독일이 점령한 프랑스 지방에서 노동 운동을 하다 1943년에 기아로 사망한 프랑스 사상가 시몬 베유와 연결했다. 이 책에서 고찰하는 영혼의 문제는 모든 종교적 전통에서 찾을 수 있는 신비주의로, 신비주의자들은 황홀한 의식이라는 상태에 도달하면서

●　이 단어는 여성의 동성애를 가리키기도 한다. 애초에 레즈비언lesbian은 사포가 살던 섬 레스보스에서 유래했다.

신과의 완전한 합일을 꿈꾸었다.

카슨은 먼저 사포의 시 〈파편 31Fragment 31〉*을 소개하는데, 시
인은 남자 옆에서 미소를 보내고 있는 여성을 바라보는 중이다. 사
포는 이 여성을 바라보는 자신의 감정을 묘사하면서 자신이 왜 아
무 말도 할 수 없었는지 이야기한다. "뜨거운 불길에 휩싸여, 내 눈
에는 아무것도 보이지 않고 내 귀는 둥둥 울리네."

　　땀이 비 오듯 쏟아지고 몸이 떨리네

　　나는 잔디보다 더 초록색으로 진해져

　　죽을 것만 같아

　　거의 그런 것 같아

〈파편 31〉은 사포의 작품 중 가장 긴 시로, 롱기누스의 1세기
문학 비평인 《숭고론On the Sublime》에 실리면서 보존되었다. 17세기
에 존 홀은 〈파편 31〉을 처음으로 영어로 옮겼는데, 위의 "잔디보다
더 초록색으로 진해져"란 행을 "시들어가는 꽃처럼 나는 지네"로
번역했다. 1925년 에드윈 콕스는 이 절을 "가을의 잔디보다 창백
한"으로 번역했다. 1958년 윌리엄 카를로스 윌리엄스는 "잔디보다
창백한"으로 번역했다.

여기서 각각 다르게 번역한 그리스어의 원문은 '클로로스
chloros'로 '클로로필chlorophyll'이라는 단어의 어근이다. 클로로필은

●　　이 시는 보통 남자와 사랑에 빠진 여성을 그녀를 사랑하는 화자가 바라보며
　　가슴 아파하는 장면이라고 해석된다.

옅은 연녹색으로 봄의 새싹 색깔을 의미한다. 화자가 이 색깔의 질 감을 강조하기에 번역가는 쉽게 그녀가 점점 옅어지고, 시들어간 다고 상상할 수 있다. 요한계시록 6장 8절의 "내가 보매 창백한 말 이 나타나더라"에서 이 '창백한'의 원문이 '클로로스'이기도 하다. 그러나 카슨은 놀랍게도 위의 해석들과는 반대로 나아간다. 이 시 의 화자는 사랑하는 여인을 바라보면서 초록색으로 푸르러지고, 그 행은 점점 "황홀감"의 원뜻에 가까워진다. 사포는 자기 자신 밖으 로 나간다. 유체 이탈한다. 그리고 자기 자신을 관찰한다. 지극한 사 랑에 빠진 그녀는 육체를 포기하고 이렇게 자신을 버리면서 감정을 극대화한다. 잔디는 점점 더 진한 녹색으로 자란다. 자기 자신을 제 거하면서 감정의 밀도는 더 짙어진다고 표현한다.

그로부터 17세기 후 마르게리트 포레트는 《단순한 영혼의 거 울The Mirror Of Simple Soul》이라는 책에서 인간의 영혼이 신과의 완전 한 합일을 가져오는 자발적 소멸의 상태, 즉 황홀감(엑스터시)으로 가는 과정을 기록한다. 이 작가의 일생에 대한 기록은 남아 있지 않 지만 아마도 여성 평신도들의 종교시설인 베긴회 회원이었던 것으 로 보인다. 카슨은 그녀에 대해 이렇게 쓴다. "그녀는 자신의 인간 적 자아의 근원이 그녀 자유 의지에 있다는 사실을 이해했다." 이 자유 의지는 "하나님으로부터 왔으므로 영혼은 자신의 자유 의지 를 원천인 하나님께 다시 돌려드려야 한다"고 믿는다. 포레트도 종 교적 헌신이란 자아를 완전히 포기하는 일임을 강조한다. 사포처럼 사랑의 추구가 "완전한 비움이며, 그것은 완전한 채움이다"라고 말 한다. 자기 자신을 무無의 상태로 놓는 것을 에로틱하게 묘사하기도 한다. "영혼은 신으로 들어갈 때는 모든 것을 깨닫고 있으면서도 감정이 없으며, 모든 생각을 넘어선다. (…) 인간이 갈 수 있는 그 어느 곳보다 높고 그 어느 곳보다 깊고 그 어떤 인간보다도 헐벗는다." 포레트는 이 글을 근거로 이단으로 비난받으며 1년 반 동안 투옥되었다가 화형을 당했다. 너무도 담담하여 보고 있던 이들이 눈물을 흘렸다고 한다.

카슨은 마지막으로 시몬 베유의 언어를 가져온다. 시몬 베유 또한 순수한 사랑에 다가가기 위해서는 나 자신을 버려야 한다고 말한다. "우리에게 주어진 자유 중에서 이보다 더 절대적인 자유는 없다." 우리 자신을 신에게 완전히 굴복시키는 방법밖에 없다는 뜻이다. 그녀의 글은 자신을 완전히 지우려는 강박적인 갈망으로 넘친다. "완벽한 기쁨은 그 완벽한 기쁨이라는 감정마저 제거한다. 그 영혼 안에는 내가 들어갈 어떤 공간도 남아 있지 않다." 그녀는 완전히 사라지기를 꿈꾼다. "내가 완전히 사라지기를. 내가 보는 것들을 더는 내가 볼 수 없다는 사실 자체로 아름다움이 완벽해질 것이다."

물론 이 세 여성의 글은 분명히 역설이다. 사라짐의 환상을 노래하지만, 오히려 그것을 깨달은 존재는 강력한 힘과 비전으로 충만한 삶을 산다. 카슨은 이렇게 풀이한다. "이는 굉장히 복잡하고 까다로운 영혼의 문제로, 하나님의 사랑으로 가는 길에는 나를 데리고 갈 수가 없다." 작가이기 때문에 딜레마는 더해지는데, 사라지고 싶다는 욕망을 언어로 표현하는 것은 언제나 자아를 다시 한번 드러내는 일이기도 하다. 창백해지는 것이 아니라 초록으로 진해져야 한다. 포레트는 파리에서 온화한 얼굴로 화형당했다. 베유는 자신의 의지로 곡기를 끊고 명징한 정신으로 죽음을 향했다.

카슨의 책 후반부에서 시인은 베유가 병원 침대에 누워 있었다면 어땠을지 상상한다. "주변에서 환상적인 화면들이 지나갔을 것이다." 이 책에서 전한 베유의 문장이 내 팔에 소름을 돋게 하기도 했다. "나는 이런 일이 나에게 일어나지 않을까 봐 두렵다." 그녀는 오페라의 대본 뒤에 따르는 공백에서 스스로 소멸했고 자기가 세운, 헌신에 관한 철학의 논리적 종점으로 다가갔다. 이런 방식으로 황홀경(엑스터시)에 다가가는 것은 죽음으로 다가가는 것과 다르지 않다. 베유는 《중력과 은총》에서 이렇게 썼다. "그는 계속해서 그가 우리에게 준 존재를 달라고 우리를 조른다. 그는 우리에게 다시 가져가기 위해 이것을 주었다." 카슨의 세 여성이 집착한 이런 종류의 자기 소멸을 이해하기 위해서는, 인식의 한계까지 가야 한다. 즉 본능과 무의식의 장소로 가서 딱 한 번만 달성될 수 있는 완전한 자기 소멸이 무엇인지 느껴야 한다. 나는 이것이 복음주의 기독교가 휴거에 집착하는 듯 보이는 이유 중 하나가 아닐까 생각했다. 예언된 종말에 그들은 이 땅을 버리고 천국으로 올라갈 것이다. 당신이 어떤 것을 너무도 사랑하면 그것을 위해 당신 자신을 비우고 싶다는 꿈을 꾸고, 당신의 사랑이 그 일을 끝내고 싶어 했으므로 용서받을 것이다.

*

　내가 다니던 교회 캠퍼스에 어떤 식으로건 관여한 건 고등학교 졸업식이 마지막이었다. 나는 흰 꽃이 달린 선드레스를 입고 그 위에 푸른색 졸업식 가운을 걸쳤다. 워십 센터의 무대에 올라가서 밝은 조명을 한번 올려다보고, 텅 빈 발코니 좌석에 눈길을 준 다음 졸업생 대표 연설을 했다. 미리 선생님들의 허락을 받은 것과는 다른 이야기를 이어갔다. 그 내용을 자세히 기억하지는 않지만, 최소한 리펜타곤에 관한 조롱 섞인 농담을 하나 던진 것은 기억한다. 친구들은 환호했으나 졸업장을 받을 때 본 교장 선생님의 표정은 그다지 밝지 않았다. 나를 형성한 장소와 이곳에서 형성된 나 사이의 거리는 점점 커졌다. 다음 크리스마스 휴가에 대학교 방학을 맞아 돌아왔을 때, 우리 교회는 휴스턴 로키츠의 홈구장이기도 한 도요타 센터에서 성탄절 예배를 드렸다. 그날 오후 내내 나는 친구와 마약을 하면서 취해 있었고 행사 중 정신을 놓은 것 같다. 컨트리 가수인 클레이 워커가 노래하고 있었고 대형 화면에 비친 그의 얼굴이 어렴풋이 보였다. 나는 부모님에게 잠깐 나갔다 오겠다고 말하고 경기장 좌석들을 지나쳐 빠져나왔다. 밖에서는 노점상들이 팝콘과 샌드위치, 32온스 콜라를 팔고 있었다. 나는 화장실에 가서 무언가에 압도되어 눈물을 흘렸다.

내가 만약 계속 종교인으로 살았다면, 휴스턴이 아닌 곳에서 자랐다면, 지금이 아닌 다른 시기에 종교를 믿었다면 어떤 사람이 되었을지 궁금해진다. 내가 헌신적인 자기 파괴라는 이 느낌에 좀 더 매달렸다면—혹은 카슨의 세 여성처럼 고독, 기아, 글쓰기를 통해—오직 신에게서만 이 느낌을 찾으려 했다면 나라는 사람은 어떻게 달라졌을지 궁금하다. 황홀경을 이렇게 사랑하는 성향은 내가 아직도 신을 믿는다는 의미인지, 아니면 그저 이 황홀경에 대한 성향 때문에 신을 믿은 것이지 아직도 알 수 없다.

어쩌면 내가 꾸준히 마약을 했던 이유는 이로 인해 아주 어렸을 때, 불완전한 존재였을 때, 죄를 고백하고 구원을 소망했던 때를 느낄 수 있었기 때문은 아닐까. 처음 머시룸을 했을 때 나는 완벽하다고, 죄를 지었지만 용서받았다고, 그래서 누군가 내게 천국에 가야 한다고 명한 것 같은 기분이었다. 나는 모래사장을 걸었고, 유치하고도 정신병적인 헛소리인 "모래 위의 발자국"*이 내 앞에서 실현되고 있는 것만 같았다. 처음으로 애시드를 했을 때는 또다시 신을 보았다. 내 주변의 나무와 구름이 마치 모세 앞에서 불이 붙은 떨기나무처럼 이글이글 불타올랐다. 완전히 몽롱한 상태에서 냅킨에 이렇게 끼적였다. "지금 나는 하나님의 임재를 통하지 않는 그 어떤 것도 이해할 수 없다. 이러한 계시는 아마도 앞으로 영원히 다양한 형태로 받게 될 것이다."

최근에 또다시 그 경험을 했다. 이번에는 영원한 광기와 형벌과 에피파니를 상징하는 장소인 사막이었다. 백열등처럼 작열하는 태양과 무자비한 바람이 기다란 자국을 내면서 푸른 하늘을 하얗게 탈색시켰다. 나는 깊은 협곡의 언덕 꼭대기에 있는 집에서 나와 아래로 내려갔고 마침 덤불 사이를 헤매고 있을 때 약 기운이 훅 올라왔다. 그리고 생전 처음으로 시몬 베유가 경험했다는 사라짐에 대한 환상과 갈망을 느꼈다. 숨소리는 거친 메아리가 되더니 반향으로 남았다. 나는 내가 그곳에 없는 것처럼 그곳의 풍경을 보고 싶었다. 내 앞에 있는 어떤 천을 잡았고 눈앞의 모든 것이 잔물결처럼 반짝였다. 나는 소멸 바로 앞에 다가와 있었다. 그렇게 몇 시간 동안 서서 눈부신 빛의 향연과 서쪽으로 움직이는 구름을 바라보며

* 모래 속에 두 발자국이 있는데, 그중 하나는 신에 속하고 다른 하나는 자신에게 속하며 어떤 시점에서는 두 쌍의 발자국이 하나로 줄어든다는 기독교의 우화를 말한다.

회개했다. 석양 속의 하늘은 1마일 길이의 작약처럼 자욱하게 피어올랐고, 너무 낮게 드리워져 팔을 뻗으면 하늘에 닿을 것 같았다. 마치 하늘에서 하나님이 나타나 내 폐에 있는 숨을 다시 바꾸어줄 것만 같았다. 나는 울었다. 내가 알던 사랑이 내게서 떨어져 나가서 울었고, 그 사랑을 다시 만나기 위해 내가 사용한 모든 방법이 부끄러워서 울었고, 그런데도 나에게 찾아온 이 은총 때문에 죄책감을 느껴서 울었다. 겨우 집으로 나를 끌고 들어와 거울을 보았다. 눈가에는 검은색 마스카라가 번졌고 얼굴은 시뻘겋고 입술은 퉁퉁 부어 있었고, 입가에 두텁고 희끄무레한 물질이 고집스럽게 붙어 있었다. 그저 한 명의 약쟁이였다. 종이를 한 장 찾아내서 글을 쓰기 시작했는데 그때 쓴 펜의 잉크가 숨을 쉬고 있다고도 생각했다. "내 인생에서 가장 절망에 공감했던 때는 내가 하나님을 만나고 있다고 느끼던 때다."

내가 진리를 좇고 있는 것인지, 아니면 점차 줄어드는 반쪽 생에 매달리고 있는 것인지 모르겠다. 다만 황홀경을 열망하는 기질이 내 안에 있는 좋은 것들의 원천이고—즉흥성, 열정, 다정함—그리고 또한 나쁜 것들의 원천—경솔함, 공허함, 모호함—이기도 하다는 사실을 기억하려고 한다. 교회에서의 일요일은 라디오에서의 일요일과 같지 않았다. 나는 둘 중 어딘가에 속한다는 망상을 버리려 한다. 무언가를 느낀다고 해서 그 안의 재료를 느끼는 건 아니다. 호환이 가능하지 않은 두 가지를 호환시키려는 노력은 사랑이 아니다. 《계시》에서 노리치의 줄리안은 "죄는 있을 만해서behovely 있는 것이다"라고 말하는데 이 단어는 "이득이 되는" 혹은 "편의적인"으로 해석될 수도 있다. 그녀는 이렇게 쓴다. "죄를 지었다는 것은 부끄러운 일이 아니다. 천국의 축복만큼 부끄러워하지 않아야 한다. 왜냐하면 그곳에서는 그들 죄악의 휘장이 영광으로 변하기 때문이다." 하지만 책의 말미에서 그녀는 독자들에게 이렇게 경고하기도 한다. "죄와 악마에게 속박된 사람 곁에 남아서는 안 된다. 당신의 취향과 마음에 따라서 무언가를 취하고 다른 것은 떠나서는 안 된다. 그것은 이단자들이 하는 짓이다."

2000년 가을 DJ 스크루는 죽은 채로 발견되었다. 스튜디오 화장실 바닥에 옷을 입은 채로 누워 있었다. 스물아홉 살이었다. 손에는 아이스크림 포장지가 들려 있었다. 검시관은 부검 결과 그의 몸에서 코데인이 다량 검출되었다고 발표했다. 그의 혈액에는 바륨과 PCP가 흐르고, 벌건 심장은 거대하게 부풀어 있었다. 〈텍사스 먼슬리〉의 기자 마이클 홀은 그의 장례식에 참석한 후 기사를 썼다. 동네 주민들이 찬송을 부르고 래퍼들은 그 멜로디에 따라 조용히 고개를 끄덕였다. 한때는 테이프를 사기 위해 스크루의 집 앞에 길게 줄 섰던 것처럼 수많은 이들이 교회 바깥에 길게 줄 서서 그를 추모했다. 스크루가 기자들에게 어떻게 설명했건, 그가 창조한 사운드는 마약을 잔뜩 했을 때의 느낌과 아주 가까웠다. 이 모든 화합물이 몸에 서서히 흐를 때의 느낌. 어둠이 드리워진 이름 모를 어지러운 고속도로들, 이 도시의 심장과 동맥에 스민 비밀스럽고 숭고한 신성 모독, 자동차 옆을 빠르게 스쳐가는 사람들의 리듬을 그대로 모방한 음악이다.

스크루가 죽은 해에 나는 수백 명 정도 되는 아이들과 함께 버스를 타고 앨라배마로 가고 있었다. 어디인지 모르는 한적한 해변에서 우리는 단체로 침례를 받았다. 어둠 속에서 모두 양손을 들고 기도하며 눈물의 예배를 드리기도 했다. 돌아오는 길에는 버스에서 서로를 더듬었고 구원에 대해 온종일 이야기했다. 시간이 흐르고, 수련회에 같이 갔던 어느 남자애는 내 친구의 부엌에서 대마초를 피웠고 나는 달콤한 시럽에 취해 바깥에 있는 수영장으로 천천히 미끄러져 들어가 밤하늘의 별들을 올려다봤다. 이 도시 휴스턴에는 부유한 백인 거주지라는 상부 구조와 그 밑을 흐르는 검은색과 갈색 문화의 심장을 이어주는 다리인 마약, 교회, 돈이 있다. 휴스턴에는 마치 엑스터시처럼 선과 악이 끈끈하게 연결된 듯한 느낌이 있다. 그 느낌을 위해 당신은 계시를 믿지 않아도 되고, 어떤 고가 도로를, 이 산업 도시의 차갑고 무정한 풍경 위에 갑자기 등장하는 이상한 앵글을, 자동차의 희고 붉은 헤드라이트들이 만드는 길고 긴 강들을, 집과 병원과 경기장과 교회를 내려다보는 방탕한 하늘을, 마약으로, 혹은 음악으로, 혹은 성령으로 요동쳤던 피를 기억하지 않아도 된다. 이 모든 것이 마치 신기루처럼 온전하게 느껴질 테니까. 이 260제곱킬로미터의 공간 안에는 당신과 똑같은 일을 하는 사람들 수백만 명이 있다. 약간의 술이나 마약 기운 아래, 혹은 약간의 종교적 도취 기운 아래 운전을 하고 각각 자신들의 종교와 어울리는 음악을 들으며 신성한 일요일을 지킨다. 시몬 베유는 이렇게 썼다. "우리 삶은 불가능이며 부조리이다. 우리가 원하는 모든 것은 그에 따른 조건과 결과에 모순된다. (…) 왜냐하면 우리 자체가 모순이기 때문이다. 우리는 신이면서 영원히 신 외의 다른 것이다."

6장

일곱 가지 사기로 본 이 세대의 이야기

Trick Mirror

빌리 맥팔랜드Billy McFarland가 처음 사기를 친 건 스물두 살 때였다. 그는 1991년생으로, 부동산 개발자인 부모님 밑에서 자랐다. 펜실베이니아주에 있는 벅넬대학을 9개월 정도 다니다가 스타트업 액셀러레이터*로 고용되었고, 학교를 그만둔 후 스플링Spling이라는 정체불명의 스타트업을 창업했다(스타트업 정보분석 매체인 〈크런치베이스〉는 이 회사를 이렇게 설명한다. "기술 기반의 광고 플랫폼으로 브랜드의 콘텐츠 프레젠테이션을 최적화해 미디어 홍보와 마케팅 수익을 증가시키도록 돕는 회사." 때는 스타트업 붐이 일던 2011년도였고, 이런 그럴듯한 단어만 늘어놓은 기업 소개 문구를 비웃지 않고 읽는 것이 가능할 때였다. 그해에 자유지상주의자** 벤처 투자가이자 페이스북 공동 창업자이며

● 스타트업에 초기 자금이나 멘토링 등을 제공하는 기획자나 단체를 말한다.
●● 자유지상주의libertarian를 주장하는 자로, 규제나 복지에 반대하며 극우에 속하는 편이다.

한때 여성의 참정권 운동이 민주화를 위태롭게 했다는 글을 쓰기도 한 기업인 피터 틸Peter Thiel이 대학을 중퇴하고 창업하는 조건으로 장학금 10만 달러를 지원하는 틸 장학금을 만들기도 했다). 2013년 맥팔랜드는 매그니시스Magnises라는 회사를 설립한다. 소위 '신분 상승' 감각을 원하는 밀레니얼에게 VIP 이벤트 티켓과 클럽 하우스 입장이 허가되는 회원권을 의심스러울 정도로 저렴한 가격인 연간 250달러에 판매하는 회사였다. 매그니시스는 회원들에게 기존의 신용카드 마그네틱을 붙여놓은 "시그니처" 블랙 카드를 주었는데, 혜택이라고는 아무것도 없었다. 회사 자체처럼 카드 또한 그저 빈 깡통에 불과했다.

매그니시스는(맥팔랜드의 말에 따르면, 라틴어로 "절대 아무것도 아니"라는 의미다) 언론의 집중 조명을 받았고, 남들에게 없는 쿨한 아우라를 뽐내는 데 관심 있는 젊은 뉴요커들의 열화와 같은 지지를 받으며 회원 수가 획기적으로 늘어났다. "빌리 맥팔랜드는 여러분이 완벽한 네트워크를 만들기를 바란다." 〈비즈니스 인사이더〉는 이렇게 설명하며 매그니시스가 "블랙 카드를 갖고 뉴욕시 펜트하우스에서 파티를 여는 엘리트 밀레니얼을 위한 클럽"이라고 소개했다. 황금기는 1년도 채 못 가고 끝났다. 값비싼 티켓을 구입한 회원들은 공연 당일 콘서트장 입구에서 이상하게도 그 표만 유효하지 않다는 말을 들어야 했다. 맥팔랜드는 그들에게 정성이 가득한 스팸 문자를 보냈다. "'프라이빗 네트워킹 디너'를 1인당 275달러에 모십니다." 티켓은 전동 킥보드를 탄 배달원이 배달한다. 이런 문자도 덧붙인다. "이번 주말에는 기사 딸린 마세라티가 제공됩니다. 참여를 원할 시, 지금 바로 연락!" 가끔은 어찌 된 일인지 그의 이벤트에 유명 래퍼인 자 룰Ja Rule이 끼어들기도 했다. 2016년 새해 첫날

그는 회원들에게 문자를 보냈다. "해피 뉴 이어! 자 룰이 신곡 작업 중입니다. 히트할 신곡에 당신의 이름, 별명, 회사명 등을 넣을 수 있습니다. 다섯 자리 남았습니다. 450달러. 지금 바로 연락!" 이후에 마치 경쟁이라도 하듯이 훌루와 넷플릭스에서 거의 동시에, 맥팔랜드의 몰락을 그린 윤리적으로 의심스러운 다큐멘터리가 방영되었다. 나는 훌루 다큐멘터리에 잠깐 출연했고 맥팔랜드와는 달리 어마어마한 출연료를 받지는 않았다.* 다큐멘터리에서 전 매그니시스 직원은 이 사업의 사기 패턴을 설명했다. 맥팔랜드는 실현할 수 없는 제안을 일단 던진 다음 빚을 내서 반쯤 해주는 척하다가 다시 그 빚을 갚기 위해 또 다른 거짓말을 뿌린다.

그해 1월, 매그니시스는 웨스트 빌리지의 집주인에게 고소를 당하지만 합의금 10만 달러를 주고 해결한다. 집주인은 그가 거주 공간을 상업 공간으로 활용했으며 쓰레기장으로 만들었다고 따졌다. "네, 알았고요." 맥팔랜드는 매그니시스를 로어 이스트 사이드에 있는 리빙턴 호텔의 펜트하우스로 옮겼다. 그 시점에서 이 스타트업은 벤처 투자로 최소 300만 달러를 지원받았지만, 고객들에게서는 불만이 쏟아졌다. 2016년 리뷰 사이트 〈엘프Yelp〉에 매그니시스 타운하우스에 관한 리뷰가 올라왔다. "단어 몇 개만 바꾸면 폰지 사기**와 매우 유사한 방식으로 매그니시스를 정의할 수 있다." 또 다른 리뷰도 올라왔다. "제발, 이 회사와 어떤 방식으로도 얽히지 마세요. 내가 여기에 깜빡 넘어갔다니 부끄러워 고개를 들 수가 없

•   맥팔랜드는 훌루 다큐멘터리에 출연하면서 25만 달러를 요구했다고 알려졌다.
••   다단계 금융 사기를 일컫는다.

습니다."

매그니시스는 외적으로는 그럭저럭 굴러가는 것으로 보였으나, 내적으로는 무너져내리고 있었다. 맥팔랜드는 회원 수가 10만 명이라고 떠들었는데 실제로는 5,000명이 채 되지 않았다. 이때 그는 부유한 사람들이 입찰 가격을 제시해서 그들의 프라이빗 행사에 유명인을 부를 수 있는 플랫폼으로서 파이어 미디어Fyre Media라는 새로운 벤처 기업을 창업한다. 이번에도 어디선가 나타난 자 룰이 그의 동업자가 되었다. 자 룰이 나중에 기자에게 말하길, 두 사람의 우정은 "기술, 해변, 랩 음악에 대한 공동의 관심"을 기반으로 꽃피웠다고 한다. 두 사람은 함께 파이어 미디어 투자금을 모집했다. 그리고 마침내 2016년 말, 맥팔랜드는 미국 사기 역사상 가장 불운한 아이디어를 하나 생각해낸다. 호화로운 페스티벌을 열어서 회사 이름을 화끈하게 알리기로 한 것이다. 그리하여 제1회 파이어 페스티벌이 2017년 4월에 개최될 예정이었다.

보통 규모의 결혼식도 4개월 전에 계획하기는 어렵다. 그러니 외딴 섬에서 만여 명의 사람들을 모아놓고 여는, 교통과 숙박과 식사와 여행이 포함된 페스티벌을 단기간 안에 기획하기란 객관적으로 불가능한 일이었다. 맥팔랜드가 어떤 종류가 되었건 실제 서비스 직종에서 몸으로 때워 일해본 적이 한 번이라도 있었다면, 이를테면 레스토랑에서 서빙을 했다든가 매점에서 최저 임금을 받고 과자를 팔아봤다면 이 행사가 어불성설임을 곧바로 이해했을 것이다. 아니, 그가 한 번이라도 뮤직 페스티벌에 가보기라도 했다면 어땠을까. 놀랍게도 그는 한 번도 가보지 않았다고 한다. 대신 이 스물다섯 살 남자는 자신이 욕망하는 현실을 설정해놓고 무작정 밀고 나가기만 하면 저절로 이루어지리라는 원칙 하나로 경력을 쌓아온 사람이었다. 그리고 똑같은 생각을 믿을 준비가 되어 있는 고객들의 심장과 동맥에 파고들었다. 맥팔랜드는 웹사이트를 만들고 "파이어 케이"라는 섬에서 열릴 지상 최고의 호화 페스티벌 티켓을 팔기 시작했다. 그에 따르면 파이어 케이는 한때 콜롬비아 마약상 파블로 에스코바르가 소유했던 개인 섬이다. 파이어 페스티벌의 광고 안에는 유명 뮤지컬의 한 장면, 인스타그램에 올릴 만한 파티 사진, 번쩍번쩍 빛나는 숙박 시설이 담겨 있었다. 참가자들은 여러 가지 등급으로 나뉜 화려한 숙소 옵션 중에서 자신의 취향껏 선택할 수 있다. 가장 값비싼 티켓은 "아티스트의 궁전"으로, 방 네 개짜리 해변가 단독 별장과 VIP 티켓, 가수와의 저녁 식사가 포함되어 있다. 가격은 40만 달러다.

그러나 아티스트의 궁전에 관한 구체적인 구상안 같은 것이 있을 리가 없었다. 또한 파이어 케이라는 섬 자체도 없었다(또 한 명의 콜롬비아 거물 마약상인 카를로스 레더가 잠시 노만스 케이라는 바하마의 작은 섬을 소유한 적이 있었다고는 한다. 그러나 어찌 되었건 맥팔랜드가 전한 에스코바르 이야기는 순 거짓말이었다). 2017년 초반 맥팔랜드는 전용 비행기를 타고 바하마로 날아가 파이어 페스티벌 광고를 찍는다. 늘씬한 모델들이 넘실거리는 파도와 반짝이는 모래사장에서 즐겁게 뛰노는 영상이다. 그리고 모델 에밀리 라타이코프스키, 켄달 제너, 벨라 하디드 등 소위 인스타그램 "인플루언서" 수백 명에게 거금을 지급하고 이 행사의 홍보를 요청한다. 켄달 제너는 포스팅을 딱 하나 올리고 25만 달러를 받았다. 그러나 맥팔랜드는 페스티벌 두 달 전까지도 실제 장소를 섭외하지 못했고, 개인 소유가 아닌 엑서마섬 샌들 리조트 근처의 황량한 자갈땅을 골라놓았을 뿐이었다(그가 마지막으로 던져볼 수 있었던 초강수라면 샌들 리조트를 빌려 참가자들을 숙박시키는 것이었으리라. 실제로 2016년 주말에 열린 '바카디 트라이앵글'에서는 그렇게 했었다. 양주 제조사인 바카디는 어찌 된 일인지 2,000명 가까이 되는 손님들을 비행기로 날라 버뮤다 삼각지대로 안착시켰고 해변에서 켈빈 해리스와 켄드릭 라마 공연을 보여주는 데 성공했다. 그들은 우리를—물론 나도 거기 있었다—푸에르토리코의 제멋대로 지어진 리조트에서 재워주며 3일 동안 오픈 바를 제공했다. 말하자면 파이어 페스티벌과 똑같은 콘셉트였는데 한 가지 차이점은 그 행사는 실제로 실현되었다는 점이었다. 그리고 사실 낸 돈에 비해 거한 대접을 받은 건 우리였다. 어쨌든 맥팔랜드의 머릿속에 도대체 무슨 생각이 굴러다니던 건지는 어느 누구도 이해할 수 없었을 것이다. 왜 하필 바하마섬의 호텔들이 꽉 차는 연례 관광 행사인 조지타운 크루징 레가타*와 날짜를 겹치게 정했는지도 그 누구도 알 길이 없었다).

3월에 블링크182, 메이지 레이저, 디스클로저가 파이어 페스티벌의 헤드라이너로 발표되었고, 프로덕션 팀은 행사 장소로 날아갔다. 재능 있는 프로듀서 클로에 고든이 팀에 합류했다. 그녀는 이후 〈더 컷The Cut〉에서 이렇게 말했다. "우리는 도착하기 전에 어느 정도 일이 진척되어 있을 줄 알았어요. 하지만 아무것도 없는 허허벌판이었다니까요. 무대도 매점도 없었고 장비도 대여되지 않은 데다가 교통편도 마련되지 않았죠." 화장실, 샤워 시설, 숙소 또한 제대

● 바하마섬 조지타운에서 요트 타기를 비롯한 다양한 이벤트가 펼쳐지는 행사를 말한다.

로 준비되지 않았다. 현장에서는 바하마의 일일 노동자들이 콘크리트에 모래를 붓고 있었다. 맥팔랜드는 가짜 인터넷 송금 계좌를 만들어 보여주면서 무급으로 일하는 노동자들에게 돈이 들어오고 있다고 큰소리쳤다. 고든은 파이어 미디어가 밴드들의 출연료를 떼먹을 계획을 하고 있다는 사실을 알고 손을 털었다. 그녀는 바하마에서 떠나기 전에 책임자인 "형제들bros" 회의에 참석했고, 그때 누군가 사람들의 티켓을 2018년에 사용할 수 있도록 미루고 다시 차분히 계획하자는 의견을 던졌다. 그들은 그 아이디어를 거절했다. 고든에 따르면 마케팅 직원 한 명이 이렇게 말했다고 한다. "우리 그냥 저질러버리고 전설이 되죠. 형님."

결국, 지극히 당연하게도 파이어 페스티벌은 이 시대의 전설이 되었다. 2017년에 가장 많이 회자된 지상 최악의 행사로서 말이다. 맥팔랜드는 나락으로 떨어질 것이 분명한 행사를 마지막 순간까지 밀고 나갔다. 당시 파이어 페스티벌의 마케팅을 담당했으며 나중에는 이를 다룬 넷플릭스 다큐멘터리를 제작하기도 한 퍽제리는 항공기 예약 정보는 깜깜무소식이고 텐트는 어떻게 생겼는지 궁금해하는 사람들의 댓글이 인스타그램에 올라올 때마다 바로바로 삭제 버튼을 눌렀다. 페스티벌 일주일 전 맥팔랜드는 다시 한번 돈이 떨어졌고 참석자들에게 이메일과 전화를 돌려 파이어 페스티벌 기간에 현금 대신 사용할 수 있는 캐시 수천 달러를 선물로 입금하라고 말했다. 하지만 그 어떤 밴드도 계약금을 받지 못했고, 그들은 페스티벌 시작 직전에 취소 통보를 받았다. 마이애미에서는 참석자들이 탈 전세기가 나타나지 않았다. 겨우 바하마에 도착한 몇몇 참석자는 한 식당에서 제공한 무료 알코올을 손에 들었고, 이어서 아직 완성도 덜 된 숙소 텐트로 안내되었다. 그곳에 있는 건 유니세프 스타일의 재난 구조 텐트와 하필 그날 불어닥친 비바람 때문에 폭삭 젖은 매트리스, 접이식 의자, 쓰레기로 가득한 선적 컨테이너였다. 아무도 없는 안내 데스크에서는 파이어 페스티벌 로고가 적힌 캔버스 천만 바람에 펄럭였다. 저녁이 되자 참석자들은 근사한 식사 대신에 스티로폼 포장 박스에 담긴, 이후 너무나도 유명해진 시든 양상추와 치즈가 들어 있는 샌드위치를 받았다. 사람들은 경악했다. 그리고 구소련 강제 노동 수용소 버전인 코첼라를 트위터로 중계하기 시작했다. 예정된 대혼란이 벌어졌다. 사람들은 매트리스와 화장지를 한 곳에 쌓아두었다. 맥팔랜드는 그제야 두 손 두 발 다 들고, 사람들에게 그저 아무 텐트에나 가서 자라고 말했다. 그들 중 일부는 주민들에게 제발 빠져나가게 해달라고 빌어 겨우 바하마 공항까지 갔으나 공항 내 좁은 방에 갇혀 발이 묶였다. 인터넷은 엑서마섬에서 날아온 진기한 소식들을 공유하며 희희덕거렸다. 진정 농도 짙은 샤덴프로이데Schadenfreude*였다.

2017년 6월, 맥팔랜드는 체포되었고 사기죄로 기소되었다. 그는 페스티벌 참가자들을 상대로 사기를 쳤을 뿐 아니라 파이어 미디어의 재정 상태를 위조했다. 그해 초에 그는 이 회사가 한 달에 2,160만 달러의 수익을 냈고, 840만 달러 상당의 바하마 부지를 갖고 있다고 주장했다. 그는 회사 직원들의 월급을 떼먹었으며 바하마의 노동자들에게도 계속해서 거짓말을 늘어놓으며 임금을 지불하지 않았다. 대부분 파이어 페스티벌이 수익을 가져다준다는 말을

• 독일어로, 남의 불행이나 고통을 보면서 느끼는 짓궂은 기쁨을 가리킨다.

철석같이 믿고 그에게 생계를 맡긴 상점 주인이나 일일 노동자들이었다. 그리고 사기죄로 고소된 후에도 맥팔랜드는 여전히 굴하지 않고 사기 행각을 벌였다. 그해 늦여름에는 펜트하우스에 숨어서 급조한 'NYC VIP 어세스'라는 회사를 통해 가짜 이벤트 티켓 10만 달러어치를 팔았는데, 그중 일부는 그가 만들어낸 완전한 창작품이었다. 2018년 연방정부의 공소장에 따르면 맥팔랜드는 이 새로운 이름의 벤처 기업 뒤에 숨어서 파이어 페스티벌을 찾았던 사람들 중 고액 연봉을 받는 고객의 명단을 입수하여 이들에게 다시 연락을 돌렸다. 이 모든 전말에 대해 읽으면 읽을수록 나는 기가 차다 못해 거의 일어나 박수를 치고 싶은 심경이 된다. 소셜 미디어에서 실시간으로 사기가 드러나는 가운데에서도 어떻게 자 룰은 "파이어 페스티벌은 사기가 아닙니다"라는 포스팅을 올릴 수가 있었을까. 이 문장은 마치 리본 커팅식 같은 기능을 했다고 할 수 있다. 희대의 사기꾼인 맥팔랜드를 〈뉴욕타임스〉가 "인스타그램 필터 사이에서 활약하는 개츠비"로 묘사하게 했으니 말이다. 파이어 페스티벌은 그저 그런 하나의 사기가 아니었다. 미국 밀레니얼 세대가 주도한 사기의 완결판이며, 그 시초였다.

파이어 페스티벌은 거대한 사기의 산을, 문화적 변화를 통해 그동안 축적된 속도와 힘을 가지고 내려왔다. 그 변화란 지난 10년간 미묘하지만 영원히 이 국가의 성격을 바꾸어버린 것으로, 사기를—이익을 위한 신용의 남발—평범한 일처럼 보이게 하는 경향이었다. 맥팔랜드의 사기는 도널드 트럼프 대통령의 당선, 즉 명백하고 부끄러운 사기를 옹호하고 지지하는 것이 미국의 근본적인 윤리가 되어버린 사건 이후에 일어났다. 이 일은 페미니스트들이 주도권을 잡고 여성 사업가들이 개개인의 부의 축적만이 진보 정치의 실현이라는 식으로 설득한 이후에 일어났다. 이 일은 우버와 아마존 같은 회사가 모두에게 더 편리한 세상을 만든다고 약속하면서 크게 성공하고 경제를 무참히 무너뜨린 이후에 일어났다. 이 사기는 리얼리티 쇼와 페이스북의 도래 이후 새로 등장한 천연자원인 나르시시즘이 우리 자신, 우리 관계, 우리 성격이 돈이 될 뿐만 아니라 돈을 구하는 이들의 타깃이 된 세계를 만든 이후에 일어났다. 이 일은 대학 등록금이 천정부지로 치솟으면서 대졸자들이 저임금 계약직이 되고 세계 역사상 가장 심각한 경제적 불평등의 시대가 된 이후에 일어났다. 마지막으로 이 일은 2008년 금융 위기 이후에 일어났다. 즉 가장 쉽고 빠르게 이기는 방법은 사기를 치는 것이라는 밀레니얼 시대의 사회 기조에 시동을 걸었던 그 사건 말이다.

금융 위기

1988년 27세의 마이클 루이스Michael Lewis는 세계 최초로 모기지 담보 증권을 판매한 투자 은행 살로몬 브라더스를 그만두고 《라이어스 포커》라는 책을 썼다. 연방정부의 규제 완화 이후 몇 년간의 월 스트리트를 그린 책으로, 영리하고 냉소적이며 시류를 잘 탄 사람들이 극단적인 탐욕과 술수의 세계로 들어가면서 투자 은행의 전성기를 이룬 시기였다. 대학원을 갓 졸업한 미숙한 이십 대 청년이었던 루이스는 무엇이 어떻게 돌아가는지도 잘 알지 못한 채 수백만 달러를 움직이는 위치에 있게 된다. 2010년에 그는 당시를 회상하면서 이렇게 말한다. "지금 생각해도 어리둥절할 뿐이다. (…) 나는 그 상황이 주는 압박을 도저히 견딜 수가 없었다. 얼마 가지 않아 분명 누군가 내 정체를 알아챌 것만 같았다. 내 주변의 많은 사람과 나는 사기꾼이나 다름없었다." 그는 아마도 《라이어스 포커》가 그저 한 시기에만 적용될, "위대한 나라가 어떻게 금융의 윤리를 잃었는가"에 대한 기록이라고 생각했을 것이다. 2008년 금융 위기가 발발한 후 80년대의 금융은 오히려 예스럽고 순수해 보이리라고는 절대 상상하지 않았을 것이다.

　루이스는 이 금융 위기를 《빅 쇼트》에서 묘사한다. 2000년대 중반 은행들은 부동산 시장을 부풀리기 위해, 주택 보유자의 신용등급을 최대한도로 높여 돈을 불리기 위해 설명하기 복잡한 메커니즘을 발명한다. 그리고 이 시스템은 결국 완전히 무너져버린다. 2004년 약탈적 대출 금지법이 기각되자 은행은 갚을 여력이 되지 않는 사람들에게 모기지를 뿌렸고 그로 인해 집을 사려는 사람들이 기하급수적으로 증가했다. 부동산 가격은 지역에 따라 최대 80퍼센트까지 상승했다. 너도나도 최대한 담보 대출을 받아 집을 구매했고, 이것은 집값이 오르는 한 먹혔으며, 사람들이 집을 계속 사는 한 효과가 있었다. 이 시스템이 유지되기 위해서는 모기지를 닥치는 대로 빌려주어야만 했다. 재정 상태 증명서나 월급 증명서가 없어도 신용카드 내역서만 있으면 혹은 대출 금액만 약간 낮추면 얼마든지 대출이 가능했다. 서브프라임 모기지 중에는 닌자론NINJA loan이라는 상품도 있었는데 이것은 수입이나 직업, 자산이 없는No Income, No job or Asset 사람들이 받는 대출의 약어였다. 금융업계는 이러한 상품이 가진 부실함을 알면서도 모호한 조건과 용어로 덮었다. 부채담보부증권CDO이란 위험한 부실 자산의 등급을 높여 다른 회사에 파는 상품이고, 합성담보부증권Synthetic CDO은 부실 자산에 신용보험을 들어서 부도가 날 경우 보험으로 갚는 파생상품이다. 《빅 쇼트》에서 젊은 은행직원은 루이스에게 말한다. "CDO를 자세히 파면 팔수록 이 말밖에 안 나와요. 망할, 이거 완전 미쳤어. 이건 사기잖아. 법원에서 증명할 수 없을지도 몰라요. 그런데 사기가 맞아요."

주택 시장이 폭등할 때 나는 대학에 다니고 있었고, 이 나라의 모든 것이 강력한 터보 엔진이 장착된 차를 타고 쭉 뻗은 고속도로를 달리는 것만 같았다. 골드만삭스와 맥킨지는 캠퍼스에 와서 가장 학점이 좋은 내 친구들을 영입하면서 주택 구입 계약금과 미래 자녀들의 사립학교 교육비를 약속했다. 나는 〈도전! 슈퍼모델〉과 〈프로젝트 런웨이〉처럼 부산스럽고 현란하며 아찔한 프로그램을 보았다. 그리고 〈라구나 비치〉를 보면서 모든 세상이 길고 긴 대리석 싱크대와 스투코 외벽과 야자수와 인피니티 풀로만 이루어진 줄 알았다. 당시에 신분 상승과 출세는 마치 숨 쉬는 데 필요한 산소처럼 느껴졌다. 별로 특별할 것도 없고 어디에나 당연히 존재했다. 나는 아메리칸 드림이라는 주제로 논문 프로포절을 썼다. 그리고 2007년부터 주택 가격이 급락하기 시작했다. 빚을 갚지 못한 집주인들은 거대한 파도에 휩쓸려 떠내려갔다. 학생회관에 있는 TV 앞을 지날 때마다 뉴스에서는 압류된 집 바깥에 살림살이를 내놓은 가족들을 보여주었다. 나는 당혹감을 느끼며 밤늦게까지 노트북 앞에 앉아서 이제까지 썼던 논문을 한 문장 한 문장 고쳐야 했다. 나는 이민자들에게 미국이라는 마법의 주문이 얼마나 불확실하고 위험한지에 대해 쓰고 있었다. 그러나 마법의 주문이 사라져가고 있었다. 어느 날 갑자기 배경 화면은 풍요에서 붕괴로 변했다.

2008년 리먼 브라더스가 처음으로 파산을 신고했다. 보험회

사 AIG가 그 뒤를 따랐고 1,820억 달러의 구제금융을 지원받았다
(2008년 610억 달러의 손실을 보였음에도 불구하고—역사상 기업의 가장
큰 분기 손실이었다—AIG는 이듬해 금융 서비스 부서에 1억 6,500만 달러
를 보너스로 지급했다). 그리고 글로벌 금융 위기가 닥쳤다. 실업과 경
제적 불평등이 하늘을 찔렀다. 2005년부터 2011년까지 평균 가계
자산은 35퍼센트 하락했다. 다른 국가들은 이런 짓을 한 은행 간부
들을 교도소로 보냈다. 아이슬란드는 은행 간부 29명에게 2008년
위기의 책임을 묻고 실형을 선고했으며 한 CEO는 5년 형을 받기도
했다. 하지만 미국에서는 모든 간부가 정부의 구제금융으로 회생했
다. 모든 시련이 끝날 무렵, 많은 이들이 더 부자가 되기도 했다.

　금융 위기는 아주 전통적이고 전형적인 사기였다. 신용 사기꾼
Confidence Man이 저지른 신용 사기 말이다. 공식적으로 미국 최초의
신용 사기꾼이라는 명칭을 얻은 사람은 사무엘이라고도 불리는 윌
리엄 톰슨William Thompson이란 자다. 그는 쪼잔한 범죄 행각을 벌이
고 다닌 사기꾼으로 그의 행실은 1849년 여름 〈뉴욕 헤럴드〉에 실
리기도 했는데, 기사의 첫 문장은 이렇게 시작한다. "지난 몇 달간
이 남성은 전국의 도시를 돌았고 사람들에게 '신용 맨Confidence Man'
으로 알려졌다." 고급 양복을 빼입은 톰슨은 모르는 사람들에게 다
가가 예의 바르게 대화를 나누다 묻는다. "혹시 저에게 신용이 생기
신다면, 저를 믿고 내일 아침까지 시계를 맡겨 보시겠어요?" 이 기
사는 너무도 우스꽝스럽고 재미나서 '신용 맨'이라는 별칭은 사람
들 머리에 각인되었다. 하지만 실제로 톰슨은 굉장히 영악한 사기
꾼con man이었다. 그 외에도 다른 이름을 가진 기회주의자들은 그
전부터 오랫동안 더 나은 작업 방식을 찾아 사기를 쳐왔다. 진정한

사기꾼은 사람들에게 무턱대고 시계를 달라거나 신뢰를 요구하지 않는다. 그들은 상대가 자신에게 그 물건을 맡기는 것이 얼마나 큰 행운인지 느끼게 하는 방식으로 행동한다. 사람들은 이에 깜빡 속아 경마에서 승리 확률이 높다는 말에 돈을 걸고, 불가능할 정도로 수익이 높은 투자 펀드에 돈을 붓고, 존재하지도 않는 바하마의 파티로 날아가는 것이다.

1849년 톰슨이 체포된 지 3일 후에 〈뉴욕 헤럴드〉는 이런 제목의 사설을 냈다. "이 나라에는 더 큰 스케일의 '신용 맨'들이 있다." 사설은 톰슨이 월 스트리트에서 일할 기회를 얻지 못했다는 사실이 너무 안타깝다고 비웃는 어조로 위로한다.

그의 천재적 장인 정신과 행동력은 브로드웨이에서 소소하게 찾아볼 수 있다. 그런 능력은 월 스트리트에서도 굉장히 자주 찾아볼 수 있다. 그런데 이들은 차원이 다르다. 그는 그저 대여섯 개의 시계를 손에 넣었을 뿐이다. 그들은 수백만 달러를 챙겼다. 그는 협잡꾼이라 불렸다. 그들은 정직함의 사도들이었다. 그는 불한당이었다. 그들은 자본가들이었다. 그는 경찰에게 덜미가 잡혔다. 그들은 대궐 같은 집에서 파티를 한다. (…) 진정한 "신용 맨"들이여—월 스트리트의 "신용 맨"들—높은 궁전에 사는 "신용 맨"들이여. 모두 오래오래 행복하게 사시길. 가난한 사람들과 하루하루 벌어 먹고사는 사람들에게 빌붙어 배를 채우는 그대 "신용 맨"들이여!

이 사설은 톰슨에게 다음과 같은 신랄한 조언을 한다.

그는 발전을 약속하는 번쩍번쩍한 투자설명서를 발행했어야 했다. (…) 그는 자기가 원하는 조건으로 된 계약서를 만들었어야 했다. 그는 가난한 사람과 평범한 사람들에게 신뢰를 얻어 받은 돈으로 부패를 일삼고 자본을 낭비하며 빚더미에 오른 회사에 합류했어야 했다. (…) 그는 주주들을 파산으로 몰고 갔어야 했다. 그는 회사를 팔아 격정거리를 내려놓고 "채권" 배당금을 자기 손에 넣었어야 했다. 그는 이 "신용"이 일하는 기간에 후한 연봉을 챙긴 후 적당하고 적절하며 정확한 시간에 은퇴하여 편안하고 느긋하고 덕 있는 인생을 살아야 했다. 깨끗한 양심과 100만 달러를 소유한 사람으로서!

이 나라에는 사기꾼 DNA가 새겨져 있다. 이익을 취할 기회라면 무조건 잡아서 원하는 만큼 차지하는 행동이 좋은 일, 중요한 일, 더 나아가 고귀한 일이라는 개념 아래 세워진 나라다. 속임수에 관한 이 이야기는 최초의 추수감사절처럼 오래된 것이다.• 사기꾼이나 사기꾼의 목표가 된 이들이나 모두 이 상황에서 이득을 취하려고 하지만 한 가지 다른 점은 사기꾼은 승리한다는 점이다. 2008년의 금융 위기는 미국인이 재정적 안정성을 위해 할 수 있는 최고의 노력은 다른 사람들을 속이고 이용하는 데 능한 자질이라는 것을 아주 대담하게 확장해서 보여준 실례였다. 물론 이건 언제나 사실이었으나 모든 일을 아우르는 시대적 기조가 되고 말았다. 밀레니얼들이 배우기에는 나쁜 교훈이었고, 이들은 결국 성인이 되었다.

• 플리머스 지역의 왐파노아그 부족이 영국에서 이주한 청교도들에게 사슴과 칠면조 등을 가져와 함께 잔치를 연 것이 추수감사절의 기원이라고 하나, 이후 정착인들은 이 부족을 몰살시키는 전쟁을 벌인다.

학자금 대출 재앙

금융 위기가 끝난 후, 모기지를 갖고 있던 미국의 네 가정 중 한 가정은 집값보다 대출금이 더 높은 깡통주택underwater homes 상태가 되었다. 네바다주에서는 65퍼센트가 깡통주택이었고, 애리조나주에서는 48퍼센트, 캘리포니아주에서는 3분의 1이 조금 넘었다(이 대출자들은 2005년과 2008년 사이에 새로운 집을 구매했을 것이다). 미국에서 주택 담보 대출금은 가계 대출의 가장 큰 부분이었다. 아주 오랫동안 두 번째로 높은 가계 대출은 자동차 할부금이었다. 하지만 2013년에는 학자금 대출—이 세대를 정의하는 두 번째 사기—이 자동차 할부금 자리를 차지했다.

인플레이션에 발맞추기 위해서인지 사립대학의 등록금은 1974년에 비해 세 배가 뛰었다. 주립이나 공립대학은 네 배가 올랐다. 그와 비교하면 자동차 가격은 과거에 비해 크게 달라지지 않았다. 평균 임금과 최저 임금은 꿈쩍도 하지 않았다. 90년대 중반의 어떤 시점부터 학생이 자기 힘으로 일해 대학을 졸업하는 것은 수학적으로 불가능해졌고, 각 대학의 재정 보조 제도는 학생들이 필요로 하는 것과 그들이 가진 것 사이의 차이를 따라갈 수가 없었다. 밀레니얼 세대가 대출금을 갚는 기간은 평균 두 배로 늘어났다. 2003년에 졸업한 학생들의 평균 학자금 대출금은 1만 8,000달러였다. 2016년에는 3만 7,000달러가 넘었다. 졸업생의 3분의 2 이상이 졸업할 때 학자금 대출금이 있었고, 대학원생의 4분의 1은 10만 달러 이상의 빚을 지기도 했다. 학자금 대출 이자는 너무나 살인적이라 범죄에 가까운 대부업계의 이야기가 아닌가 싶을 정도다. 당신이 30년 상환의 스탠포드론Stafford loan*으로 3만 7,000달러를 받았다면, 이자까지 총 5만 달러를 갚아야 한다. 미국의 공공서비스 대출금 탕감Public Service Loan Forgiveness 프로그램은 신청자의 99퍼센트를 거절한다. 요즘 같은 시절, 이제 학자금을 대출한 학생들이 깡통주택 보유자와 같은 상황이 되는 일은 너무나도 쉬워졌다. 그들이 빚을 지고 받은 학위는 지불한 금액에 비해 너무나 가치가 떨어져 그 자체로 부채가 된다.

주택 거품과 등록금 거품 사이에는 많은 유사점이 있다. 마치 서브프라임 모기지처럼 사기업 같은 대학의 배를 불려주는 학자금 대출 또한 나쁜 믿음에 의해 확장되고 있다. 오바마 행정부는 대부분의 학자금 대출 산업을 2010년 건강보험개혁법과 함께 국영화했고, 금융을 증권화함으로써 자금을 조달하는 거미줄처럼 복잡한 대출 사업은 정부 사업으로 급속히 성장했다. 학자금 대출은 2018년에 1조 5,000억 달러 이상으로 증가했다. 하지만 주택 대출금과 교육 대출금 사이에는 큰 차이가 존재하는데, 흰 울타리를 가진 집은 포기하고 안 사면 그만이지만 적어도 지금으로서는 당신이 미국에서 그나마 더 나은 인생을 살고 싶다면 학위에서 고개를 돌릴 수가 없다는 점이다.

그동안 등록금 인상은 교육의 질 개선에는 그다지 큰 역할을 하지 못한 것으로 나타났다. 다른 대부분의 직업과 마찬가지로 교수직은 점점 더 불안정하고 위태로워졌다. 연봉도 제자리다. 1970년에는 대학교수의 80퍼센트가 전일제 정규직이었으나, 이제 절반 이하만이 그렇다. 등록금 경쟁을 하는 대학들은 그 돈으로 경기장

• 연방정부가 보증하는 학자금 대출 상품이다.

을 짓고 최고 시설의 운동 센터를 만들고 세련된 식당을 지었다. 이 건축비는 모두 등록금에 반영된다. 대학은 시장에서 살아남기 위해 학생들에게 복지 시설을 제공하지만, 결국 학생들은 이 등록금 때문에 졸업 후에도 대학생 때와 같은 삶의 질을 누릴 수가 없다. 취업 시장에서 각종 보장과 수입과 안정성이 서서히 깎여 나가면서 어마어마한 빚을 갚는 것은 더욱더 어려워졌다.

2005년에 미국 노동자의 30퍼센트가 임시직 노동자, 즉 계약직이나 시간제로 일하거나 자영업자였다. 이제 그 수치는 40퍼센트에 달하고, 점점 높아지고 있다. 2007년에서 2016년까지 비자발적·비정규직 종사자는(다시 말해, 정규직으로 고용되길 바라는 이들은) 44퍼센트까지 증가했다. 금융 위기 이후 몇 년간 내 나이 또래의 사람들이 대학을 졸업하고 10년 안에 직업을 평균 네 번 바꾼다는 말을 일주일에 한 번꼴로 들은 느낌이다. 밀레니얼 세대가 프리랜서 일을 "선호"하는 것에 관한 이야기는 여전히 넘친다. 그들은 스스로 원해서 떠나는 것처럼 보인다. 밀레니얼은 자유로운 영혼이니까! 우리는 유연하니까! 우리는 탁구대가 있는 곳이라면 어디에서든 일할 수 있어! 우리는 도전하고 연결될 준비가 언제나 되어 있어! 하지만 어떤 한 세대가 그저 그 세대의 성향 때문에 누가 봐도 불안한 직종을 전전하지는 않는다. 말콤 해리스Malcolm Harris가 《요즘 아이들Kids These Days》이라는 책에서 말한 것처럼 밀레니얼이 이 직업에서 저 직업을 떠도는 이유로 우리가 꿈도 야망도 없으며, 철이 덜 들었고, "모험"을 사랑하기 때문이라고 판단하기는 쉽다. 사실은 취업 시장이—모든 세대의 사람들에게—가혹할 정도로 불안정하고, 심지어 점점 더 그렇게 되기 때문이라는 사실을 고려하지 않으려 한다. 나 또한 열여섯 살 이후부터 각종 아르바이트를 해왔고 이례적으로 운이 좋아 전문성 있는 직업을 갖게 되었지만, 많은 미국인처럼 고용자 부담의 건강 보험은 누리기 어려운 사치라고 생각하고 있다. 쉬지 않고 일해온 서른 살인 내가 이제 거의 귀족에게나 가능한 그 혜택을 누렸던 것은 단 2년간뿐이었다. 고커 미디어에서 일하던 시기였는데, 이 회사는 자퇴자를 사랑하고 참정권 운동을 미워하며 트럼프를 지지하는 실리콘 밸리의 거물인 피터 틸에게 고소당하면서 파산 신청을 했다.*

　오늘날의 경제 상황에서 수만 달러에 달하는 대학 졸업장은 학생들 대부분에게 그만큼의 가치를 제공하지 못한다. 기업의 이익은 매일 증가하는데도 임금은 꼼짝하지 않는다. 평범한 CEO는 미국 노동자 평균 연봉의 271배를 받는다. 그러나 1965년에는 이 비율이 20대 1이었다. 의료비는 충격적일 정도로 높으며 지난 40년간 1인당 29배가 올랐다. 보육비는 이제 거의 대학 등록금 수준으로 오르고 있다. 그러나 의료계와 보육계 현장의 노동자들은 대부분 최저임금을 받는다. 대학 학위는 더는 재정적 안정성을 보장해주지 않는다. 오늘날 상속받지 않고 재정적 안정을 누리는 삶이란 거의 존재하지 않는다(물론 2019년 바서티 블루스 작전Operation Varsity Blues으로 명명된 스캔들**에서 보았듯, 여전히 대학 교육에 엄청난 가치를 부여하는 백

* 고커 미디어는 헐크 호건의 불륜 동영상을 올려 호건에게 고소를 당하고, 여기에 동성애자임을 폭로당한 피터 틸이 가세하여 결국 3,100만 달러를 배상하며 파산했다.
** 유명 배우나 기업인 등 부유층이 브로커, 대학 운동부 코치와 공모한 명문대 입시 비리 사건으로, FBI는 1999년 대학 운동부를 다룬 영화 〈바서티 블루스〉에서 작전명을 따왔다.

만장자 부모들은 엄격한 입학 시스템과 두뇌 싸움을 벌여서 자녀들에게 실제로는 그다지 필요하지 않은 교육을 시키기 위해 대담한 범죄를 저지르기도 한다는 사실을 알게 되었다). 그런데도 대학들은 여전히 모든 젊은이가 성공의 기회 앞에 서기 위해서는 반드시 지나쳐야 할 과정이라는 이유로, 학위라는 통행료를 팔고 있다. 이러한 불확실성의 영역에 이제 새로운 개념이 등장한다. 안정성으로 가는 길은 아마도 개인 브랜드를 갖는 것이 아닐까?

소셜 미디어 사기

명실공히 가장 성공한 밀레니얼은 서른다섯 살의 마크 저커버그Mark Zuckerberg로, 그의 순자산은 11자리 숫자 이상이다. 낮춰서 550억 달러라고 말하고 있지만, 그렇다 해도 저커버그는 미국 중위 가구의 순자산인 1만 1,700달러보다 500만 배 이상을 소유하고 있다. 그는 전 세계에서 여덟 번째로 부유한 사람이다. 페이스북의 창립자로서 그는 이 나라 전체를 효과적으로 통제한다. 전 세계 인구의 4분의 1이 그의 웹사이트를 한 달에 한 번은 이용하기에 그는 선거를 뒤흔들 수도 있고, 우리가 서로 관계를 맺는 방식을 바꿀 수도 있고, 공정성과 가치와 진실에 관한 사회적 정의를 좌지우지할 수도 있다. 저커버그의 가장 두드러진 특징은 다른 사람과 구별할 만한 개성이나 인격이 없다는 점이다. 2017년 그가 미국 전역을 순회하던 시기에 대선 주자로 나갈 거라는 소문이 돌기도 했는데, 그때 그는 마치 외계인이 어떻게 하면 지구인 중 한 명으로 통할 수 있는지를 배우는 것만 같았다. 페이스북의 핵심에 있는 모순과 불협화음의 일부분은 적어도 이 사람 때문에 발생한다. 이 사람은 한때 다른 정체성을 갖는다는 것은 "진실성이나 온전함의 부족"을 보여주는 것이라 말했으나, 사실 그는 21세기의 개성이란 면화나 황금 같은 상품이 된다는 것을 누구보다 잘 이해하고 있었다.

어느덧 대선 후보의 위치까지 오른 저커버그가 이 모든 여정을 시작한 것은 2003년 10월의 어느 날 밤이었다. 하버드대학 2학년생이었던, 할 일도 없고 전 여자친구인 "못된 년" 생각을 지우고 싶었던 그는 블로그에 다음과 같은 글을 올렸다. 밤 9시 49분이었다.

지금 약간 취했어. 거짓말은 말아야지. 아직 10시도 안 되었고 화요일 밤이지만 뭐 어때? 어떠냐고? 지금 내 책상 위에 커클랜드 기숙사 인명부가 올라와 있는데 어떤 인간들은 징글징글하게 못생겼네. 이 인간들 사진을 농장 동물들 사진 옆에 놓고 누가 더 나은지 투표나 시키고 싶다.

11시 10분에는 약간 방향을 돌린다.

그래서 지금 하려고 함. 나는 농장 동물을 어떻게 골라야 하는지 모르겠어(너 또한 농장 동물에 대해 잘 모르겠지). 하지만 두 사람을 옆에 놓고 비교하는 건 어때? 재밌을 거 같지?

"이제 해킹 시작한다." 그는 새벽 1시 직전에 썼다. 저커버그는 페이스매시Facemash라는 사이트를 만들어 하버드 학부생 사진을 나란히 놓고 이들 중에서 누가 더 나은지 투표해달라고 했다. 대단히 독창적인 아이디어는 아니었다. 2000년 길에서 본 여자와 자고 싶

은지 아닌지에 대해 의견 일치가 되지 않았던 대학 졸업생 두 명이
만든 핫 오어 낫Hot or Not이라는 사이트가 있었다(이 젊은이들은 당연
히 남자다. 유튜브의 창립자들도 원래는 핫 오어 낫의 모방 사이트를 만들
다 보니 유튜브가 되었다고 말한 바 있다). 하지만 페이스매시가 올라가
자마자 네 시간 만에 450명이 이 사이트에 방문했다. 사진에는 2만
2,000번의 투표수가 기록되었다. 저커버그는 난처해졌고 학생들은
이 사이트가 사생활 침해라고 비난하기도 했다. 그러나 많은 이들
이 온라인 주소라는 개념을 좋아했고, 이 안에서는 나와 내 또래를
보다 받아들일 수 있는 방식으로 비교할 수 있었다. 하버드대학의
학생신문인 〈크림슨Crimson〉은 페이스매시가 "캠퍼스에 많고 많은
학생 사진과 인명을 정리해주는 명확한 안내서"라고 썼다. 저커버
그는 하버드를 졸업한 뒤에도 사용할 만한 무언가를 한 달 안에 만
들 수 있겠다고 생각했고 2월에 최초의 페이스북 버전을 론칭했다.
2주 안에 4,000명이 등록했다.

　내가 처음으로 페이스북(혹은 '더 페이스북thefacebook*')에 가입한
건 고등학교 3학년 말이었는데, 늘 꿈꾸어왔던 환상적인 나르시시
즘의 세계로 한 발 들여놓은 것만 같았다. 당시 나는 자의식 과잉의
결정판 같은 소녀로 공화당과 성경 공부의 영향권에서 벗어난 내가
어떤 사람이 될지 골몰하는 데 어마어마한 시간을 투자하고 있었
다. 친구들과 나는 이미 디지털 아바타를 만드는 데 익숙했는데—
우리는 AIM, 마이스페이스, 장가, 라이브저널 세대였다—페이스북
은 그 개념을 더 깔끔하고 공식적으로 만들어주는 듯했다. 마치 인

●　초창기 도메인에는 '더the'가 붙어 있었다.

터넷 속의 시청을 찾아 우리의 새로운 자아와 사진을 등록하는 것 같은 느낌이었다(당시 페이스북은 대학생들만 가입할 수 있었으나, 2006년에는 이메일 주소를 가진 13세 이상이면 누구나 가입이 가능해졌다). 대학에 들어가자 친구들은 술에 취한 채 집에 돌아가 페이스북 페이지를 얼마나 오래 멍하니 쳐다보고 있었는지에 대해 이야기했다─페이스북은 오늘날 소셜 미디어의 끝없는 스크롤의 선구자였다. 이 개념은 초반부터 넋을 빼놓기에 충분했다. 진짜였고, 웹사이트도 적당히 세련되게 예뻤으며, 나의 더 나은 버전을 위해 만들어진 사이트였다.

그 시절에는 우리 모두가 어떤 새롭고 멋진 상품을 사용하고 있는 줄로만 알았다. 10년 이상이 흘렀고, 이제 우리 사용자들이 상품이 되고 있다는 건 자명한 진리다. 저커버그가 의식적으로 페이스북 가입자들에게 사기를 치려고 하지는 않았겠지만, 가입한 모든 사람은─25억 명이고, 계속 늘고 있다─어떤 방식으로든 한 번 이상 사기를 당한다. 우리의 관심사가 광고주들에게 팔린다. 우리의 개인 정보는 시장조사 업체에 팔리고, 우리의 느슨한 정치적 반감은 특정 이익집단에 팔린다. 페이스북은 여러 차례에 걸쳐 대중을 빤히 속여왔다. 가장 먼저 페이스북은 동영상 통계를 900퍼센트까지 조작해서 거의 모든 미디어 회사가 전략을 바꾸어 존재하지도 않는 페이스북의 수익 전략을 반영하게 했다─그러면서 노동자들을 해고했다. 2016년 대선을 둘러싸고는 전후 몇 달간 페이스북에 러시아가 개입한 적이 없다고 주장했지만, 이미 내부에서는 러시아 개입의 증거를 찾아낸 바 있었다(그리고 페이스북은 이 회사에 대한 점점 커지는 시민들의 반감을 잠재우기 위해 공화당을 지지하는 '아퍼 리서

치oppo research'* 회사를 고용했다). 페이스북은 넷플릭스나 스포티파이 같은 다른 회사가 페이스북 사용자의 개인 메시지를 볼 수 있게 했다. 내부적으로 "친근한 사기"라고 부른 전략을 통해 아이들을 속여 페이스북 게임에 부모의 돈을 쓰도록 했다.

하지만 페이스북이 사용자들을 의도적으로 착취하지 않을 때도 그것은 사용자들을 착취하고 있다—비즈니스 모델 자체가 착취를 필요로 한다. 당신이 페이스북과 거리를 두고 있다고 해도 당신은 페이스북이 만든 세상 안에서 살아간다. 페이스북은 순진한 나르시시즘 그리고 다른 사람들과 연결되고 싶은 욕망을 이용해서 우리의 주의력을 앗아가고 행동 데이터를 수집했다. 우리의 행동을 교묘하게 조종해서 미국인의 거의 절반이 페이스북의 뉴스에 의존하는 상황까지 만들었다. 구독자에게 다가가고 싶기에, 또 이 플랫폼이 디지털 광고 수익을 가져가는 기술에 대항할 힘이 없기에 페이스북에 의지하는 많은 미디어들은—페이스북은 마치 구독료를 모두 자기 주머니에 넣는 신문 배달부와 같다—페이스북의 경제적 모델을 따를 수밖에 없었다. 언론 매체의 목표는 이제 어떻게든 사람들의 관심과 주의를 재빠르게 잡아내는 것이 되었고, 이를 위해 지속적으로 분노 같은 감정 호소에만 집중하게 되었다. 그 결과, 우리는 2016년 트럼프에 관한 기사를 질릴 정도로 보아야 했다. 주류 언론은 물론이고, 페이스북의 알고리즘에 얻어걸린 자잘한 언론 기사들도 오로지 트럼프의 이야기만 내보냈다. 저커버그가 남대생의 여성 혐오를 풀고 사심을 채우기 위한 방법으로 시작했던 것이 이

• 　경쟁자의 약점 정보를 수집하는 관행을 뜻한다.

제 현대의 악몽을 지피는 연료가 되어버렸고, 근본적이고도 체계적으로 인간의 욕구를 잘못 반영하는 세상을 만들어버리고 말았다.

기본적으로 페이스북은 다른 소셜 미디어와 마찬가지로 이중화법을 기반으로 작동한다. 유대를 광고하지만 고립을 형성하고 행복을 약속하지만 두려움을 심어준다. 페이스북의 어법은 이제 우리 문화를 지배하며, 이 시대의 가장 심각한 구조적 변화를 거시적으로 보지 못하게 하고, 그저 고립적이고 기만적이고 감정적인 반응만 전염시키는 작은 조각들로만 마주하게 한다. 우리는 리프트Lyft** 운전자가 진통 중이었는데도 계속해서 승객을 태웠다는 블로그 포스팅을 보면서 대단하다고 칭찬하지만 여기 숨어 있는 건 노동자 보호가 붕괴된 세상이다. 항암요법을 위해 크라우드소싱 캠페인을 한다는 낯선 사람의 글을 안쓰러운 마음으로 읽지만 그 안에는 이 미처 돌아가는 의료 민영화 시대의 아픔이 있다. 페이스북에서 인간에 대한 애정은 입소문에 취약하며 착취 가능한 자산으로 재해석된다. 우리의 사회적 잠재력은 대중의 관심을 끌어모으는 능력으로 납작하게 압축되지만, 경제적 생존을 위해 이를 멀리할 수도 없다. 공정한 임금과 복리후생은 없지만, 그 대신 우리에게는 인격과 이야기와 관계가 있으며 어떻게든 이것을 인터넷상에서 잘 포장해놓는 법을 배워야 한다. 보험이 없는 우리가 사고가 날 경우를 대비해서 말이다.

다른 어떤 미디어보다도 페이스북은 자아란 능수능란하게 자신을 대중 앞에 보여주는 새로운 아바타의 형태로서 존재한다는 개

●● 승차 공유 서비스.

넘을 강화했다. 그러나 저커버그는 우리가 누군가에게 보이기만 하면 그 대가로 우리의 정체성을 팔 수 있다는 사실을 잡아냈는데, 그 전부터 점점 높아지고 있던 거대한 파도에 탑승한 것이다. 저커버그가 여덟 살 때는 리얼리티 쇼 〈더 리얼 월드〉가, 고등학생 때는 〈바첼러〉가 방영을 시작했다. 그가 대학교 신입생일 때는 프렌드스터Friendster*가 탄생했다. 페이스북에 이어 2005년에는 유튜브, 2006년에는 트위터, 2010년에는 인스타그램, 2011년에는 스냅챗이 등장했다. 이제 어린이들은 틱톡에서 유명해진다. 게이머들은 트위치에서 라이브방송을 하면서 수백만 달러를 벌어들인다. 정치판과 방송판에서 가장 유명한 두 가족—트럼프 집안과 카다시안 집안—은 이 먹이사슬의 꼭대기까지 올라갔는데, 그들은 아주 적은 재료로도 자신을 포장해 끝없는 현금 자산으로 만드는 법을 일찌감치 파악했기 때문이다. 사실 그 재료는 게임의 저주가 될 수도 있다. 이제 박수가 쏟아지고 아이폰 카메라의 찰칵찰칵 소리가 동시에 들려왔으며, 여성 임파워먼트를 들고 나온 콘퍼런스의 기조 연설자가 무대 위로 올라갔다.

걸보스들

세상을 얕보는 듯한 표정을 지어내는 자칭 스타일 아이콘 소피아 아모루소Sophia Amoruso는 1984년생으로 마크 저커버그와 같은 나이다. 2014년 출간한 자서전 《#걸보스》 표지에서 그녀는 목이 V자

---

* 2002년에 등장한 소셜 네트워크 서비스의 선두주자로, 2007년에는 한국어 서비스도 지원하는 등 전 세계에서 큰 인기를 끌었다.

로 깊이 파이고 각진 어깨선을 강조하는 검은색 드레스를 입은 채, 단발머리는 촬영용 강풍기 바람에 살짝 뒤로 날리고 두 손은 엉덩이를 짚은 당당한 자세로 서 있다. 소피아 아모루소는 2006년에 론칭한 인터넷 쇼핑몰 내스티 갤Nasty Gal의 CEO였다. 한때는 상점에서 물건을 훔치던 무정부주의자였지만, 어느 날부터 샌프란시스코의 아파트에서 중고 매장에서 산 빈티지 옷들을 팔기 시작했다. 그리고 8년 후, 내스티 갤은 수억 달러의 판매고를 올렸고 아모루소는 빚 한 푼 없이 자기 사업을 일으킨 "스타트업 기업의 신데렐라"로 떠올랐다.

《#걸보스》는 동기 부여를 해주는 개인 브랜딩 실천서로서, 아모루소는 이런 명성에는 관심이 전혀 없다고 말하면서도 끊임없이 자신을 이상화한다. "나는 저 높은 대좌 위에 올라갈 생각이 없다. 아무튼 그 위에 올라가 얌전히 있기엔 나는 심각한 주의력 결핍증 환자니깐. 나는 차라리 이 바닥에서 난장판을 만들고 이 안에서 역사를 만들겠다. 나는 여러분들에게 존경받고 싶지 않다. #걸보스들이여. 타인을 우러러보기만 하면 나 자신은 낮아진다. 타인의 삶에 투자할 에너지를 나 자신을 위해 쓰는 편이 훨씬 낫다." 이 책은 팝 페미니즘의 언어로 마케팅되었으나—아모루소는 성공했다. 이 책의 독자들은 성공하고 싶어 한다. 그리고 성공하는 것은 페미니스트의 프로젝트이다—아모루소는 페미니즘이라는 꼬리표를 붙이고 싶어 하지 않는다. "2014년은 우리가 그것에 대해 더는 말을 하지 않아도 되는 새로운 페미니즘의 시대가 아닐까? 나도 잘 모르지만, 그런 척하고 싶다."

《#걸보스》에서 꽤 재미있는 부분은 육체노동의 가치에 진심으로 의미를 부여하는 대목이다. 하드코어 펑크족 시기에 아모루소는 화원에서 일했고, 의료용 신발 매장에서도 일했고, 보더스 서점, 아웃렛 몰, 서브웨이에서도 일했다. 정원사로도 잠시 일했다. 하지만 그녀는 이런 직업들에 "대단하고, 재미있는 실험"인 것처럼 접근했다고 말한다. 마음속 깊은 곳에는 저 골목만 돌면 뭔가 다른 것이 있다는 사실을 알고 있었으니까. 그녀의 이야기는 어딘가 모르게 '신데렐라'와도 같은 측면이 있는데 여기서는 호박 마차와 드레스 자리를 돈이 대신한다. 그녀는 "나는 자본주의가 사기라고 믿는 어른이었지만, 이것은 일종의 연금술이라는 사실을 발견했다"고 썼다(물론 사기 또한 일종의 연금술이기도 한데, 헛소리를 황금으로 변모시킨다는 면에서 그렇다). 한동안 그녀는 먹고살기 위해 도둑질을 했다. 그녀의 정치적 윤리관에 따르면 "인간을 위해 일하는 것과는 맞지 않았기 때문이다". 그녀의 첫 이베이 거래 품목은 훔친 물건이었다. 얼마나 마법 같은 일인가! 판매는 12배로 늘었고 100배가 되었으며 1,000배로 늘어났다. 아모루소는 돈을 다르게 보기 시작했다. "더는 물질적인 인간이 좇는 물질적인 추구라고 보지 않게 되었다. (…) 시간이 지나면서 내가 알게 된 것은, 여러 면에서 돈은 자유와 같은 의미라는 사실이다."

　《#걸보스》는 출간된 후 스스로를 열심히 환호하고 찬미했다. 아모루소는 〈뉴욕〉에 프로필이 올라갔다. 옥외 광고판과 택시는 귀여운 슬로건과 함께 책을 광고했다. "이 세상이 남자들의 것이라고? 누가 뭐래?" 그리고 몇 달 되지 않아 아모루소의 회사는 20명의 직원을 해고했다. 이듬해 1월 그녀는 CEO에서 물러났다. 2015년에는 전 직원 몇 명이 그녀와 내스티 갤을 고소했다. 어떤 여성은 자신이 임신을 통보한 후 해고당했다고 주장했고, 어떤 여성은 신장병으로 며칠 병가를 낸 후 해고되었다고 주장했다. 2016년 6월 아모루소는 〈포브스〉에서 선정한 '제2회 미국에서 가장 부유한 자수성가 여성'에 올랐다. 5개월 후 내스티 갤은 파산 신청을 했다. 2017년 《#걸보스》를 바탕으로 만든 TV 드라마가 넷플릭스에서 방영되었다. 아모루소는 이 드라마가 그녀의 브랜드와 회사를 위한 무료 마케팅이 되리라 생각했다고 〈베니티 페어〉 인터뷰에서 말했다. 그리고 덧붙인다. "물론 지금도 나에게 도움이 되고 있죠." 드라마 〈#걸보스〉는 1시즌 방영 도중에 캔슬되었다. 그즈음 아모루소는 이미 내스티 갤을 떠나고 없었는데 불타는 우주정거장에서 가까스로 탈출하여 우주를 유영하는 우주선이라고 할 수 있었다. 그녀는 곧바로 새로운 회사, 걸보스Girlboss를 차렸고 이 회사의 슬로건은 "우리 성공을 다시 정의하기"였다.

회사 홈페이지에 걸보스는 "강하고, 호기심 많으며, 야망 넘치는 여성들의 커뮤니티"라고 소개되어 있다. "우리는 자신을 마음껏 드러내면서 크고 작은 꿈을 좇는 소녀와 여성들을 지원합니다." 웹사이트에는 다음과 같은 블로그 글들이 올라온다. "밀레니얼 워커홀릭으로 살면서 내가 배운 네 가지", "어떻게 루피 카우르Rupi Kaur●는 자신만의 창의적인 세계를 끝까지 밀고 나가 베스트셀러 작가가 되었나!" 하지만 이 회사는 주로 행사 기획에 주력한다. 걸보스 콘퍼런스 혹은 "걸보스 집회"라 불리는 행사에서는 VIP 티켓을 700달

● 인도의 페미니스트이자 일러스트레이터로, 시집 《밀크 앤 허니》등이 베스트셀러에 올랐다.

러에, 온라인 시청권은 65달러에 판다. "절반은 콘퍼런스이고 절반
은 실험적인 영감을 주는 원더랜드"라고 주장하는 "걸보스 집회는
지루한 콘퍼런스 세상을 단번에 뒤엎고 차세대 사업가, 사내기업
가intrapreneur, 창의적 리더들이 만나 머리를 맞대 고민하며 기획하고
함께 성장해나가기 위한 공간을 창조한다."

　　말하자면 여기서 그리는 기본 그림은 이렇다. 여성에게 잘 받
는 사진이 주는 자신감은 이 세계의 부와 명예를 쟁취할 수 있는 열
쇠다. 아모루소는 자서전에 이렇게 쓴다. "지난 7년 동안 사람들이
내가 내스티 갤을 통해 팔았던 패션에 자신을 투영했듯이, 당신도
《#걸보스》를 이용해 무엇이든 할 수 있는 근사한 세상으로 당신을
투영하길 바란다." 걸보스 집회도 같은 방식으로 작동되는 것으로
보인다. 돈을 써서 인맥을 만들고, 밀레니얼 핑크와 형광 무대를 배
경으로 사진을 찍고, 사람들이 너도나도 불러주는 연사로 성장하
기 위한 첫발을 내디디라고 말한다. 이것은 진정 페미니스트가 가
져야만 하는 열성이고 노력이며, 실제로 그럴 수도 있다. 아니, 적
어도 그런 행사의 참가자들에게는 정답처럼 보였을 것이다. 이들
은 몇 년 동안 그럴싸하지만 약간 민망하고 어느 정도는 유혹적인
문구, 즉 페미니즘이란 그 무엇보다 먼저 나의 모습을 이 세상에 공
공연하게 전시하는 것이란 메시지의 폭격을 들어왔다(이후에 오드
리 젤먼Audrey Gelman과 로런 카산Lauren Kassan이 설립한 여성 전용 공유 오피
스인 '더 윙'도 세심한 브랜딩으로 성장하고 있다. 이 사업 또한 비슷하게 소
유욕 강하고 과시적인 에너지를 끌어모았고 지각 있는 회원들, 세련된 브랜
딩, 다양성 포용, 커뮤니티, 안전한 장소를 약속하며 비판을 원천 봉쇄했다.
2018년 12월, 다섯 개의 지역에서 운영되던 더 윙은 1년에 7,500만 달러를

투자받으면서 총 1억 1,750만 달러를 확보할 수 있었다. 투자자 대부분은 여성 벤처 투자가, 배우, 운동선수 등이었다. "이번 투자는 여성이 테이블 양쪽을 모두 차지할 수 있음을 알리는 증거입니다." 젤먼은 말했다).

이렇듯 계속 확장되는 '걸보스 페미니즘' 스토리의 원조는 셰릴 샌드버그Sheryl Sandberg와 넬 스코벨Nell Scovell이 함께 쓴 2013년도의 매니페스토 《린 인》이었다. 《린 인》은 예리하고, 이성적이고, 효과적인 방식으로 여성들에게 꿈의 주인이 되라고 권한다. 샌드버그는 페이스북의 최고운영책임자로 페이스북을 향한 본격적인 비판이 일기 전에 이 책을 썼다. 그녀는 흠잡을 데 없고, 믿음이 가는 주류 인물이었다. 능력 있고, 품위가 있으며, 부유하고, 열심히 일하는 백인 기혼 여성으로 개인의 노력과 열정이 중심이 되는 페미니즘을 강력하게 주장한다. 책의 초반부에서 그녀는 자신의 접근법이 사실 더 크고 집단적인 문제의 그저 부분적이고 개인적인 해결책밖에 되지 않을 것이라는 점을 인정하고 시작한다. 그녀는 여성이 사회적 장벽을 허물기 위해서 먼저 개인이 권력을 얻어야 한다고 말한다. 한편 어떤 이들은 먼저 그 장벽을 허물어야 더 많은 여자들이 힘을 얻을 수 있다고 믿는다. 두 가지 방법이 "동일하게 중요하다"고 샌드버그는 쓴다. "나는 여성들에게 닭을 먼저 말하라고 추천하고 싶다." 닭은 개인적 해결책이다. "그러나 나는 달걀에 집중하는 이들도 온 마음으로 지지한다."

안타깝게도, 치킨이 더 맛있는 법이다. 개인의 성취와 만족이라는 페미니스트 이론의 활용법을 제시하자—이 두 개념은 아주 쉽게 자기 홍보와 자기 도취로 흐를 수 있다—여성들은 즐겁게 물었다. 정치를 중심으로 한 정치보다 돈을 벌고 쓰는 것을 중심으로 한 정치가 더 섹시해 보인다. 그렇게 해서 여성에게 전례 없는 자유와 권력이 주어진 시대에 우리는 더 나은 생식권 보호와 동일 임금과 연방정부가 주도하는 유급휴가 지원과 육아 보조금과 최저 임금 인상 대신에, 자기 만족적인 임파워먼트 페미니즘을 얻었다. 기업이 기회를 엿보고 상품 제작을 시도하는 종류의 상업적인 페미니즘 말이다. "남자의 눈물Male Tears"이라는 문구가 쓰인 머그컵, "존나 멋진 페미니스트Feminist as Fuck" 같은 문구의 티셔츠가 팔렸다(2017년 디올은 "우리는 모두 페미니스트가 되어야 합니다" 셔츠를 710달러에 팔았다). 우리는 콘퍼런스를 열었다. 끝없는 콘퍼런스가 열리고 또 열렸다—〈포브스〉 여성 콘퍼런스, 티나 브라운 여성 콘퍼런스, 〈코스모폴리탄〉 펀 앤 피어리스 여성 콘퍼런스 등이 열렸다. "스트레스와 번아웃 전염병"의 종식을 목표로 기업의 웨비나webinar와 당신의 침대에서 스마트폰을 떼어놓기 위해 65달러짜리 벨벳 무선 충전기를 사면 된다고 말하는 아리아나 허핑턴의 스라이브 글로벌도 있었다. 그래서 우리는 뻔뻔한 사기꾼 미키 아그라왈Miki Agrawal을 갖게 되었다. 띵스Thinx라는 생리용 속옷 라인으로 종종 언론샤워를 받았고 스스로 자랑스럽게 "She-E-O"라 칭했지만, 알고 보니 직원들을 착취하고 페미니즘은 전혀 모르고 신경도 쓰지 않았던 여성이다. 우리가 가진 건 여성들이 이 사회에서 실제로 더 나은 기분으로 살아갈 수 있게 해줄 구조적인 지원과 안전망이 아니라 답을 주지 못하는 상품으로 채워진, 바닥이 뚫린 풍요의 뿔이다. 우리는 피부 세럼, 적외선 사우나 그리고 자신의 질에 옥 달걀을 넣는 것으로 유명한 기네스 펠트로 같은 웰니스 구루wellness gurus*를 갖게 되었다. 아만다 샹탈 베이컨Amanda Chantal Bacon과 그녀의 회사 문 주스가 1.5온스에 38달러나 받고 판매하는 음료수를 갖게 되었다.

시장 친화적인 페미니즘의 날개 위에 올라와 있는, 개개인의 성취가 정치적 체제 전복의 한 형태라는 개념은 복음처럼 받아들여졌다. 이 안에 깃든 가장 큰 속임수는 이것이 완전히 틀리지는 않았지만 불완전하고 불충분하다는 점이다. 페미니스트 사기꾼 중 누군가에게 일부러 사기를 치기 위해 나선 사람은 거의 없고, 아마도 누군가는 그녀들이 이 사기 카테고리에 속하지 않는다고 주장할 수도 있다. 그녀는 그저 성공하고 싶었고, 남성들이 너무도 쉽게 가져가는 도구를 얻고 싶었고, 자신이 원하는 종류의 삶을 살고 싶었다. 그녀들은 그것을 가져야만 한다. 그렇지 않은가? 문제는 개인을 우선시하는 페미니즘은 언제나 그 근본에서 집단을 우선시하는 페미니즘과 상충할 수밖에 없다는 점이다. 문제는 오늘날 여성이 어떤 이상을 붙잡고 믿고 이용하고 차용하지만, 그 방식이 실제로는 이상에 반하는 결과를 가져오기도 한다는 점이다. 이것이 바로 오늘날의 성공 생태계가 여성에게 그렇게 하라고 등을 떠미는 행동이다.

내가 이 세계를 이렇게 잘 아는 이유는 내 경력이 사실은 돈이 되는 페미니즘에 크게 의지하고 있기 때문이다. 그리하여 나 또한 이 사기 카테고리에 아주 가깝게, 아니 어쩌면 이 안에 살고 있으나 다만 양심에 어긋나는 짓만 하지 않고자 노력하고 있는지도 모른다. 만약 "페미니즘을 진지하게 여기는 여성"과 "페미니즘을 개

- 웰니스는 웰빙well-being과 건강fitness의 합성어로, 2000년대 이후 미국 중산층을 중심으로 하나의 라이프스타일로서 개념이 확장되었다. 그러나 과학적으로 입증되지 않은 허위광고를 한다거나, 지나친 상업화, 여성의 대상화 등을 이유로 숱한 논란도 모으고 있는데 기네스 펠트로도 그중 하나다.

인 브랜드로 파는 여성" 사이에 그어진 흐릿한 선이 있다면 조금은 전자로 향하려는 것뿐이다. 나는 페미니즘 굿즈들, "끝장나는badass" 역사적 여성이 실린 귀여운 일러스트레이트 책, 코워킹 스페이스와 임파워먼트 콘퍼런스를 되도록 멀리하고 있다. 하지만 나도 이 세계의 일부이고 이 안에서 이득을 취하고 있다. 이 현상의 공허함을 비판하지만, 내가 하는 어떤 일이건 여기에 연루되어 있다.

너무나 확실한 사기들

이렇듯 경계선에 걸쳐 있거나 고의가 아니거나 거의 보이지 않는 사기의 세계 안에서, 너무도 명백하고 의심할 여지 없이 그저 터무니없다는 말로밖에는 설명할 수 없는 사기라는 카테고리가 있어서 얼마나 다행인지 모르겠다. 그중 한 사기는 실리콘 밸리가 "로 워터raw water"에 잠시 관심을 가졌던 시기에 떴다. 로 워터는 인공 처리를 하지 않은 자연 그대로의 하천이나 호수의 물로, 박테리아가 그대로 살아 있고 수돗물에 함유된 칼슘이나 미네랄 성분이 없다. 2017년 〈뉴욕타임스〉의 스타일 섹션은 베이 에어리어의 천연수 신봉자들에 대한 기사를 실었다.

> 배틀 씨는 물 한 잔을 따르면서 말했다. "수돗물에서는 신선한 맛을 느낄 수가 없어요. 그런데 이 물은 지붕에서 떨어지는 걸 내가 봤기 때문일까요? 지붕에서 떨어지는 건 무엇이든지 특별하게 느껴져서 그럴까요? 뭐, 그럴 수도요."

물론 역대급 조롱이 쏟아졌다. 이런 이야기들과 그에 따르는 재기 넘치는 비웃음은 표면적으로는 사기의 예방책으로 보인다. 우리는 생각한다. 아이고 저 머저리들, 촌충이 득실거리는 물을 마신다네. 우리는 저런 헛소리에 넘어갈 만큼 멍청하지 않아. 그런데 이런 이야기들이 음식 섹션에 몇 번 올라온다. 음식 섹션은 사업가들이 우리의 건강하지 않고 타락한 환경에서 건강이나 진정성과 관련된 마법의 사고라는 화수분을 찾아내 쉽게 자본으로 만들어내는 곳이다. 그러다가 그들이 어리석음이나 무능력의 끝을 보여주게 되면, 우리는 그 광고에 속아 넘어간 한심한 바보들을 비웃는다.

로 워터 전에는 700달러짜리 주스 제조기를 만들어 1억 2,000만 달러를 투자받은 신생 기업 주세로Juicero가 있었다. 개별 포장한 과일과 채소가 로스앤젤레스에서 고객에게 배송되면, 고객은 이 팩을 그대로 주세로 기계에 넣는다. 그러면 기계가 팩을 스캔하고 데이터베이스를 검토해서 한 컵의 주스를 내려준다. 구글 벤처스의 한 임원은 〈뉴욕타임스〉와 인터뷰하기를, "내가 투자한 것 중 가장 복잡한 사업이다"라고 말했다. 이 업체의 창립자는 주스 기계가 항공기 부품으로 사용되는 최상급 알루미늄으로 제작되었고 열 개의 전기 회로판이 있어 수천 파운드의 압력으로 팩을 눌러준다고 광고했다. 그러나 막상 출시되자 〈블룸버그〉는 실은 이 기계가 필요 없다고 보도했다. 주세로에서 보낸 팩을 그냥 손으로 잡고 짜면 기계를 이용하는 것보다 빨리 주스를 만들 수 있었던 것이다. 회사는 그 즉시 웃음거리가 되었고 몇 달 후에 파산했다.

물론 노골적인 사기와 사실을 크게 부풀린 과장 광고를 명확하게 구분하는 것이 매우 어려운 건 사실이다. 그래도 구분할 수 있는 한 가지 방법은 명백한 허위 사실을 찾아내는 것이다. 2015년 한 음식 블로거가 수제 초콜릿 매장을 운영하는 릭 마스트와 마이클 마스트에게 그렇게 할 수 있었다. 멋스러운 턱수염을 기르고, 영국 록 밴드 멈포드 앤 선즈처럼 옷을 입는 마스트 형제는 브루클린에 고급 수제 초콜릿 매장을 열었다. 하나에 10달러였다. 마스트 형제가 자랑스럽게 광고하는 이 매장의 콘셉트는 "빈 투 바bean to bar"로, 초콜릿의 원재료인 코코아 빈을 직접 녹여서 바 형태의 초콜릿을 만드는 것이다. 그러나 댈러스의 스콧 크레이그라는 블로거는 마스트 형제가 "용해업자"들임을 폭로했다. 그들은 지난 몇 년간 대량으로 상업용 초콜릿을 사서 용해한 다음 다시 굳히고 이탈리아 수입산 종이에 포장해 팔아왔다. 이 사실이 폭로된 후 인터넷 세상에서 또 한 번 샤덴프로이데가 쓰나미처럼 몰려왔다. 처음에는 마스트 형제에 대한 비난과 조롱으로 시작되었지만, 언제나 그렇듯 그 제품을 산 바보들에 대한 비웃음으로 옮겨갔다. 너희 젠트리파이어gentrifier들은 힘들게 번 돈으로 수제 쓰레기를 사는구나. 트위터와 블로그에서 사람들은 신나서 낄낄거렸다. 인스타그램 중독자들의 선택: 석 달 치 집세를 내고 듣보잡 페스티벌에 감! 너무 돈이 넘쳐서 망할 주스 한 잔 내리는데도 QR코드가 필요한 인간들.

이러한 사기 뉴스가 악랄하고도 만족스러운 지점은, 사기꾼의 정체가 밝혀진 뒤 대중의 열화와 같은 관심은 사기꾼을 옹호하는 쪽으로 바뀌기도 한다는 점이다. 때로 이들은 미국이 특별히 애정을 갖는 우리 동네 영웅으로 재설정되기도 한다. 발명이나 자수성가라면 사족을 못 쓰는 이 나라 국민들이 끌려가는 논리적인 결말이라고도 할 수 있다. 뻔뻔한 사기꾼에 관한 이야기는 우리에게 두 가지 방식의 사기를 즐기게 한다. 먼저 사기꾼의 정체가 노출되고 망신당하는 것을 보며 즐거워하지만, 다시 그 사기를 돌아보면서는 사기꾼들이 사람들에게 바가지를 씌우는 장면에서 대리 만족을 얻기도 한다. 이 뻔뻔한 사기꾼들은 사기 행각을 영광스러우면서도 지속 불가능한 것으로 보이게 만든다(현실에서 진정 효과적인 결과를 만든 이들은 안티 백신 운동의 선구자들로, 이들은 사기가 들킨 다음에도 흐름이 이어지게끔 만들었다). 2016년 플로리다의 십 대 청소년 말라치 러브 로빈슨은 무면허 의료 행위로 체포되었다. 그는 재규어를 사기 위해 신분증을 도용했고 가짜 의사로 적발된 후에도 또다시 의사로 취직했다. 2018년 〈뉴욕〉의 기자 제시카 프레슬러는 이른바 '소호 가짜 상속녀'로 불리는 애나 델비의 추적 기사를 썼다. 가난한 젊은 여성인 그녀는 독특한 유럽 억양 하나로 참으로 쉽게 호텔을 제집처럼 드나들고 개인 경비행기를 타고 다니면서 뉴욕 예술계 인사들에게 자신은 백만장자의 상속녀이며 당장 몇천 달러만 있으면 된다는 말로 돈을 빌렸다. 오늘날의 관점에서는 말라치 러브 로빈슨이나 애나 델비는 굉장히 큰 영감이 되는 인물이 아닐까. 내가 여성 콘퍼런스를 다니고 또 다녔다면 거기서 해준 말이 바로 정확히 이런 유의 자기기만이 아니었을까. 이유를 막론하고 당신이 무언가를 가져야만 한다고 결정하고 그것을 좇아라. 그러면 당신은 이 세상의 어딘가 높은 곳에 있게 되리라.

어쨌거나 이것은 35세의 테라노스 CEO이자 창립자인 엘리자베스 홈즈가 선택한 전략이기도 했다. 실리콘 밸리에 혜성처럼 나타난 테라노스는 한때 기업가치 90억 달러를 상회하는 기업으로 성장했으나, 이들이 약속한 획기적인 혈액검사 기술은 애초에 존재하지 않았다. 비정상적으로 매사에 철저한 성격, 금발 생머리, 스티브 잡스에 대한 집착, 자신을 보호하기 위한 전략으로 사용하는 듯한 특이한 목소리를 가진 홈즈는 19세에 혈액 한 방울로 다양한 질환을 진단하는 혈액검사 키트를 개발했다(그녀는 평생 주사를 두려워했는데 이 이야기는 그녀를 따라다니는 신화가 되기도 했다). 그녀는 2004년에 테라노스를 설립해 그해 말에 600만 달러를 투자받았고 이사회를 유명 인사들로 채우기 시작했다. 헨리 키신저, 제임스 매티스(전 국방부 장관), 샘 넌, 데이비드 보이스(재판 전문 변호사). 그녀는 루퍼트 머독과 벳시 디보스(전 교육부 장관)를 끌어들이는 데도 성공했다. 그녀의 테드 강연 영상은 인기리에 퍼졌다. 그녀는 〈뉴요커〉에 프로필 기사가 나갔고 〈글래머〉에서 올해의 여성상을 탔으며 다보스 포럼과 아스펜 아이디어 페스티벌의 무대에 올랐다. 〈포브스〉는 그녀를 전 세계에서 가장 어린 나이에 자수성가한 여성 억만장자로 꼽았다. 그리고 2015년 존 캐리루는 〈월 스트리트 저널〉에 테라노스가 야바위에 불가하다는 사실을 폭로했다. 테라노스는 당시 최대 약국 체인인 월그린과 수퍼마켓 체인 세이프웨이와도 접촉하고 있었으나, 그때까지 대부분의 혈액검사는 다른 회사의 기계를 사용한 것이었다. 초소형 진단 키트는 광고한 대로 기능하지 않았다. 이 회사의 내부 인사들은 이제까지 실험 결과를 속였다.

처음에 홈즈는 이 기사에 반박했다. 간부 회의에서는 자신이 스탠퍼드대학에서 성폭력을 당했다고 고백하며 연민을 얻으려는 시도를 하기도 했다. 그녀는 CNBC에 나가 말했다. "처음에 사람들은 당신이 미쳤다고 생각하고, 그다음엔 당신과 싸우겠죠. 하지만 당신은 세상을 바꿉니다." 하지만 캐리루의 기사는 처음부터 끝까지 옳았다. 홈즈와 남자친구인 서니 발와니는 몇 년간 진실을 알고 있는 사람들을 해고하거나 입을 막아왔다. 2016년 미국 보건복지부 산하 기관은 홈즈에게 2년간 진단 실험실 소유나 이용을 금했다. 2018년 3월 미국 증권거래위원회는 그녀를 고소했다. 그녀는 테라노스 주식을 반환했고 이후 10년간 기업 간부나 CEO 활동이 금지되었다. 2018년 5월 캐리루는 테라노스의 흥망성쇠를 집요하게 추적한 《배드 블러드》를 출간했고, 이를 통해 드러난 홈즈의 모습 중에서 가히 종교적이라 할 수 있는 자기도취는 소시오패스에 가까웠다. 그녀는 회사 파티에서 이렇게 말하기도 했다. "우리 회사의 미니 연구실은 인류가 만든 가장 위대한 작품입니다." 2018년 6월 홈즈는 연방대법원에 9건의 사기 혐의로 기소되었다.

홈즈는 빌리 맥팔랜드나 애나 델비와는 달리 흥미를 돋우는 유명 인물이 되지는 않았다. 이는 아마도 그녀가 부자 바보들을 속여먹었기 때문일 수도 있다(미국인들은 이런 일을 은근히 반기는데, 본능적으로 그리고 정확하게 부자 바보들이 이 나라의 나머지 사람들에게 사기를 쳐서 이익을 취해왔다고 느끼기 때문이다). 홈즈는 멀리 가도 너무 멀리 갔다. 그녀는 자신의 부와 명예를 위해 낯선 사람들의 건강 문제를 두고 장난질을 쳤다. 홈즈의 사기 규모는 너무 크고 공포스러워서 사실 웃을 수가 없다. 그녀는 몇 년간 전 세계에서 가장 놀라운 성공 스토리의 주인공이었다. 홈즈가 영예를 누린 그 어이없을 정도로 긴 시간은 이 시대의 우울한 진실을 그대로 드러내기도 한다. 사기꾼들은 가장 높은 곳에 있을 때 가장 안전하다.

혁신기업들disruptor

현재 1조 달러의 기업가치를 지닌 아마존의 원래 이름은 '끈질긴'이라는 의미의 리렌트리스Relentless였다. 친구들이 너무 공격적으로 들린다고 했지만, 제프 베조스는 그 이름을 도메인으로 인터넷 주소를 만들었다―지금도 리렌트리스닷컴relentless.com을 입력하면 아마존 홈페이지로 연결된다. 아마존은 우리가 생각할 수 있는 거의 모든 것을 살 수 있는 곳이다. 1816년 판본 성경책(2,000달러), 《#걸보스》의 새로운 하드커버(15.43달러)와 중고 페이퍼백(2.37달러), 아마존 자체에서 출간한 초현실 로맨스 전자책(가격은 다양), 굿이어 SUV 타이어(아마존 프라임으로 121달러), 조지아퍼시픽의 자동 휴지 디스펜서(아마존 프라임으로 35달러), 3,000 조지아퍼시픽 휴지(역시 아마존 프라임으로 35달러), 10달러 미만 가격부터 시작하는 1,000종 이상의 핸드폰 케이스, 내 이름과 로고를 새길 수 있는 연필 5,000자루(1,926달러), 양의 태반과 배아로 만든 피부 세럼 한 병(49달러), 바나나 한 다발(2.19달러), 다이아몬드 내추럴 어덜트 리얼미트 개 사료(36.99달러), 날씨를 알려주고 차이콥스키를 틀어주고 필요하면 경찰에게 증거 자료로 제출되기도 하는 음성 제어 아마존 하드웨어(39.99~149.99달러), 1942년 영화 〈카사블랑카〉의 시청권(3.99달러), 아마존이 제작한 드라마 〈마블러스 미스 메이슬〉 1, 2시즌(아마존 프라임 회원이면 무료인데, 실은 미국 가정의 절반 이상이 이 서비스를 이용 중이다), 다양한 데이터를 저장할 수 있는 클라우드 컴퓨팅 서비스(가격은 다양하지만, 품질은 다른 제품과 비교도 안 되게 우수하다―CIA가 아마존 클라우드를 사용한다) 등이 그렇다. 나의 아마존 홈페이지는 현재 두 시간 내 식료품 배달 서비스를 광고한다. 인터넷 쇼핑 이용자의 56퍼센트가 물건을 살 때 가장 먼저 아마존부터 검색한다.

아마존은 한마디로 문어다. 민첩하고, 유연하고, 촉수가 뻗어 있고, 영리하며, 독소가 있고, 매력적이고, 작디작은 구멍으로 빠져 나갈 수 있을 정도로 몸을 자유자재로 움직인다. 아마존은 오프라인 소매 매장을 모두 씹어 먹어버렸다. 2017년에는 대략 8,600개의 매장이 문을 닫았는데, 경제 침체가 절정에 달했던 2008년에 6,200개의 매장이 문을 닫았으니 이때보다도 큰 숫자다. 이 기업은 사무용품 매장, 장난감 매장, 전자제품 상가, 스포츠용품 매장을 몰살시켰다. 그리고 이제 식료품 체인 홀푸드도 인수했으니, 식료품 가게들도 조만간 사라질 것이다. 아마존은 수년간 벤처 자원으로만 운영하며 손해를 감수하다가 이제는 모든 경쟁사를 죽여버릴 정도로 낮은 가격을 제공할 수 있고, 아마도 거의 틀림없이 최초의 불법 수요독점monopsony 기업일 것이다(수요독점 기업이란 한 구매자가 거의 대부분의 판매자로부터 상품을 구매하는 것이고, 공급독점 기업이란 그 반대를 말한다). 이 모든 것은 90년대 헤지펀드 회사에서 일하던 베조스가 온라인으로 책이나 팔아볼까 생각한 아이디어에서 나왔다.

베조스가 책을 택한 이유는 독보적인 시장 기회로 보였기 때문이다. 오프라인 서점들은 시장에 있는 수많은 책 중에서 극히 일부만 매장에 들여놓고 파는 반면, 온라인 서점은 기본적으로 무제한 재고를 유지할 수 있다. 또한 2014년 조지 패커가 아마존이 서점 업계를 지배하기까지의 과정을 상세하게 취재하고 쓴 〈뉴요커〉 기사에 따르면, 책은 베조스가 "경제적으로 여유 있고 고등교육을 받은 구매자들의 소비 습관을 추적할 수 있는 방법"이기도 했다. 아마존은 이때 수집한 데이터를 바탕으로, 책을 파는 방식으로 또 무엇을 팔 수 있는지 알아냈다. 그러니까 최소한의 이윤만 남기고 부자연스러울 정도로 최저가에 파는 방식 말이다. 기업이 계속 성장하는 한 "투자자들은 돈을 쏟아붓고 월 스트리트들은 순이익에는 그렇게까지 큰 관심을 기울이지 않는다". 아마존은 베조스가 회사를 시작하고 7년이 지난 2001년까지만 해도 적자를 면치 못했는데, 그 시점까지는 인간의 본능과 사용자 인터페이스를 효과적으로 결합하는 과정에 있었다. 위 기사에서 패커는 아마존에서 물건을 구매하는 일이란 무언가 본능적이고 반사적인 것, 이를테면 가려운 데를 긁는 것과 같은 기분을 느끼게 한다고 말한다.

이와 같은 규모에서의 효율성은 극단적인 가치평가 절하를 요구한다. 아마존을 이용한다는 것은—나도 이 기업의 노동관행을 알면서도 몇 년간 정기적으로 이용해왔다—모든 것이 가능한 한 최소한의 가치를 가진 세상, 어쩌면 사람의 가치마저도 최소한으로 매기는 세상을 받아들이고 끌어안겠다는 뜻이다. 아마존의 '적자생존' 기업 문화는 혹독하기로 악명 높다. 2015년 〈뉴욕타임스〉는 한 기사에서 아마존을 이렇게 묘사한다. "화이트칼라 노동자들을 어디까지 쥐어짤 수 있는가에 대한 비밀스러운 실험을 실행 중이며 무엇을 어디까지 받아들일 수 있는가에 대한 기준을 다시 세우고 있다." 어느 전 직원은 이렇게 말한다. "나와 같이 일한 거의 모든 직원이 자기 책상 앞에서 엉엉 울곤 했다." 물류창고 직원이나 블루칼라 노동자의 근무환경은 더 가혹하다. 아마존은 최근까지도 용서할 수 없는 수준으로 시급이 짰다. 베조스는 세계에서 가장 부유한 사람이지만 그의 회사 물류창고 직원들의 수입은 연방정부의 빈곤선 근처에서 머문다(물론 이것이 그가 전 세계에서 가장 부유한 사람인 이유 중 하나일 것이다). 아마존 물류창고의 직원들은 다른 창고 직원들과 달리 노동조합이 없고 임시 계약직으로 분류되는데, 따라서 몇 년간 이 회사는 직원 복지를 제공하지 않아도 되고 업무 특성상 부상이 잦을 수밖에 없는 직원들이 재해를 당했을 때 제기되는 보상청구권을 피할 수 있었다. 금속 탐지기를 통과해 들어간 직원들은 아마존이 특허를 낸, 직원 추적 장치인 밴드를 팔에 부착하고 형광등 조명이 내리쬐는 거대하고 건조한 창고 안을 잰걸음으로 맴돌면서 30초 만에 제품을 포장해야 한다(새로운 추적 장치는 너무 느리게 움직이는 직원들에게 진동음으로 경고를 보낸다). 2012년 진보 성향의 격월간지 〈마더 존스MotherJones〉의 기자 맥 맥클레랜드Mac McClelland가 신분을 숨긴 채 아마존의 물류창고 직원으로 잠입 취재를 했는데, 매니저들은 직원이 화장실에 가는 시간도 확인했으며—그들이 벌점을 피하기 위해 물병에 소변을 본다는 이야기는 이미 여러 사람에게 들었다—맥클레랜드가 묘사한 "목표 달성을 위한 자사의 속도"를 군말 없이 따르지 않는 직원들은 즉각 해고되었다.

직원들의 잦은 파업 덕분에 이 기업의 노동자 처우에 대한 지속적인 비판이 이어지기 전까지, 아마존의 창고는 대체로 겨울에는 난방이 되지 않았고 여름에는 쩌 죽을 듯이 더웠다. 펜실베이니아에 혹서가 닥쳤을 때 이 기업은 에어컨을 개선하는 대신 염가의 해결책을 내놓았다. 문 앞에 구급차를 대기시키고 탈수나 일사병으로 쓰러지는 사람을 실어 나른 것이다. 노동자들은 때로 창고 바닥에서 의식을 잃었고 곧바로 해고되었다. 바로 이런 방식 때문에—노동을 포함한 모든 것을 최대한 일회용처럼 취급했기 때문에—아마존이 이토록 성공한 것이다. 이 기업의 경영 방식은 월마트와도 같지만, 한 가지 다른 점이 있다면 부유한 사람들에게도 사랑을 받았다는 것이다. 이 회사가 창조하고 의지한 저급한 노동 조건은 아주 편리하게도 컴퓨터 화면 뒤로 숨길 수 있기 때문이다. 2018년 이 기업은 사회적인 압박에 창고 직원들의 최저 임금을 시간당 15달러로 올리기로 결정했다. 그리고 같은 직원들의 휴가 보너스와 인센티브를 줄이고 무상 주식을 받을 기회를 차단했다.

밀레니얼 시대에 성공한 비즈니스 모델은 착취할 수 있는 모든 삶의 현장 구석구석에서 현금을 쥐어짜내어 사회 구조를 붕괴시키는 것이라 할 수 있다. 우버와 에어비앤비 또한 비슷하게 "파괴적"이다. 아마존이 주州 판매세를 무시한 곳에서 우버는 지역 교통법규를 무시했고 에어비앤비는 규제받지 않는 호텔에 대한 법을 무시했다. 우버와 에어비앤비와 함께, 지속적인 혁신의 미학은─결정적으로 이 저렴한 경험이 고객들에게 안심의 느낌을 주지만 이 고객들은 그와 밀접한 쥐어짜임을 당한다─이 기업들 성장의 가장 큰 돌파구가 무엇인지 못 보게 한다. 즉 이들이 후기 자본주의의 치열함과 스트레스를 성공적으로 자본화했다는 사실이다. 회사가 아니라 보호받지 못하는 개인이 경쟁하게 하여, 노동자와 소비자가 이 기업이 져야 할 책임과 리스크를 부담하는 패러다임을 일반화한 것이다. 에어비앤비는 뉴욕시의 이용자들에게 아파트를 빌리는 건 위법이라고 말해주지 않았다. 우버 또한 아마존처럼 시장을 장악하기 위해 인위적으로 가격을 최대한 낮추었다가 결국 올리는 방법을 사용했고, 그 사이에 운전자들에게 지급하는 임금은 심각하게 낮추었다. "우리는 강도 귀족의 시대에 살고 있다." 존 울퍼트는 브래드 스톤이 쓴 실리콘 밸리에 관한 책 《업스타트》에서 이렇게 말한다(울퍼트는 카뷸러스의 CEO였는데, 카뷸러스는 우버와 비슷한 회사로 샌프란시스코의 택시 조합과 대치하지 않고 협력하려고 했다). "당신에게 충분한 돈이 있고 전화를 걸 만한 인맥이 있으면, 당신은 법규들을 얼마든지 무시할 수 있고 그것을 홍보 방법으로 사용할 수도 있다."

벤처 캐피털 붕괴 스펙트럼의 다른 끝에는 아무것도 안 하면서 돈을 쓸어 담는 몇몇 회사가 있다. 트위스트Twist라는 벤처 기업은 약속에 늦었을 때 친구들에게 문자를 보내주는 앱을 만들어 600만 달러를 투자받았다. 곱슬머리를 가진 사람들을 위한 소셜 네트워크인 내추럴리컬리NaturallyCurly는 120만 달러를 모았다. 인터넷에서 검색한 풍경이나 장소와 어울리는 향기를 내뿜는 디지털 향 제조기를 출시한 디지센츠Digiscents는 2,000만 달러의 투자를 유치받았다. 신용카드 결제 내역을 공개하는 금융정보 소셜 네트워킹 서비스 블리피Blippy는 1,300만 달러를 투자받았다. 웨이키Wakie는 알람 시간을 맞추면 모르는 이성이 원하는 시간에 전화하여 깨워주는 모닝콜 앱 서비스로 300만 달러를 투자받았다. 그중에서도 가장 악명 높은 앱은 요Yo일 것이다. 이것은 사용자들이 서로에게 "요Yo"라는 단어를 보내는 서비스로 2014년에 150만 달러를 투자받았다. 이렇듯 이른바 벤처 기업들은 사회적으로 인정받는 버전의 밀레니얼 사기를 대표한다. 멍청한 아이디어를 내고 "창업자"가 되어 거액을 투자받은 다음, 할 일이 많아지기 전에 회사를 매각하는 것은 하나의 꿈이 된다.

이런 방식으로 성공을 이해하면, 그것은 곧 로또 당첨이 된다―실은 오늘날 사회에서 살아남는 것 자체가 로또처럼 보이기도 한다. 당신이 엄청나게 운이 좋으면, 모두가 당신을 좋아하면, 당신에게 사기와 같은 기술이 있으면, 앉아서 수백만 달러를 벌어들일 수 있다. 그와 마찬가지로 당신이 엄청나게 운이 좋고, 모두가 당신을 좋아하고, 당신이 고펀드미Gofundme*를 입소문 나게 만들 수 있으면, 당신은 인슐린 비용을 벌 수도 있고 자전거 사고를 당해서 필요한 다리 수술비도 아기를 낳는 데 필요한 1,000달러도 충당할 수 있다. 어쨌든 생활비는 너무 높기에, 당신은 뉴욕 택시 운전사들의 자살 뉴스를 읽으면서도 조금 더 싸다는 이유로 택시 업계를 망가뜨린 벤처 캐피털 지원을 받는 회사에서 보내주는 차를 타고 있을 수도 있다. 동네 상점에서도 충분히 살 수 있는 강아지 배변 봉투를 이틀 만에 배송받기 위해 물병에 소변을 봐야 하는 창고 직원들을 착취하고 있는지도 모른다. 세상은 나의 편리함을 위해 모든 것을 이렇게 돌아가게끔 만들었다고 말하지만, 사실 내 삶은 상대적으로 너무 쉽다. 나는 딸린 식구도 없고 장애를 갖고 있지도 않다. 나는 사회적 합의를 어기면서까지 아마존을 이용할 필요가 없다.

이렇게 나 자신의 도덕이 막다른 골목에 처했다는 감각 이외에도 이 상황에서 나를 정말 불편하게 하는 건 중간 상인이 사라진 이 시대가 어떻게 보면 모든 사람을 보다 평등하게 만들었다는 생각이다—기술적인 장벽은 없고 서로 경쟁하는 공정한 사회로 안내하긴 했다. 하지만 벤처 자본은 사회 자본이고 인맥과 접근성과 편안함에 따라 배분된다. 벤처 캐피털 기업의 파트너는 76퍼센트가 백인 남성이다. 흑인은 오직 1퍼센트다. 2017년 전체 벤처 캐피털의 4.4 퍼센트가 여성이 설립한 회사로 갔는데, 이는 2006년 이후 가장 높은 비율이었다. 지금까지도 오직 백인 남성들만이 아마존과 우버가

* 크라우드펀딩 플랫폼이다.

가는 길로 성큼성큼 걸어갈 수 있다. 규제를 요리조리 피하고, 보호 조치를 줄이고, 법적 책임은 남에게 미루고, 육체적으로 그 일을 하는 사람들에게서 가능한 한 많은 돈을 빼앗는 비즈니스 모델 말이다. 세상이 변하여 여성과 소수민족도 그들만의 베조스가 되는 날이 온다 해도 모두를 위한 승리는 되지 못할 것이다.

선거

마지막으로, 밀레니얼 세대의 가장 확실한 사기는 자기가 사기꾼임을 감추지 않는 사람이 2016년 미국의 대통령으로 당선된 것이라 할 수 있다. 도널드 트럼프는 일평생 사기꾼으로 살았고 그 점을 당당하게 내보였고, 자랑스러워했으며, 앞으로도 멈추지 않을 것으로 보인다. 정치에 발을 들이기 전부터 수십 년 동안 그는 직설적이고 자수성가한 포퓰리스트 부동산 재벌이라는 사기적이고 과장된 서사를 스스로에게 부여해왔다. 그 거짓말이 언제나 눈에 빤히 보인다는 점은 어찌 보면 그의 매력의 핵심이기도 했다. 1987년 대필작가가 쓴 사업 조언서인 《거래의 기술》에서 트럼프는—지금도 그렇지만 그때도 경박하고 호화로운 마천루 자체처럼 보인다—"진실된 과장법truthful hyperbole"이라는 용어를 만들어냈는데, 이는 "해롭지 않은 형식의 과장이고 홍보를 위한 매우 효과적인 수단"이라고 한다. 그는 심야 토크쇼인 〈레이트 쇼 위드 데이비드 레터맨〉에 나와 책을 팔면서 자신의 실제 자산가치는 밝히지 않았다. 1992년에는 영화 〈나 홀로 집에 2〉에 카메오로 출연해 대리석 기둥과 크리스털 샹들리에가 번쩍번쩍한 플라자 호텔 로비에서 맥컬리 컬킨에게 길을 가르쳐준다(이것은 장소를 협찬한 조건으로, 트럼프 호텔에서 촬영하려면 시나리오에 트럼프가 들어가는 장면을 넣어야 했다). 그해 그는 두 번째로 파산 신청을 했다. 세 번째로 파산 신청을 한 2004년에 뛰어난 사업가인 그는 TV에서 사람들을 해고하는 프로그램인 〈어프렌티스〉의 사회를 보았고, 어마어마한 성공을 거두었다.

하지만 트럼프가 부리는 사기의 기교는 과대광고를 넘어 더 깊이 흐르고 있다. 그는 언제나 사람들을 착취하고 학대하면서 수익을 창출해왔다. 70년대에는 정부 자금으로 개발한 저소득 주택 단지에서 흑인들을 쫓아내는 약관을 만들어내어 리처드 닉슨 사법부에 고소를 당하기도 했다. 1980년 트럼프 타워의 지반 공사를 할 때는 불법 폴란드 이민자 200명을 고용하여 이들에게 장갑이나 안전모를 제공하지 않았고, 때로는 현장에서 숙식하게 했다. 1981년에는 센트럴 파크 사우스에 있는 빌딩을 사서 임대료가 통제되던 이 아파트를 고급 콘도로 바꾸려고 했지만, 세입자들이 떠나지 않자 불법 퇴거 조치 공지를 붙이고, 난방과 온수를 차단하고, 노숙자에게 이 공간을 지급한다는 신문 광고를 내기도 했다. 그가 웨이터, 건설 노동자, 배관공, 운전기사의 월급을 떼어먹은 역사는 너무 오래되어서 일일이 세기도 힘들다. 그는 아이린 밀린과 마이크 밀린이라는 사기꾼 부부에게 자신의 이름을 사용하도록 빌려준 적이 있는데, 이들이 세운 "부자 되기 워크숍" 회사인 트럼프 연구소는 자료를 표절하다가 2008년 파산했다. 그는 자기 책을 수만 권 사재기하여 판매 부수를 조작하기도 했다. 그가 세운 자선 단체인 트럼프 재단은 자선 활동에 돈을 한 푼도 쓰지 않았으며 여러 차례 자금 유용 혐의를 받았다. 이런 사기 행태는 작은 일에 적용되었을 때 더욱 구역질 나는데, 트럼프는 체스팀의 토너먼트 출전을 위해 5,000달러를 모금 중이던 브롱크스 초등학교에서 일일 교장을 맡은 적이 있다. 카메라 앞에서 어린이들에게 100만 달러가 찍힌 가짜 수표를 건네고 사진을 찍었지만 나중에 그들에게 우편으로 보낸 돈은 200달러였다.

대통령 자리에 오르기 전, 트럼프가 저지른 가장 소름 끼치는 사기는 트럼프대학Trump University 사건이다. 그는 사람들에게 빠르게 부자가 되는 부동산 투자 비밀을 가르쳐준다고 약속했다. 2005년 이 회사가 영업에 들어가자마자 뉴욕주 검찰청은 인가받지 않은 학교를 "대학원 과정"이라고 광고하는 것은 위법이라는 통지문을 보냈다. 그러자 이 회사는 브랜딩을 살짝 바꾼 다음 사람들을 꼬드겨 3일간의 세미나 티켓을 1,500달러에 팔았다. 부동산 거래의 비밀과 기술을 알려준다고 내세운 프로그램에서는 그저 홈디포를 방문한다거나 식상하기만 한 시간 활용에 관한 강의를 한 후, 나머지 시간은 등록금이 최고 3만 5,000달러인 진짜 트럼프대학 프로그램에 대한 광고로 채웠다. 집단 소송에 들어간 어느 전직 세일즈맨은 이렇게 증언했다.

부동산 투자의 성공 비결을 알려준다고 했던 트럼프대학은 실은 가능한 한 세상에서 가장 비싼 수강료의 세미나 장사를 하는 데에만 관심이 있었다. (…) 나의 개인적인 경험과 고용을 바탕으로 했을 때, 트럼프대학은 나이 들고 교육받지 못한 이들의 돈을 노린 사기였다.

트럼프 당선인은 취임식 3일 전에 트럼프대학으로 소송을 제기한 이들에게 2,500만 달러를 지급하기로 하면서 소송에서 벗어났다. 이 명령은 곤잘로 쿠리엘 연방 판사가 내렸는데, 트럼프는 그가 자기에게 편견을 갖고 있어 공정한 재판을 기대하기 어렵기에 재판에서 배제해야 한다고 주장하기도 했다―쿠리엘 판사가 멕시코계라 자신의 멕시코 국경 장벽 정책에 대해 억하심정을 갖고 있다는 것이었다.

　대통령이 된 트럼프는 정보를 최대한 짧고 간단하게 몇 글자로 요약하여 브리핑을 받는데, 백악관 직원의 표현에 따르면 "1 더하기 1은 2라고 말하기"의 수준이라고 한다. 그는 실은 대통령이 되고 싶지 않았으나 대통령이 되었고, 아직 젊지만 빠른 속도로 저물고 있는 미국이라는 국가의 노기가 충천하여 그를 대통령 집무실로 등 떠밀자 실현 가능성 따위는 고려하지 않은 공허한 약속들을 부도 수표처럼 남발했다. 그는 힐러리 클린턴을 고발하겠다고 했고, 보우 버그달*을 낙하산 없이 비행기에서 떨어뜨리겠다고 했고, 오레오는 미국에서만 생산하게 하겠다고 했고**, 애플의 모든 아이폰 공장을 미국으로 옮기겠다고 했고, 빼앗긴 일자리를 미국으로 다시 가져오겠다고 큰소리쳤다. 학교에서 총기 사용 금지 구역을 없애겠다고 했고, 경찰을 살해한 자는 무조건 사형에 처하겠다고 했고, 불법 이민자들은 모두 강제 추방하겠다고 했고, 모스크를 감시하겠다고 했고, 미국 가족계획연맹에 대한 지원을 "여성을 보호하기 위해

- 2014년 아프간전 미군 포로인 보우 버그달 병장의 석방을 위해 탈레반 출신 테러 용의자 다섯 명과 맞교환했는데, 이후에 버그달의 탈영 의혹이 제기되자 미국 육군 검찰은 탈영 혐의로 그를 2015년 공식 기소했다.
- ●● 트럼프는 오레오를 생산하는 제과업체 '나비스코'가 시카고에서 멕시코로 공장을 옮기자 "오레오를 절대 사 먹지 않겠다"고 발표한 바 있다.

서" 삭감하겠다고 했고, 오바마케어를 없애고, 환경보호국을 없애고, 모두가 "메리 크리스마스"라고 인사하게 만들고, 멕시코와 미국 사이에 "예술적으로 아름다운" 벽을 세울 것이며 그것은 "당신이 본 가장 위대한 벽"이 될 것이라고 했고, 이 중에서 가장 웃긴 것이 있으니 대통령이 되면 휴가를 한 번도 쓰지 않겠다고 했다(그는 임기 첫 500일 동안 골프장에 122번 나갔다). 그는 이 모든 말을 그저 물건을 팔기 위해 혈안이 되어 물불 안 가리는 세일즈맨의 본능으로 내뱉었고, 그의 지지층 안에 은밀하게 숨겨진 마음—폭력, 지배, 사회계약 깨기—을 자극하는 몇 개를 손에 쥐고 환호하는 군중에게 던져주었다. 선거 당일 저녁, 미국 지도가 빨갛게 물들고 〈뉴욕타임스〉의 대통령 당선 확실 표시가 처음과 반대 방향으로 움직이기 시작할 때 나는 메슥거리는 속을 붙잡고 시간을 건너뛰어 미래를 상상했다. 트럼프 임기 막판에 미국은 어떻게 변해 있을까. 이민자 가족은 뿔뿔이 흩어지고, 무슬림은 이 나라에서 쫓겨나고, 난민 보호소는 철수되고, 성전환자들은 이제야 조금씩 갖게 된 안전한 공간을 빼앗길 것이다. 의료 보험이 없는 가난한 아이들, 장애가 있지만 도움을 받지 못하는 어린이들, 어쩌면 인생을 바꾸어줄 낙태를 하지 못하게 된 저소득층 여성들은 어떻게 될 것인가. 사실 사람들은 이런 것들이 개인적으로 너무 중요해서 말을 꺼내고 싶지 않을지도 모르고, 그렇기에 무의식적으로는 트럼프 시대가 그렇게까지 나빠진 않을 거라고 생각할 것이다. 정치인들은 전부 다 사기꾼이다. 이쪽이나 저쪽이나 뭐가 다른가? 지금은 모든 게 다 흔들리고 있고 우리는 내일 당장 어떻게 될지 모르는데, 그냥 내일까지 이 사람에게 우리나라를 맡기지 뭐. 트럼프 시대에 드러난, 영혼을 가장 짓이기는 일이 바로 이것이다. 심리적인 안정감을 갖고 이 시기를 버티기 위해서—그러니까 감정적 심연에 빠지지 않고 일상생활을 영위하기 위해서—우리가 적용할 수 있는 최고의 전략은 그저 나 자신만, 오직 나만 생각하는 것이다. 부의 불평등이 점점 더 심각해지고, 미국인들이 그들만의 민주주의를 저버리기 시작하고, 정치적 행위는 그저 온라인상 구경거리로 축소될 때 나는 몇 번이나 생각했다. 이 시대에 우리가 할 수 있는 선택이란 무너지는 것이고, 무너지고 싶지 않으면 하루하루 정상적으로 기능하기 위해 도덕적으로 타협해야 한다—즉 난파되거나, 난파에 기여하는 방식으로 기능한다.

2017년 1월 트럼프는 빈 서류 뭉치들을 옆에 가득 쌓아놓고 신년 기자회견을 열었다. 그는 이것들이 모두 그와 이해가 얽혀 있는 영역에서 자신이 빠지기 위해 서명한 서류들이라고 했다. 가족 사업은 아들들에게 넘겨주었다는 서류라고도 했다(당연히 기자들은 이 서류들을 실제로 검토할 수는 없었다). 2018년 1월까지 트럼프는 임기 첫해의 3분의 1을 그의 상업용 부동산에 있는 사무실에서 보냈다. 그는 적어도 35번 이상 공공연하게 자신의 사업체에 대해 언급했다. 국회와 행정부의 고위 간부 100명 이상이 트럼프가 소유한 사업체에 방문했고, 외국 정부 인사 11명은 트럼프의 회사에 돈을 기부했다. 정치 단체는 트럼프 개인의 재산에 1,200만 달러를 썼다. 트럼프가 소유한 플로리다주 마러라고 리조트의 수익은 800만 달러까지 상승했다. 수익은 트럼프의 최종 목표이자 그의 유일한 야망이다. 그는 자신이 한 약속은 대부분 지키지 않았다. 보우 버그달을 헬리콥터에서 밀지도 않았고, 멕시코 정부에게 장벽 건설비를 받지도 않았고, 전후 경제 호황 같은 발전을 일으키지도 못했고, 여성과 소수민족의 동등한 권리를 보장해달라는 주장은 묵살했다. 하지만 상관없다. 부자이고, 백인 남성이고, 편견이 심하고, 탐욕스러운 한 그는 많은 사람에게 가장 전형적이고 근본적인 미국적 형태의 권력과 힘을 대표할 것이다. 미국 국민들은 로또를 사는 기분으로 그에게 한 표를 던졌다. 승리할 일말의 가능성, 눈앞을 살짝 스쳐가는 막연한 환상에 돈을 지불했다. "우리는 평범한 루저들한테 허황된 꿈을 파는 거야." 빌리 맥팔랜드는 바하마에서 파이어 페스티벌 광고 영상을 찍다가, 참으로 배짱 좋게도 카메라가 돌아가는 와중에 이렇게 말한다. 허황된 몽상은 열망을 지배하고 실현시키는 기본 구조가 되었고, 이 몽상의 말기 증상인 잔인성, 부주의, 니힐리즘이 그 뒤를 바짝 따른다. 결국 우리도 사기에 관여하면서, 사기의 가장 끔찍한 영광에 다가간다. 실제로 경험하지는 않더라도, 우리는 어떤 장소를 약탈했는데 그곳이 다음날 멀쩡한 모습으로 나타나는 것이 어떤 느낌인지 보게 되는 것이다.

*

물론 도덕적으로 사는 것이 더 나을 것이다. 그러나 이 시대에 그렇게 할 역량이나 시간을 가진 사람이 어디 있을까? 물리적인 세계뿐만 아니라 모든 것이 과열되어 있다. 작가 제니 오델이 인터넷을 끊고 자기를 찾기 위해서 강조했던 "거절의 여유"는 점점 줄어들고 위험도 점점 커진다. 사람들은 처음부터 다시 시작하느라, 혹은 재난에 대한 방어막을 만드느라, 혹은 자기들끼리 잘 지내느라 바쁘다. 이제는 의지할 것이 너무나 적다. 이 세 가지 노력은 고갈

된 지구가 마침내 안녕을 고할 때까지 우리가 할 수 있는 가장 큰 노력이 될 것이다. 그리고 우리가 이 일을 하는 동안—우리가 이것을 하고 있기에—정직한 길은 줄어들다가 막다른 길이 되어버리고 말 것이다. 이러한 생태계에서 철저히 방어적인 방식으로만 살아남고자 하는 사람들에게, 선택권은 점점 줄어든다.

그런데도 나는 어떤 불변의 수준에서, 여기서 어떻게든 살아남을 수 있다고 믿는다. 결국 인터넷에서 7년 정도 나 자신을 찾고자 노력하면서, 다행히 나의 15분과 5달러를 한번에 절약하고자 아마존을 이용하지는 않는 사람이 되었기 때문이다. 이런 자그마한 행동들이 쌓이고 나의 편안함과 여유가 커지면서 결국에는 큰 변화가 이루어지길 바라기도 한다—언젠가 나는 수많은 일에 매번 타협할 필요가 없는 계층이 되지 않을까. 정말로 사려 깊게 행동해도 되지 않을까. 상상 속 미래의 행동으로 그전에 했던 모든 자기중심적인 짓들을 상쇄시키게 되지 않을까. 이것은 유용한 판타지이지만, 그래도 결국 판타지일 뿐이다. 우리는 우리가 하는 행동이고, 우리는 우리에게 익숙한 대로 행동할 뿐이다. 나도 내 세대의 수많은 사람처럼 사기가 판치는 세상에서 청소년기를 보내고 역시 사기가 가득한 세상에서 연약하고 정신 사납고 불안정한 어른이 되었다.

7장

우리는 밤저녁에 오해했다

Trick Mirror

원래 버지니아주립대학UVA에 갈 계획은 없었다. 내가 원서를 넣은 학교는 주로 뉴잉글랜드나 캘리포니아에 있는 대학들이었다. 이미 고립되고 보수적이며 종교적인 환경에서 12년을 보낸 터라 가능한 한 텍사스에서 멀리멀리 떨어지는 것이 목표이기도 했다. 졸업반 때 종종 빠진 상상의 나래 속에서 나는 언제나 울 스웨터를 입고, 학교 신문사에 글을 기고하며, 공강 시간에는 카페에 앉아 정신세계 탐구에 열중하고 있었다. 하지만 진학 상담실 선생님이 나에게 잘 맞는 학교로 UVA를 추천했고 장학금 신청자 명단에 내 이름을 올렸다. 봄에는 장학생 선정 최종 심사를 받으러 샬러츠빌에 갔다. 가장 먼저 선배 장학생들이 우리를 하우스 파티에 데리고 갔다. 나는 부엌 싱크대 앞에 앉아서 생맥주를 마셨고 기분 좋게 몽롱해지기 시작했다. 벚꽃이 만발한 계절이었고 바깥에는 깜깜한 밤을 배경으로 연분홍색 폭죽이 터지는 것만 같았다. 느긋하고 화사한 남부 특유의 분위기가 공기 중에 떠돌았다. 다음 날에는 캠퍼스를 천천히 걸어 다녔다. 따스한 황금빛 햇살이 내리쪼였고 새하얀 기둥이 든든하게 받치는 고풍스러운 벽돌 건물이 새파란 하늘을 배경으로 우뚝 솟아 있었다. 잔디밭에는 전형적으로 잘생기고 예쁜 외모의 대학생들이 띄엄띄엄 혹은 옹기종기 앉아 있었다. 왼쪽으로 블루 리지 산맥의 희뿌연 남색 능선이 뻗었고, 캠퍼스 골목마다 잎이 무성한 층층나무가 소담스러운 꽃을 피웠다. 나는 UVA의 중심이라 할 수 있는 본관 건물 라운the Lawn으로 들어섰다. 고급스럽고 넓은 실내에 모든 창문마다 테라스가 딸렸으며 전통과 권위가 느껴지는 시설의 학생실과 교수실이 늘어선 곳이다. 나는 그 즉시 강렬한 갈망에 사로잡혔다. 이 학교라면 온실 속 식물처럼 쑥쑥 건강하게 자랄 수 있을 거야. 이 나른한 햇빛, 길게 늘어진 오후, 활짝 열린 문들, 지나가는 모든 사람에게 음료수를 따라주는 사람들, 판테온 돔 지붕 밑의 원형 홀로 이어지는 웅장한 계단들. 그래, 내가 있을 곳은 여기야.

샬러츠빌은 이런 방식으로 무심하게 자기를 판다. 꿀이 흐르는 에덴동산이자, 딕시Dixie*의 여유와 품위에 진보적 지성과 이상을 더한 풍요롭고 세련된 대학 도시의 이미지다. UVA 홈페이지에 들어가 샬러츠빌을 소개하는 홍보 영상을 열면 가장 먼저 불타오르는 듯한 황금빛 석양 속에서 도시를 둘러싼 산맥이 황홀한 보라색으로 빛나는 사진부터 나온다. 영상의 제목은 이렇다. "이보다 좋은 곳은 없다." 영상 속 내레이터는 말한다. "세상이 돌아가야 할 방향으

●　남부를 가리키는 말이다.

로 돌아가는 곳이죠." 홈페이지에 따르면 샬러츠빌은 전미경제연구소가 뽑은 미국에서 가장 행복한 도시이고, 〈트래블러스 투데이〉가 선정한 미국 최고의 대학 도시이며, 갤럽 조사에서는 미국에서 다섯 번째로 웰빙 지수가 높은 도시다. 대표적인 대학 설명서인《미국 대학 가이드Fiske Guide To College》는 "전미 각지의 학생들이 UVA에 열광한다"고 말한다. 샬러츠빌이 "완벽한 대학 도시의 표본"이라고 말한 어느 재학생의 인터뷰도 인용한다. 또 다른 학생은 이렇게 표현한다. "어딜 가나 전통이 살아 있는 학교죠." UVA의 비밀 게시판에는 더러 이런 글이 올라온다. "옷 잘 입고 몸매 좋은 여학생들이 많은 대학. 이들을 사귀는 방법은? 역시 술."

2005년 샬러츠빌의 대학에 입학했을 때 난 고작 열여섯 살이었고 위의 게시판 내용이 불편하거나 거슬린다는 생각은 전혀 못했다. 나는 그전까지 생애 전부를 백인 남성 권력이 거역할 수 없는 기본값으로 존재했던 작은 복음주의 사립학교에서 지냈고, 젠더건 다른 문제에서건 UVA의 전통주의를 알아채지도 못했다(그래서 처음 학교에 방문했을 때 집처럼 편안했을지도 모른다. 나는 그날 일기에 만족스러워하면서 이곳의 정치성이 "너무 극단적인 진보가 아니라 중도적이라" 마음에 든다고 썼다). 물론 역사와 경제를 복수 전공하는 남학생들이 진담 반 농담 반으로 남북전쟁을 "북부의 침략전쟁"이라고 부르기도 했지만, 내가 평생 접했던 노골적인 인종차별주의에 비하면 이곳은 훨씬 균형 잡히고 진보적인 세계라고 느꼈다. UVA의 생활은 마치 신입생 모집 책자를 생방송으로 보여주는 것만 같았다. 모두가 언제나 과시적으로 "내 사람들을 발견하느라" 바빴고, 전공 서적을 끼고 넓은 초록의 캠퍼스를 바삐 걸어 다녔으며, 친구들과 삼삼오오 점심 피크닉과 오후 파티를 오갔다. 수업들은 딱 적당한 정도로 어려웠다. 사람들은 똑똑하고 예리했지만 전반적으로는 평범하고 무난했고 나처럼 적당히 허세와 허영기도 있었다. 주말이면 여학생들은 선 드레스를, 남학생들을 정장 셔츠를 입고 풋볼 경기를 보러 가서 술을 마셨다. 나는 중동부 연안의 사랑스럽고 무던한 특성인 약간 방탕한 분위기의 남부 사교 생활이 정말 좋았다. 그렇게 4년간 도서관에서 리포트들을 날림으로 해치웠고, 남자친구의 팔을 내 어깨에 두르고 다녔으며, 자원봉사를 했고 웨이트리스로 일했고 아카펠라 동아리에서 합창했고 여학생 사교 클럽의 가입 서약을 했으며, 아파트 옥상에 앉아서 마리화나 담배를 물고 책을 읽었고, 우리 집 맞은편의 초등학교 아이들이 재잘대는 모습을 구경했다. 나는 2009년에 졸업했고 그다음부터는 샬러츠빌에 대해 거의 생각하지 않고 지냈다. 그곳에서 보낸 시간을 너무나도 쉽게, 자동적으로 사랑했다. 그리고 2014년, 〈롤링스톤〉이 대형 폭탄을 터트렸다.

기사 제목은 이러했다. "명문대 캠퍼스 성폭행." 지금은 명예가 바닥까지 실추된 기자인 사브리나 루빈 어들리Sabrina Rubin Erdely가 UVA의 남학생 사교 클럽인 파이 카파 프사이Phi Kappa Psi에서 일어난 집단 성폭행 사건을 다룬 심층 고발 기사였다. 이 사교 클럽이자 남학생 기숙사는 럭비 로드 옆 넓은 들판에 지어진 흰 석조 기둥 건물에 있다. 기사 첫 문장은 이렇게 시작한다. "재키는 플라스틱 컵을 입에 대자마자 얼굴을 찡그렸고, 사람들 모르게 알코올이 든 펀치를 끈적끈적한 클럽 바닥에 쏟았다." 그 일은 재키가 입학 후 처음으로 갔던 사교 파티(프랫 파티)에서 일어났다. 그 문장을 읽자마자 나도 대학 1학년 때로 돌아갔다. 내가 처음으로 갔던 프랫 파티도 파이 카파 프사이에서 열렸다. 긴 머리를 풀어헤치고 플립 플랍을 신은 나는 술 마시기 게임을 하다가 너무 취할 것 같아서 일부러 펀치를 바닥에 쏟았었다. 그러다 그곳을 빠져나왔고 전찻길을 건너 더 재미있을 것 같은 파티를 찾아갔다. 〈롤링스톤〉 기사는 이어진다. 재키는 어두운 방으로 끌려간다. 누군가 그녀를 유리 테이블 위로 던진다. 팔을 누르고 폭행한다. "재키는 어떤 목소리를 들었다. '이년 다리 좀 붙잡아.' 바로 그때 재키는 자기가 강간당하리라는 걸 알았다." 재키는 견딜 수밖에 없었다. "지옥 같은 세 시간 동안 일곱 명의 남자가 돌아가면서 그녀를 성폭행했다." 그중 한 명이 잠시 망설이다가 맥주병을 그녀의 몸에 넣었고 나머지 남자들은 환호한다. 폭행이 끝난 후 재키는 빨간색 드레스에 핏자국을 묻힌 채 맨발로 도망친다. 나오자마자 친구에게 전화를 걸었지만, 친구는 경찰서나 대학에 신고하는 건 신중히 생각해보라면서 "그러다가 프랫 파티가 다 취소되고 우리는 다시 못 놀 거 아냐"라고 말한다. 이후 재키는 UVA의 학장인 니콜 에라모를 찾아가 성폭행 사실을 털어놓는다. 1년 후 에라모를 다시 찾아가 파이 프사이에서 집단 성폭행을 당한 여학생이 자기 외에 두 명이 더 있다고 밝힌다. 어들리에 따르면 재키는 이렇게 두 차례 찾아갔고, 에라모는 재키에게 어떤 선택권이 있는지 설명했다. 설명을 들은 재키는 더 이상의 추가 조치는 취하지 않기로 했고 학교 측은 사건을 묻었다. 어들리는 학장이 전말을 알고 있었다는 점을 고려할 때, 이는 용서할 수 없는 행동이라고 주장했다.

실은 UVA에는 이 사건을 또렷하게 상기시키는 선례가 있다. 구체적인 범죄 양상도 비슷하고 학교 측에서 수사에 적극적이지 않았던 점도 유사하다. 1984년 17세의 UVA 신입생 리즈 세쿠로는 파이 프사이에서 집단 성폭행을 당했다. 그녀에 따르면 UVA의 학장에게 찾아가 그날 벌어진 범죄를 고발하자, 학장은 그저 너무 힘든 밤을 보낸 정도가 아니냐고 물었다. 그로부터 20년이 흐른 2005년 세쿠로는 한 통의 이메일을 통해 트라우마 가득한 기억이 사실이었음을 확인받는다. 성폭행 가해자 중 한 명이 알코올 중독 치유 프로그램을 받으면서 20년 전 성폭행에 대해 사과하는 편지를 보낸 것이다 (학교 측에서 그녀의 주소를 가르쳐주었다고 한다). 어들리는 이 사건도 언급하면서 말한다. UVA 남학생들의 성폭행과 학교 당국의 은폐가 계속해서 반복되고 있다. 학교 역사상 오직 열네 명만이 성범죄 유죄 판결을 받았고, 그중 한 명도 퇴학 조치를 당하지 않았다. UVA는 학생 명예규율Honor Code*을 중시하지만—단 한 번의 거짓말, 부정행위, 도벽으로 그 즉시 퇴학당할 수 있다—성폭행만큼은 예외로 취급해 솜방망이 처벌을 한다. 어들리의 지적에 따르면 이 학교는 그녀가 기사를 쓴다는 사실을 알았을 때도 파이 프사이의 조사에 들어가지 않았다.

〈롤링스톤〉 기사가 발표되었을 때 나는 페미니스트 사이트인 〈제제벨〉의 피처 에디터로 취직해 뉴욕으로 이사 온 직후였다. 그날 아침 소호에 있는, 공장을 개조한 어두컴컴한 회사로 출근했을 때 동료 직원들은 기묘하고 무거운 침묵 속에서 컴퓨터 화면에서 눈을 떼지 않고 있었다. 나는 파이 프사이의 사진을 보자마자 무슨

* 구성원들이 단체의 명예를 위해 지켜야 할 기본 준칙.

일이 벌어졌는지 짐작했다. 내 회전의자에 앉아 기사를 클릭해 읽기 시작하면서, '전화 거는 사람은 집 안에 있다'는 공포 영화 속 상황을 마주했을 때처럼 속이 메슥거리고 머리가 핑핑 돌았다. 이 뉴스는 나에게 너무나도 가까운 무언가를 건드리고 있었다. 기사를 끝까지 다 읽자 현기증과 함께 샬러츠빌에서 보냈던 내 4년간의 대학 생활, 그동안 눈감고 있었던 것, 내가 보기로 한 것과 보지 않기로 한 것들이 주마등처럼 스쳐갔다. 나는 대학에 다닐 때 여성학 수업은 한 번도 듣지 않았다. 웨이트리스 일로 모은 돈은 몽땅 여학생 사교 클럽 회비로 냈고, 세미나 중 같은 과 친구가 "페미니스트로서 말하자면"이라는 문구로 말문을 열면 속으로 이렇게 반응했더랬다. "그래, 알았어. 진정하시고." 나는 여성 폭력에 반대하는 행진인 '테이크 백 더 나이트Take Back the Night'에는 단 한 번도 나간 적이 없었다. 리즈 세쿠로의 성폭행 사건이 보도되고 가해자 재판이 시작될 당시에 학교에 다니고 있었는데도—버지니아에서 성폭행은 공소시효가 없다—내 관심사 밖에 있는 사건이라 별다른 신경도 쓰지 않았다(그녀를 성폭행한 가해자는 법원에서 18개월 형을 선고받았으나, 실제로는 6개월도 채우지 않고 나왔다). 1학년 1학기에 대학 친구들과 주말여행을 갔을 때 조지타운대학의 한 대학원생이 내 술에 물뽕(루피)을 탄 적이 있었다. 나는 모르는 남자에게 냉큼 술을 받아 마신 나 자신을 탓했고, 그가 나를 더듬기 시작했을 때 갑자기 속이 울렁거려 그 자리를 빠져나온 것이 행운이었다고 생각하며 다시는 그 사건을 입 밖에 꺼내지도 않았고 별일 아니라 치부하고 넘어갔다.

시대는 완전히 달라졌다. 내가 대학을 졸업한 지 5년이 지나자 페미니즘은 지배적인 문화적 관점이 되었다. 1972년 교육 개혁의 일환으로 여자 운동선수에게 동등한 기회를 주기 위해 발의된 인권법인 타이틀 나인Title Ⅸ*은 이제 교내 성폭행과 성추행 사건에 적용되고 있다. 2011년 오바마 행정부는 민권사무국의 "동료 의원에게 보내는 서한Dear Colleague Letter"**을 통해 이렇게 선포했다. "학생에게 가하는 성추행과 성폭력은 교육 현장에서 차별받지 않아야 할 학생의 기본 권리를 저해하고, 성폭행의 경우 그것은 명백한 범죄입니다." 대학 내 성폭행과 성추행에 대한 뉴스가 연이어 터지면서 심각한 사회 문제로 대두되었다. 2010년 예일대학은 남학생 클럽인 델타 카파 앱실론에게 5년간 활동 금지 처분을 내렸는데, 소속 회원들이 여성 센터 앞에서 "노우는 예스, 예스는 애널!"***이라는 음란하고 여성 비하적인 구호를 외쳤기 때문이다. 2014년 컬럼비아대학의 학생 엠마 슐코위츠는 자신을 성폭행한 남학생에게 책임이 없다는 판결이 떨어지자, 자기가 사용하던 매트리스를 캠퍼스 내에서 끌고 다니는 항의 퍼포먼스를 했다(이들은 졸업할 때까지 매트리스 퍼포먼스를 계속했다). 2015년 밴더빌트대학의 풋볼 선수 두 명은 의식 불명의 여성을 성폭행하여 유죄를 선고받았다. 캠퍼스 내 성폭행에 관한 재판 기사들은 전국적인 관심을 모으며 보도되었다. 〈롤링스톤〉의 기사는 게재된 지 한 시간 만에 일파만파 퍼졌으며 마침내 이 잡지 역사상 연예 지면을 제외하고서는 가장 높은 조회 수를 기록

- 미 연방의 재정지원을 받는 모든 교육 활동에 있어, 미국 내에 있는 어느 누구도 성별을 기준으로 참여를 제한받거나, 혜택이 거절되거나, 차별받아서는 안 된다고 말하는 법안.
- •• 법적 구속력은 없지만, 의회의 관심을 촉구하기 위한 행정부의 조치.
- ••• 거부No는 긍정Yes을 의미하고, 긍정은 애널Anal 섹스를 의미한다는 구호.

하게 되었다. 나도 그사이에 변해 있었다. 나는 이제 〈제제벨〉의 기자였다. 사무실 의자에 앉아 충격에 휩싸여 한동안 꼼짝도 못 했고 마치 몸에서 영혼이 빠져나가고 있는 것만 같았다. 얼마나 많은 여성이 이 기사를 읽었을까. 그리고 재키의 이야기에서 자기의 경험을 떠올렸을까. 피해를 당하고도 애써 대수롭지 않은 척하면서, 우리가 언제나 그랬듯이 "그렇게까지 나쁘진 않았어"라고 말문을 열었을까.

특히 UVA 재학생과 졸업생들에게 이 기사가 가져다준 충격은 이루 말할 수 없었다. 대체로 기사를 존중하고 피해자를 지지한다는 반응이었으나, 의견이 분분하기도 했다. 우리 학교 동창들이 많은 내 페이스북 피드에는 사태를 이해하고 분노를 표하는 글들이 속속 올라왔다. UVA의 남학생 클럽 회원이었던 내 남자친구의 경우는 조금 달랐는데, 그의 지인들은 냉정하게 거리를 두거나 의심하는 입장이었다. 샬러츠빌 경찰서는 재키의 성폭행 수사에 착수했다. 파이 프사이 건물은 시위대에 의해 파손되었다. 버지니아대학 재학생과 교수들로 구성된 특별자치위원회 회의가 긴급하게 열렸다. 본관인 라운 주변에 자리한 건물과 벽돌 벽에 "강간범 퇴학", "한 사람의 피해는 모두의 피해"라는 문구가 적힌 형광색 포스트잇과 포스터들이 빼곡하게 붙었다. 시위대는 "남학생 클럽을 방화하자"라는 깃발을 들고 럭비 로드를 행진했다.(그 옆에서 남학생 몇 명은 이들에게 이렇게 소리 지르기도 했다. "너 같은 앤 아무도 강간 안 해!") 대학 신문인 〈캐벌리어 데일리Cavalier Daily〉는 재학생과 졸업생들이 보낸 의견을 몇 페이지에 걸쳐 실었다. 신문 사설에서는 캠퍼스 내 그릭 시스템Greek system*에 주어진 도를 넘은 방만과 자유를 인정했다.

편집장은 이 학교가 피해자와 고소인들을 억압한 역사를 비판했다. 그러면서도 〈롤링스톤〉의 의도와 자기 기사에 유리한 사실만 실은 어들리에 대해 의문을 제기했다. 한 학생은 이렇게 말했다. "전국의 수많은 대학이 강간과 성폭력 사건에 미흡하게 대응한 바 있으나, 이번 기사로 우리 학교에서만 일어나는 일처럼 대대적으로 보도된 것이 유감스럽다." 대학 신문의 외부 사설 게시판에는 학교와 가해자들을 향한 "분노, 역겨움, 절망"의 분위기를 인정하는 글들이 실렸다.

기사가 발표되고 며칠 후, 〈제제벨〉의 편집장인 엠마는 내게 졸업생이 볼 때 이 기사가 얼마나 정확한 것 같냐고 물었다. 나는 몇 가지 세부적인 오류가 있다고 대답했다. 하지만 학교를 익히 아는 사람들은 어들리가 무슨 이야기를 하는지 잘 알았다. UVA에 구조적인 문제가 있는 건 사실이었다—이 학교는 자신들이 전원적이고 고풍스러운 캠퍼스에 훌륭한 시민 의식이 깃든 전통 있는 기관이라고 철석같이 믿고 자랑해왔다. 이러한 믿음은 너무나 유혹적이었는데, 그중 절반만 사실임에도 전체가 그런 것처럼 홍보되었고 외부에서 가하는 판단이나 비판은 억압 혹은 보류되었다.

그때까지 나는 직접 발로 뛰며 취재 기사를 쓰거나 편집한 경험이 전무했다—엠마가 나를 〈제제벨〉로 데려오기 전, 내가 일했던 언론계에서의 첫 직장은 〈헤어핀Hairpin〉이라는 작은 블로그였는데 그곳에서는 주로 에세이를 쓰고 편집하는 업무를 했다. 그래서 나

● 그리스어 이름의 대학교 친교 조직으로 대학 재정을 후원하고 신입생들이 남자 기숙사에서 파티를 열며 인맥을 쌓는다.

는 기사의 사소한 사실적 오류들이 그렇게 문제가 되는 건지도 몰랐다. 기사의 첫머리에 등장한 문장은 어들리가 "버지니아대학의 대표적인 응원가"에서 따왔다고 밝혔는데, 나는 한 번도 들어본 적이 없는 노래였다. 기자는 이 노래가 버지니아 젠틀맨이라는 아카펠라 서클의 레퍼토리 중 한 곡이라고 했으나, 버지니아 젠틀맨은 내가 활동했던 아카펠라 서클의 형제 서클이었고 따라서 레퍼토리를 훤히 꿰고 있는 나로서는 금시초문일 뿐이었다. 나의 기자 경력이 그토록 미천하지만 않았다면 그 부분에서 바로 의심을 해보았을 수도 있는데, 그건 단지 기자가 멋 부리는 문장을 쓰다가 나온 과장이 아니었기 때문이다. 그녀는 파이 프사이가 "상류층 자제들만 가입하는" 서클이라고 했다(파이 프사이는 엄격한, 그러나 암묵적인 UVA 남학생 사교 클럽의 계급 체계에서 중간 정도에 위치한 그룹이고 이건 조사만 성실히 했다면 쉽게 확인할 수 있는 사실이다). 나는 이 기사에 확인된 사실이나 목격자 진술이 부재하다는 것을, 사람들이 사건에 반응하는 방식이 대사로만 처리된 것을 이상하게 여겼어야 했다. 재키를 강간한 일곱 명의 남성이나 재키의 이야기를 들은 친구가 했다는 말—"그냥 즐기지 그랬니? 그 파이 프사이 남자애들, 다 잘생기지 않았어?"—은 마치 형편없는 영화 속 대사 같았다. 또한 그 기사 어디에도 어들리가 정보를 어떻게 입수했는지를 정확히 밝히는 문장이 없었다는 점도 한 번쯤 의심해보았어야 했다.

나는 당시 고작 스물다섯 살이었는데, 지금 내 나이보다는 UVA에 속했던 대학생에 더 가까운 나이였다. 그러니까 작가나 기자라는 정체성보다는 그 기사에 등장한 소재에 더 가깝다고 할 수 있었다. 나는 기사를 제대로 읽는 법을 몰랐다. 그러나 다른 사람들은 알았다.

∗

언론이 "명문대 캠퍼스 성폭행" 기사를 물고 뜯고 해부하는 데
까지는 오랜 시간이 걸리지 않았다. 사실 초반에 의혹을 제기한 사
람들은 이념적으로 반대편에 섰던 이들이었던 듯하다. 스티븐 글래
스Stephen Glass*의 기사를 편집하기도 했던 리처드 브래들리는 기사
를 이렇게 비판했다. "첫 문장부터 사람들을 충격에 빠뜨리려고 의
도한 듯이 자극적이다. 남학생 사교 클럽, 남성, 남부에 대한 기존의
편견을 강화하고 또한 이 사회에 퍼진 강간 문화—물론 존재한다—
에 반감을 가진 사람들의 편견을 자극한다." 복지 없는 자립을 강조
하는 우파 사이트 〈리즌〉의 블로거인 로비 소아베는 이전에 캠퍼스
강간에 저항하는 운동이 캠퍼스 내 자유로운 섹스를 무조건 범죄화
한다는 글을 썼던 사람으로서 그저 이 모든 이야기가 가짜는 아닌
지 의심된다고 썼다.

그러나 진짜 문제는 〈워싱턴포스트〉가 어들리와 진행한 인터
뷰에서 나타나기 시작했다. 어들리는 가해자의 이름에 대해선 답
하지 않겠다고 고집했고, 재키를 파이 프사이로 데려간 "드류"라는
남성과 실제로 접촉했는지의 여부도 밝히지 않았다. 웹진 〈슬레이
트〉의 팟캐스트 〈더블 엑스〉에 출연했을 때도 같은 질문을 받았지

• 촉망받는 저널리스트였으나, 그가 〈뉴 리퍼블릭〉에 쓴 기사 중 수십 건이 허
  위로 밝혀지며 해고당한 바 있다.

만 답을 회피했다. 그리고 어들리와 그녀의 담당 편집자인 숀 우즈는 〈워싱턴포스트〉에 두 사람 모두 가해자 남성이나 드류와는 직접 만나서 이야기해본 적이 없다는 사실을 인정했다. 우즈는 말했다. "저는 이 남성들이 존재하고 또 그들이 진짜라는 것만으로도 만족합니다." 〈워싱턴포스트〉가 어들리에게 사실 확인과 관련된 질문을 집요하게 하자 그녀는 이렇게 말을 돌렸다. "왜 산은 안 보고 나무만 보려고 하시죠?"

얼마 후 〈워싱턴포스트〉는 문제의 그날 밤, 파이 프사이 파티는 열리지 않았다고 보도했다. 또한 "드류"가 존재하지 않는다는 사실, 적어도 재키가 묘사한 사람은 없었다는 사실에 대한 증거를 확보했다. CNN은 기사에서 인용된 친구들을 인터뷰했고, 그들은 재키가 어들리에게 한 말과 자신들에게 한 말 사이에 큰 차이가 있다고 말했다. 12월 4일 밤늦게 어들리는 재키와 재키의 친구 알렉스에게 전화를 받았는데, 알렉스는 재키의 이야기 속에 모순이 있다고 말했다.

12월 5일 새벽 1시 54분, 어들리는 담당 편집자와 편집장에게 이메일을 보냈다. "우리 아무래도 기사를 철회해야 할 것 같아요. 저도 그렇고 친구 알렉스도 더는 재키를 신뢰할 수 없습니다." 바로 그날 〈롤링스톤〉은 성명서를 발표했는데, 재키가 "드류"와도 또 그녀를 성폭행한 남자들과도 접촉하지 말라고 요청했다는 것이다. 그들은 재키를 신뢰했고 보복에 대한 두려움을 이해했기에 그 요청을 존중했다. 하지만 "재키의 진술에 신빙성이 부족하고 그녀에 대한 우리의 신뢰가 잘못된 곳으로 갔다는 결론에 도달했습니다"고 적기도 했다(이후 마지막의 안타까운, 신뢰에 관한 문장은 삭제되었다).

그 성명서를 보면서 나의 눈은 한 문장에만 고정되었다. 재키의 대학 친구들이 그녀의 이야기를 "강하게 지지했다"는 대목이었다. 이 친구들은 그녀를 감정적으로 지지해주었다. 그녀가 말한 경험에 연민과 공감을 표했다. 하지만 그녀의 이야기를 확증해주지는 않았다. 혹은 언론인이라면 반드시 의무적으로 해야 하는 방식으로 지지하지는 않았다. 그러니까 집을 지탱하려면 벽이 있어야 하는 방식 말이다.

이듬해 3월 샬러츠빌 경찰서는 성폭행을 입증할 증거를 발견하지 못했다고 발표했다. 이후에 〈컬럼비아 저널리즘 리뷰Columbia Journalism Review〉는 어들리와 편집장이 보도, 편집, 사실 확인 과정 등에서 어떤 오류를 저질러 오보를 내게 되었는지를 꼼꼼하게 지적한 보고서를 출판했다. 이후 재키와 어들리는 '에라모 대 〈롤링스톤〉' 고소를 당했다. 재키는 에라모가 성폭행을 고발한 자신의 입을 다물게 했고, 아무도 아이들을 "강간 학교"에 보내고 싶어 하지 않는다고 말했다고 했는데 에라모가 이를 명예훼손이라 반박하며 소송을 제기한 것이다(2016년 11월 판사는 어들리와 〈롤링스톤〉이 명예훼손에 책임이 있다고 판결했다. 에라모는 300만 달러의 손해배상금을 받았다). 〈컬럼비아 저널리즘 리뷰〉 보고서와 재판 녹취 기록을 살피면 이 오보 사건의 전말을 상세하게 확인할 수 있다.

2012년 9월 28일, 재키에게 무슨 일인가 일어나긴 일어난 것으로 보인다. 그날 재키는 밤늦게 굉장히 스트레스를 받은 상태에서 친구들에게 전화를 걸었다. 1학년 기숙사 밖에서 친구들을 만났고 당시 눈에 보이는 외상은 없었다. 재키는 친구들에게 안 좋은 일이 생겼다고 말했다. 바로 그다음에 재키는 룸메이트에게 자기가 남성

다섯 명에게 강제로 구강성교를 해야 했다고 말했다. 2013년 5월 20일, 재키는 에라모에게 성폭행을 신고했으나 더 이상의 조치는 취하지 않겠다고 말했다. 1년 후인 2014년 5월, 다시 에라모를 찾아가서 자신이 보복을 당했고—누군가 그녀가 자주 가던 식당가 코너Corner의 한 레스토랑에서 병을 던졌다고 말했다—같은 남학생 기숙사에서 집단 성폭행을 당한 여학생을 두 명 더 안다고 말했다. 설명을 들은 에라모는 재키에게 폭행 사건을 당국에 보고하라고 권했고, 샬러츠빌 경찰과의 만남을 주선했다. 에라모는 재키가 2014년 봄에 학교 측 그리고 경찰과 만났다고 말했다.

어들리는 그와 비슷한 시기에 업무 배정이 되었다. 그녀는 사십 대 초반의 경력이 탄탄한 탐사보도 전문기자로 〈롤링스톤〉과 높은 연봉으로 계약했다. 2년에 일곱 개의 특집 기사를 쓰는 것으로 30만 달러를 받기로 했다. 어들리는 이전에도 성 학대에 대한 기사를 쓴 경력이 있었다. 1996년에는 〈필라델피아〉에 산부인과 의사에게 성폭행당한 여성에 대한 기사를 써서 내셔널 매거진 어워드 후보에 오르기도 했다. 〈롤링스톤〉으로 와서는 가톨릭교회와 미 해병대 내의 성 추문에 관한 폭로 기사를 썼다(2014년 12월 〈뉴스위크〉는 어들리가 가톨릭교회에 관해 쓴 기사에도 굵직한 오류가 있다고 보고했다). 그녀가 이 〈롤링스톤〉 기사를 쓰기 전의 의도는 자신이 "특히 더 심각한 캠퍼스"라고 메모에 적었던 학교들에서 발생한 한 건의 성폭행 사건을 심층 취재하는 것이었다. 어떤 학교가 될지는 아직 미지수였다. 아이비리그 학교들의 강간 생존자 몇 명과 이야기해보았지만 그들의 사연에는 만족하지 못했다. 2014년 여름 샬러츠빌에 내려갔고 졸업생 에밀리에게게 성폭행 방지 모임에서 만난 재키라는 여학생 이야기를 건네 들었다. 에밀리는 어들리에게 말했다. "그런데 그 친구 기억이 불완전하긴 했어요." 며칠 후인 9월 28일 어들리는 재키와 만나 마주 앉았고, 재키의 이야기는 앞에서 친구들에게 했던 이야기와는 많이 달라졌다. 재키는 어들리에게 피 흘리며 멍이 들고 맨발인 채로 파이 프사이 건물 바깥에서 친구들을 만났다고 말했다. 일곱 명의 남자들에게 수 시간 동안 성폭행을 당하고 탈출했다고 말했다. 그녀는 통화한 친구들의 이름이나 자신을 파티에 데려간 남자의 이름은 밝히지 않겠다고 했다.

두 사람은 며칠간 계속해서 이야기를 나누었다. 재키와 그녀의 남자친구는 어들리와 저녁 식사 자리를 가졌다. 그때 어들리는 재키에게 깨진 유리에 다쳤는데 혹시 흉터는 남지 않았는지 묻는다. 남자친구가 말한다. "그런데 네 등에 흉터는 전혀 없던데?" 재키는 어들리에게 말한다. "넌 가치가 없다는 말을 언제나 듣는 환경에서 자란 사람이라면… 정말 쉬운 타깃이 돼요. (…) 자존감이 낮으니까 쉽게 이용당하죠. 나도 몰라요." 일주일 후에 재키는 친구에게 문자를 보냈다. "사브리나(어들리) 기자님은 굉장히 좋은 분이야. 그런데 그분한테 말할 때는 단어 선택을 조심해야 해. 맥락에서 벗어나고 내 말을 자꾸 왜곡해." 이쯤에서 그녀는 겁을 먹고 인터뷰를 그만두고 싶어 한다. 10월에 재키의 친구가 어들리에게 문자를 보낸다. "안녕하세요, 기자님. 재키 친구인데요. 재키와 이야기해봤는데 재키는 기사에 실명이 절대, 절대로 노출되지 않았으면 좋겠다고 합니다." 어들리는 답장을 보낸다. "가명 문제에 대해서는 우리도 논의 중이에요. 하지만 이건 확실히 합시다. 여기까지 와서 발을 빼는 건 절대 안 돼요." 어들리는 사진 편집자에게 이메일을 보냈다.

"안타깝지만 재키의 멘탈 상태가 좋지 않고, 앞으로도 그럴 것 같아요." 10월 말 재키는 어들리의 전화와 문자를 수신 거부했다. 하지만 어들리는 잘 설득해서 재키에게 사실 확인 과정을 거치게 했다. 최종 편집을 하면서 너무나 중요한 두 가지 사실—재키가 그날 자신을 파티에 데려간 남학생의 이름을 밝히기를 거부한 것과 이 잡지가 사실 확인을 위해 친구들에게 직접 연락하지 않았다는 내용—은 삭제되었다.

이 기사는 11월 중반에 발행되었다. 어들리는 〈더블 엑스〉와 〈워싱턴포스트〉와의 인터뷰에서 모호한 답변을 했다. 추수감사절 전날 어들리는 재키에게 전화를 걸어 파이 프사이에 데려간 남학생의 이름을 달라고 압박했다. 재키는 정확한 스펠링을 모르겠다고 했다. 그 시기에 기사는 여러 언론과 기자에게 낱낱이 파헤쳐지기 시작했다. 12월 초 재키는 친구에게 문자를 보냈다. "나 무서워 죽겠어. 사실 애초에 내 성폭행 이야기가 기사로 나가길 원하지도 않았어. 어떻게든 중간에 그만두려고 했는데 그렇게 못 했어." 며칠 후 그녀와 어들리는 밤늦게 통화를 했고, 결국 〈롤링스톤〉은 오보 성명서를 내보내게 되었다. 일주일 후 어들리는 재키에게 이메일을 보내서, 마지막으로 부탁하는데 이야기가 왜 바뀌었는지 설명해 달라고 했다. 또한 그녀의 등에 난 흉터를 본 사람이 있으면 이름을 달라고 했다.

법원에서 선서를 한 후 행했던 증언의 녹취록에서 재키는 자신이 일부러 거짓말을 했다고 말하지 않았다. 그녀는 믿을 수 없는 화자였고 어느 정도는 어들리도 그러했다(그리고 지금 이 글을 쓰는 나도 어떤 내용은 선택적으로 보고 어떤 내용은 버린다. 자신의 이야기를 하는 많은 여성이 그렇듯이 나도 그렇다). 하지만 두 여성의 증언을 읽으며 내가 가장 놀란 것은 원래 일어났던 폭력의 구조, 즉 협박과 배신의 언어들이 그들이 만나서 대화하는 과정에서도 나타난다는 점이었다—여학생들을 보호하는 타이틀 나인을 시행하는 과정에서 피해자를 다시금 억압하는 구도가 나타나는 양상과도 비슷했다. 재키는 어들리가 이렇게 말한 것을 기억한다. "여기까지 와서 발을 빼면 안 돼요." 재키는 법정에서 말한다. "저는 그것들이(내가 당한 폭력의 자세한 내용들이) 기사화되면 안 될 것 같다는 생각을 했어요. (…) 아시겠지만 저는 스무 살이었어요. 오프 더 레코드가 뭔지, 온 더 레코드가 뭔지도 몰랐어요. 너무 무지했어요." 어들리는 증언할 차례가 오자 말한다. "재키는 여기에 들어올지 아닐지가 온전히 자기 의지에 달렸다는 사실을 충분히 인지하고 있었습니다."

또한 기사 취재 과정에서 절대 피해야 할 원칙들이 강간 사건 복기 중에는 정상적인 부분으로 통과되고 있기도 했다. 어들리가 재키가 안다고 했던, 파이 프사이에서 성폭행당했다고 하는 다른 두 여성의 이름을 달라고 하자 재키는 자신이 중간에 있는 사람이라 말할 수 없다고 주장했다(그들과 관련된 것이라고 어들리에게 보냈던 문자는 재키가 만들어냈을 가능성이 크다). 어들리는 재키가 그들의 트라우마를 건들고 싶지 않기 때문이라고 믿었을 것이고, 그 대목은 충분히 이해가 간다. 그녀는 재키의 이야기가 다소 바뀐 부분에 대해 그렇게까지 우려하지 않았다. "저는 (강간 피해자의) 이야기가 자신에게 일어난 일을 받아들이는 사이에 바뀔 수 있다는 사실을 알고 있습니다." 그녀는 증인석에서 말했다. 여기서 어들리는 버지니아대학에 깊이 새겨진 자기기만의 메커니즘을 그대로 모방하고 있다. 즉 자기가 믿는 이야기, 자기가 지금 쓰려 노력하는 이야기가 기정사실인 것처럼 행동한 것이다.

*

나는 우리가 믿고 싶어 하는 것에 속는 경험이 무엇인지 잘 알고, 그것에 깊이 공감한다. 좋은 의도는 종종 허점을 남기기도 한다. 어들리는 재키의 기억이 성폭행 트라우마로 인해 희미해지거나 바뀔 수도 있다고 믿었는데, 그 점에서 어들리를 비난하기는 어렵다. 그러므로 대학의 행정실 직원이 자기 대학이 윤리적으로 전혀 발전하고 있지 않은데도 발전하고 있다고 믿을 수도 있다는 걸 이해한다. 또한 기자가 자기가 쓰는 이야기가 진실의 방향으로 가고 있다고 믿을 수도 있었다는 점도 이해한다. 결국 1984년 파이 프사이에서 성폭행을 당한 여성 리즈 세쿠로에게 똑같은 일이 일어나지 않았다. 21년 후에야 사과 편지를 보낸 가해자 윌리엄 비브에게 세쿠로는—굉장히 불안정하고 불확신에 가득한 상태에서—자신을 강간한 사람이 그 한 명이었냐고 물었다. 그는 그렇다고 답했다. 그는 그날 밤을 그녀와는 완전히 딴판으로 기억했다. 그는 원래 편지에서 "강간"이라는 단어도 사용하지 않았다. 그는 이렇게 썼다. "엘리자베스에게. 1984년 10월에 내가 너에게 나쁜 짓을 했어. 내 행동이 너에게 어떤 영향을 미칠 수 있었는지 미처 몰랐어." 세쿠로에게 보낸 두 번째 편지에는 이렇게 썼다. "몸싸움은 없었고 아주 짧은 시간 안에 끝났어."

"내가 정신을 차렸을 때는 알몸으로 피 묻은 시트에 둘둘 말려 있었어." 세쿠로가 답장에 썼다.

"내 기억에 대해서만큼은 나는 진실해. 그날 밤 너에게 일어난 진실의 전부는 아닐지 모르지만." 비브는 답장했다.

세쿠로는 이후에 쓴 회고록《크래시 인투 미Crash into Me》에서 자신은 성폭력을 당할 때까지 성 경험이 없었으며, 학장은 그녀에게 이렇게 말했다고 썼다. "글쎄, 학생. 이런 파티는 원래 난장판이 되기도 하잖아. (…) 혹시 이 남학생과 성관계를 하고 나서 후회하는 건 아닌가? 그런 일들이 종종 일어나서 그래요." 그녀의 이야기는 학교와 경찰서 그리고 그녀가 살던 시대에 의해 뭉개졌다. 성폭행을 당한 후 겨우 몸을 일으켜서 간 UVA 병원에는 강간 키트가 없었다. 다른 선택권이 없었던 세쿠로는 결국 기자에게 갔고, 가명으로 고백했다. 어느 날 밤 남학생 기숙사에서 남자 한 명이 자기를 성폭행했다고 그녀는 말했다.

20년 후 그녀가 비브의 사과 편지를 받고서 샬러츠빌 경찰은 재조사에 착수했고, 목격자 여러 명의 진술을 받았다. 경찰이 그녀에게 전화를 걸었다. "리즈, 당신 말이 맞았어요. 비브는 세 명 중 한 명이었어요. 그날 밤 세 명의 남자가 당신을 성폭행했고, 비브가 마지막이었어요. 이런 말을 전하게 되어 죄송합니다." 세쿠로는 쓴다. "그 남자 중 한 명은 다른 사람 앞에서 나를 성폭행했다고 말했다. 다른 네 명의 남자들이 보고 있는 가운데 그가 내 스웨터를 목 위로 벗기고 내 치마를 허리 위로 잡아당겼다." 또 다른 한 명은 피 흘리고 의식을 잃은 상태의 그녀를 버려두고 기숙사의 공동 샤워실로 걸어갔다. "그는 수건만 걸치고 가는 길에 다른 남자들과 하이파이브를 했다." 목격자에 따르면, 비브가 소리 지르는 세쿠로를 자기

방에 끌고 갔고 그다음에 그녀를 욕실로 질질 끌고 가서 씻기려고 했다. 그가 원래 편지에서 썼던 그의 입장의 이야기는 시간이 흐르면서 아주 끔찍한 방식으로 진실성이 떨어졌다. 그러나 그는 "몸싸움은 없었다"고 믿었고, 오래전 일이라 기억이 모호하긴 하지만 그에게는 그저 혼란스럽고 신사답지 못한 밤이었다.

비브는 알코올 중독 회복 중에 그의 지난 삶을 돌아보고 이해하려 하고 있었고, 20년 내내 일은 이런 식으로 일어났다고 진심으로 확신했을 수도 있다. 아마도 세쿠로에게 연락한 이유도 부분적으로 자신의 바뀐 서사를 사실로 확인받고 싶어서였을 수도 있다. 반대로, 나는 재키 또한 복잡하고 깊숙하고 이상한 자기만의 세계에서는 이 상상 속 이야기가 진실이라고 진심으로 믿었으리라 생각한다. 그렇지 않았다면 어들리와 팩트체커를 그렇게 일관성 있게 속일 수는 없었을 것이다. 어쩌면 문서상 기록, 특히 거물 잡지인 〈롤링스톤〉의 기사가 자신이 진실이라 믿고 있는 서사를 실제인 것으로 공식 확인을 해주길 바란 건 아닌가 생각해보기도 한다.

세쿠로는 재판이 종결되고 5년 후인 2012년에 회고록을 발표했다. 그녀는 책에서 1학년 여학생을 성폭행하는 것이 파이 프사이 회원들 사이에서 일종의 통과 의례였을지도 모른다고 말한다. "그들에겐 전통이었을지도 모른다." 이것이 바로 재키가 친구들에게, 또 어들리에게 말하고자 한 내용이 아니었을까. 증언 녹취록에 따르면 재키가 자기의 이야기와 세쿠로의 이야기에 유사점이 있다는 사실을 지적하자 어들리는 이렇게 외쳤다고 한다. "미쳤어, 미쳤어. 내 팔에 소름이 다 돋아나네. 이건 우연이 아니야." 한편 재키는 녹취록에서 2014년 수강했던 과목의 교수가 《크래시 인투 미》를 읽

는 것을 과제로 내주었다고 말한다. 그녀는 책의 딱 한 부분만 읽었
는데, 바로 세쿠로가 당한 성폭행을 묘사하는 대목이었다고 했다.

재키의 현실 감각을 가장 관대하게 묘사하는 말은 아마도 '빈
틈투성이'라는 표현일 것이다. 그녀는 꼭 거짓말을 하지 않아도 될
상황에서도 거짓말을 했다. 친구 중 한 명인 라이언은 이전에 헤이
븐 모나한이라는 남자에게서 메일을 받았다고 했다. 재키가 자신을
파티에 데리고 갔다고 말한 남자다(헤이븐은 〈롤링스톤〉에서 "드류"라
는 가명으로 등장했다). "헤이븐"은 실은 가상의 인물이고 그의 이메
일 주소는 아마도 재키가 만든 것일 가능성이 큰데, 헤이븐은 라이
언에게 재키가 쓴 메일을 전달했다. 메일 내용은 라이언을 향한 사
랑을 고백하는 편지였고 단어 하나하나가 〈도슨의 청춘 일기〉 속
대사에서 따온 것만 같았다. 이 모든 것―'가짜 페르소나 만들기',
'가짜 이메일 주소 만들기', '어디선가 본 듯한 편지 쓰기'―을 보면
재키는 짝사랑을 할 때도 이런 식으로 유치하게 행동했다는 점을
알 수 있다.

재키는 어들리와 인터뷰하던 중에 〈로 앤 오더: 성범죄 전담
반〉의 에피소드를 언급하며 이 드라마에 나온 성폭행 장면이 자신
의 상황과 비슷했다고 말했다. 어들리는 증언록에서 자신은 그 에
피소드를 시청하지 않았다고 말했고, 변호사는 어들리에게 에피소
드 제목이 "양치기 소녀가 된 여학생Girl Dishonored"이라고 말한다. 그
에피소드에서 여자 대학생은 남학생 기숙사에서 집단 성폭행을 당
하는데 성폭행범 중 한 명이 말한다. "그년 다리 좀 잡아."

증언하는 도중에 어들리는 〈롤링스톤〉의 사과문이 올라간 그
날 아침에 쓴 자신의 성명서를 읽는다. "재키의 사건은 내가 언제나

말하고 싶었던 더 큰 이야기의 핵심을 파고든 것 같았습니다."

"이 문장을 쓸 때 진심이었습니까?" 변호사가 묻는다.

"진심이었냐고요?" 어들리는 대답한다.

"글로 변명을 하고 싶었던 건가요? 아니면 진심이었나요?" 변호사가 묻는다.

"지어낸 건 하나도 없습니다." 어들리는 대답한다.

"이 글을 쓸 때 진심이었다고요? 그러면 당신이 쓴 문장을 믿었습니까?" 변호사는 묻는다.

어들리는 그렇다고 대답한다. 하지만 우리가 언제나 진심과 거짓말 사이에서 하나를 선택할 수 있는 건 아니다. 둘 다일 수도 있다. 진심이면서도 망상일 수 있다. 우리는 어떤 진술이나 이야기가 거짓말인 경우에도 믿을 수 있고, 어떤 경우에는 그 일은 아주 쉽다.

＊

〈롤링스톤〉이 정식으로 오보를 인정한 후, 이듬해 4월 UVA의 총장인 테레사 설리번은 이 잡지를 비난하는 성명을 발표했다. "무책임한 언론은 많은 무고한 개인의 명예와 버지니아대학의 명예를 손상시켰습니다. 우리 사회에서 성폭행은 굉장히 위중한 문제이고 모든 지역 사회의 관심과 주의를 기울여야 합니다. 〈롤링스톤〉이 기사를 발표하기 훨씬 전부터 우리 버지니아대학은 성폭행에 대처하기 위해 많은 노력을 쏟아왔습니다. 앞으로도 우리는 실질적인 개선안을 도입하여 캠퍼스 문화를 개선하고 폭력을 예방할 것이며 사건이 발생했을 시 적극적으로 대응할 것입니다."

그렇게 해서 우리는 다시 평화로운 그때 그 시절로 돌아왔다는 이야기다. 원흉은 〈롤링스톤〉이고, 사건은 무효화되었고, UVA는 늘 해오던 대로 하면 된다. 나는 퍼뜩 몇 년 전 밤에 있었던 일이 떠올랐다. 결혼식 피로연이 끝난 후에 술집 뒤의 한구석에서 어떤 여성이 나에게 말을 붙였다. 그녀는 2006년을 떠들썩하게 했던 듀크대학 라크로스팀 스캔들*에 관련된 남학생 선수 두어 명을 안다고 했다. 어떤 헤픈 년의 역겨운 거짓말 때문에 앞날이 창창한 남학생들과 죄 없는 가족들에게 평생 남을 상처가 생겼다면서, 말 그대로 입에 거품을 물고 울분을 토했다. 그녀의 분노는 너무 날이 서 있었고 너무 또렷했고 점점 더 커졌다. 나는 그 날것의 분노에 주눅이 들었고, 대부분의 사람들이 강간 자체보다 무고를 훨씬 더 용서할 수 없는 중범죄로 본다는 사실을 다시금 기억했다. 1988년 〈캐벌리어 데일리〉에 한 학생이 투고한 글이다. "강간죄 처벌을 더 늘려달라고 하기 전에 무고한 남성을 강간이나 강간 미수로 덮어씌운 여성도 똑같은 강도로 수사하고 똑같은 강도로 처벌하고 더 장기간 수감시켜야 한다."

성경에서 보디발의 아내는 부유한 남편에게 노예로 잡혀 있는 요셉을 유혹하려다가 그가 거부하자 겁탈을 당했다고 소리친다. 그리스 신화에서 테세우스의 아내 페드라는 히폴리토스를 똑같이 모함한다. 이런 이야기들은 비슷한 다른 이야기들과 함께 음욕으로 일어난 역겨운 행위로 묶인다. 그러나 같은 책(성경)에서 때로는 강

---

* 라크로스팀 파티에 부른 스트리퍼 두 명이 선수들과 싸우고 난 뒤 한 백인 선수가 자신을 강간했다고 신고했으나, DNA 검사를 시행한 결과 남자들은 무고로 판명되었다.

간 자체가 정상적인 행위처럼 승인되기도 한다. 민수기에서 모세는 군인들에게 남자와 처녀가 아닌 여자는 죽이고 처녀들은 취하라고 한다. 그리스 신화에서 제우스는 안티오페, 데메테르, 유로파, 레다를 강간한다. 포세이돈은 메두사를 강간한다. 하데스는 페르세포네를 강간한다. 수세기 동안 강간은 재산을 취하는 범죄 정도로 여겨졌고 범죄자들은 대체로 벌금형을 받았다. 그 벌금도 여자의 아버지나 남편에게 지불했다. 1980년대까지 미국은 부부 강간을 범죄로 명시하지 않았다. 아주 최근까지도 강간을 일상적으로 일어날 수 있는 일로 치부했다.

이런 사회 관행은 UVA에도 존재했고, 이 학교는 지난 수십 년간 표절한 학생은 퇴학시켜도 성폭행은 심각한 위법으로 취급하지 않았다. 1998년부터 2014년까지 총 183명이 UVA의 이른바 명예규율을 어겼다는 이유로 퇴학 처리를 당했다. 그중에는 외국에서 유학 중일 때 쓴 리포트에 위키피디아에서 따온 세 문장을 베꼈다는 이유로 퇴학당한 학생도 있었다. 한편 90년대 말에 제니 윌킨슨이라는 학생을 성폭행하여 유죄 판결을 받은 남학생에게 UVA는 징계 기록만 남기는 것으로 마무리한 적이 있었다. 이 징계 기록이라는 것도 성폭력 교육을 이수하면 1년 후에 자동으로 삭제되었다. 학생 사생활 보호법 때문에 윌킨슨은 사람들 앞에서 억울함을 토로할 수도 없었다. "이 사건의 기막힌 반전이라면 반전은, 만약 그 이름을 발설했다가는 오히려 내가 대학으로부터 처벌을 받을 수도 있었다는 점이다." 2015년 윌킨슨은 〈뉴욕타임스〉에 쓴 기고문에서 이렇게 말했다. 한편 가해자는 재학 내내 라운 안에 있는 기숙사에서 지냈는데, 이는 UVA 학생이 누리는 최고 명예라 할 수 있었다.

그래도 그 후 상황은 조금씩이나마 개선되기는 했다. 어들리의 기사가 게재되고, 나는 〈제제벨〉에서 앞으로 "켈리"라는 가명으로 부를 나의 대학 동창 한 명을 인터뷰했다. 2006년 켈리는 자신을 성폭행한 남학생을 대학에 고발했다. 10개월 후에 UVA는 그를 유죄로 인정했다(다시 강조하지만, 유죄로 처리되는 경우가 얼마나 드문지 말하는 것도 입 아플 뿐이다. 내가 켈리를 인터뷰했을 시기에 이 학교 역사상 유죄로 처리된 성폭행은 13건밖에 없었다—그중 한 명이 제니 윌킨슨의 가해자다). 켈리는 다른 많은 여자 대학생들처럼 신입생 첫 학기 가을에 폭행을 당했다. 그녀도 프랫 파티에 갔고 한 남학생이 계속 따라주는 술을 마시다가 의식을 잃었다. 학교 측 조사에 따르면 축 늘어진 켈리의 몸을 누군가가 계단으로 끌고 올라가는 것을 본 목격자가 있었다. 그날 밤 기숙사에는 자기 남동생을 찾아온 한 간호사가 있었는데 켈리의 맥박이 "20에서 30으로 매우 낮았다"고 증언했다. 청문회에서 한 남성 교수는 켈리에게 혹시 남자친구 몰래 다른 남자를 만난 적이 있냐는 질문을 하기도 했다. 그러나 어쨌건 그녀를 성폭행한 남학생은 유죄 판결을 받았고 3년 집행유예를 받았다.

UVA의 길고 긴 무관심과 무대응의 역사라는 맥락에서 보자면 이 정도는 경이로운 성공이 아닐 수 없다. 〈롤링스톤〉의 기사가 나오기 전해에 교내 성폭력 건을 고발하기 위해 에라모를 찾아간 여학생은 총 38명이었다. 오직 9건만 정식으로 고발 접수되었고, 그중에서도 4건만 위법 행위 청문회로 올라갔다. 그리고 다른 많은 대학과 마찬가지로, 이 38건은 보이지 않는 거대한 빙산의 일각일 뿐이다. 나는 평소 어려운 일을 회피하는 성격이 아니지만, 만약 대학교 때 성폭력을 당했다면 아마 학교 행정실 문을 두드릴 용기를 내지 못했을 것이다. 굴욕감을 줄 것이 뻔한 각종 행정 절차를 거칠 에너지가 없었을 수도 있다.

어들리는 기사에서 이렇게 지적했다. "역사 깊은 버지니아대학에는 가부장제에 적극적으로 대항하는 급진적 페미니스트 문화가 없다." 이 학교가 급진적 진보주의와 거리가 멀다는 말은 백번 옳다. 캠퍼스에 있을 때 내가 페미니즘을 배울 생각을 하지 않은 것도 사실이다. 하지만 UVA의 선배 여학생들은 남녀 공학이 된 이후부터 이 기관을 바꾸기 위해 많은 노력을 기울였다. 1975년 〈캐벌리어 데일리〉에 한 여학생이 토머스 제퍼슨의 유명한 연설문을 인용하여 다음과 같은 글을 썼다. "학교의 역사와 전통은 우리 중 누구도 진실이 어디로 향하건 간에 그것을 구하는 데 두려움이 없어야 한다고 말하지만, 우리는 밤늦게 코너에 간식을 구하러 갈 때도 두려움을 느낀다." 그해 가을 샬러츠빌의 시의회가 지역의 사건 통계를 조사했고, 이 도시의 강간 신고 숫자는 버지니아 전체에서보다 두 배가 높았다. 이후 미국 전역에 퍼진 보고서에서 샬러츠빌에는 "강간 도시"라는 불명예스러운 이름이 붙기도 했다. 비슷한 시기 코너에 있는, 연쇄살인범 잭 더 리퍼를 테마로 꾸민 술집의 간판에는 나체 여성의 시체를 가로등에 건 그림이 그려져 있었다. 〈캐벌리어 데일리〉에 또 다른 학생이 이렇게 썼다. "사람들은 이제 강간문제가 뉴스에 반복적으로 오르내리는 데 지쳤다. 그렇다. 나도 지쳤다. 여러분이 생각하는 것 이상으로." 그 여성은 6주 전에 강간을 당했다고 고백했다. 그해 UVA의 총장이었던 프랭크 헤레포드는 버지니아주 공무원에게 캠퍼스 내 강간 문제가 없다는 편지를 보냈다. 그는 학교가 사전 대응을 잘하고 있다고 말하면서 그 사실을 증명하는 열 가지 증거를 제출하기도 했다. 그중 6번 증거는 학생회가 여학생들에게 "경보장치를 시중 가격보다 저렴하게 판다"는 것이었다. 9번 증거는 자정 이후 여학생 기숙사의 문을 잠근다는 것이었다.

이 시기에 UVA의 남성 중심주의는 가부장제에 근본적으로 반하는 두 집단, 즉 여성과 게이 남성이 캠퍼스에서 점점 목소리를 내려고 하자 그들을 공격적으로 탄압하는 양상을 보이기도 했다. 1972년 〈캐벌리어 데일리〉 '유머 코너'에는 혐오스러운 말장난이 실렸다. 학교에 계집애 같은 남자들이 모인 남학생 사교 클럽이 생겨나고 있다면서 그 이름은 감마 알파 엡실론Gamma Alpha Yepsilon, 즉 GAY라고 했다.• "강간 도시" 보고서가 발표된 그해에 버지니아 주류관리국은 "술을 판매하는 레스토랑에 동성애자의 입장을 거부하는" 규제 법안을 통과시켰고, UVA는 이 법안을 이용하여 게이가 라운 내 기숙사에서 거주하지 못하게 했다. 또한 총장인 헤레포드는 밥 엘킨스라는 학생이 "커밍아웃한 동성애자"라는 이유로 연구 조교 명단에서 빼려고 했다. 1990년에 한 학생은 "이성애자는 위대해"라는 제목의 풍자 기사를 발행하면서, 이성애자로서의 자긍심을 기념하는 주간 일정을 발표하기도 했다. 이 중에는 "화장실을 다시 빼앗자" 행진도 있었다. 내가 학교에 다닐 때는 풋볼 경기에서 선수들이 터치다운을 할 때마다 학생들이 〈올드 랭 사인〉의 멜로디에 가사를 붙인 응원가 〈더 굿 올드 송The Good Old Song〉을 불렀다. 응

• 유명 남학생 사교 클럽인 감마 알파 앱실론Gamma Alpha Epsilon에 'Y'를 붙여 패러디한 것이다.

원가 가사는 이러했다. "우리는 올드 버지니아에서 왔지. 모든 것이 밝고 즐거웠던 곳where all is bright and gay." 그리고 그 뒤에 학생들은 한 목소리로 외쳤다. "게이는 아니야!"

90년대에는 UVA에 만연한 성폭력에 주도적인 역할을 하는 남학생 사교 클럽에 대해 진지한 논의가 일어나기도 했다. 이들은 여학생과 게이 남성에 대한 폭력을 행사했고, 이 안에 속한 회원들 사이에도 폭력은 성행했다. 1992년 〈캐벌리어 데일리〉의 편집장은 이러한 사설을 올렸다. "신입생들이 입학 첫째 주에 할 수 있는 친목 활동은 럭비 로드의 남학생 클럽 파티에 가는 것뿐이다. 어떤 이들에게는 두렵고, 어떤 이들에게는 위험하기까지 한 럭비 로드 파티가 왜 모든 신입생의 유일한 첫 친목 모임이 되어야 할까. 이는 절대로 적합한 선택지가 아니다." 같은 해 UVA의 또 다른 남학생 사교 클럽인 파이 람다 피Pi Lambda Phi에서는 열여덟 살 여학생이 창고에 갇히고 매트리스에 묶여 강간과 폭행을 당했다.

2009년에 출간된 백인 남학생 클럽의 역사에 관한 책《그가 지킨 공동체The Company He Keeps》에서 저자 니콜라스 시렛은 이렇게 말한다. "남학생 사교 클럽은 여성보다 남성이 우월하다고 생각하는 남자들을 끌어모은다. 서로를 챙기고 보호하는 남자들 사이에는 강한 동질감과 친밀감이 형성되고, 자칫 자신들이 동성애적으로 보일 수 있다는 사실에 대항하기 위해서 이들은 이성애적인 행동을 열렬하게 전시하려 한다."(1992년 파이 람다 집단 성폭행 사건 이후에 UVA의 여성학과 학과장은 비슷한 논지의 발언을 하기도 한다. "남학생 클럽과 여학생 클럽은 여성이 일반적으로 갖는 종속적인 위치를 더욱 강화한다. 남성은 여성을 학대하고 폭력적인 신고식을 행하면서 남성 정체성을 확인하려 한다.") 저자 시렛에 따르면 남학생 클럽의 남성들은 "공격적인 호모포비아와 여성 비하를 통해" 자신들의 이성애를 증명한다. 서로에게 수치심과 망신을 주기 위해 동성애적 신고식을 행하기도 하고, 여성과의 섹스는 "우리 형제를 위한 것, 우리 형제들의 공동 소비"로 해석한다.

역사적으로 백인 남학생 클럽은 엘리트 남성의 권력과 특권을 공고히 하기 위한 목적으로 존재해왔다. 19세기 상류층 출신 남학생들은 이 사교 클럽 제도를 이용해 가난한 학생들과 자신들을 구분하려 했다. 20세기가 되자 "점점 여성이 많아지는 남녀 공학"에서 오직 남성들만의 전용 공간을 지키기 위한다는 명목으로 남학생 클럽 하우스를 이용했다. 초기 남학생 클럽의 이상에 20세기에 들어서면서 바뀐 남성성의 개념이 포함되었다. 이 개념은 한 사람 안에 상류층의 지위와 하류층의 행동이 공존하는 것을 허가한다. "남학생 클럽 회원들은 자신들의 저급한 행태를 정당화하기 위해 스스로 신사라고 주장한다. (⋯) 대중 앞에서 품위를 전시하면서 자신의 존재를 정당화한다. 그러나 문 닫은 방에서 하는 행동은 그들끼리만 아는 비밀이다."

대학들이 남학생 클럽의 폭력적 성향을 알면서도 좌시하는 경향이 있는 이유는 이들이 기부금의 원천이기 때문이다. 대학은 남학생 클럽을 거친 졸업생들에게서 막대한 기부금을 받아 특권층 학생들의 기숙사 문제를 해결한다. 그렇게 되면서 남학생 클럽은 마치 빌트인 가구처럼 내장된 자유를 마음껏 누린다. 오늘날 남학생 클럽에 가입하는 남학생들은 가벼운 마음으로 매주 열리는 신나는 파티, 재미있는 친구들, 예쁜 여학생들과 즐기는 주말을 의식할지도 모른다. 그러나 그 아래에는 집단행동이 주는 면책 특권의 스릴이 숨어 있다. 그러니까 이 클럽 가입이 주는 유익한 목적은, 창문 밖으로 가구를 던져도 기물 파손으로 걸리지는 않으리라는 기대이다. 신고식에서 경악할 만한 폭력적인 행동을 해도 클럽의 이름으로 용인될 수 있다는 기대이고, 원하는 대로 술과 약물을 구입하고 소비할 수 있다는 기대이며, "형제"들의 쾌락을 위해 하나로 모이는 파티를 열 수 있다는 기대이다. 그 쾌락의 소재는 여성이다.

시렛의 책에 따르면 1920년대부터 남학생 클럽 문화는 노골적으로 여성들에게 성적 강압을 시작했다. "여자가 남자를 애무하지 않으면, 남자는 자기가 제대로 꼬시지 못했다고 생각해야 해." 1923년 소설 《타운 앤 가운Town and Gown》에서 남학생 클럽 회원은 말한다. 1971년 윌리엄 잉게는 20년대 캔자스대학에서 겪은 남학생 클럽에서의 경험을 바탕으로 쓴 《나의 아들은 훌륭한 운전자My Son Is a Splendid Driver》라는 소설을 발표한다. 소설 속 캐릭터들은 여학생 클럽의 여학생들과 데이트하고 그들을 집에 데려다준 다음에 창녀와 섹스를 한다. 어느 날 밤 그들이 기숙사 지하에서 한 여성을 "윤간"한 후, 화자는 생각한다. '만약 이를 거부하면 나의 남성성을 의심받게 될 것 같았다. 남성성이 뭔지 모호하지만 어떤 도전이건 두려워하지 않아야 할 것 같았다.' 사건 속 여성은 체념한 후 공격적으로 소리를 지른다. "자, 이제 다들 와서 나한테 한 번씩 해. 이 목적으로 날 데리고 온 거잖아."

UVA 학생의 35퍼센트가 남학생 클럽이나 여학생 클럽에 소속되어 있다. 내가 대학에 다닐 때는 이 시스템에 속하지 않은 학생들을 "지랄 맞은 반항아들"이라고 불렀다. 거의 모든 1학년생은 기숙사에서 살기 때문에 술을 사지도 못하고 파티를 열지도 못하는데, UVA의 거의 모든 파티가 남학생 기숙사에서 남학생 클럽 회원들의 방식으로 이루어진다(시스템 자체가 젠더 전통주의를 완강히 고수하기 때문에 여학생들은 파티를 주최하지 못한다). 물론 이 시스템 안에도 다양한 개인들이 있다. 나는 사실 이 클럽이 가진 여러 속성에 대해 사람들 앞에서 대놓고 비판하는 편이었지만, 그래도 회원으로 받아들여졌다. 10년 넘게 만나온 나의 파트너 앤드루는 2년 동안 UVA의 남학생 기숙사에서 살았지만, 화요일마다 길 건너편에 있는 보육원에서 자원봉사를 했고 나보다 더 다정하고 진실한 사람으로 남았다. 하지만 남학생 클럽에 속한 남학생들의 범죄율이 일반 남자 대학생의 범죄율보다 높은 것은 이미 여러 보고서를 통해 확인되었다. 컬럼비아대학의 최근 논문에 따르면, 남학생 클럽 소속 회원들은 범죄의 피해자가 될 확률도 더 높다. 남학생 클럽의 환경 자체가 남자들을 강간범으로 만든다는 뜻은 아니다. 다만 매 주말 남학생들이 여학생들에게 술을 따라주는 파티가 열리고, 내키면 인사불성으로 취할 수 있고, 파티의 최종 목적은 이 여자들을 어떻게 해보는 것이며 몇 걸음만 가면 문을 잠글 수 있는 기숙사 방이 있다.

이러한 분위기와 맥락을 본다면 재키의 허위 사실 고소는 일종의 키메라, 즉 몸과 머리가 따로 노는 그로테스크한 괴물처럼 보인다. 진짜 문제를 보이게 하긴 했지만, 잘못된 방법으로 보이게 한 것이다. 2017년 엘리자베스 샴벨란은 〈앤플러스 원〉에 발표한 탁월한 에세이에서 자신이 왜 재키의 이야기에 오래도록 집착했는지 쓴다. 그녀는 일종의 신화나 동화가 연상되기 때문에 끌린 것 같다고 했다. 빨간색 드레스를 입은 소녀가 야생의 숲으로 들어가고 늑대 떼를 만난다는 이야기다. "지금 와서 생각하면 이 이야기는 너무나도 부자연스럽다. 자연주의의 명백한 실패라 할 수 있다. 어두운 방, 실루엣만 보이는 공격자들. (…) 하지만 무엇보다 가운데에 유리 테이블이 있고, 크리스털이 깨지는 소리를 내면서 부서졌다고 했다. 바로 그 부분에서 이 서사는 지나치게 과장되면서 리얼리즘에 반하게 되고, 완전히 다른 길로 빠지는 것이다." 말하자면 재키는 수전 브라운밀러가 한때 "강간 우화"라고 말한 "빨간 모자"의 또 하나의 버전을 짜냈던 것이다. 한 소녀가 폭력적인 유혹자인 늑대로 인해 여행 도중에 방해를 받는다. 늑대는 변장하여 그녀를 잡아먹는다.

샴벨란은 인류학자 도카스 브라운과 데이비드 앤서니가 2012년에 쓴 논문을 인용한다. 이 논문은 고대 유럽에서의 "청소년 부대"와 늑대 상징wolf symbols의 연관성을 추적한다. "청소년 부대는 사회의 주변부에서 활동하며 몇 년 동안 함께하다가 회원들이 특정 나이에 이르면 해체된다." 이들은 이 청소년 부대의 특징은 "성적인 문란함과 관련이 있다"고 말한다. "그들은 부유한 집안 출신이고 그들의 목적은 싸움과 공격을 배우는 것이다. (…) 그들은 가족과 떨어져서 '야생'에서 산다." 독일 신화에서 이러한 단체는 "남성 리그"를 뜻하는 매너분드Männerbund로 불렸다. 이들은 동물 가죽을 쓰고 위장하여 이 시기가 끝날 때까지 죄책감 없이 사회 규범을 깰 수 있다. "4년이 지나면 야생 전사들은 책임 있는 어른으로 변신하여 시민 생활로 돌아갈 준비를 하기 전, 마지막 희생 의식을 치른다. 오래된 옷과 개 가죽을 버리고 태운다. 그리고 다시 한번 인간이 된다." 샴벨란은 골똘히 생각한다. 일단 남성 리그를 조직해, 부유한 가정으로부터 떨어뜨려 야생에서 집단으로 훈련한다고 치자. "사회가 그 조직을 만들기로 선택한 다음에는 그들로 인하여 발생하는 혼란을 어떻게 막을 수 있을까? 자신들에게는 결코 해악으로 돌아오지 않으리라고 확신할 수 있을까?"

샴벨란은 말한다. "빨간 모자는 강간의 우화가 될 수 있다. 그렇다. 강간, 살인 그리고 상상할 수 있는 가장 끔찍한 범죄의 우화 말이다."

하지만 이것은 경고라기보다는 의식화된 기억을 돕는 연상 기호다. 어쩌면 이 늑대 소년들의 기능 중 하나는 사회가 지불하겠다고 동의한 대가를 잊거나 부정해서는 안 된다는 것을 확인시키는 것일 수도 있다. 늑대 같은 집단인 매너분드를 유지했을 때의 대가 말이다. 나는 여기서 암울하면서도 낭만적인 목적론을 이야기하는 것이 아니며, 늑대 소년들이 프랫 보이들과 역사적으로 연결되어 있다고 말하려는 것도 아니다. 남성 폭력이라는 태곳적 원천 때문에 소년들이 누군가를 죽이거나 프랫 보이들이 강간을 했다고 말하려는 것도 아니다. 이것은 그저 두 개의 기관, 두 개의 젊은 청년들의 리그일 뿐이다. 하나는 고대와 반신화적 과거에 속하고 다른 하나는 지금 여기서 번성하고 있다. 이런 일은 그저 소년들을 소년답게 내버려 둔 문제가 아니다. 이 집단은 어떠한 이유가 있어서 발명되었고 유지되었다. 그리고 효과를 보았다.

그녀의 주장에 따르면 강간은 이 세상이 남성에게 최대한 불법적인 자유를 주기 위해 기획된 기능이다. "다른 면에서는 평등주의

적이고 인간적인 윤리 체계이지만, 강간만 악독한 변칙이 아니라는 점은 전혀 논리적이지 않다." 하비 와인스타인 사건과 이어진 반년간의 폭로가 있기 전이었기에, 그녀는 이렇게 말한다. "그러나 아직은 아무것도, 그 누구도 우리에게 (강간의 부당성을) 알려주지 않았다. 강간의 부당성을 우리가 모두 공유하고 또 우리가 공유한다는 사실을 인정할 수 있는 대중적 지식으로 만들어주지 않았다. 그런 종류의 지식을 만들기 위해서 우리는 그 무엇이건 망각을 유지하게 만드는 힘보다 더 큰 힘이 있어야 한다." 어쩌면 그녀는 재키의 거짓말이 이 힘을 행사하려는 잘못된 시도일 수도 있다고 말하는 듯하다.

*

〈롤링스톤〉 기사의 여파로 2015년 1월, 나는 샬러츠빌에 내려가 남학생 클럽의 실태에 대한 기사를 쓰게 되었다. 처음으로 쓰는 취재 기사였기에 바짝 긴장했다. UVA를 보면서 내 시점이 참여자에서 관찰자로 바뀌었다는 사실을 알게 되었다. 첫날밤에 나는 대학 근처의 전통 있는 식당인 버지니안의 칸막이 테이블에 앉아서 친구 스테파니와 맥주를 마시며 이 긴장을 가라앉히고 있었다. 주변에는 온통 카키 바지와 노스페이스를 입은 활기찬 남학생 클럽 가입자들과 롱부츠를 신고 드라이한 머리를 휘날리는 여학생 클럽 신입 모임이 있었고, 나는 이들 대화의 분위기에서 뭔가를 잡아내기 위해 애썼다.

그리고 어들리가 잡아낸 것보다 더 크고 깊은 이야기가 이곳에 존재하고 있다는 생각이 머지않아 분명해졌다. 〈롤링스톤〉 기사는 이 지역에 충격적인 사건이 일어난 두 시기, 즉 2010년 이어들리 러브라는 여학생이 사망한 사건과 2017년 '백인 권력 되살리기' 운동 사이에 끼어 있었다. 내가 여학생 클럽 신입생 모임 중에 직접 만나기도 했던 러브는 자신의 방에서 전 남자친구 조지 휴글리에게 살해당했다. 그는 방문을 부수고 들어가 그녀의 심장이 멎을 때까지 잔인하게 폭행했다. 2014년에는 2학년 학생인 한나 그레이엄이 시내에서 실종되었다. 제스 매튜라는 택시 기사가 그레이엄을 살인한 죄로 체포되었고, 그는 5년 전에 실종된 모건 해링턴의 살인범이기도 했다. 그는 휴글리와 마찬가지로 폭력 전과를 갖고 있었다. 제스 매튜는 두 건 모두에서 "살인과 강간 목적의 납치"로 유죄를 선고받았다.

샬러츠빌은 자그마한 마을이다. UVA 채플에서 쇼핑몰이 있는 중심가까지 구식 전차로 15분이면 도착한다. 따라서 이런 범죄가 일어나면 도시 전체가 들썩거릴 수밖에 없다. 내 대학 동창 한 명은—레이첼이라는 친구인데, 그녀는 이 택시 사건 피해자들의 인상착의와 마찬가지로 금발에 백인이고 미인이다—범인이 모건 해링턴을 납치하고 살인하기 바로 전에 그의 택시에 탄 승객이었다. 친구는 한나 그레이엄 사건을 수사하던 경찰에게 그 사실을 들었다고 했다. 그러나 그즈음에 아무도 눈치채지 못한 다른 실종 사건도 일어났다. 2012년 가을 흑인 트랜스 여성인 세이지 스미스가 실종되었으나 경찰은 무려 11일이나 사건을 방치하다가 외부 기관에 협력 수사를 요청한 적이 있었다. 반면 엠마 아이젠버그가 〈스플린터〉에 쓴 글에서처럼, 버지니아의 모든 법 집행기관은 그레이엄의 이름과 얼굴을 48시간 만에 파악했고 FBI와 자원봉사 팀도 바짝 따라나섰다. 그레이엄 사건은 모든 신문과 텔레비전 뉴스를 도배했으나 스미스와 관련된 기사는 거의 존재하지 않았다(아이젠버그는 내게 28개의 신문을 샅샅이 뒤진 후에야 딱 하나의 실종 기사를 찾았다고 말했다). 2013년 17세의 흑인 소녀 알렉시스 머피가 샬러츠빌 근처에서 실종되었으나 역시 언론은 보도하지 않았다. 범인이 랜디 테일러라는 백인 남성으로 밝혀졌을 때도 그의 창백하고 수척한 얼굴은 뉴스에 단 한 번도 등장하지 않았다. 반면 검은 피부에 두툼한 입술, 굵게 땋은 머리를 한 택시 기사 매튜는 어딜 가나 눈만 돌리면 보였다.

오랫동안 겹쳐졌던 샬러츠빌의 젠더 폭력의 역사와 인종 폭력의 역사가 그제야 모습을 드러내고 있었다. 이 도시 밑에 면면히 흐르던 트라우마와 불평등이 솟구쳐 나오려 하고 있었다. 지배 계급이 무너졌다 다시 형성될 때마다 여성의 몸은 실험 장소가 되곤 했다. 19세기 버지니아에서 성폭행을 한 흑인 남성은 사형에 처해졌고, 백인 남성은 10년에서 20년 형을 받았다. 20세기 중반까지 버지니아 시민들은 백인 여성 강간에 대해 더 우려하는 모습을 보였는데, 흑인이 범죄자일 경우에만 그러했다.

근본적으로 여성을 대상으로 한 폭력은 다른 폭력 체제와도 긴밀한 연관 관계를 갖는다. 어들리는 남학생 클럽 이야기를 하면서 오직 강간의 현실만 고발하려고 시도했지만, 사실 이를 인종 문제를 떼어놓은 채 언급하기란 불가능하다. 1월에 취재차 샬러츠빌을 방문하고 돌아와서도 마야 히슬롭이라는 대학원생이 내게 말해준 끔찍한 사건이 한동안 머릿속에서 떠나지 않았다. 이는 〈롤링스톤〉

에서도 그 이후에 쏟아져 나온 수많은 기사에서도 단 한 번도 언급되지 않은 역사였다. UVA에 보고된 첫 번째 성폭행은 1850년 세 명의 남학생이 노예 소녀를 들판으로 데리고 가서 집단 성폭행한 사건이었다.

UVA는 1819년 당시 76세였던 토머스 제퍼슨이 설립한 대학이다. 미국의 제3대 대통령으로 재임했던 제퍼슨은 정계에서 은퇴한 후 자신의 버지니아 농장 옆에 자리한 사저인 몬티첼로로 돌아왔고, 당시로서는 매우 혁신적이라 할 수 있는 비전에 헌신했다. 빈부에 상관없이 미국의 모든 백인 남성이 입학할 수 있는 공립대학을 건립하겠다는 비전이었다. 아마 UVA를 스쳐간 사람이라면 이 학교가 설립자를 얼마나 컬트적으로 신봉하는지 잘 알 것이다. 조금 소름 끼치게도 많은 이들이 제퍼슨을 마치 옆에 있는 친구나 선생님처럼 "TJ"나 "미스터 제퍼슨"으로 부른다. 사실 내가 UVA에 전액 장학금을 받고 다닐 수 있었던 건 제퍼슨 장학재단 덕분이기도 했다. 버지니아대학은 제퍼슨의 뛰어난 업적, 민주주의에 대한 이상, 시대를 앞서간 정신, 그가 남긴 저작과 명언들을 아주 열렬히 찬양한다. 대학 시절, 밸런타인데이가 되면 캠퍼스에 제퍼슨과 그의 노예였던 샐리 헤밍스의 실루엣이 그려진 전단지들이 뿌려졌다. 전단지 아래에는 "TJ♥샐리"라는 귀여운 슬로건이 적혀 있다.

제퍼슨보다 서른 살이나 어린 샐리 헤밍스는 그의 재산이자, 아내 마사의 개인 노예가 되었을 때 갓난아기였다. 집안 노예였던 헤밍스는 마사의 이복 여동생이었으며 4분의 3은 백인이었다. 헤밍스는 열네 살 때 제퍼슨의 딸을 보호하는 역할로 함께 외국 여행을 떠났다. 그녀는 제퍼슨과 파리에서 만났고 그가 미국으로 돌아갔을 때 열여섯 살이었으며 임신해 있었다(당시 버지니아주의 성관계 동의 연령은 열 살이었다). 헤밍스는 프랑스의 자유법에 따라 자유의 몸이 될 수 있었기에 파리에서 머무는 것도 고려했다. 하지만 헤밍스의 아들 매디슨에 따르면, 제퍼슨은 "특별한 권리"를 약속하며 그녀를 설득해서 버지니아로 데리고 왔다. 그들 사이의 자녀가 스물한 살이 되면 노예제에서 해방하겠다는 약속이었다.

"버지니아주에 관한 메모"에서 제퍼슨은 흑인들이 비판적 사고 측면에서 백인보다 "훨씬 열등하다"고 말하면서, 그렇듯 분명한 열등함은 "그들의 하등한 생활 조건의 결과는 아니다"라고 한 바 있다. 아마도 이런 관점 때문에 피부색이 밝은 편이었던 헤밍스가 그의 눈에 들어왔을 것이다. 이들의 내연 관계는 공공연한 비밀이었다. 1818년 〈리치먼드 리코더〉에 이렇게 기록되어 있다. "존경과 신망을 받는 인물이 몇 년간 자신의 노예 한 명을 정부로 데리고 있던 사실은 잘 알려져 있다. 그녀의 이름은 샐리다." 그러나 제퍼슨은 이에 대해 어떤 대응도 하지 않았고 그렇게 이야기는 묻혔다(그의 손주 중 한 명이 편지에 이렇게 썼다. "너무나 점잖고 가정적인, 미스터 제퍼슨 같은 남성이 혼혈 자녀를 키운다고 생각할 수 있는지 사람들에게 묻고 싶다. 도덕적으로 일어날 수 없는 일이라는 것이 있다). 그는 죽기 전에 헤밍스의 아이들에게 자유를 주었지만, 헤밍스는 아니었다. 그녀는 1834년 제퍼슨의 딸에 의해 자유의 몸이 되었다. 이듬해인 1835년에 사망했고 이름 없는 묘지에 묻혔는데, 아마도 샬러츠빌 시내의 주차장 인근으로 짐작된다. 제퍼슨은 물론 몬티첼로에 그의 자손들과 함께 묻혔다—그러니까 백인 자손들 말이다.

1987년 몬티첼로는 UVA 캠퍼스와 함께 유네스코 세계문화유산으로 지정되었다. 이곳은 샬러츠빌에서 가장 유명한 관광지 중 하나이며, 제퍼슨 집안 노예들의 실제 삶을 인정하고자 전시 프로 그램에 점진적인 변화를 주고 있기도 하다. 2018년에는 드디어 헤 밍스와 관련된 전시 행사가 처음으로 열렸다. 여기서 그녀는 실루 엣으로만 묘사되었는데—그녀의 외모에 대한 기록이 전혀 없다— 그 아래 이러한 메모가 붙었다. "노예 여성에게는 법적 동의권이 없 었다. 주인이 그들의 노동, 몸, 자녀를 소유했다." 아네트 고든 리드 는 1997년에 쓴 책에서 제퍼슨과 헤밍스의 관계에 대한 진실을 밝 히면서 아내 마사 또한 남편을 거부할 법적 권리가 없었음을 지적 한다(부부 강간은 2002년까지 버지니아에서 위법이 아니었다. 버지니아주 공화당 상원위원 리처드 블랙은 아직도 이 법을 기소 대상에서 제외하기 위 해 노력하고 있다). 몬티첼로 전시에 대한 〈뉴욕타임스〉의 기사를 보 면, 필연적으로 따라오는 백래시를 확인할 수 있다. 제퍼슨이 헤밍 스가 낳은 자녀들의 친부였다는 사실을 반박하는 데 주력했던 '토 머스 제퍼슨 유산 협회'에 소속된 한 여성은 이렇게 말한다. "가끔 밤에 그분의 편지들을 읽습니다. 그는 그런 짓을 할 사람으로 보이 지가 않아요."

존경스러운 외양과 불미스러운 현실 사이의 긴장감은 UVA 설 립의 본질에 뿌리 깊이 새겨져 있었다. 렉스 보먼과 카를로스 산토 스가 2013년에 쓴 UVA의 초창기 역사에 관한 책 《부패, 폭동, 반란 Rot, Riot, and Rebellion》은 이렇게 말한다. "이 학교는 새롭고 실험적이었 으며, 국가의 지원이 불투명했고 미래도 확신할 수 없었다. 어떤 기 독교의 교파도 이 대학을 지원해주지 않았고, 화려한 인맥과 재산 을 가진 졸업생이 뒤를 지켜주지 않았다. 대학의 설립자와 교수들은 학생들의 음주와 폭력, 반항으로 인해 학교가 무너지게 될 수도 있다고 생각했다." 대부분 남부 노예 소유주들의 자녀였던 학생들은 통제 불가능한 상태였다. 그들은 강의실 안에서는 "과장된 자만심"을 전시했고, 강의실 밖에서는 술을 퍼마시고 주먹질하기 일쑤였다. 버지니아주 북동부에 있는 도시인 프레데릭스버그의 한 교사는 이 학교를 "나쁜 규칙들만 있는 유치원"이라고 부르기도 했다. 한 학생의 기록은 이렇다. "취해서 제대로 걷지도 못하는 학생들이 캠퍼스에 널리고 널렸다." 보먼과 산토스의 책에 따르면 그런데도 제퍼슨은 이렇게 믿었다고 한다. "자부심, 야망, 윤리가 학생들의 행동을 자연스럽게 선한 방향으로 이끌 것이다. (…) 학생들의 명예가 있다면 엄격한 규범은 필요하지 않다." 하지만 명예라는 개념은, 특히 백인 남성과 남부가 결부되었을 때 폭력과 떼려야 뗄 수 없는 관계가 된다. UVA의 가장 위대한 덕목이라고 스스로 일컬은 이 자율성은 설립 초기부터 학교의 가장 큰 문제들을 덮어주고 이어지게 하는 도구로 사용되었다.

이때부터 대학 당국은 학생들의 폭력 문제가 혹여라도 외부에 노출될까 봐 전전긍긍했다. 위의 책은 말한다. "혹시 학생이 사망하기라도 한다면 학생들 사이의 만연한 폭력성에 원치 않은 관심이 쏠릴 것이다. 그리고 고요한 '교육 도시'라는 이미지에 기대고 있는 대학의 위신에 부정적인 소문이 퍼질 것이다." 학교는 낯부끄러운 정보는 어떻게든 새어 나가지 못하게 막았다. 1828년 장티푸스 유행으로 학생 세 명이 사망했지만, UVA는 법을 어기면서까지 공식적으로 사망을 기록하지도 주에 보고하지도 않았다. 이듬해 장티푸스가 다시 유행하자 학생들은 휴학을 하기 시작했다. UVA의 첫 약

학대 교수인 로블리 던글리슨은 이렇게 썼다. "이 학생들은 전국으로 병을 퍼뜨릴 수도 있는데, 이는 우리 학교의 위신에 큰 해가 될 것이다."

이 모든 것이 토머스 제퍼슨의 위엄이라는 커튼 뒤에 숨어서 면면히 흐르고 있다. UVA를 자랑스러워하는 이들은 그가 노예제 반대 법안의 초안을 썼다고 주장한다. 그러나 그는 백악관에까지 노예들을 데리고 간 사람이며, 미래의 유네스코 세계문화유산이 될 몬티첼로를 건축하며 진 빚에 그 노예들을 인간 담보로 이용했다. UVA의 개교일에는 노예의 숫자가—건설 노동자, 요리사, 세탁부— 학생들보다 더 많았다. UVA에서 노예가 된 여성들의 삶이 어떠했는지에 대해서는 거의 기록이 남아 있지 않으나, 이들의 존재가 지워진 덕분에 UVA 학생들은 학업을 이어갈 수 있었다. 개교 7개월 만에 캠퍼스에서 (기록상) 최초의 성폭행 사건이 일어났다. 학생 두 명이 교수의 주택으로 침입하여 노예 여성의 옷을 벗겼다. 이들이 로블리 던글리슨 교수의 의학 수업을 받을 수 있었던 이유는 프루던스라는 노예 여성의 노고 덕분으로, 해부학 교실 바닥에 흘린 피는 언제나 그녀가 닦았다고 전해진다.

UVA는 1970년대에 들어선 후에야 남녀 공학이 되었고, 이 대학의 기준에 따르면 여학생들은 기본적으로 타자였다. 여학생들은 라운 내를 걸어 다니는 것이 금지되었다. 〈캐벌리어 데일리〉에 따르면 이 불문율은 20세기까지 강요되었다. 1954년 기숙사에 "기숙사 엄마" 제도를 도입하자는 제안이 있었고, 한 학생은 신문에 이런 농담을 적었다. "기숙사 엄마요? 귀머거리이거나 벙어리, 장님이라면 괜찮겠죠. 팔이나 다리가 잘려도 괜찮고요. 지하실에 체인으로 묶여 있으면서 빵과 물만 먹어도 만족한다면요." 그해 4월 열아홉 살의 소녀가 라운의 한 방에서 잔인한 집단 성폭행을 당했다. 그녀는 새벽 두 시에 데이트한 남성과 같이 들어왔는데 오전 열 시에는 온몸을 두들겨 맞은 채로 발견되었다.

부유하고 명망 있는 집안의 딸이었던 그녀는 곧바로 부모님에게 찾아가 이 사실을 알렸다. 부모는 당시 UVA의 총장이었던 콜게이트 다든을 찾아갔다. 다든은 집단 성폭행에 가담한 남학생 열두 명 모두를 퇴학이나 정학시켰는데, 캠퍼스 내에 강력한 불만이 야기되었다. 처벌받은 세 명은 〈캐벌리어 데일리〉에 항의 편지를 썼다. "그저 다른 사람들의 행동을 제어하거나 말리지 못했다는 이유로" 처벌받았다는 것이다. 다든은 자신의 결정을 고수했으나 학생들은 대대적으로 반대했고 대학 측에 16페이지짜리 공식 반박문을 전달했다. 교수 회의가 열리자 백여 명의 학생들이 나타나 시위를 벌이기도 했다. 얼마 후에 학생들은 로비를 벌여 대학 행정실의 구조를 바꾸게 했다. 〈캐벌리어 데일리〉는 말한다. "학생 사법위원회를 설립해 총장이 가진 징계 권력을 학생들에게 인계했다. 이전과는 완전히 다른 체계였다." 학생 자치는 제퍼슨의 이상이기도 했고, UVA가 가장 자랑스러워하는 관습으로 남았다. 학생 복지위원회 사무실은 학교를 "특별한 공간"으로 만드는 여러 전통 중에서 가장 첫 줄에 거론된다.

1954년 집단 성폭행 사건이 발생하고 한 달 후, 대법원은 대학들에 '브라운 대 교육위원회 판례'•를 전달했다. 당시 버지니아

• 1954년 미연방 대법원이 공립학교 내 인종차별이 위헌이라고 내린 판결로, 이후 흑백분리정책을 폐지하는 법적 토대가 됐다.

의 정치판을 장악했던 상원위원 해리 F. 버드는 '대규모 저항'이라
고 알려진 정책을 이끌었다. 이는 인종차별 철폐에 반대하는 학생
들에게 상을 주고, 그 법안을 따르는 학교는 문을 닫는 정책이었다.
1958년 샬러츠빌은 흑인 학생을 받기보다는 5개월 동안 학교 문을
닫는 쪽을 택했다. 1959년 연방정부가 이 법안을 기각했고 흑인 학
생 아홉 명의 베너블 초등학교 입학이 허가되었다. 내가 옥상에 앉
아 맥주를 마시면서 쉬는 시간에 아이들의 모습을 보기도 했던 바
로 그 학교다. 앞에서 말한 내 친구 레이첼—제스 매튜가 모건 해링
턴을 살해하기 바로 전 그의 택시에 탔던 학생—은 이제 자신의 딸
들을 베너블 초등학교에 보낸다. 너무나도 멋지고 재미있으며 똑똑
한 쌍둥이 딸로, 앤드루와 나는 그들의 대부모이기도 하다. 가끔 나
는 그들이 자라는 세상이 지금은 상상도 할 수 없을 정도로 변해 있
기를, 희망과 확신을 갖고 열렬히 바란다. 그러나 우파 통합 집회의
날에 데이비드 듀크와 그의 백인 우월주의자 집단은 레이첼의 집
바로 앞을 행진하기도 했다.

4년에 한 번씩 인구가 바뀌는 대학 도시에는 독특하면서도, 어
쩌면 꼭 필요한 종류의 기억 상실증이 있다. 당신이 역사를 안다면
다시 만들어야 한다. 적어도 다시 만드는 것이 가능하다고 믿어야
한다. 당신이 지금 여기에 있는 이유를 믿어야지, 그전에 역사를 망
친 사람들을 믿어서는 안 된다. 그러나 당신은 자신이 캠퍼스에 발
을 디딘 유일한 사람이라고 느낀다. 많은 역사적 잘못들에 대해서
는 실재하는 유형의 감각을 느끼지 않는다. 지난 5년간 UVA의 흉측
하고 트라우마 가득한 과거는 이 학교가 자신이 흉측하고 트라우마
가득할 수도 있다는 사실을 억압하기 위해 얼마나 열렬하고 지속적

으로 노력해왔는가와 연관이 있다(트럼프의 미국에서도 마찬가지다). 이 학교의 자기 인식은 스스로 그것이 언제나 거짓이었다는 사실을 인정하는 데까지 가지 않는 한, 절대로 나아지지 못할 것이다. 이들이 애지중지하는 아름다운 캠퍼스가 노예들의 피와 땀으로 지어졌다는 사실, 길고 긴 집단 성폭행의 역사, 내가 날림 리포트를 쓰면서 수많은 밤을 보낸 그 앨더만 도서관이 완고한 우생학자의 이름을 따서 지어졌다는 사실 등 말이다. 총장이기도 했던 에드윈 앨더만은 기부금을 보낸 KKK단에게 감사 편지를 쓰며 이렇게 서명했다. "당신의 충실한 친구로부터."

*

〈롤링스톤〉 사건 이후로 몇 년이 쏜살같이 흘렀다. 지난 2년간 어들리가 그 기사를 통해 성취하고자 했던 이상은 현실에서 달성되기도 했다. 모두가 매일같이 쏟아지는 성폭력 기사에 경악을 금치 못했고, 감춰졌던 학대의 이야기들과 여러 기관이나 대학의 무대응을 지켜보았다. 가끔 궁금하다. 만약 〈롤링스톤〉이 이 기사를 그토록 거하게 망치지 않았다면, 이후에 거세게 밀려온 파도가 그렇게까지 비교적 완벽할 수 있었을까? 2015년 〈뉴욕〉이 표지에 실은 빌 코스비에 대한 충격적인 고발을 필두로, 하비 와인스타인과 그 뒤를 이은 수많은 보도에서 기자들은 여성 개인이나 경험이 그 사건을 대표하는 것처럼 쓰지 않았다. 그들은 주제에 대해 많은 조사를 요구했고, 그렇게 함으로써 피해자들의 입장을 더 튼튼하게 했다. 독자에게 기자로서 그들이 알았던 것과 몰랐던 것을 있는 그대로 보여주었다.

 UVA 내부에서도 서서히 변화가 일어났다. 학생들은 학교 응원가를 부를 때 "게이는 아니야!"를 외치지 않는다(이제는 UVA와 라이벌 관계인 버지니아공대Virginia Tech를 가리켜서 "망할 테크!"라고 소리 지른다). 어느 누구도 사교 클럽에 가입하지 않은 학생들을 두고 "지랄 맞은 반항아들"이라 부르지 않고, 많은 이들이 스스로 페미니스트라 말한다. 앨더만 도서관의 이름을 바꾸자는 논의가 있으며, '미국 민주적 사회주의자Democratic Socialists of America, DSA'의 샬러츠빌 지부가 생기기도 했다. 성폭력 예방 교육은 이제 신입생 오리엔테이션에서 가장 중요한 과정이다. 물론 이런 종류의 교육은 문제의 인식을 높이는 데에만 효과적이기는 하다. UVA가 성폭력 사건을 올바로 처리할 능력이 있다고 응답한 학생이 두 배로 늘었다. 비록 그 비율이 채 50퍼센트가 되지 않기는 하지만 말이다. 하비 와인스타인의 기사가 나온 다음 해는 브렛 캐버노가 대법관으로 임명되기도 한 해인데, 그해 UVA의 여학생들은 나에게 계속해서 여러 통의 메일을 보내왔다. 그들도 폭행을 당했지만 그 사실을 인정받지 못했다는 내용이었다.

 최근에 후배 여학생을 만났는데 이제부터 그녀를 미들 네임인 프랜시스로 부르기로 한다. 아주 밝은 색깔의 눈동자에 독립적이고 활달한 성격을 가진, 햇살이 가득한 거리에서 자전거 앞 바구니에 튤립을 가득 싣고 달리는 모습을 상상하게 되는 그런 친구다. 프랜시스는 2017년 가을 학기에 UVA에 입학했고 한 달 후에 자신의 기숙사 방에서 성폭행을 당했다. 다음 날 아침, 그녀는 친구에게 가해자가 목을 조르면서 생긴 멍 자국을 사진으로 찍어달라고 말했다.

그녀는 그날 바로 학교에 사건을 고발했고, 가해자는 일주일도 채 되지 않아 무기정학을 당했다. "학생회의 절대적인 지지를 받는 기분이었어요." 그녀는 내게 말했다. 경찰도 그녀의 입장을 지지했다. 그들은 폭행범을 성적 행위 중 구타와 목 조르기 혐의로, 나중에는 위증죄로 기소했다(경찰과의 대면 과정에서 가진 긍정적인 경험을 되돌아보면서 그녀는 건조하게 이렇게 덧붙이기도 했다. "뭐, 저는 백인 여자니까요"). 성폭력 이후 몇 달 동안 그녀는 학교에서 제공하는 여러 관료적 절차를 충실히 따르며 바쁘게 보내려 노력했다. 심리 상담사를 만나 그 남자가 나오는 악몽 이야기를 털어놓기도 했다. 그와 단둘이 방에 있고 전화를 걸려고 하지만 핸드폰 잠금을 해제할 수 없는 꿈을 반복해서 꾼다고 했다.

프랜시스와 나는 왜 UVA에 입학하겠다는 결심을 하게 되었는지에 대해서 길고 긴 대화를 나누기도 했다. 그녀는 태평양 연안 북서부에서 자랐고 고등학교 3학년 가을에 처음으로 UVA에 방문했다. "저는 이 학교를 보자마자, 라운에 한발 들여놓자마자 첫눈에 사랑에 빠졌어요. 모든 게 완벽해 보였죠." 집으로 돌아간 후에는 컴퓨터와 핸드폰 바탕 화면을 원형 홀 로툰다와 샬러츠빌의 사진으로 바꾸기도 했다. "캠퍼스에서의 생활을 얼마나 기대했는지 몰라요. 촛불이 밝혀진 라운에서 캐롤을 듣고 싶었고요. '인간 정신의 무한한 자유'의 수호자인 이 학교에서 그 정신을 느끼고 싶었어요." 그녀는 제퍼슨의 글귀를 인용하며 말했다. 〈롤링스톤〉 기사가 나왔을 때 그녀는 열세 살이었고, 기사를 읽지 않았다. 지금도 여전히 읽지 않았다고 한다. 기사에 신빙성이 없었다는 건 알고 있었다. 그리고 지금은 어쩌면, UVA가 여전히 그 기사가 말했던 그 학교일지도 모른다고 생각하고 있다.

수개월에 걸친 조사 끝에 UVA는 프랜시스의 폭행범을 무죄로 판명했다. 그는 자유의 몸이 되어 캠퍼스로 돌아왔다(그녀는 2학년 가을 학기에 나에게 이메일을 써서 이 사실을 알렸다). 학교는 무려 127 페이지 분량의 보고서에서 그녀의 말을 신뢰할 수 없다는 결론을 내렸다. "저를 무슨 남자 꼬시러 나갔다가 술에 취한, 노는 걸 좋아하는 여자애로 만들었더라고요. 그러다가 일이 마음대로 안 되니까 당황해서 남 탓하려는 애로요." 나도 그 보고서를 전부 읽었고 페이지를 끝까지 넘겼을 무렵에는 육체적인 고통까지 느꼈다. 공격한 남자는 성적 접촉이 있었다는 사실을 인정했고, 프랜시스가 그것을 끝내기 위해 물리적으로 저항했다는 점도 인정했다. 그러나 그는 자기가 적절한 시간에 멈추었다고 주장했다. 보고서는 사건 전 이 남자를 향한 프랜시스의 행동과 사건 후 그녀의 진술 사이에 아주 중요한 모순이 있다고 지적했다. 그 모순에 따라, 또 개인의 행위를 책임지지 않는 학교의 원칙에 따라 이 성적 접촉은 충분히 받아들일 수 있는 것으로 여겨졌다. 이 안에 내포된 결론은 뻔했다. 프랜시스가 일부러 거짓말을 했거나, 스스로를 속이고 있거나, 혹은 (정말) 비난받을 행동을 했거나. 나는 이 보고서를 읽으면서 그야말로 억장이 무너지는 것만 같았다. 그녀의 경험을 들으면서, 이 세상과 우리 대학이 많이 변했다고 생각했던 그날의 기억이 떠올랐기 때문이었다. 친구들과 경찰은 프랜시스의 경험과 말을 처음부터 진지하게 받아들였다. UVA는 남학생을 바로 정학시켰고 철저한 수사와 취조 절차를 거쳤다. 그러나, 그런데도 그녀는 첫 학기에 파티에 갔다가 성폭행을 당했다. 그런데도 학교는 폭행한 남성에게 책임을 묻는 것이 정당하지 않다고 판단했다. 이 젊은 여성을 정의한 자질들, 이제 갓 대학생이 된 친구의 활기, 자신감, 열정 등이 막 피어오르려고 할 때 꺾이고 말았다. 아마 관련된 모든 사람이 기술적으로는 자기가 해야 할 일은 다 했다고 말할 수도 있을 것이다. 그러나 나는 이 모든 것이 우리 힘으로는 절대 이해할 수 없는 헛소리 주변에 지어진 유리 건물처럼 느껴졌다.

최근 성폭력에 대한 사회적 이해가 극적으로 변했다고 할 수 있겠지만, 너무나도 때늦은 변화이기에 우리 제도는 아직도 이 특정 주제에 대해서만큼은 여전히 실패하고 있다는 사실을 보지 못한다. 카프카 소설만큼이나 부조리하게 이루어지는 타이틀 나인에 관련된 행정 절차처럼, 우리의 제도들은 우리 문화가 적극적으로 생성하고 있는 이 특정 범죄를 처리할 능력이 되지 못한다. 어떤 범죄도 강간처럼 복잡하고 어리둥절하고 가혹하지 않다. 어떤 범죄도 그 안에 내재된 알리바이가 있어 그 즉시 무죄로 판결되고 피해자에게 책임을 지우지 않는다. 강도나 살인을 설명하기 위해서는 피해자와 가해자 사이의 관계에 무언가 신성한 것이 있었다고 말하지 않지만, 강간을 설명하기 위해서는 섹스를 끌어온다. 판결에 있어 성폭행 피해자에게 가장 최고의 시나리오는 경험에 있어서는 최악의 시나리오여야 한다. 당신은 상상 이상으로 처참히 당해야만 사람들의 신뢰를 받는다. 페미니즘이 지배적인 관점으로 받아들여진다는 사실도 현실을 변화시키지 못한다. 우리가 믿는 이 세상, 실재하는 형태로 만들고자 그토록 노력하는 세상은 아직 존재하지 않는다.

나는 이제 기형적인 잘못이라는 면에 의지해 성폭행에 대해 글을 쓸 공간이 없다고 생각하기 시작했다. 강간에 대한 진실은 그것이 아주 예외적인 행위가 아니라는 점이다. 이건 기형적인 일이 아니다. 이것을 만족할 만한 이야기로 만드는 방법은 없다.

*

이 글을 쓰면서 나는 휴면 중인 인터넷 사이트에서 재키의 결혼선물 목록을 찾았다. 그 목록을 넘겨보면서 새로운 이름으로 새로운 집에서 사는 그녀의 모습을 그려보았다. 밝고 화사한 부엌에 작은 빨간색 사과 장식이 달린 키친타월 홀더가 올려져 있겠지. 현관 앞에는 인스타그램에서 본 듯한 이런 글귀가 적힌 액자가 있을지도 모른다. "우리가 가진 것이 충분하다 느낄 때 감사가 고개를 든다." 경멸감이 내 몸을 훑고 지나갔다. 그날 오전에 나는 '혐오 버전의 위키피디아'라고 할 수 있는 인사이클로피디아 드라마티카에 등록된 재키의 페이지를 읽어보았다. "거짓말하는 창녀 재키가 (…) 우리에게 성폭행을 빚진 거라고 해도 될까?" 그 사이트에는 이런 말도 있다. "사브리나 루빈 어들리는 어쩌지? 그녀도 목을 졸리면서 한번 당해야지?" 나는 흠칫 놀라고 말았는데, 부분적으로는 이 혐오스러운 언어들 때문이기도 했지만 놀랍게도 나도 어느 정도 동의하고 있기 때문이었다. 나도 이 두 사람에게 화가 났다. 재키와 어들리는 전혀 의도하지 않았겠지만, 그들이 내게 평생 성폭력에 대한 글을 쓰라는 형벌을 내린 것만 같았다. 너무 개인적이라 내 머리에서 떠나가지 않은 주제의 기사를 쓰는 법을 어쩔 수 없이 배운 것 같았고 알지도 못하는 두 사람의 실수를 만회하고 구원하려고 노력하는 비이성적인 충동을 앞으로도 계속 느껴야 할 것만 같았다.

하지만 바로 이 성폭력이란 주제 안에서 분노가 얼마나 쉽게 엉뚱한 곳으로 흐를 수 있는지도 잘 알고 있다. 내가 정말 화를 내야 할 건 성폭력 자체다. 나는 단 1초도 자신들이 하는 짓이 나쁜 일이라고 생각하지 않았을 그 남학생들에게 화가 난다. 나는 그들이 자라서 된 남성들, 그들이 쌓아 올렸을 부와 권력, 그들이 하지 않고 있는 자책과 반성 앞에서 화가 난다. 나는 내가 지금 서 있는 더러운 강을 증오하지, 이 더러운 강에서 엎어진 기자와 여학생을 증오하지 않는다. 나는 우리가 모두 같은 프로젝트 안에서 무언가를 같은 방식으로 공유하고 있음을 이해한다. 샴벨란은 〈앤플러스 원〉에 게재한 에세이에 이렇게 쓴다.

> 재키가 한 이야기에 대해 나는 이렇게 결론을 내려 한다. 그녀는 애초에 분노 때문에 그 이야기를 시작했다. 자신이 얼마나 화났는지도 알지 못했을 테지만, 분명 화가 났을 것이다. 그날 어떤 일이 일어났고, 다른 사람들에게 말하고 싶었다. 그래야 사람들이 무슨 일이 일어났는지, 그녀가 어떻게 느꼈는지 알 것이기 때문이다. 그러나 타인에게, 혹은 자기 스스로에게 말하려고 하던 중에 그 이야기는 힘을 잃고 말았다. 그 일이 실제로 일어났을 때의 느낌을 제대로 살리지 못했다. 그저 일상적이고 평범하고 지리멸렬하고 자고 나면 잊어버리는, 수백만 명의 다른 여성에게 흔히 일어나는 수백만 가지의 일처럼 들렸다. 하지만 그녀에게는 절대로 그렇게 느껴지지 않았을 것이다.

샴벨란은 글을 마무리하면서 재키가 무엇을 말하려 했는지를 추측한다. "아마 이성적으로는 말할 수 없는 것이었으리라. 멜로드라마처럼 과장되게 말해야만 했으리라. 이렇게 말이다. 이것 좀 봐주세요. 빌어먹을, 이래도 안 볼 거예요? 우리가 이 남자들의 리그를 유지하기 위하여 무엇을 희생하기로 한 건지, 우리가 기꺼이 지불하겠다고 한 대가가 무언지 한번 보란 말입니다. 이번에는 기억하게 될 겁니다."

지금은 재키를 생각할 때, 내가 이 사건과는 머나먼 곳에서 지낸 그해를 떠올린다. 졸업 후 평화봉사단으로 갔던, 고립되고 아름답고 질서라고는 없는 구소련 연방 국가 키르기스스탄이다. 우리는 3월에 도착했는데 1주 만에 무력시위가 일어나 88명이 죽고 거의 500명이 부상을 당했다. 그해 여름에는 우즈베키스탄 국민들의 잔인한 집단 학살이 있었다. 2,000명이 사망했고 10만 명 이상이 난민이 되었다. 나는 지금은 사라진, 아프가니스탄에 공군을 파견하기 위해 마련했던 수도 근처의 미군 부대에 두 번이나 대피했고 한번은 카자흐스탄 국경에 대피했다. 이 내전과 격랑의 시기에 나는 만년설이 쌓인 산중 깊은 곳에 있는 작은 마을에서 고등학생들에게 영어를 가르쳤고, 내 정신은 내 정신이 아니었다.

키르기스스탄은 몇몇 공식적인 기준에서 미국보다 젠더 평등 면에서는 훨씬 앞서 있었다. 2010년 혁명 후의 임시 대통령은 여성이었고, 여성 정치가들이 의회에서 진보적인 법안을 계속 발의했다. 이 국가의 헌법은 미국과는 달리 동등한 권리를 약속한다. 하지만 일상생활 속에서는 이 나라 역시 놀라울 정도로 엄격한 남성 중심 사회였다. 공공장소에서 나는 무릎과 어깨를 반드시 가려야 했다. 하숙집에서 만난 십 대 초반의 여자아이는 내게 버스에서 남자에게 잡히지 않도록 조심하라고 신신당부했다. 키르기스스탄에는

"신부 납치"라는 오래된 전통이 있는데 남자들이 공공장소에서 여자를 납치하고는 결혼을 승낙할 때까지 가두어 놓는 것이다. 오늘날 이런 관습은 연인과의 도피 형태로 나타나기도 하지만 완전히 사라지지도 않았다. 가정 폭력은 예사로운 일이다. 여성 자원봉사자들은 숨 쉬는 것처럼 희롱을 당했다. 특히 아시아계 여성들이 그랬는데 우리는 주민들과 외모상으로 비슷한 점이 많았기 때문이다. 나는 택시 기사들이 일부러 멀리 돌아가면서 내게 기분 나쁘고 사적인 질문을 해대다가 마침내 포기하고 집에 내려주는 일들에 익숙해지고 말았다. 앤드루가 방문했을 때 동네 주민 남자가 그에게—농담처럼, 그러나 여러 번—혹시 총을 갖고 있냐고, 아내를 지키기 위해서 싸울 의향이 있냐고 물어보기도 했다.

먼지 날리는 거리에서, 길고 긴 버스 탑승에서, 마치 다른 별 같은 넓은 하늘 아래에서 나는 점점 폐소공포증을 느끼고 있었다. 이 나라 안의 불안한 상황 때문에 내 안전을 위한 엄격한 규칙이 적용되었다. 물론 나는 내가 하고 싶은 대로 했다. 외로웠고, 친구들과 놀고 싶었고, 바쁘게 지내고 싶었고, 내가 하고 싶은 건 무엇이든 할 권리가 있다고 느꼈기 때문이다. 강제는 아니었지만, 한 번은 마을에서 몇 달간 "외출 금지"를 당하기도 했다. 나는 더욱 겁을 먹었다. 뒷산으로 산책을 갈 때면 항상 뒤를 흘끔흘끔 보며 남자들이 따라오지는 않는지 확인하면서 내가 미쳐가고 있다고 생각했다. 언젠가는 하숙집 남자 주인이 취해서 나에게 기대길래 뺨에 뽀뽀하는 줄 알고 가만히 있었는데, 그는 나를 붙잡고 입에 키스를 했다. 나는 기겁해서 친구에게 전화를 걸었고 이어서 평화봉사단 직원에게 연락해서 며칠간 도시에 나가 있을 수 없냐고 물었다. 그는 사무실에서 건네 들은 내 평소 행실을 알고 있어서였는지, 내가 친구들과 파티하고 싶어서 핑계를 만드는 거라고 말했다. 맞다. 사실 나는 친구들과 파티하러 가고 싶었다. 그리고 하숙집 주인의 키스라는 그 찜찜한 일에서 벗어나고 싶었다. 이 사건은 나에게 엄청난 혼란을 가져왔다. 실은 대학 때 이보다 심한 일이 있었고 키스 따위 아무것도 아니었으나, 왜 이 일이 갑자기 이렇게 큰 사건처럼 다가오는지 이해가 가지 않았다. 나는 성희롱을 당할 때마다 쉽게, 어떻게 보면 기계적일 정도로 내 잘못이 아니라고 생각하고 밀쳐두었다. 누군가 일방적으로 나를 성희롱했다면 그 짓을 한 사람이 부끄러워해야 할 일이라고 믿어왔다. 나를 협박하거나 강압하려는 한심한 인간보다 나는 언제나 더 대차고 똑똑하고 잘난 사람이라는 믿음이 있었기 때문이었다. 그러나 여기에서 나는 알아서 몸을 낮춰야 했다. 다른 누구보다 잘나지 않았다. 나는 이 사람들의 관습에 맞추어야 했고, 맞추고 싶기도 했다.

키르기스스탄을 당초 계획보다 1년 먼저 떠났고, 이후 그 시절을 돌아보며 내가 심각한 우울증을 앓고 있었음을 깨달았다. 나는 스물한 살이었다. 그 사회에 어떻게든 스며들기 위해 최선을 다하고 있었고 다른 사람들의 고통에 귀 기울이려고 애쓰고 있었으나 그렇게 스며들려고 하는 행동에 어떤 의미도 없을 때, 그것이 근본적으로 자기도취적인 환상일 뿐일 때, 아무에게도 도움이 안 될 때 어떻게 그만두어야 하는지는 알지 못했다. 나는 내 상황과 더 큰 상황 사이에서, 내가 당한 작은 부당함과 모두가 당하고 있는 부당함 사이에 어떤 경계도 없다고 느끼고 있었다. 나는 너무 세상을 몰랐고 폭력은 모든 곳에 있었다. 이 마을에서 버스는 행인을 치고서도 멈추지 않고 갈 길을 갔다. 술 취한 남자가 아이를 벽에 던졌다. 생전 처음으로 나는 부당하고 잔인하고 가혹한 사회 시스템 안에 스스로를 집어넣으려는 나 자신을 이해했다. 여성들이 남성들의 지배 아래에서 고통받는 시스템, 남성들이 그 지배력을 행사하는 척해야 해서 고통받는 시스템에 나를 맞추어야만 했다. 이 권력은 너무나 오래전부터 불평등하게 축적되어 있었기에 고작 외국에서 온 어린 여자인 내가 할 수 있는 일은 하나도 없었다.

  그 결과 나는 자기기만적이면서도 피해망상적인 정신 상태로 하루하루를 살았다. 그래서 지금도 그 시절의 나에게 실제로 무슨 일이 일어났던 건지 잘 모르겠다. 어쩔 수 없었던 상황에서 내가 처한 위험을 과대평가했던 건지, 아니면 과소평가했던 건지 모르겠다. 시장 모퉁이의 골목을 걸을 때 어떤 남자들이 내 팔을 잡았던 것 같은데 그저 나의 상상이었던 걸까, 진짜 일어난 일일까. 택시 기사에게 나를 제발 집에 데려다 달라고 20분이나 빌었던 것 같은데 정말 20분이었을까. 아니면 하숙집 아저씨가 내게 강제로 키스하고 친구와 했던 통화는 실제로 일어난 일이 맞나. 그저 나의 상상이었을까. 혹은 더 심하면 어떤 식으로건 이 상황을 내가 야기한 것일까. 행정 직원이 내 말을 무시했을 때 몸이 바들바들 떨리도록 화가 났지만 꾹 눌러 참았다. 나에게 실은 특권이 있음을, 언제라도 원한다면 자원봉사를 그만둘 수 있다는 사실을 알아서였다. 내가 아는 동네 여성들에 비해 나는 얼마나 쉽게 살고 있는지 잘 알았다. 하지만 내가 아무것도 아닌 일에서 무언가를 만들었다는 식의 말을 들었을 때, 실제로 나는 내가 정말로 아무것도 아닌 일을 별것으로 만들었는지 고민했다. 나는 그때부터 어떤 일들이 정말로 내게 일어나버리기를 바라기 시작했다. 그러니까 내가 미치지 않았고 환각을 보지 않았다는 것을 증명해줄 어떤 일. 길에서 나를 빤히 쳐다보는 남자들을 똑바로 마주보기도 했고, 그들이 내게 일어날 사건들을 적어놓는 비밀 파일에 적어둘 또 하나의 사건을 만들어주길 바라기도 했다. 지속적인 폭력 속에서 침식당하는 여성이 느끼는 이 불안한 조짐을 아예 눈에 보이는 것으로 만들어버릴 거라고, 내가 이것들을 혼자 만들거나 상상하지 않았다는 걸 깨닫게 해달라고. 지금에 와서 생각한다. 평화봉사단에서나 대학에 다닐 때 이 사실을 알았다면 어땠을까. 이야기가 언제나 깔끔하고 명확하게 떨어지지 않아도 된다는 것을, 만족스럽지 않아도 된다는 것을 알았다면 어땠을까. 사실 절대로 깔끔하거나 만족스러울 수는 없다. 이것만 깨닫는다면, 나는 무엇이 진실이었는지 알아볼 수 있을 것이다.

8장

어려운 여자라는 신화

지난 10년 사이, 이 사회에 그야말로 상전벽해가 일어났다. 새 시대를 활짝 연 신기원인 것 같으면서도 아직 그 가치가 저평가되고 있다고 느껴지기도 한다. 여성들이 페미니즘적 관점과 용어로 자신의 삶과 다른 여성의 삶을 이해하는 것이 지당하고 자연스러운 일이 된 것이다. 한때는 호락호락하지 않은 여자를 정신 나간 여자나 나대는 여자라 불러도 아무렇지도 않았으나, 이제 감히 "정신 나갔다"거나 "나댄다"고 하면 성차별주의자의 헛소리로 매도당할 수 있다. 언론과 방송은 여성의 외모를 머리부터 발끝까지 평가해왔고 지금도 그렇다—그러나 이제 페미니스트적 방식으로 한다. 2000년대 초반만 해도 모두가 습관처럼 '슬럿 셰이밍slut shaming'*을 일삼았지

* 주로 여성을 향하는 비난으로서, 보수적인 사회 통념상 갖추어야 할 것으로 간주하는 의복이나 태도를 갖추지 않은 이에게 '헤픈 여자'라는 식으로 부정적인 낙인을 찍어버리는 것을 말한다.

만, 2000년대 후반이 되자 그것은 웬만하면 지양해야 할 태도가 되었고 2018년에는 입에도 올리지 말아야 하는 문화적 금기가 되었다. 타블로이드 1면에 브리트니 스피어스의 치마 속 사진이 실리던 시절을 지나, 이제 스토미 대니얼스*가 호감 가는 정치적 영웅으로 꼽히는 시대가 되었다. 여기까지 오는 과정이 워낙 험난하고 현기증 났기에 이 변화를 깊이 있게 고찰하기란 쉽지는 않다.

이른바 "어려운 여자"들의 어려운 면이 골칫거리가 아니라 자산으로 재해석되고 있다. 이는 수십 년간 페미니즘이 품어온 생각이었지만, 어느 날 갑자기 인터넷이라는 공론장에서 장밋빛 후광을 입고 설득력 있게 펼쳐지게 되었다. 이러한 주장은 과거를 돌아보는 이야기, 혹은 실시간으로 일어나는 이야기가 수시로 등장하면서 더욱 견고해졌는데 바로 유명인들의 삶을 페미니즘의 맥락에서 다시 쓰는 일이었다. 소셜 미디어 시대에서 페미니스트 연예인 담론은 대부분의 문화 비평이 그러한 것처럼, 〈뉴요커〉의 후아 수Hua Hsu가 말한 "이데올로기적 인식 비판"이 되었다. 작가들은 유명인들의 삶과 그들을 둘러싼 공적 담론에 적외선 탐지기를 비추었고, 그 빛이 드러낸 성차별주의를 지적했다.

셀럽celebrity 서사는 온라인 페미니즘이 찾아내고 강하게 거부한 가부장적 평가라는 왜곡된 힘을 가장 쉽게 가르칠 수 있는 훌륭한 교과서가 되었다. 예를 들어 한때는 순진한 처녀였다가 경박하고 성욕 과잉의 사이코로 변한 브리트니 스피어스는 이제 충분히 공감 가는 우리 곁의 평범한 여성으로 돌아왔다. 대중은 그녀에게

●   도널드 트럼프 대통령의 성 추문을 폭로한 전직 포르노 배우.

농염하면서도 순수하고 티 없이 맑으면서도 상업성은 갖추라고 명했고, 그녀는 이 모순적이고 불가능한 요구 밑에서 힘없이 스러질 수밖에 없었다. 에이미 와인하우스와 휘트니 휴스턴은 생전에는 마약에 중독된 괴물로 묘사되었으나, 사망 후에는 이해받지 못한 연약하고 불운한 천재로 그려졌다. 모니카 르윈스키는 이제 멍청한 창녀가 아니라 미국 내 최고 권력을 쥔 상사와 사랑에 빠져 이용당한 이십 대 여성이다. 힐러리 클린턴은 보통 사람들의 신뢰와 애정을 얻지 못하는 떽떽거리고 카리스마만 가진 냉랭한 여자가 아니라 오히려 경력과 자격이 넘쳐서 문제였던, 적들의 편견과 분노에 희생당한 국민의 심부름꾼이다.

여성 유명인들을 통해 성차별을 분석하는 것은 조악한 교육법이라 아니할 수 없다. 온 국민이 사랑하는 취미 생활로 바뀔 수도 있는데(여성의 가치에 점수를 매기는 것이 궁극적 목표다), 나아가 이것을 진보적이라 여기고 정치적 중요성을 부여하기도 한다. 또한 개개인의 문제가 되기도 하는데 우리가 여성 유명인과 관련된 이야기를 복구시킬 때 평범한 여성의 이야기들도 복구할 수 있기 때문이다. 지난 몇 년간 페미니스트적 서술—다시 말하면 정당한 서술—은 모든 언론과 기사의 기준이 되었다. 하비 와인스타인 사건과 그 뒤에 줄줄이 터진 폭로가 가능했던 이유는 여성들이 마침내 페미니스트적 해석이 기준이 된다고 믿을 수 있었기 때문이다. 여성들은 그들의 피해자성을—모든 사람에게는 아닐지라도 대부분의 사람들에게—그들의 입장에서 이해받을 수 있다는 걸 알기 때문에 나섰다. 아나벨라 시오라Annabella Sciorra는 성폭행 때문에 업계에서 배역과 비중이 줄어들었다는 점을 인정할 수 있었다. 아시아 아르젠토

Asia Argento는 와인스타인에게 성폭행을 당한 후에 그와 몇 번의 데이트를 했음을 인정할 수도 있었다. 두 여성 모두 이 새로운 풍토에서는 의심을 사기보다 동정을 얻으리라 기대할 수 있었다(이후 아르젠토는 미성년자 배우를 성추행한 혐의를 받았으나, 관련 기사는 그녀를 비난하면서도 성폭행 트라우마가 또 다른 성폭행을 낳는다는 관점도 시사하는 등 다층적이고 신중하게 다루려 애썼다).

유명한 여성들의 이야기가 목적이 아니라 소재로 제공되자, 대다수의 평범한 여성은 보고 읽은 이야기 안에서 자기 자신을 인식하기도 했다. 여성들은 분명 느끼고 있었으나 말로 하지 못했던 사실들을 표현할 수 있게 되었다. 즉 누군가와 자발적으로 사귄다고 해서 성폭행 피해자가 되지 않는 것은 아니며, 희롱이나 성폭행을 당하면 경력까지 망칠 수 있다는 것이었다. 여성들은 힐러리 클린턴을 통해 이 나라가 권력을 쟁취하려는 여성을 얼마나 증오하는지 알게 되었고 두 클린턴 모두에게 이용당한 모니카 르윈스키를 통해 우리가 얼마나 쉽게 야망의 피해자가 될 수 있는지 목격했으며 브리트니 스피어스의 몰락 기사들을 통해 여성의 정신적 고통이 어떻게 악의적 농담거리가 될 수 있는지도 알았다. 자신의 이야기가 남성 권력에 의해 바뀌고 왜곡된 경험이 있는 여성들—그러니까 모든 여성들—은 가부장제에 의해 장사 지내졌다가 페미니스트들에 의해 부활하여 복잡한 영웅으로 재탄생할 수 있었다.

하지만 여성의 가치가 그녀가 당한 억울하고 부당한 공격을 기반으로만 평가될 때 자칫 다른 중요한 문제를 놓칠 수 있는데, 인터넷은 특히 증오를 한없이 확장하고 지나치게 자세히 그 대상을 들여다보는 경향이 있기 때문이다. 페미니스트 관점이 주류가 된 이 시대에도 여전히 그렇다. 모든 여성은 백래시와 비난을 마주칠 수밖에 없다. 특별하고 비범한 여성들은 더욱 그렇다. 여성은 인생의 모든 국면에서 비난받을 수 있고 성차별적인 방식으로는 언제나 그렇다. 이러한 사실들이 결합하면서 무언가 흐트러지기 시작한다. 여성에게 냉정한 비판을 가하는 건 그 자체로 성차별적 행동이라는 개념을 만들며 한발 더 나아가, 성차별적 비난을 받는 여성은 그 자체만으로 높이 평가해야 한다는 생각까지 가게 하는 것이다.

"유명인 끌어다 이야기하기"라는 대중 페미니즘의 편리한 도구가 트럼프 행정부의 여성 정치가들인 켈리앤 콘웨이, 세라 허커비 샌더스, 호프 힉스, 멜라니아 트럼프에게 적용되었을 때—점점 그렇게 되고 있다—이런 유의 해석이 갖는 한계가 드러나기 시작했다. 나는 여성 재해석의 시대를 넘어 이제 또 다른 시대로 들어가는 건 아닐지 궁금해진다. 부당한 학대 앞에서 여성의 가치를 인정하는 것과 그저 부당한 처사 때문에 그녀를 높이 평가하는 것을 점점 구분하지 못하는 건 아닐까? 불공평한 비난으로부터 여성을 보호해야 할 합리적인 필요가 여성을 비판으로부터 절대적으로 자유롭게 하는 불합리를 만드는 건 아닐까? 어떤 여성이 대중에게 비난받고 있다는, 무미건조한 사실 하나 때문에 그 여성을 무조건 상찬할 준비를 하고 있지는 않은가.

*

이 밑에 깔린 전제는 간단하다. 우리는 모두 역사적 용어와 조건에 의해 정의되며, 그 용어와 조건은 남성이 남성을 위해 썼다.

역사 속에서 이름을 남긴 여성은 남성 권력의 배경에 기대 살아남기도 했다. 아주 최근까지 우리는 언제나 남성의 관점에서만 여성을 소개받았다. 여성의 삶은 여성의 용어로 얼마든지 재구성할 수 있다.

성경에서도 그 예를 넘치게 찾을 수 있는데, 이미 많은 이들이 그 작업을 해왔다. 일단 이브부터 시작해보자. 우리는 이브를 비겁한 죄인이 아니라, 급진적인 지식 추구자로 볼 수 있다. 롯의 아내는 어떤가. 불타는 소돔과 고모라를 돌아보아서 소금 기둥으로 변한 그녀를 불복종의 상징이 아니라 불균형적으로 징벌을 당하는 여성의 이야기로도 해석할 수 있다. 롯은 자신의 두 처녀 딸을 군중에게 바쳐 강간당하게 하고 임신한 상태로 동굴에 살게 하는 인물이다. 나의 주일학교 선생님은 유난히 롯을 옹호하면서 그는 어려운 선택을 할 수밖에 없었던 선량하고 훌륭한 시민이라고 했다. 고전 회화에서 롯은 젊은 여성의 유혹을 극복한 평범한 인간으로 그려진다. 반면 그의 아내는 그저 목을 길게 뺀, 천벌을 받은, 그다지 매력적이지 않은 모습으로 남아 있다. 물론 유혹하는 여자들에 대한 이야기도 모두 다시 해야 한다. 연인을 블레셋으로 보낸 거짓말쟁이 창녀인 데릴라는 오늘날의 관점에서 보면 그저 타협해야만 살아남는 세상에서 자신의 기쁨과 생존을 위해 노력한 여성이다. 성경적 관점에서 본다면 이 여성들은 이렇게 살지 말라고 경고하는 나쁜 본보기이다. 페미니스트적 관점에서는 여성에게 굴종만을 요구하는 도덕적 기준의 한계를 보여준다. 어느 쪽이건 그들은 의미심장하게 매혹적이다. "이 쌍년 페르소나는 나에게 매력 자체였다. 해방과 자유의 다른 이름이었다." 1998년 엘리자베스 워첼은 오늘날 표준이 된 페미니스트 문화 비평의 시초인 《비치Bitch》에서 이렇게 말한다. "데릴라는 생명의 상징이다. 나는 고생만 시키고 돈은 안 주려 하는 남자의 자비에 의지하는, 피로에 지친 싱글 엄마의 세계에서 자랐다. (…) 나는 남성을 쓰러뜨리는 여자를 한 번도 만난 적이 없었다. 데릴라를 만나기 전까지는."

데릴라는 매우 유용한 예로서, 그녀가 쟁취한 권력은 곧 그녀가 무력화되리라는 기대와 맞물린다. 삼손은 괴력을 가진 거인이다. 십 대 때 사자를 맨손으로 때려눕혔다. 블레셋 사람 서른 명을 죽인 다음 그들의 겉옷을 빼앗았다. 나귀 턱뼈로 블레셋 사람 천 명을 죽였다. 그렇기에 데릴라처럼 관능적이나 연약한 여인은 삼손에게는 무해해 보일 뿐이었다. 그의 괴력이 어디에서 오는지 알려달라고 조를 때도, 그가 잘 때 장난으로 밧줄을 묶을 때도 그랬다. 삼손은 데릴라에게 자신의 힘은 한 번도 자르지 않은 그의 머리카락에서 온다고 말하고 그녀의 무릎에서 잠들 때도 데릴라를 두려워하지 않는다. 데릴라는 블레셋 사람들의 지시에 따라 칼을 든다.

이 일 이후에 삼손은 진정 위대한 인물의 반열에 올라선다. 블레셋 사람들에게 생포된 그는 눈을 뽑히고 연자방아에 묶여 방아를 돌린다. 블레셋 사람들의 의식에 끌려 나온 삼손은 신에게 예전의 힘을 달라고 절규하며 마지막 힘을 폭발시킨다. 그는 신전의 기둥을 무너뜨리고 의식에 참가한 수천 명과 함께 목숨을 잃는다. 이야기 안에서 삼손은 악을 이기고 블레셋 사람들에게 복수하고 간악한 유혹자인 데릴라를 무너뜨린다. 서사시 〈투사 삼손Samson Agonistes〉에서 밀턴은 데릴라를 '뾰족한 가시 같은 창자'로 묘사한다. "악독한 여성으로 인해 멍에를 지노라 / 그 여인의 노예가 되었노라." 밀턴의 시에서 삼손은 울부짖는다. 이처럼 증오를 시인한다는 건 곧 데릴라의 힘을 인정하는 것이라고 워첼은 쓴다. "나에게 데릴라는 진정한 대스타다."

　필연적으로 어려운 여자는 문제를 일으키고 그 문제는 얼마든지 선으로 재해석될 수 있다. 역사적으로 남성에게 속했던 권력과 수단을 자기 것으로 삼은 여성의 이야기는 "여성의 악행"을 말하는 이야기이기도 하면서 "여성의 해방"을 말하는 이야기이기도 하다. 해방을 이루기 위해서는 악으로 보일 만한 일도 서슴지 않아야 한다. 그래서 해방 운동은 일이 벌어질 당시, 종종 사회악으로 여겨지기도 한다. 1905년 영국 여성 참정권 운동을 전투적으로 이끈 크리스타벨 팽크허스트는 의회에서 구속될 걸 알면서도 경찰에게 침을 뱉었다. 이 때문에 여성사회정치연맹은 남성들만 있던 방에서 끌려 나와 감옥에 수감되었고 금식 중에 강제로 음식을 먹어야 했다. 이 여성들은 창문을 깨고 건물에 불을 질렀다. 이들 서프러제트 suffragette들은 거친 야생동물처럼 묘사되었고, 그러한 행동을 근거로 그들의 취지까지 부당하다고 여겨졌다. 1906년 〈데일리 미러〉는 이렇게 쓴다. "이유를 막론하고 남자들도 고함치고 발차기하고 폭동을 일으키면서 소위 권리라고 부르는 것을 얻은 적이 있었던가?"

　권위에 대한 절대적 순종이라는 선을 넘은 여성의 행동에는 대체로 비난이 따른다(추앙받는 성모 마리아조차도 그런 일을 당했는데, 마태복음에 따르면 요셉은 임신 사실을 알고 이혼을 요구한다). 하지만 반항하는 여성에게 찬사가 따라오기도 한다. 1429년 열일곱 살의 잔 다르크는 신의 계시를 받고 샤를 황태자를 설득해 프랑스 군대를 이끌고 전투에 나가서 100년 전쟁의 승리를 가져왔다. 그러나 1430

년 투옥되었고 고문을 당하다가 1431년 이단 혐의를 받고 남장을 했다는 죄목으로 화형을 당한다. 하지만 잔 다르크는 처형받는 그 순간에 찬양을 받기도 했다. 그녀가 투옥되었을 때 중세 여성 문학가인 크리스틴 드 피잔—여성들이 존중받는 상상의 유토피아를 그린 판타지 《여인들의 도시The Book of the City of Ladies》를 썼다—은 잔 다르크가 "여성성을 영예로 만들었다"고 적었다. 잔 다르크의 처형을 담당했던 남성은 이후에 "저주를 당할까 봐 두려워 벌벌 떨었다"고 말하기도 했다.

화형당한 지 고작 20년 후인 1451년, 잔 다르크는 사후 재판을 받고 고결한 순교자로 숭앙받는다. 이 두 가지 이야기—불복종과 미덕—는 계속해서 주거니 받거니 하면서 반복된다. "잔 다르크가 사망하고 5세기 이후부터 그녀를 따르는 사람들은 그녀의 모든 것을 다시 만들려고 시도했다." 스티븐 리치는 2003년에 쓴 책 《잔 다르크: 전사 성인Joan of Arc: The Warrior Saint》에서 말한다. 그녀는 "악마적인 광신도, 영적인 신비주의자, 권력의 비극적인 도구가 된 순진한 처녀, 근대 민족주의의 아이콘, 영웅, 성녀"가 된다. 그녀는 늘 똑같은 사람이었으나 같은 행동과 특성 때문에 사랑받았고 미움받았다. 1920년 교황청에 의해 성인으로 승인되면서 순교자들인 성 루치아, 성 세실리아, 성 아가타와 같이 성녀가 된다. 수난과 처형을 당했다가 어느 순간 부활한 대중문화의 성녀들처럼 말이다.

＊

여성의 역사를 다시 쓴다는 것은 곧 이전에 그것을 정의했던 남성의 원칙을 돌아본다는 의미도 된다. 이데올로기에 반박하기 위해서는 일단 그 이데올로기를 인정한 다음, 객관적으로 표현할 수 있어야 한다. 그 과정에서 무심코 상대측 주장을 복화술처럼 중얼거리게 될 수도 있다. 이것은 나를 계속해서 돌부리에 걸려 넘어지게 하는 문제이고, 트럼프 시대 저널리즘의 문제이기도 하다. 당신이 무언가에 열렬하게 반대하는 글을 쓰다 보면, 오히려 그 대상에게 힘과 공간과 시간을 주게 될 수도 있다.

2016년 작가 새디 도일Sady Doyle은 《만신창이들: 우리가 미워하고 조롱하고 두려워한 여성들Trainwreck: The Women We Love to Hate, Mock, and Fear...and Why》을 출간했다. 이 책은 논란을 일으켰던 여성들의 삶과 그들을 둘러싼 대중 담론을 분석했다. 브리트니 스피어스, 에이미 와인하우스, 린제이 로한, 휘트니 휴스턴, 패리스 힐튼 그리고 비교적 과거 시대 인물들인 실비아 플라스, 샬럿 브론테, 메리 울스턴크래프트도 다루고 있으며, 노예였던 해리엇 제이콥스까지 포함되어 있다. 이 책은 〈커커스 리뷰〉의 평을 빌리면 "균형 잡히고 사려 깊은 분석"이고, 〈엘르〉의 평을 빌리면 "강렬하고 명석한 필독서"이다. 실은 부제부터 페미니스트 담론에 숨겨진 중요한 모순을 시사한다. 여기서 말하는, 이 여성들을 미워하고 조롱하고 두려워하는 "우리"란 과연 누구인가? 도일의 독자인가? 아니면 페미니스트 작가들과 독자들이라면 다른 이들의 두뇌에서 일어난 온갖 증오, 두려움, 조롱까지도 모두 내 것으로 삼아야 한단 말인가?

도일은 자신의 책을 이렇게 설명한다. "만신창이들을 되살리기 위한 시도다. 우리가 입을 닫고 조용히 넘어가고자 한 여성됨에 목소리를 내는 일이면서, 나아가 성차별적 사회의 기준 바깥에서 자기 색깔을 만들어온 여성으로서 해야 할 일이었다." 이 문장에서 "우리"는 편리하게 도일과 자신의 독자를 제외한다. 책 전반에 걸쳐 우리라는 존재는 여성 혐오자인 동시에 페미니스트라는 불가능한 조합이 되고 이들은 각각 다른 이유로 여성 혐오와 여성 수난을 헤아리는 데 관심이 있다고 말한다. 에이미 와인하우스, 휘트니 휴스턴, 마릴린 먼로를 다룬 장에서 도일은 쓴다. "만신창이는 죽음을 통해 마침내 우리가 그녀에게 듣고 싶었던 마지막 선언을 한다. 그녀들 같은 여성들은 진정 성공할 수 없으며 성공할 수 있다고 압박해서도 안 된다는 사실이다." 섹스에 관한 장에서는 "착한 소녀에서 퀴어가 된 린제이 로한, 이혼한 싱글 맘 브리트니 스피어스, 관능적인 포즈를 취하는 케이틀린 제너, 흑인 남편과 〈보그〉 표지모델로 등장할 배짱이 있는 킴 카다시안"을 다루고 있는데, 이들 모두 "선로에 묶여 마냥 즐거운 얼굴로 기차가 자기 몸 위로 지나가게 한 여성들이다"라고 도일은 쓴다. "우리는 여성의 몸이 통제되도록 했고, 여성들 스스로 두려움에 빠지게 했다. 여성스럽거나 여성스러워 보이는 여성들을 공공의 제물로 바쳤다." 잠깐! 우리가 정말 그렇게 했다고? 원래 1인칭 복수형으로 일반화해버리는 데에는 당연히 큰 함정이 있다. 그러나 이 경우에서 1인칭 복수형은 직설적으로 사용되고 있는 것 같다. 우리는 끊임없이 반복되는 구조적인 불평등을 인정하려고 시도하지만, 정작 우리는 현재의 대중문화를 있는 그대로 보지 못하고 있다.

이 '만신창이 다시 읽기'라는 작업의 목표는, 과거에 유명했던 여성들이 당한 억울한 고통을 상기하고 앞으로는 같은 일이 재발하지 않도록 방지하는 것이다. 나아가 여성 유명인들을 망신시키기를 좋아하는 문화에서 평범한 여성에게도 가해질 수 있는 피해를 제거하려는 의도도 있으리라. 도일은 이러한 가치 있는 대의를 재미있다는 어조로 마치 숙명론처럼, 과장되게 서술함으로써 이후 이것이 몇 년간 온라인 페미니스트 주류 담론의 전형적인 어조가 되게 만들어버렸다. "치명적인 유혹"이라는 장에서 그녀는 이렇게 쓴다. "당신이 사랑하고 싶은 여성은 점점 더 이 세상의 모든 관심을 요구하는 여성이 된다." 이어서 이렇게 쓴다. "만신창이는 미친 여자들이다. 우리 모두가 미쳤기 때문이다—왜냐하면 성차별적 문화에서 여성이 된다는 것은 치료법이 없는 병을 앓고 있는 것이나 마찬가지이기 때문이다." 사회는 마일리 사이러스를 "스트리퍼, 악마, 걸어 다니는 욕정의 화신"으로 만들었다. 인터넷에 들어가면 "리한나가 여성에게 나쁜 롤 모델인가'에 대한 토론이 한창이고, 리한나에 대한 최종 판결은 절대 긍정적이지 않다". 발레리 솔라나스_{Valerie} Solanas[•]는 "이 세상의 모든 더럽고, 화난, 망가진 여성을 대표하는 악귀"로 기억되는 반면, 폭력적인 노먼 메일러_{Norman Mailer}^{••}는 천재로 기억된다고 말한다(글쎄다. 나처럼 밀레니얼 세대에 속하는 많은 여성은 내심 솔라나스를 숭배하고, 메일러는 그저 아내를 칼로 찌른 여성 혐오자로 알고 있다). 도일은 책을 쓴 동기를 설명한다. "세상에서 가장 아름답고 운 좋고 부유하고 성공한 여성들이 언론에서는 비딱한 바보들로 축소되고 침묵 속에서 얻어맞으며 대중의 혐오라는 무식한 힘 안에

•   급진적 여성주의자로, 앤디 워홀에게 총격을 가한 살인 미수범으로 유명하다.
•• 저널리즘과 픽션을 혼합한 형태로 글을 써 명성을 얻었지만, 소설 속에서 남성의 폭력성과 잔인함을 찬양한다는 비판을 받았고 실제 삶에서도 결혼과 이혼을 반복하며 무수한 외도와 폭력을 일삼은 바 있다.

서 사라지는 것을 보아왔기 때문이다."

　가부장제처럼 장기 집권해온 힘에 대항하기 위해서는 이렇게
해야 한다고 말하는 주장도 있을 것이다. 다시 말해 가부장제를 근
절하기 위해서라면 먼저 그 힘을 인식하고, 그것이 우리에게 가한
모욕과 최악의 결과들을 정면으로 바라보고 언어로 풀어내야 한다
고 말이다. 하지만 그러다 보면 결국 고의적인 냉소주의에서 끝나
는 경우가 많다. 도일은 쓴다. "패리스 힐튼에서 메리 울스턴크래
프트로의 사이에 큰 도약이 이루어진 것으로 보인다. 하지만 실제
로는 토끼 발자국만큼밖에 오지 못했다." 도일은 울스턴크래프트
의 역작《여성의 권리 옹호》가 그녀의 성생활 때문에 상당 기간 과
소평가되었던 점, 윌리엄 고드윈이 울스턴크래프트 사후에 그녀
의 음란한 편지를 공개한 점을 들며 그렇게 주장한다. 윌리엄 고드
윈과 힐튼의 허락 없이 섹스 테이프를 판 릭 살로몬을 연결 짓는 건
가능하다. 하지만 왜 1797년과 2004년을 같은 선상에 두고 그사이
에 일어난 변화를 단순화하는 것일까? 마찬가지로 2004년과 2016
년 사이에 일어난 변화도 간과해서는 안 된다. 나는 감히 말하고 싶
다. 우리는 세상에서 가장 아름답고 운이 좋고 성공한 여성들이 "등
이 굽은 쭈그렁 할망구"로 변하는 현실에서 살고 있지는 않다고 말
이다. 여성은 여러 업계의 운전자이자 지배자였다. 그들은 부유하
고, 그들의 실력에 비해 부족할지는 몰라도 많은 명성과 권한을 갖
고 있다. 여성이 부당한 비판을 받는다는 사실이 그녀들의 성공을
부정하지는 않으며, 오히려 매우 복잡한 방식으로 그들이 성공했음
을 알려주기도 한다. 이제 여성 유명인들은 그들의 까다롭고 복잡
한 면모 때문에 존중받는다. 그들의 결함, 그들의 문제, 그들의 인간

적인 면 때문에 사랑받는다. 우리 평범한 여성들도 결함이 있고 인간이지만 그래서 존중받을 수도 있다는 생각을 허용하기 때문이다.

*

나는 2016년부터 줄곧 이 논쟁에 대해 생각해왔는데, 구체적으로는 일주일 사이에 킴 카다시안이 무장 강도의 습격을 받고 엘레나 페란테가 온라인에서 해킹을 당한 이후로 그랬다. 온라인 페미니스트 집단은 두 사건을 하나의 우화처럼 묶어서 해석하려고 시도했다. 자, 야심 찬 여성에게 일어나는 일을 보라. 여성이 감히 원하는 삶을 살았을 때 어떤 벌을 받는지 보아라. 나는 이 말이 사실이라고 생각했으나, 많은 이들이 생각하는 것과는 다른 방식으로 그러했다. 이 문제를 더 심오하게 들여다보면 여성이 성공하기 위해서는 너무나 많은 장애물을 헤쳐 나가야 한다는 점에 뿌리를 두고 있는데, 그렇기에 그들의 성공은 이러한 장애물을 통해 영원히 굴절된다. 또 하나, 유명한 여성들의 삶을 우리 일반 여성들이 살아남기 위해 극복해야 할 것들을 들여다보는 데 있어 중요하고 결정적인 참고 자료로 삼는 것 자체에도 문제가 있다고 생각한다.

유명인들의 삶을 마치 찻잎점처럼 읽는 것에 어떤 실질적인 효용이 있는지부터 생각해보면 어떨까. 유명한 여성의 삶은 인기, 돈, 권력이라는 기준 안에서의 성과에 의해 결정되는 반면, 평범한 여성의 삶은 대부분 계층, 교육, 주택 시장, 노동 형태 같은 생활적인 일에 의해 지배된다. 여성 유명인들은 자기 홍보의 법칙을 잘 알고 이를 적극적으로 적용한다—섹슈얼리티와 외모와 영향력과 인종이라는 조건 안에서 어떻게 하면 일반 대중의 구미에 맞고 상업성을 가질지 고민한다. 오늘날 이것은 필수적인 질문으로 보인다. 하지만 여성 유명인들은 언제나 무엇이든 가능한 세상 위에 존재하지는 않는다. 관심은 여러 면에서 제한을 주기도 한다. 여성 유명인들은 끊임없이 너무 높은 수준의 인정과 역풍을 맞기에, 그들이 우리 모두가 표면상으로 추구하는 것—여성이 그들이 원하는 삶을 살아도 된다는 사회적 허락—을 얻는 일은 훨씬 더 복잡할 수 있다.

2017년 앤 헬렌 피터슨은 여성의 어려운 면이 양날의 칼이라는 주장을 다룬 《너무 뚱뚱하고, 너무 천박하고, 너무 시끄러운 여자들: 고분고분하지 않은 여성의 부상Too Fat, Too Slutty, Too Loud: The Rise and Reign of the Unruly Woman》이라는 책을 펴냈다. 그녀는 쓴다. "다루기 힘든 여성이란 미국의 머릿속에서만 지나치게 큰 자리를 차지한다." 고분고분하지 않다는 특징은 수익으로 연결되기도 하지만 위험 요소도 크다. 다루기 힘든 여자는 인정이라는 계속해서 움직이는 얇은 선 위에 까치발로 서 있어야 하지만, 다행히 균형을 잘 잡을 때는 문화적으로 흠모받는 특징을 자기의 힘으로 만들 수 있다.

피터슨은 고분고분하지 않아 성공하고 칭찬받는 여자에 집중한다. 다시 말해 "고분고분하지 않음으로써 주류가 된 사람들"이다. 멜리사 맥카시, 제니퍼 와이너, 세레나 윌리엄스, 킴 카다시안은 사회가 어떻게든 (차례로) 너무 뚱뚱하고, 너무 시끄럽고, 너무 강하고, 너무 임신만 한다는 것으로 규정하려 했던 여성들이다. 피터슨은 질문한다. "그들의 스타덤이 오늘날 이 사회가 '받아들일 수 있는' 몸과 행동과 이 사회가 인정하는 여성이 되는 방식을 완전히 바꾸어버리는 데 기여하지 않았는가?" 그녀는 쓴다. "대답은 그 여성들 자체에 있다기보다는 우리, 즉 문화 소비자들이 그들에 대해 말하고 생각하는 방식에 더 관련이 깊다." 이 여성들은 다루기 힘들기에, 고분고분하지 않기에 "중요하다—그리고 그들이 무게와 힘과 영향력을 보여주는 최고의 방식은 자기들이 왜 그렇게 행동하는지에 대해 입 다물지 않는 것이다". 각각의 장은 어떤 자질을 과하게 보유한 것처럼 보이지만 그런데도 그 분야에서 최고가 된 여성들을 비춘다. 이 여성들은 어렵다. 그리고 성공했다. 피터슨이 보기에 만만치 않음은 "전기 같은 자극이다". 매혹적이다. 쿨하다.

물론 고분고분하지 않음은 하나의 카테고리로 묶기에는 지나치게 범위가 넓고 막막하다. 만만하지 않고 고분고분하지 않다는 특성은 너무 다양하고 많아서 어떤 여성이 그저 자신의 몸을 부끄러워하지 않는다는 사실만으로 반항적이라고 평가할 수도 있다—그 욕망이 여성 해방적이건 타협적이건 그저 자신의 욕망을 따르는 것만으로도 높이 평가받을 수 있는데, 아마도 그 둘을 조합한 가능성이 클 것이다. 여성은 누군가 그녀의 어떤 면이 너무 과하다고 함부로 판단하고 그녀가 그에 맞서 자신은 그저 괜찮다고 믿기만 해도 만만치 않은 사람이 된다. 가설적으로 비난을 받기만 해도 만만치 않은 여자가 된다. 예를 들어 케이틀린 제너의 유명세와 그에 관련된 온갖 이야기들은 주류 담론이 된 백래시라는 파도 안에서 언급되었지만, 실제로 그녀는 그 백래시를 맞지도 않았다. 트랜스 여성들은 어떤 기준으로 보아도 미국에서 가장 힘겹고 위험한 삶을 살아가고 있지만, 케이틀린은 그 즉시 예외적인 트랜스 여성이 되었다. 부유하고 백인이고 유명했기 때문에(그리고 아마도 올림픽에 출전한 선수였다는 자격증까지 있기 때문에) 전례 없는 수준으로 보호받았다. 그녀는 코르셋 차림으로 〈베니티 페어〉 표지모델로 등장하며 커밍아웃했고, 그 이후에 자기 이름을 내건 TV 쇼도 갖게 되었다. 그녀의 정치적 발언은 언제나 헤드라인을 장식한다— 물론 그녀가 지지하는 대통령은 트랜스 커뮤니티의 지지를 철회하긴 했다. 여러 주에서 "화장실 법안"*이 동시다발적으로 통과되었고, 흑인 트랜스 여성의 살해 비율은 평균보다 다섯 배가 높은 이 나라에서 케이틀린 제너의 트랜스 연예인 활동은 그녀가 얼마나 용기 있는지를 나타내는 증거가 된다고 한다. 그러나 이는 유명인의 서사와 평범한 이들의 삶이 얼마나 다른지를 나타내는 증거로 삼아야 하는 것이 아닐까.

다른 장에서는 케이틀린의 의붓딸 킴 카다시안도 다룬다. 킴은 자신의 쇼에서 배만 볼록 나온 이른바 "귀여운" 임신을 하고 싶다고 말했다. 그러나 그녀는 배뿐만 아니라 체중이 크게 늘었고 몸의 모든 부위가 부풀었다. 그래도 언제나 딱 달라붙는 옷을 입고 힐을 신었다. "그러면서 '예쁜' 임신만을 보여주어야 한다는 이상을 깨는 예상 밖의 도구가 되었다." 피터슨은 쓴다. "킴은 시스루 메시 스트립을 입고 다리를 드러낸 짧은 치마를 입는다. 풍만한 가슴골이 보이는 네크라인의 셔츠를 입고, 하이 웨이스트 펜슬 스커트를 입어서 허리 사이즈를 숨기기보다는 더 드러낸다. 그녀는 언제나 힐을 신고 풀 메이크업을 하면서 (…) 유명인이 된 후 평생 그러했던 것과 마찬가지로 여성성과 섹슈얼리티를 전시한다." 이 때문에 킴 카

• 도널드 트럼프 대통령이 성전환 학생들이 성 정체성에 맞는 화장실을 이용할 수 있도록 한 연방정부의 지침을 폐기한 것을 가리킨다.

다시안은 고래, 혹은 소파 같다고 놀림을 받았고 힐 밖으로 나온 통통 부은 발목이 클로즈업되어 연예 뉴스를 온통 뒤덮기도 했다. 킴은 임신 기간 중 잔인하고도 성차별적인 비판에 시달려야 했다. 하지만 이 장에서 암시만 되거나 간과된 사실이 있다. 킴은 이 상황에서 고분고분하지 않은 여자로 그려졌으나, 자신의 체형을 있는 그대로 인정했다는 점에서 그렇다기보다는 자신의 몸을 성 상품화하고 돈으로 치환시키려는 강력한 의지가 남달랐기 때문에 그러했다. 자기 대상화를 끝까지 고수하는 건 그녀의 본능이었고, 피터슨에 따르면 이 때문에 그녀는 "어쩌다 보니 여성 해방론자"가 되었고, "그럼에도 여성 해방론자"라고 말한다.

킴 카다시안의 경우에는 언제나 기준이 기이할 정도로 낮다. 피터슨의 책에서는 그나마 덜하지만, 다른 모든 곳에서 킴 카다시안은 매우 재미난 반전을 주는, 여성 임파워먼트의 상징으로 쓰인다. 킴은 여성의 용기를 최소한 보여주기만 해도 최대한 체제 전복적이라고 해석되는 오늘날 페미니즘 트렌드의 수혜를 입고 있다. 엄밀히 말하면 여성이 자신을 부유하고 유명하게 하는 일을 열심히 하는 것이 그렇게까지 "용감한" 일은 아니지 않을까. 어떤 여성에게는 이 세상에서 자기 자신으로 존재하는 것 자체가 실제로 매우 어렵고 위험하다. 그러나 킴과 그녀의 자매들 같은 경우에는 자기 자신으로 존재하는 건 수월할 뿐만 아니라 돈까지 된다. 물론 이 세상이 킴 카다시안에게 너무 자주 임신을 할 뿐만 아니라, "너무 뚱뚱하고, 너무 천박하고, 너무 가짜고, 너무 육감적인 몸매고, 너무 성적이라"고 말하는 것은 사실이다. 그러나 피터슨이 지적하길, 이러한 검열은 여성 혐오자들이 킴의 성공과 권력을 불안해하고 있기 때문이다. 하지만 킴은 '이런 특징에도 불구하고'가 아니라 이런 특징들 때문에 성공했고 힘을 얻었다. 그 성공은 그녀를 더 적극적으로 얄팍하고, 가식적이고, 관능적이고, 섹시하도록 권한다. 그녀의 행동은 그다지 복잡하거나 급진적이지 않은 생각을 드러내는 증거다. 즉 오늘날에는 부유하고 아름다운 여인이 자신을 대상화하는 능력을 적극적으로 이용해 더 부유하고 더 아름답고자 하는 꿈을 이룰 수 있다는 증거다.

피터슨은 이두박근과 정력과 코르셋을 전시하는 오십 대 슈퍼스타 마돈나를 다룬 장에서 비판적인 앵글을 더 확실히 드러낸다. 극단적일 정도로 잘 관리된 건강한 신체와 섹슈얼리티를 전시하는 마돈나는 "외적으로는 연령주의를 거부하는 것처럼 보이지만 그녀가 노화와 싸워 이기기 위해 들이는 그 모든 노력은 악취가 날 정도다". 무대에서 그녀는 노래를 부르면서 줄넘기를 한다. 가슴을 드러낸 보디수트와 엉덩이가 노출된 바지를 입고 자선 모금 행사 멧 갈라Met Gala에 참가한다. 그녀는 나이를 떠나 섹시할 권리를 주장하여 사회적으로 인정받는 듯하지만, 이 금기를 깨는 방식은 극도로 구체적인 상황에서만 가능하다. "마돈나는 모든 오십 대와 육십 대 여성이 자기를 따라 해야 한다고 말하지 않는다. 그보다는 자기처럼 생긴 여성이라면 시도해볼 수 있다"고 말한다. 여기서 전달되는 메시지는 매일 세 시간 동안 운동을 하고 전문가가 엄격히 관리하는 식단을 유지하는 여성만이 "노화"와 "섹시" 사이의 작은 교집합 속에 간신히 비집고 들어갈 수 있다는 것이다. 이러한 유의 법칙 깨기는 그 정의 자체가 매우 특수한 개인의 수준에 머문다. 평범한 여성들의 삶으로 번역되지 않는다.

물론 관습의 한계를 밀어붙여서 유명해진 여성들은 그 한계가 얼마나 전근대적인지 알리는 역할을 하기도 한다. 그러나 이러한 관습이 전근대적이라는 것이 일반 상식이 된 다음에는 무슨 일이 일어날까? 우리는 이제 새로운 시대, 페미니즘이 언제나 사회적 통념을 해체하는 단순 해독제가 될 수는 없다는 사실을 아는 시대에 도착했다. 이제 페미니즘이 여러 영역에서 사회적 통념이 되었다. 여성이 재미없는 한계를 깨야만 최고로 재미있는 사람이 되는 것은 아니다—아니, 요즘에는 한계를 깼다는 이유만으로 재미있는 여성은 드물다고 주장하고 싶다. 멜리사 맥카시의 뛰어난 점은 조금 더 독특하고 구체적이며 그저 뚱뚱하다는 데서 받는 지루하고 예측 가능한 비판과는 큰 관계가 없다. 〈브로드 시티〉의 애비 제이콥슨과 일래너 글레이저의 매력은 조금 더 복잡하며 그저 여성의 상스러움에 대한 금기를 깨는 것 이상이다. 다시 말하지만, 유명인들이 매력적이거나 혹은 참을 수 있다고 여기는 어떤 특정의 선구자가 되지는 않는다. 종종 그들의 기준은 여성이 개인의 삶에서 매일 세워놓는 기준보다 훨씬 뒤처져 있다. 〈브로드 시티〉와 〈걸스〉는—레나 던햄은 이 책의 "너무 벗는 여자들" 장에서 나온다—텔레비전 안에서는 편견을 깨는 작품이었는데, 사실 그들은 이미 많은 이들에게 평범하면서도 충분히 좋은 몸과 상황을 대표하고 있다.

　페미니스트 셀럽 분석에서 시험해보지 못한 가정이 있었으니, 우리가 여성 유명인들에게 부여한 자유가 다시금 우리에게로 돌아오리라는 예상이다. 그 가정 아래에는 또 다른 가정이 있다—이 대화의 궁극적인 목적은 임파워먼트라는 것이다. 하지만 어려운 여자 담론은 종종 엉뚱한 곳으로 흐르는 경향이 있다. 페미니스트들은 모범적인 여성상에 대한 전통적인 남성적 정의, 즉 여성은 상냥하고 얌전하고 고분고분하며 평범한 인간으로서 갖는 결점이 없어야 한다는 개념을 해체하고 거부해왔다. 그러나 남성이 여성을 높은 자리에 올려놓고 그들이 떨어지는 걸 보면서 즐거워했다면, 페미니즘은 이제까지 그 작동 순서를 뒤집는 데 성공해왔다. 넘어진 여성을 일으켜 세워서 다시 아이돌화하는 것이다. 여성 유명인들은 계속해서 최대한 매력적이어야 한다는 개념에 대항하여 싸우고 있지만 이제 그 매력은 "어려운" 자질과 관련해서도 그렇다. 페미니스트들은 여전히 아이돌을 찾고 있다. 우리의 복잡한 조건과 용어 안에서 우상화할 수 있는 사람들을 찾고 있다.

*

어려운 여자라는 왕국 밖에 자리한 또 다른 곳에서는 다른 유형의 여성 유명인들이 각광받는다. 《너무 뚱뚱하고, 너무 천박하고, 너무 시끄러운 여자들》에서 피터슨은 말한다. "만만하지 않은 여성은 훨씬 더 이 사회의 구미에 맞는 형태의 여성성에 대항해 싸우고 있는데—대체로 이 여성들이 더 성공했다—바로, 다재다능 슈퍼 맘이다."

리즈 위더스푼, 제시카 알바, 블레이크 라이블리, 기네스 팰트로, 이방카 트럼프로 상징되는 여성들이 있다. 이들은 트위터에서 그리 활발히 활동하지 않지만 소비, 모성애, 일종의 21세기식 고상함이라 할 수 있는 "새로운 가정성"을 끌어안아 자신만의 성공적인 브랜드를 만들었다. 그들은 날씬하고 관리 잘된 몸과 사랑스러운 임신 사진을 보여준다. 그들은 절대로 엉뚱한 옷을 입지 않고 부정적으로 말하지 않고 어떤 방식으로든 스스로 학대하지 않는다. 중요한 것은 이 셀럽들이 모두 백인이고—제시카 알바의 경우, 아주 조심스럽게 인종에 대한 어떤 함축도 비껴간다—이성애자라는 점이다.

이런 타입의 여성들—절대로 어렵지 않고, 어떤 정치적 관점에서도 논란을 피해가는 여성들—은 더 넓고 다양한 계층의 유명인들을 포함한다. 살림·요리 블로거, 미모와 웰니스를 가꾸는 여성들, 긴 인스타그램 캡션을 쓰고 예상 가능한 취향을 가진 인플루언서 등이다. 이 여성들은 너무나 성공해서 여성의 성공을 말하는 페미니스트도 이들에 대한 불쾌감을 표현한다—이들의 반항심 부족이 달갑지 않고, 표준적이고 모범적인 여성의 예측 가능한 가이드라인을 고수하기 때문에 실망스럽다.

다시 말해서 어려운 여자들처럼 이 다재다능 슈퍼 맘 타입도 이상적인 여성이 될 수 없다. 그들 또한 사랑받는 동시에 미움받는다. 페미니스트 문화는 모르몬교 주부 블로거, 협찬받는 인스타그래머, 기네스나 블레이크 같은 이들과는 선을 긋고 이들을 폄하한다. 어떨 때는—사실은 자주—대놓고 얄미워하기도 한다. "겟 오프 마이 인터넷Get Off My Internets" 같은 온라인 포럼은 인스타그램 셀럽들의 삶을 나노 단위로 분석하며 아주 작은 티끌까지 헐뜯기를 사랑하는 수많은 여성이 모인 커뮤니티로 점점 그 규모가 커지고 있다. 도일이 쓴《만신창이들》안에도 이런 현상을 나타내는 문장이 있다. "여성들은 만신창이를 너무 싫어해서 우리 자신을 싫어하는 지경까지 이른다. 아니면 그들을 사랑해야 한다. 우리의 실패와 결점도 사랑받아야 하기 때문이다. 여기서 우리는 둘 중 하나를 선택해야 한다." 그런데 왜 둘 중 하나만이 우리의 유일한 선택지가 되는 것일까? 내가 진정 원하는 자유는 우리가 여성들을 사랑할 필요도 없고, 그들을 향한 우리의 감정을 들여다보는 것이 의미가 있을 필요도 없는 세상에서 사는 것이다―이 모든 것에 현미경을 가져다 대고 세밀하게 분석하는 방식으로 여성의 가치와 해방이라는 그림을 그려야 할 필요가 없는 세상 말이다.

2015년 작가 알라나 마세이Alana Massey는 〈버즈피드〉에 "기네스를 위해 만들어진 세상에서 위노나로 산다는 것"이라는 제목의 에세이를 실어 단숨에 인기 작가가 되었다. 에세이는 그녀의 스물아홉 번째 생일날, 당시 만나고 있던 남자가 자신의 이상적인 섹스 파트너는 기네스 펠트로라고 밝히면서 시작한다. 마세이는 쓴다. "그순간 우리의 잠재적 미래를 상상하며 내가 꿈꾸었던 모든 것, 그러니까 활짝 웃고 있는 아이들, 입양한 고양이들, 환상적인 섹스에 대한 꿈이 피시식 하고 꺼져버렸다. 당신이 위노나 라이더 같은 여자일 때, 특히 기네스를 위해 만들어진 세상에서 사는 위노나일 때 기네스를 찾는 남자와의 미래는 없다." 그다음에는 둘 사이의 차이를 확장한다. "틀에 박힌 듯 매력적인 백인 여성들 안에서도 확실히 다른 두 부류가 존재하는데, 이들의 대중적 이미지는 이렇듯 다른 라이프스타일과 세계관을 극적으로 과장한다." 위노나 라이더는 "공감할 수 있고, 아직 무언가 열망한다". 그녀의 삶은 "보다 진정성 있다. (…) 흥미로우면서 약간 슬프기도 하다". 반편 기네스 펠트로는 "자신의 진짜 성격을 반영하기보다는 좋은 취향과 안전한 소비의 종합 선물 세트 같은 사람을 대표해왔다". 그녀의 삶은 "너무도 충분하고 정돈되어 있어 부러우면서도 지루하다".

이제 여성들의 진정성은 그녀가 얼마나 어려운 여자인지에 달려 있다. 이러한 페미니스트의 가정은 점점 지배적인 논리가 되었으나 사실 이 기준을 통과하기란 또 쉽지가 않다. 마세이의 주장에서 이 세계의 위노나들은 가치 있는 이야기를 가진 사람들이다. 비록 세상이 다른 타입의 여자들에게 더 맞추어져 있지만 말이다(물론 이 세상은 위노나에 맞추어져 있기도 하다. 마세이는 인종적 한계를 인정한다. 폭발적인 인기를 끈 이 에세이가 기네스 펠트로와 위노나 라이더로 여성 정체성의 스펙트럼을 분석할 수 있었다는 사실은 유명 연예인 담론이 백인성을 기본으로 한다는 것과 유명인들의 이례성은 별일 아닌데도 큰 점수가 매겨진다는 점을 시사한다). 나중에 마세이는 에세이를 발표한 후 얻은 성공에 대해 썼다. 그녀는 집을 샀고 밝은 금발로 염색했으며 옷장을 업그레이드했다. 어느 날 거울 속 자신을 보면서 이렇게 말한다. "전문가의 손길이 들어간 자연스럽게 날리는 금발 머리와 디자이너 핸드백, 정성스럽게 바른 값비싼 로션과 오일 덕분에 촉촉하게 화사해진 피부. (…) 나는 망할 기네스가 되어 있었다." 여성성을 이토록 정확하게 눈금 매기는 일은 이전보다 더 중요해졌을 수도 있고, 실은 이 모든 것이 전혀 중요하지 않을 수도 있다.

마세이는 2017년 이 에세이가 실린 책《내가 원하는 인생: 유명한 타인이 되어버린 내 친구들All The Lives I Want: Essays About My Best Friends Who Happen to Be Famous Strangers》에서 역시 페미니즘 문화 비평의 단골 아이콘들을 끌어왔다. 코트니 러브, 안나 니콜 스미스, 앰버 로즈, 실비아 플라스, 브리트니 스피어스 등이다. 이 책의 기본 전제는 이렇다. 가부장적인 세상이 여성의 아픔과 고초를 나쁜 방식으로 미화했다—이제 우리 여성들이 우리의 아픔과 고초를 좋은 방식으로, 무언가 눈부신 신탁처럼 심오하고 의미 있고 긍정적이며 생생한 것으로 미화할 수도 있다. 책 제목에서 암시하듯이 우리는 그들이 고통받기를, 그들이 아프기를 원할지도 모른다. 이 책은 우리에게 매우 친밀한 상징을 이용해 유명인들을 설정한다. 실비아 플라스는 "온종일 셀카를 찍고는 자기가 뚱뚱하고 못생겼다는 포스팅을 올리는 젊은 여성의 초기 문학적 현현이다". 브리트니 스피어스의 몸은 날씬하면서도 관능적이고 싶은 마세이 자신의 욕망을 해독하는 열쇠, 즉 로제타석이다. 코트니 러브는 "양심에 찬 마녀"이기도 하지만, "나처럼 소심한 여자로 사느니 그녀처럼 살고 싶다". 마세이는 마치 목사처럼 박해, 승화, 영광 등의 언어를 사용해 이들을 묘사한다. 이 어려운 여자들이 겪는 모든 크고 작은 고난들은 그들이 얼마나 가치 있고 인간적인지를 나타낸다. 그들은 생의 고초라곤 겪지 못한 평범한 여성들이 결코 따라갈 수 없는 방식으로 완전히 살아 있고, 완전한 자아실현을 했다.

마세이의 책을 읽으면서 계속 이런 생각이 들었다. 여성성의 깊이와 의미를 너무도 오랫동안 부정당한 나머지, 이제는 그 모든 세세한 면을 잔에 넘칠 정도로 담고 있는 것이 아닐까. 한때는 여성의 어려움이 어긋난 일로 여겨졌는데 이제는 어려움을 거부하는 것이 어긋난 일로 여겨지는 듯하다. 이렇게 모든 인생에 해석적인 틀을 들이대면 어느 누구도 방어할 수가 없다. 우리는 보수적인 시각에서 어려운 여자들을 분석해서 그들을 논란거리로 만들 수도 있고, 페미니스트적인 시각에서 단순한 여자들을 분석해서 또다시 논란거리로 만들 수도 있다. 우리는 자유를 위해 관습적인 여성성을 거부해왔으나, 그다음에는 관습적인 여성성을 증오하면서도 선망하기도 한다. 기네스를 비난하고 기네스에 멀어지려 했으나 다시 기네스로 돌아오는 마세이의 정신적 여정에서도 이 패턴을 찾을 수 있고, 살림·요리 블로거를 물고 뜯는 자유 게시판 안에서도 그런 성향이 보인다. 페미니스트들은 너무나 좋은 의도를 갖고 열심히 노력하여 여성의 어려움을 정당화했고 그러면서 이 개념은 점점 부풀어 올라 모든 것을 감싸는 무언가가 되어버렸다. 무조건적인 방어, 자동적인 축하, 어떤 죄도 덮어주는 자기기만의 천막이 되었다.

*

2018년에는 유명인과 정치인 사이의 선이 희미해지면서, 여성 셀럽을 대상으로 하여 완벽하게 다듬어진 어려운 여자 담론이 점점 더 힘이 세지며 주류 정치 영역까지 옮겨갔다. 트럼프 행정부의 여성들은 페미니스트 아이콘 안에서 칭찬받는 여러 자질을 갖고 있기는 하다. 그들은 이기적이고, 부끄러움을 모르고, 미안해하지 않고, 야망이 넘치고, 가식적이다. 이들을 연예인처럼 대하는 방식은 지금 이 순간 이상한 무언가, 인터넷이라는 세계에 의해 지나치게 부풀려진 무언가를 그대로 드러내기도 한다. 한편 성차별은 여전히 어느 곳에나 있고 여성의 삶 속 모든 구석구석에 영향을 미친다. 또 한편으로는 조금이라도 성차별과 겹치는 듯한 부분이 있을 때 여성을—그들의 태도라든가 혹은 행동을—비난하는 건 무조건 옳지 않은 일로 보이기도 한다. 무슨 말이냐면, 요컨대 트럼프 행정부의 여성들과 관련된 이야기에 성차별적 요소가 들어갈 때 그들은 손쉽게 비난에서 빠져나간다는 의미다. 어려운 여자 담론이 매번 대화에 끼어들어 자신의 정당성을 주장하는 건, 그들에게는 행운이라고밖에 할 수 없는 상황이다.

트럼프의 궤도에 있는 모든 여성은 어떤 면에서는, 칭송 일색의 전기 작가의 관점에서는 꽤 어려운 여자들이라고 할 수도 있다. 백악관 고문이었던 켈리앤 콘웨이는 노안이고 또 옷을 못 입는다고 조롱당했고 소파에 부주의하게 앉았다고 헤픈 여자 취급을 당했으나, 그러면서도 싸움꾼 기질로 온갖 혼란과 갈등을 뚫고 당당히 승리한 여성이다. 멜라니아는 모델이고 또 부활절 달걀을 꾸미며 행복을 찾는 퍼스트레이디가 되는 데 관심이 없어서 비난을 받았으나, 백악관의 안주인이라는 관습적인 기대를 거절하고 고루한 그 안의 문화를 자기 나름대로 당당하게 재정의한 강단 있는 인물이다. 호프 힉스도 모델이고 또 어리고 조용하며 고분고분하고 나약해 보인다는 이유로 비난을 받았지만, 그런데도 대통령이 신임하는 얼마 안 되는 측근으로 남았다. 이방카 또한 모델이라서, 명품 신발을 신어서, 국정 회의에 어울리지 않는 리본 달린 옷을 입어서 진지하지 않다고 무시를 당했으나 그런데도 진보적인 대중의 증오에 일희일비하지 않고 뒤에서 묵묵하게 일하는 여성이다. 백악관 대변인 세라 허커비 샌더스는 옷매무새가 깔끔하지 않고 쉽게 발끈하는 태도 때문에 욕을 먹었지만, 분야 최고의 자리에 올라 대중을 상대하는 여성이라 해도 날씬해야 한다거나 다정다감해야 할 필요가 없음을 보여주기도 했다. 이들에게 적용된 기준은—여성은 여성이라는 사실과 관련된 무언가 때문에 비난받는다. 그런데도 그 자리를 굳건히 지키고 있으니 그것만으로도 정치적으로 의미 있다고 평가받는다—우스꽝스러울 정도로 낮아서 어떤 여성도 그 기준을 통과하고도 남을 것 같다. 트럼프 행정부의 여성들은 여성에게 권력과 힘이 주어졌다고 해서 그것이 언제나 우리가 원하는 방식으로 사용되지는 못한다는 사실을 증명한다. 그들은 대중의 반감을 사지만 그 사실에 연연하지 않고 자기 자신의 모습에 절대 미안해하지 않는다. 그들 능력에 비해 과분한 자리에 올랐다는 점에 대해, 사람들의 기대를 무시한다는 점에 대해 절대 사과하지 않는다.

물론 어떤 면에서 이 서사에 수긍할 만한 부분도 있다. 페미니스트는 아니지만, 그 관점에 상당히 근접한 글들이 많다. 〈뉴욕 매거진〉의 기자 올리비아 누치는 2017년 3월 "켈리앤 콘웨이는 스타다"라는 제목의 표지 기사에서 콘웨이의 행보를 자세히 분석한다. "콘웨이는 사이비 정신분석, 분노, 조롱의 대상이 되었다. 하지만 그 밑에 눌려서 찌그러지기보다는 그 모든 비난을 흡수하고 다른 방향으로 빠져나갔다. 이 세상이 자신을 어떻게 인식하는지 인지하고 있으며 어쩌면 이 기사 또한 스스로 쓸 수 있을 만큼 자신에 대해 객관적일지 모른다." 그녀는 "블루칼라 노동자의 진정성"을 보여주었고 싸움꾼의 본능을 지녔다. 그녀는 "진실을 전달하는 데 관심이 있다기보다는 게임을 사랑한다". 이런 자질 덕분에 관리하지 않은 외모와 태도에 대한 지속적인 비난에도 불구하고 "미국의 실제적인 퍼스트레이디"의 위치까지 승격한 것이다. 누치는 호프 힉스에 대해서도 두 차례 기사를 썼는데, 2016년 〈GQ〉에 쓴 첫 번째 기사의 제목은 "도널드 트럼프의 문고리 권력 호프 힉스의 신비로운 승리"였다. 누치는 기사에서 "정치 경험이 전무한 사람이 어떻게 대선에서 가장 중요한 참모로 활동할 수 있었는지"를 꼼꼼히 기록한다. 두 번째 기사는 힉스가 2018년 사임한 후 〈뉴욕 매거진〉에 실렸는데, 누치는 그녀를 자신의 운명을 개척한 여성이자 위태로운 조직을 우직하게 지킨 사랑스럽고 순수하고 의리 있는 하녀로 묘사한다.

트럼프 행정부의 여성들을 다루는 매체 기사는 매번 뜨거운 논쟁을 불러일으키지만, 아무런 의미도 창출하지 못한다. 이 여성들은 어떻게 그 자리에 오르고 무슨 행동을 했는지에 상관없이 명예와 권력을 쟁취한 여성이라는 이유 하나만으로 존중받는 팝 페미니즘적 시각의 수혜를 입는다.(이러한 상황은 페미니스트들의 풍자 웹사이트인 〈리덕트리스Reductress〉에 실린 한 기사에 완벽하게 요약되고 압축되어 있다. "어머나, 새 영화에는 여자들이 참여한다네요!") 진보적 성향이 주도해서 정치계에 가지고 온 페미니스트의 정치적 관점을 이제 보수적 인물들이 활용한다. 2018년 지나 해스펠은 미국 중앙정보국 CIA 국장 내정자로 임명되며, 미국 최초의 여성 CIA 국장이 될 예정이었다. 그러나 그녀는 태국 CIA 본부에서 근무할 당시 이른바 비밀 감옥을 만들어 테러 용의자들을 물고문하고 그 증거를 없앴다는 혐의를 받았다. 세라 허커비 샌더스는 트윗했다. "국가의 안정과 여성의 임파워먼트를 지지한다고 주장하는 민주당원들이 그녀의 임명을 반대한다는 것은 철저한 위선이 아닐 수 없다." 다른 보수주의자들도 진정성의 정도는 다르지만 같은 관점을 표명했다. 지난 몇 년간 유행한 농담이 있으니, 극좌파는 교도소를 없애자고 하고 진보주의자는 더 많은 여성 교도관을 고용하라고 한다. 페미니즘적 관점이 통한다는 것을 파악한 보수주의자들도 이제 더 많은 여성 교도관을 고용하라고 한다.

트럼프 행정부는 너무나 대놓고 뻔뻔하게 반여성적이라 그 안에 있는 여성들은 그들이 이 기조에 공모했는지 아닌지를 정기적으로 조사받고 비난받으며, 그들의 페미니즘에 대한 공허한 언급 역시 심판대에 놓인다(마찬가지로 연예계나 영화계를 바라볼 때도 이와 비슷한 의심을 해야 하지 않을까 싶다. 할리우드는 진보적인 가치를 표방한다고 알려져 있으나 그 연예인들의 가치—가시성, 성과, 열망, 극단적인 외모의 아름다움—는 근본적으로 매우 보수적인 방식 안에서 개개인의 비범함에 의지할 뿐이다). 하지만 어려운 여자들이라는 틀을 가져오면 트럼프 여성들도 얼마든지 자신을 방어할 수 있고 긍정적으로 재해석될 수 있다. 바티칸에서 검은 드레스를 입고 검은 미사보를 써서, 묘하게 미망인처럼 보였던 멜라니아는 "입고 싶은 옷을 입고 출근해. 우리 여자들은 얼마든지 그래도 돼" 유의 농담이 쏟아지게 했다. 〈뉴욕타임스〉는 한 칼럼에서 멜라니아의 행동을 "조용한 급진주의"라 평하면서 "침묵으로 반항하는 여성"이라고 썼다. 멜라니아가 초강력 허리케인 하비의 피해 현장인 휴스턴으로 향하면서 검은색 '킬힐'을 신었을 때도 적합하지 않은 옷차림이라고 구설수에 올랐으나, 이는 페미니즘의 관점에서 수호되기도 했다. 여성이 어떤 신발을 신건 이러쿵저러쿵 말을 얹는 건 치졸하고 여성 혐오적이다—그녀는 자신이 원하는 신발을 신을 권리가 있다.

2018년이 되자 트럼프 행정부는 이렇게 예측 가능한 방향으로 흐르는 논조를 무기로 삼기 시작했다. 미국과 멕시코의 국경을 넘는 밀입국 이민자 가족에 대한 분리 정책 때문에 전국적으로 분노가 일었을 때였다. 멜라니아는 텍사스의 밀입국자 아동 수용시설을 방문하기 위해 비행기에 올랐고 그녀가 입은 자라 재킷 뒷면에는 그 즉시 논란이 된 문구가 쓰여 있었다. "난 정말 관심 없어, 넌 안 그래?" 이것은 누가 봐도 노골적인 악성 댓글이고 소시오패스들이나 쓸 법한 문장이었으며 얼마든지 멜라니아에게 비난이 쏟아질 수 있는 행동이었으나, 많은 이들이 그녀가 여자라서 비난받아서는 안 된다고 말했다. 종종 성차별에 대한 논의는 지금 우리에게 당면한 훨씬 더 시급한 문제에서 멀어지게 한다.

　여성의 몸, 외모상의 선택, 자신을 드러내는 방식에 관해서라면 어떤 식으로건 여성을 절대 비난하지 않아야 한다는 페미니스트 문화적 관점 때문에, 트럼프 행정부의 여성들은 진보 진영의 여성들로부터 지지를 얻기도 한다. 2017년 켈리앤 콘웨이의 부적절한 태도를 보여주는 사진 한 장이 인터넷을 떠돌았다. 그녀는 남자들로 가득한 대통령 집무실에서, 맨발로 소파에 올라가 다리를 벌린 채 무릎을 꿇고 앉아 있었다. 전통흑인대학HBCU의 총장들이 모인 자리로 흑인 남성들은 모두 정장을 입고 셔츠를 목까지 채우며 예의를 갖추고 있었으나, 콘웨이는 대통령 집무실이 자기 집 안방인 것처럼 앉아 있었다. 이 사진에서 드러난 그녀의 태도에 경악과 비난이 뒤따랐지만 콘웨이를 열렬히 방어하는 목소리도 이어졌다. 그중에는 첼시 클린턴의 트윗도 있었다. 〈보그〉는 당시 첼시의 지지 제스처가 "오직 젠더적 이유 때문에 비하되고 폄하되는 권력자 여성에게 페미니스트가 어떻게 반응해야 할지를 보여주는 본보기"라고 했다. 또한 "이는 콘웨이와 '포스트 페미니스트'들이 하고 있는 게임에서 이길 수 있는 훌륭한 방법"이라고도 했다. 이어서 〈보그〉는 사람들이 그녀가 피곤하고 초췌해 보인다고 할 때, 혹은 "자신의 여성성을 도구로 이용했다고 폄하될 때" 콘웨이는 이긴 것이라고 말한다. 그리고 기자는 태도를 180도 바꾸어, 다음의 주장으로 들어간다. "콘웨이는 우리에게 대항하기 위해서 여성성을 이용한다. 콘웨이는 자신이 어떤 말을 하고 어떤 행동을 하건 그저 여성이기 때문에 거친 성차별적 용어로 비난받을 것임을 알았을까? 사실 그랬을 수도 있다." 나는 여기에 그녀가 현대 페미니즘의 맥락에 서라면 비난받는 것만큼 수호 또한 강하게 받으리라는 것도 알았을 거라는 말을 덧붙이고 싶다.

힐러리 클린턴의 대선 캠페인에서 홍보팀장을 맡았던 제니퍼 팔미어리 또한 〈뉴욕타임스〉에서 정치적 인물들을 향한 성차별을 이야기한다. 극우파이며 트럼프의 수석 전략가였던 스티브 배넌은 사악한 천재로 그리면서, 똑같이 교묘하고 부정직한 콘웨이는 그저 미친 여자로만 취급한다는 것이다. 〈새터데이 나이트 라이브SNL〉에서는 콘웨이를 〈위험한 정사〉의 글렌 클로즈로 비유했는데, 이 또한 분명 성차별적이다. 콘웨이를 골룸이나 스켈레터로 비유한 것 역시 성차별적이다. 그러나 여기서 성차별을 완전히 제거해버린다고 해도, 콘웨이라는 인물이 우리 눈앞에서 사라지진 않는다. 게다가 백악관 선임고문의 자기표현 방식을 원칙적으로 절대 비난 금지 구역으로 만들어버린다면, 우리는 그녀가 직업을 수행하는 방식을 판단할 능력까지 함께 잃게 되지 않을까. 여성 혐오자들은 여성의 외모에 지나치게 큰 가치를 부여하지만, 때로는 여성 혐오에 대한 완강하고 집착적인 비판 또한 여성의 외모에 지나치게 큰 가치를 부여하는 효과를 낳기도 한다. 성차별은 미국 역사상 가장 파괴적인 대통령의 상임 고문이라는 막강한 권력에 의미 있는 상처를 낼 수가 없다. 오히려 페미니즘 담론 덕분에 그녀는 이 성차별 논쟁이 불러일으킨 문화적 힘을 가져와 자신에게 유리하게 사용할 수 있다. 〈SNL〉이 그녀를 징징대는 사이코라고 부른다고? 글쎄. 그러거나 말거나 켈리앤은 살아남을 텐데.*

＊

트럼프 행정부 여성 중에서 가장 강력하게, 거의 자동으로 옹호를 받는 사람은 역시 호프 힉스와 세라 허커비 샌더스다. 힉스가 2018년 초반에 백악관 공보국장에서 물러났을 때 로라 맥간Laura McGann은 〈복스Vox〉에 이런 기사를 썼다. "언론은 마지막 날까지도 성차별적인 언어로 힉스를 깎아내렸다." 뉴스 기사에서는 계속해서 그녀가 모델이었다는 사실을 들먹이면서 정치 초보로 깎아내렸다고 맥간은 지적했다. 만약 힉스가 남성이었다면 신동이고 귀재였을 것이며 그가 십 대에 했던 아르바이트를 언론은 문제 삼지 않았을 것이다. 기자들은 그녀의 "여성스러운" 성격에 대해서 너무나 많은 글을 쏟아냈다. 신문 기사들은 "그녀의 경력에 의문을 갖고 선거와 백악관 내부에서 과연 무엇에 기여했는지 의심하며 그녀의 외모가 책임자와는 어울리지 않는다는 식으로 언급했다. 이것은 권력을 가진 여성에 관한 또 하나의 해로운 서사이자, 우리에게는 너무나 익숙한 서사다". 맥간은 힉스의 능력과 행보를 보다 정확하게 평가하기 위해서는 그녀의 "십 대 모델 경력"을 잊어야 할 필요가 있

• 2020년 8월, 켈리앤 콘웨이는 트럼프 반대자인 딸이 공화당 전당대회에 나가는 엄마와 인연을 끊고 싶다는 트윗을 올린 후에 사표를 냈다.

다고 썼다.

이러한 주장은 추상적으로는 흠잡을 데 없다. 우리는 가부장제에 자극받지 않고서도 힉스를 비난할 수 있고, 또 비난해야 한다. 하지만 여성은 가부장제 안에서 성장하고 그로 인해 형성되었다. 텍사스에서 자랐고, 복음주의 교회에 다녔고, 치어리더로 활동했고, 여학생 사교 클럽 소속이었기 때문에 내가 작가로서 쓰는 글이나 직업적인 본능은 다를 수밖에 없다고 생각한다. 내가 권력에 접근하는 방식은 사실 어린 시절부터 내가 아는 권력 구조에 따를 수밖에 없다. 힉스는 코네티컷의 고급 주택가에서 자라 십 대 때 모델 활동을 했다. 그녀는 굉장히 부유하고 보수적인 주민들이 거주하는 댈러스 외곽의 기독교 계열 사립대학인 서던메소디스트대학을 졸업했다. 그녀는 자신이 여성 혐오자임을 숨기지 않는 사람을 마치 수양딸처럼 충직하게 보좌했다. 그녀는 매우 깊고 진실하고 본질적인 수준에서 보수적인 젠더 정치에 의해 형성되어온 것으로 보인다. 그리고 그것을 기반으로 활동했으며 그것이 그녀의 권리였다. 그녀 인생 전반에 깊은 영향을 미친 가부장제를 인정하지 않고 힉스를 논하는 것이 가능은 할지도 모르지만, 그것이 정치적으로 반드시 필요하다는 주장은 논점을 벗어났다. 〈복스〉에서 맥간은 힉스를 다룬 〈뉴욕타임스〉 기사가 성차별적이라고 했다. 반면 그녀가 사임한 후 〈뉴욕타임스〉의 한 기사는 나를 언급하며 성차별주의자라고 했다. 힉스를 "그저 잡역부"라고 무시한 사람 중 하나라고 하면서, 내가 트위터에 쓴 글을 인용하기도 했다. "잘 가, 호프 힉스. 여성 혐오 사회에서 여자가 초고속으로 승진하려면 뭐가 필요한지 가르쳐준 사람. 침묵, 미모, 무조건적인 남성 존중."

오로지 이런 자질들 때문에 트럼프의 백악관에서 힉스가 총애 받았다고 가정하는 것은 나의 편견일 수도 있다. 어쩌면 기자들의 주장과 달리, 힉스가 그저 공손하기만 하진 않았을지도 모른다(그녀는 확실히 말수가 적었고 언론 공식 회견이나 인터뷰를 하지 않았다. 그리고 확실히 미모가 빼어났다). 하지만 첫 번째 아내의 직업적 야망을 싫어했고 지나칠 정도로 딸의 외모를 자랑스러워하는, 세 명의 모델과 결혼했던 대통령이 젊고 아름답고 가부장제가 찬양하는 여성적 성품을 가진 이 여성을 자신의 측근으로 두었다는 사실이 그저 우연이라고 할 수 있을까. 물론 힉스는 노력하는 사람이고 적절한 정치적 본능과 능력을 가졌다. 하지만 트럼프 옆에 있을 때는 그 여성의 외모와 처신을 그들의 능력과는 분리할 수가 없게 된다. 트럼프에게 힉스의 미모와 침묵은 드문 능력으로 해석되었을 수 있다. 내가 볼 때는 모델로서의 경험도 높은 상관관계가 있다. 모델 업계는 여성들이 여성 혐오에 참여하면서 성공할 수 있는, 남성을 앞서갈 수 있는 몇 안 되는 직군이다. 모델은 보이지 않고 계속해서 바뀌는 관객에게 호소하는 방법들을 알아내야만 한다. 그녀는 말 한마디 없이도 사람들의 욕망과 욕구를 자신에게 투사하게끔 만드는 방법을 파악해야 한다. 그 부담 속에서 완벽한 자세와 자제력을 훈련한다. 모델이 가진 기술은 특별하고 돋보이며, 그 기술 덕분에 트럼프 밑에서 일을 잘 수행하는 사람으로 성장할 수 있었을지도 모른다. 그러나 지금 내가 쓰는 이 글 또한 여성 혐오를 밝힌다면서 그것을 복화술처럼 중얼거리고 있는 상황인지도 모른다. 어쩌면 나 또한 지금 불완전한 성차별 비판을 확장하고 있는 건지도 모른다.

　　이런 종류의 두서없는 뱀 꼬리 물기가 가장 심했을 때는 2018

년 백악관 기자단 연례 만찬에서 코미디언 미셸 울프가 세라 허커비 샌더스를 이용한 농담을 했을 때였다—그날 저녁 그의 임무는 웃기는 것이었다. "저는 당신을 좋아해요. 《시녀 이야기》의 리디아 아주머니를 좋아하듯이요." 울프는 농담으로 샌더스가 단상 위에 올라갈 때마다 무엇을 보게 될지 궁금하다고 말했다. "언론 브리핑일까요? 거짓말 시리즈일까요? 아니면 소프트볼팀 나누기일까요?" 마지막으로 그녀가 가진 자원이 많다며 샌더스를 칭찬한다. "진실을 불태운 다음에 그 재로 완벽한 스모키 화장을 하시죠. 어쩌면 스모키 화장을 하고 태어났을지도요. 어쩌면 거짓말이고요. 아마 거짓말일 거예요." 이 농담에 대한 공격이 뉴스를 장악했다. MSNBC의 마이크 브레진스키는 트위터에 이런 글을 올렸다. "아내이자 엄마가 전국 방송에서 외모로 망신당하는 장면을 보는 건 개탄스러운 일이다. 나는 대통령에게 외모 공격을 받은 적이 있다. 이런 일이 일어났을 때는 모든 여성이 뭉쳐야 하고, 백악관 기자단 협회는 세라에게 정식으로 사과해야 한다." 〈뉴욕타임스〉의 백악관 담당 기자인 매기 하버만도 트위터에 올렸다. "당신(세라 허커비 샌더스)이 자신의 외모, 직업적 능력 등에 대한 적나라한 비하를 들으면서도 당장 자리를 박차고 나가지 않았다는 사실은 매우 인상적이다." 하버만의 트윗에 울프는 이렇게 남겼다. "제가 한 모든 농담의 주제는 그녀의 야비한 행동이었습니다. 외모에 대해서 생각하는 건 오히려 당신인 것 같네요?" 페미니스트 그리고 자신들의 페미니스트로서의 진정성을 증명하기 위해 애쓰는 사람들은 울프의 주장을 반복했다. "그 농담은 샌더스의 외모에 관한 것이 아니라고요!"

하지만 외모 농담이 맞다. 울프는 샌더스의 외모를 대놓고 조롱하지는 않았지만 그 농담은 샌더스의 체형을 곧바로 떠올리게 한다. 그녀에게는 전형적인 소프트볼 코치 같은 이미지가 있다. 덩치가 크고 다부지며 시프트 드레스와 진주 목걸이가 어울리는 가녀린 타입은 아니다. 또 나이에 비해 늙어 보이기도 하는데, 그래서 리디아 아주머니가 언급된 것이다. '완벽한 스모키 화장' 농담은 샌더스의 눈화장이 실제로 지저분하고 엉망이고 대체로 형편없다는 사실을 떠올리게 한다. 하지만 외모 지적은 건드릴 수 없는 성역이기에, 여성의 외모는 너무 소중하다는 부정할 수 없는 가정 때문에, 성차별하지 않아야 하기에, 울프의 때로는 뼈 때리는 농담을 하나부터 열까지 인정할 수 없게 되어버리는 걸까.

한 달 후 또 다른 뉴스가 전국을 들썩이게 했다. 토크쇼 진행자 사만다 비가 이방카에게 저속한 욕을 한 사건이다. 사건의 발단은 트럼프의 이민 정책 때문에 이민자 부모와 자녀가 강제 격리되고 아동들이 구치소 같은 수용시설에 갇혀 있다는 뉴스가 한창 쏟아질 때, 이방카가 막내아들 테디를 애지중지하는 사진을 올린 것이다. 비는 말했다. "이방카, 당신. 아들과 찍은 사진 참 예쁘네요. 하지만 엄마 대 엄마로서 한마디만 합시다. 당신 아버지의 이민 정책에 대해 말 좀 해봐요. 이 무책임한 년cunt아! 그 사람, 당신 말은 듣잖아!" 우파와 중도 측에서 어마어마한 분노가 쏟아졌는데, 이민자 가족에 대해서가 아니라 '년'이라는 단어 때문이었다. 보수주의자들은 다시 한번 어디선가 빌린 주장을 무기로 삼았다. 백악관은 TBS에 쇼를 폐지하라고 압박했고 결국 비는 이방카와 시청자들에게 사과했다. 그리고 나는 이 사건을 보면서 페미니스트 이론 실천이 식초로 변해서 바닥을 썩게 하고 있는 건 아닌가 싶었다. 마치 중요한 것—

성차별 자체—이 어디로 튈지 모르기 때문에, 그것이 실제로 작동하는 방식을 뿌리 뽑는 일을 포기해버린 건 아닐까. 성차별을 뿌리 뽑기보다는 문화 비평을 통해 무엇이 평등이고 불평등인지 판결을 내리다가 이방카 같은 사람에게 도움을 주고 말았다. 우리는 페미니즘이 무슨 말인지도 모르는 사람들에게 어떻게 하면 페미니즘을 활용할 수 있는지 가르쳤다. 즉 여자들을 열심히 분석하고 사람들이 여자들에게 반응하는 방식을 분석하라고, 숨겨진 의미를 읽고 잘 해석해서 유용하게 써먹으라고 말이다.

*

이 모든 사회적 현상 위에 유령처럼 떠돌고 있는 건 역시 2016년 힐러리 클린턴의 대선 패배다. 선거 기간 내내 클린턴은 어려운 여자, 주류 페미니스트 시대정신이 사랑하는 인물로 그려졌다—그리고 자기 자신도 어려운 여자임을 시인하기도 했다. 힐러리 클린턴은 그 모델에 정확히 들어맞았다. 수십 년 동안 그녀를 둘러싼 기사와 담론은 성차별적 비판에 의해 형성되었다. 그녀는 너무 야심차다고, 너무 가정적이지 않다고, 너무 추하다고, 너무 계산적이라고, 너무 냉정하다고 평가받았다. 그녀는 자신의 야망을 추구한다는 이유로 비이성적인 증오를 받았고 미국 역사상 여성 최초로 주요 정당의 대통령 후보가 됨으로써 이 증오를 시들게 했다. 선거가 다가올수록 그녀는 끔찍하고 복합적인 이중 잣대에 시달렸다. 부패한 세일즈맨에 맞서 이기려는 진지한 대선 후보이기도 하면서, 남자를 상대로 싸워야 하는 여성으로서 이에 대항해야 했다. 클린턴은 이 조건을 최대한 잘 활용하려는 시도를 거듭했다. 여성 혐오적인 모욕을 마케팅으로 활용해서 트럼프가 토론 중에 그녀를 폄하하기 위해 사용한 단어인 "추잡한 여자Nasty Woman"가 적힌 티셔츠를 팔았다. 이 상품은 큰 인기를 끌었고 남성의 모욕을 재정의했다. 약간 민망하긴 하지만 많은 페미니스트가 트위터에서 자신을 온종일 "추잡한 여자"라고 부르기도 했다. 하지만 우리가 추잡한 여자를 그렇게까지 사랑했다면, 클린턴이 선거에서 승리했어야 하는 것 아닌가? 아니면 적어도 이러한 팝 페미니즘이 그렇게 대세였다면, 백인 여성의 53퍼센트가 트럼프 대신에 힐러리에게 표를 던졌어야 하는 것 아닌가?

클린턴은 사실—적어도 11월까지는—성차별적인 비판을 끊임없이 받으면서도 어떻게든 자신을 지키고 살아남아서 찬사를 받았다. 여성 혐오에 담담히 대응해온 강인함과 인내는 내가 가장 사랑하는 그녀의 장점이다. 결혼 후에도 자신의 성을 바꾸지 않으려 했고 집을 지키면서 쿠키나 굽지 않겠다고 한 그 용기 있는 발언에도 탄복했다. 나는 11시간 동안 이어진 벵가지 청문회에서 꼿꼿이 앉아 있던 그 정치가를, CNN 인터뷰에서 사망한 미국인들을 이야기하면서 울먹였다는 이유로 "감상적이라" 비난받았던 그 여성을 믿었다. 2016년 대선 토론에서 트럼프가 스토커처럼 쫓아다닐 때도 손가락 관절이 하얗게 될 정도로 주먹을 꼭 쥐면서 자제력을 발휘하던 모습을 보며 나는 감동했다. 최근 역사 속 어떤 여성도 클린턴처럼 오해받고 무시당하지 않았다. 선거가 끝나고 나서 몇 년이 흘렀는데도 트럼프 지지자 모임에 참석한 화난 남성과 여성들은 여전히 이 구호를 외치고 있다. "힐러리를 감옥으로!"

하지만 클린턴이 맞서 싸울 수밖에 없었던 성차별이라는 갑옷은 궁극적으로 그녀가 여자라는 사실 외에는 그녀에 대해 그다지 많은 사실을 드러내지 못했다. 이것은 그녀에게—그리고 결국 우리에게—삐딱한 냉대 외에는 아무것도 해준 게 없다. 여성 혐오는 끔찍한 외적 구조를 제공했고, 클린턴은 헌신과 인내와 가끔은 우아함으로 그 여성 혐오라는 시험대를 통과했다. 여성 혐오는 그녀에게 살아남기 위해서는 중재하고 타협하라고 요구했다. 여성 혐오는 대중에게 더는 보여줄 수 있는 것이 없을 때까지 자신의 개성을 가리라고 요구했다. 클린턴의 선거운동과 입후보의 본질은 처음부터 마지막까지 성차별에 의해 가려졌고 성차별에 방어하는 과정에서 또 가려졌다. 그녀는 너무나 거칠고 부당하게 공격받았고 똑같이 거친 주장으로 옹호되고 보호받았다—추잡한 여자 같은 방어 공격이 그러했으며 그녀는 그 여자와 아무 상관이 없었다.

내가 앞으로도 영원히 애도할 클린턴의 패배는 어려운 여자들에게 적합한 자리를 만들어주는 일이 얼마나 중요한지에 대한 반복된 이야기일지도 모른다. 혹은 어떤 여성을 그녀가 어렵기 때문에 가치 있다고 말하는 방식은 결국 예상치 못한 파괴적인 방식으로 그녀의 진정 특별한 자아를 가릴 수도 있다는 사실을 지적하고 싶다. 페미니스트 담론은 성차별이라는 시험대에서 이긴 여자들 이야기에 집중하느라 보지 못한 진실, 성차별이란 그저 일상적으로 어디에나 있는 배경일 뿐이라는 진실까지는 닿지 못한 것 같다. 그 여성이 어떤 여성이건, 그 여성의 욕망과 윤리가 어떠하건 성차별은 고개를 들게 되어 있다. 그리고 어떤 여성이 페미니스트 아이콘이어야만 성차별에 거부하는 것은 아니다. 그저 자신의 사리사욕에 관심이 있기에 성차별을 거부할 수도 있다. 이 두 가지가 언제나 같은 것은 아니다.

9장

결혼, 당신이 두려워*

Trick Mirror

* 원문은 "I thee Dread"로, 결혼 서약 문구인 "이 반지를 징표로, 나는 당신과 결혼합니다with this ring, I thee wed"에서 따온 말장난이다.

내 남자친구는 구글 스프레드시트를 이용해서 우리 커플이 하객으로 초대되었던 결혼식 목록을 정리한다. 결혼식 날짜와 장소, 부부와의 관계, (기록의 표면적인 이유라 할 수 있는) 선물을 보냈는지의 여부, 보냈다면 우리 둘 중 누가 보냈는지도 적혀 있다. 처음에 이 구글 시트는 그저 남자친구의 성격을 보여주는 기능을 했다. 내가 글 쓰는 일 외에는 덜렁대고 부주의한 반면, 앤드루는 건축가라는 직업적 특성이 더해져서 그런지 딱히 자기와 상관없는 일에도 굉장히 꼼꼼하다. 예컨대 엄청난 열정과 집념으로 식기 세척기를 해체해서 다시 손질하는 등 정리 강박이 아닌가 싶은 정도의 사람이다. 하지만 언젠가부터 우리에게 이 구글 시트는 없어선 안 되는 필수품이 되었다. 지난 9년간 우리는 총 마흔여섯 번의 결혼식에 초대받았다. 나 개인적으로는 결혼식을 하고 싶지 않은데, 내가 갔던 수많은 결혼식이 그 이유일 수 있겠다.

앤드루는 서른세 살이고 나는 서른 살이다. 그리고 우리는 같은 경험을 공유하는 특정 인구 집단에 속한다고 할 수 있다. 대부분 보수 성향의 가정에서 자란 중상류층이었던 고등학교 동창들은 마치 시곗바늘처럼 정확하게 결혼 적령기가 되면 성대하고 전통적인 결혼식을 올렸다. 또한 우리 둘 다 버지니아주립대학을 졸업했는데, 이곳 사람들도 관습을 친숙하게 따르는 경향이 있었다. 물론 우리가 초대받은 모든 결혼식에 물리적으로 다 참석할 수는 없었다. 두 결혼식이 겹치는 주말에는 한 명이 하나씩을 맡았다─각자 가방에 정장을 챙겨 공항으로 가서 터미널에서 작별 인사를 나누고 서로 다른 비행기에 몸을 실었다. 우리는 아마도 열두 번 정도의 결혼식은 참석하지 못했는데, 상대적으로 더 중요한 다른 결혼식에 투자해야 했고 5년 동안 우리 둘 다 혹은 둘 중 한 명은 대학원생 신분이었기에 주머니 사정이 빠듯한 데다 또 이상하게도 우리 친구들은 언제나 비행기를 타고 가야 하는 장소에서만 결혼식을 올리는 것 같았다.

하지만 워낙에 각별한 친구들이었고 또 대체로 그들의 배우자가 될 이들도 좋아했기에, 다른 결혼 냉소주의자 하객들처럼─이들은 상당히 광범위한 인구로, 자신들의 결혼식을 제외한 다른 결혼식들이 얼마나 불필요하게 사치스러운지 신나게 욕해대는 기혼자들도 포함된다─앤드루와 나는 우리가 갔던 모든 결혼식을 좋아했다. 술에 살짝 취한 채 눈물을 글썽거리며 간접 행복에 젖기도 하고, 신부 부모님 옆에 서서 몬텔 조던의 음악에 맞춰 느긋하게 리듬을 타기도 했다. 그래서 우리는 결혼식에 가고, 가고, 또 갔다. 호텔을 예약하고 차를 빌리고 수표를 쓰고 주방용품 전문점인 윌리엄스

소노마의 결혼선물 목록을 훑어보고 세탁소에서 턱시도를 찾아오고 새벽같이 일어나 공항 택시를 불렀다. 그러다 보니 언젠가부터 이 친구의 결혼식과 저 선배의 결혼식이 헷갈리기 시작했지만, 구글 시트 덕분에 하나씩 떠올릴 수 있었다. 찰스턴에서는 꽃이 만발한 정원에서 황혼 무렵에 공작새 한 마리가 어슬렁거렸고 내가 중고매장에서 산 싸구려 드레스 밑단으로 습기가 올라왔다. 휴스턴에서는 힙합 듀오 빅 타이머스의 첫 비트가 나오자마자 예식장이 갑자기 무도회장으로 변했다. 맨해튼에서는 센트럴 파크가 내려다보이는 넓은 발코니로 나가자 검은색과 흰색의 정장을 빼입은 사람들 뒤로 도시의 황홀한 야경이 펼쳐졌다. 버지니아 지방에서는 잔뜩 찌푸린 회색 하늘이 비를 뿌렸고 신부가 장화를 신고 입장했다. 메릴랜드 지방에서는 인도 음악이 황금빛 들판을 흐를 때 신랑이 백마를 타고 등장했다. 오스틴에서는 두 사람이 장미꽃 아치 밑에서 고개를 숙여 서로에게 화려한 아르메니아 왕관을 씌워주었다. 뉴올리언스에서는 경찰차의 번쩍이는 조명이 파라솔 옆을 지나가고 퍼레이드 두 번째 줄이 트럼펫을 연주하는 진풍경 속에서 그날의 주인공들이 행진했다.

사람들이 결혼하고 싶어 하는 이유는 충분히 이해할 수 있다. 하지만 이렇듯 다양한 결혼식에 참석하면서, 이 이해라는 것이 쌍방향으로 흐르지는 않는다는 사실을 알게 되었다. 사람들은 나와 앤드루만 보면 언제 결혼하냐고 묻는다. 나는 웅얼대며 잘 모르겠다고, 아마 앞으로도 안 할지도 모르겠다고 말한다. 게을러서, 어차피 보석류는 안 해서, 친구 결혼식은 좋아하지만 내 결혼식은 하고 싶지 않아서라고 대답한다. 보통은 얼른 화제를 다른 곳으로 돌리려고 하지만 쉽지 않다. 사람들은 내가 무언가 감추고 있기라도 한 것처럼 꼬치꼬치 캐묻다가 갑자기 확신에 찬 표정으로 고개를 끄덕인다. 내가 마치 누군가 정식으로 청혼할 사람이 나타나기 전까지는 둘만 몰래 도망쳐 혼인 신고만 해버리고 싶다고 말하고 다니는, 소박한 척하는 여자라는 결론이 난 것 같다. 그들은 내가 상담이 필요한 고민을 던져준 것처럼, "내 마음을 바꾸어주세요"라고 적힌 팻말을 목에 걸고 있는 것처럼, 눈을 반짝반짝 빛내면서 열정적으로 해결책을 제시하기 시작한다―투표 독려처럼 혼인 권장이 훌륭한 시민의 의무라도 되는 것만 같다.

"결혼을 안 한다고요?" 그들은 고개를 갸웃하며 묻는다. "그래도, 요즘처럼 의식이라는 게 거의 사라진 세상에서 정식으로 의식을 치른다는 건 멋지잖아요. 일가친척, 친구들, 우리가 사랑하는 모든 사람이 한 공간에 모일 기회가 얼마나 더 있겠어요? 우리 결혼식은 굉장히 소박한 편이었어요. 모두 모여서 즐겁게 놀다 가길 바랐으니까요. 알죠? 그냥 멋진 파티를 열고 싶었다고요. 어떻게 보면 결혼식은 내가 아닌 다른 사람들을 위해 하는 거예요. 물론 깊이 따져보면 결국 당신을 위해 하는 거지만." 그다음 결혼식에서도 같은 논쟁이 이어진다. "아직도 결혼을 안 하고 싶어요?" 사람들은 확인하고자 물을 것이다. "결혼식을 안 올리고도 결혼할 수 있다는 건 알죠?" 내가 참석한 결혼식의 신랑이었던 남자는 6년 후에 이렇게 말하면서 내가 무언가 아주 중대한 것을 놓치고 있다고 했다. "지금 우리 관계는 더 깊어졌어요. 내 말 믿어봐요. 결혼하고 나니 뭔가가 정말 변했다니까요."

앤드루는 나보다는 이 질문을 덜 받는 편인데, 아마도 결혼식이란 여자에게 더 흥분되고 기대되는 일이라는 가정이 있는 것 같다. 이성애자 커플 사이에서 결혼은 여자의 인생 가운데 가장 특별한 날로 묘사되곤 한다. 남자에게는 딱히 그렇지 않다(물론 아이를 갖지 않으려는 커플에게 이런 유의 질문 아닌 심문은 마찬가지로 젠더 불평등이고 훨씬 더 심한 사생활 침해다). 그런데도 앤드루는 결혼 안 하냐는 질문을 꽤 받기는 한다. "자기한테는 안 거슬려?" 얼마 전에 내가 물었다. 그가 한 명은 여자, 한 명은 남자인 오랜 친구 두 명과 통화를 했는데 둘 다 법적인 언약을 맺지 않는 우리 관계에 대해 완곡하게 몇 마디를 한 모양이었다. "아니, 난 괜찮은데?" 그는 타코닉 파크웨이에서 차선을 바꾸면서 무심하게 말했다.

"왜?" 내가 물었다.

"그야… 난 사람들이 어떻게 생각하는지 별로 신경 안 쓰니까." 그가 말했다.

"그러셔? 나도 신경 안 쓰는 편이거든?" 나는 대답했다.

"그렇지." 그는 이미 이 대화에 흥미를 잃었다.

"나도 보통은 다른 사람들이 어떻게 생각하는지 신경 안 써." 나는 혼자 열을 내뿜기 시작했다.

앤드루는 고개를 끄덕이면서도 눈은 도로에 고정되어 있다.

"딱 이 문제만 그래. 내가 개인적으로 받아들이는 건 이거 딱 한 가지야. 그리고 이건 돌고 도는 문제야. 다른 사람들은 우리가 결혼하지 않겠다는 걸 자기 일로 받아들이지 않아야 하는데 자기 일로 받아들인단 말이야. 안 그랬으면 우리가 이딴 이야기를 하고 있을 필요도 없잖아. 그리고 내가 여기에 대해서 더 많이 말할수록 애초에 나에게 있지도 않은 문제를 만들어내게 된다고. 내가 왜 결혼하고 싶지 않은가에 대한 대답으로 거미줄을 짓고, 그 안에다 가정이나 사랑에 대한 나의 속마음을 숨기고 있는 것만 같잖아. 그럴수록 그 질문이 정말 화가 나. 멍청하고 예상 가능한 데다 나까지 멍청하고 예상 가능한 사람으로 만드니까. 그러니까 내 머릿속에는 메타 내러티브가 흐르기 시작해. 이 문제, 이 결혼이란 게 너무 투명하게 멍청하다는 생각까지 가는 거야. 남자가 여자에게 청혼한다는 것부터 그래. 통계적으로 남자가 더 이익을 얻고 여자가 비혼일 때보다 덜 행복한 상황에 남자가 들어갈 준비가 될 때까지 여자는 꾹 참고 기다려야 해요. 그리고 촌스러운 반지를 끼는 것도 여자지. 그깟 반지, 남자의 소유물이라는 상징인데 여자는 받고선 좋다고 헤벌쭉해야 해. 그리고 새 인생이라는 의심스러운 걸 직접 경험을 해봐야 한다고 하는데 그게 여자의 인생 전체를 얼마나 좌우하는지 알면……."

내 목소리는 점점 잦아들었는데, 앤드루가 아까부터 내 말은 듣지 않고 오늘 저녁에 어떤 90년대 레슬링 시합을 볼지 고민하고 있다는 게 빤히 보였기 때문이다. 그는 나와는 다르게 오래전부터 이 결혼하지 않겠다는 결정과는 평화를 유지하고 있는데 나는 왜 주절주절 설명을 멈추지 못할까. 아무래도 나는, 이 결혼이라는 주제에 대해서만큼은 이전의 많은 여성이 그랬던 것처럼 약간 미친 증세를 보이는 것 같다.

*

현재 결혼 업계의 지침에 따르면, 결혼을 약속한 커플이 그 일생일대의 행사를 준비하면서 해야 하는 일은 다음과 같다(이성애 커플 중에서 일반적으로—그렇지 않을 수도 있지만 전반적으로—이 과정에 시간과 에너지 대부분을 투자하는 사람은 예비 신부다). 약혼 기간이 대략 12개월이라고 치면 약혼자들은 그 즉시 결혼식 준비를 시작하면서 웨딩 플래너를 찾아야 한다(이들의 인건비는 평균 3,500달러). 식장을 선택하고(평균 13,000달러) 결혼 날짜를 잡는다. 식이 8개월 앞으로 다가오면 결혼식 홈페이지를 만든다(할인된 가격으로 100달러). 예식 상품도 정한다(꽃값 2,000달러, 식사 12,000달러, 음악 2,000달러). 예비 신부가 친구에게 신부 들러리를 부탁하는 것도 "프로포즈"처럼 해야 하는데 이때도 선물을 사야 한다(보통 이름을 새긴 텀블러와 결혼 준비용 메모지가 들어간 패키지는 80달러가량 하지만 "내 들러리가 되어줄래?" 카드는 3.99달러 정도 한다). 받고 싶은 결혼선물을 정하고 홈페이지에 등록한다(다행히 여기서 신부는 4,800달러 정도를 걸어 들일 수 있다). 사진작가를 정한다(6,000달러). 웨딩드레스 피팅 및 쇼핑을 한다(평균 1,600달러라고 하지만 신부들의 메카인 웨딩드레스 샵 클라인펠드에 따르면 고객들이 평균 4,500달러를 지불한다고 한다).

식이 6개월 앞으로 다가오면 신부는 약혼 사진을 준비한다(500달러). 청첩장을 고르고 식순과 좌석표를 디자인한다(750달러). 신혼여행지를 정하고 예약한다(4,000달러). 식이 4개월 남았을 때는 신랑 결혼반지를 구해야 하고(2,000달러), 신부 들러리들을 위한 기념 선물을 사고(한 명당 100달러), 신랑 들러리들을 위한 기념 선물을 사고(한 명당 100달러), 하객을 위한 답례품을 예약한다(275달러). 웨딩 샤워wedding shower*를 기획하면서 웨딩 케이크를 주문한다(450달러). 결혼식이 코앞으로 다가오면 예비 신부는 혼인 허가서를 신청하고(40달러), 최종 드레스 피팅을 하고, 결혼식에 신을 구두를 준비하고, 처녀 파티bachelorette party에 가고, 자리 배치표를 준비하고, 밴드나 DJ에게 선곡 리스트를 보내고, 사진작가와 마지막 상담을 한다. 결혼 며칠 전에는 피부 및 몸매의 집중 관리에 돌입한다. 전날 밤 리허설 디너를 연다. 결혼식 당일, 1년에 걸친 준비와 대략 3만 달러의 돈이 열두 시간 안에 모두 날아간다. 다음 날 아침 일어나서 송별 브런치를 하고 신혼여행을 떠난다. 하객들에게 감사 카드를 보내고, 앨범을 주문하고 그리고 대체로 새 신부는 자신의 성을 바꾸기 위한 서류 작업을 시작한다.

　이 모든 것이 재미있고 신나는 일이라는 가정 아래, 또 전통이라는 이름 아래 이루어진다. 이상하게도 잘은 모르지만 다들 이렇게 믿고 있는 듯하다. 여성이 수천 달러가 나가는 흰 새틴 드레스를 입고 식장을 걸어가야만, 그 여성이 175명 앞에서 결혼 서약을 하고 새신랑에게 키스해야만, 하객들이 반짝이는 전구가 달린 천막 밑으로 들어가서 작약 꽃이 장식된 테이블의 자기 자리를 찾아 앉은 다음 프리제 샐러드를 먹던 중 일어나서 브루노 마스의 곡에 맞춰 어설프게 춤을 추어야만, 캘리그래피 자리 카드가 있는 화려한 오픈 바를 열어야만 그날의 신랑 신부가 수십억 잉꼬부부의 세계로, 그러니까 수 세기에 걸쳐 이어진 부부라는 황금 사슬로, 가장 친한 친구와 영원히 함께함을 축복하는 수백만 몽상가들의 세계로 입성하는 줄 알고 있는 것 같다.

- 　신부를 축하하기 위한 목적으로 여는 파티로, 신부와 신부의 절친한 친구들이 함께 모인다.

하지만 수 세기 동안 결혼은 처음부터 끝까지 가족 제작(홈 메이드) 상품, 가족끼리 행하는 단순하고 검소한 의식이었다. 역사상 여성 대다수는 열 명도 안 되는 사람 앞에서 서약했으며, 리셉션 파티도 없었고, 이전에도 입었던 데다 앞으로도 입게 될 짙은 색의 드레스를 입고 결혼했다. 고대 그리스에서 부유한 집안의 신부는 보라색이나 붉은색 옷을 입었다. 르네상스 유럽에서 웨딩드레스는 보통 푸른색이었다. 19세기 프랑스와 영국에서 서민층과 중산층 여성들은 검은색 실크 드레스를 입고 결혼했다. 화이트 웨딩드레스는 1840년대에 와서야 인기를 끌었는데, 스무 살의 빅토리아 여왕이 사촌인 앨버트 공과 결혼할 때 오렌지 꽃들이 장식된 고전적인 흰 가운을 입었다. 이 결혼식은 사진으로 남지는 않았으나—기술이 발전한 14년 후 빅토리아 여왕과 앨버트 공은 결혼식을 재연해 포즈를 취한다—영국 신문들은 빅토리아의 결혼식 크리놀린crinoline **과 새틴 구두, 사파이어 브로치, 황금 마차와 300파운드 상당의 웨딩 케이크를 길고 자세하게 묘사했다. 빅토리아 여왕의 결혼식과 함께 "신부"와 "귀족" 사이의 상징적 연관 관계가 형성되었고, 이는 결국 1989년 홀리 브루바치가 〈뉴요커〉에 썼듯이 결혼식의 개념을 "평범한 여성의 대관식"으로 부풀리는 데 크게 일조했다.

빅토리아 여왕의 결혼식 직후부터 그녀의 취향은 유서 깊은 전통으로 포장되었다. 1849년 〈고디의 레이디스 북Godey's Lady's Book〉은 이렇게 썼다. "고대부터 관습상 (신부에게) 가장 적합한 드레스 색상은 소재에 상관없이 흰색이었다." 빅토리아 시대의 귀족과 상

●● 과거 여성들이 스커트를 불룩하게 보이기 위해 입었던 페티코트.

류층이 여왕을 모방하면서 결혼의 모범 양식으로 굳어졌고―정식 청첩장, 입장과 행진, 꽃과 음악―결혼식에 필요한 액세서리와 데코레이션만 판매하는 새로운 산업이 등장하며 이 시장은 더욱 커졌다. 19세기 말에 급속히 발달한 소비자 시장은 결혼식을 상류층의 라이프스타일을 보여주는 시험대로 바꾸었는데, 상류층이 아니더라도 누구나 단 하루는 그들의 라이프스타일을 살 수 있었다. 중산층 여성들도 결혼식을 통해 상류층이라는 인상을 갖고자 시도함에 따라, 흰 웨딩드레스는 더욱 중요한 소품으로 자리매김했다.《모두가 화이트 드레스를 입고: 억누를 수 없는 미국 결혼식의 부상All Dressed in White: The Irresistible Rise of the American Wedding》에서 캐롤 월레스Carol Wallace는 쓴다. "완벽한 상태의 흰 드레스를 입은 이는 자신이 전문 세탁부, 재봉사 그리고 하녀를 고용할 만한 경제적 여유가 있음을 암시한다."

하지만 20세기 초반에 이르러 중산층 가정 사이에서 너도나도 분수 넘는 결혼식을 치르는 것이 유행하자 이에 따른 반발이 일어나기도 했다. 사랑의 약속을 상업화한다는 비판의 목소리들이 높아졌고 신문 사설가들은 한 번의 파티를 위해 재정 악화까지 감수할 필요가 없다고 경고했다. 그러나 엘리트 계급 여성들은 기준을 더 높이는 것으로 중산층의 모방에 대응했다. 비키 하워드Vicki Howard의《신부 주식회사: 미국 결혼식과 전통이라는 사업Brides, Inc.: American Weddings and the Business of Tradition》에 따르면 부유층은 결혼식 선물을 전시하면서 하객들이 구경할 수 있도록 했다. "하객들은 긴 천이 덮인 테이블에 놓인 은 식기, 도자기, 보석, 심지어 가구 등을 훑어보았다. (…) 신문은 이렇듯 결혼식 선물을 전시하는 것을 기사로 다루었고, 디자이너나 브랜드를 명시했다." 1908년에 결혼한 테네시의 한 신부는 1,500명의 하객을 초대해서 "은 식기 70개, 유리 및 크리스털 57개, 도자기 31점, 리넨 세트 9개, 기타 선물 60개를 받았다."

점점 커지는 웨딩 산업이 소비자들로 하여금 이 새롭고 보여주기식 결혼식을 결혼의 정식으로 받아들이도록 하는 가장 좋은 방법은 여성들에게—1849년 〈고디의 레이디스 북〉이 흰 웨딩드레스에 대해 그랬던 것처럼—이 모든 사치가 전통이라고 말하는 것이었다. 하워드는 말한다. "보석상, 백화점, 패션 디자이너, 결혼 컨설턴트 그리고 이외에도 많은 이들이 전통을 발명하는 전문가들이 되었다. 이들은 자기들만의 과거 버전을 창조하면서 새로운 의식을 만들었고 사치스러운 행사에 대한 문화적 반발을 없애고자 했다." 1924년 마셜 필드 백화점은 결혼선물 리스트 등록을 개발했다. 소매업자들은 설명서에서 고급 도자기를 구입하고 이름을 새긴 초대장을 만드는 일이 이전부터 있었던 전통이라는 주장을 펼쳤다.

1929년 경제 불황은 결혼식에 찬물을 끼얹었다. 그러나 그때도 상인들은 "사랑에는 불황이 없다"는 슬로건으로 소비자를 공략했다. 1930년대 신문들은 앞다투어 결혼 기사를 내고 웨딩드레스와 리셉션 메뉴를 묘사하면서 독자에게 대리 만족을 느끼게 했다. 월레스에 따르면 30년대에 신부는 "그 순간만큼은 연예인"이 되었다. 1933년 영국 사교계 인사였던 낸시 비튼이 휴 스마일리 경과 웨스트민스터 사원에서 결혼식을 올렸을 때, 그녀의 오빠이자 사진작가인 세실 비튼이 찍은 몽환적인 흑백 사진은 영국의 모든 신문에 실렸다—낸시는 마른 상체를 강조한 화려한 웨딩드레스를 입은 채 매혹적으로 서 있고 들러리 여덟 명은 화환으로 연결되어 있으며 소년 두 명이 신부의 면사포를 잡고 있다. "가난이 극심하다 보니 우리 모두는 화려함을 갈망했다." 87세의 전 드레스 제작자는 2017년 〈미러〉에 이렇게 말했다. 그녀 또한 비튼에게 영감을 받아 결혼식 드레스를 제작했다고 한다. "그날은 스타 같은 기분을 느낄 기회였다." 1938년 다이아몬드 브랜드인 드비어스의 고위급 직원들은 광고 회사인 N.W. 에이어 앤 선에 광고 대행을 의뢰하며 "어떤 형태의 프로파간다도 좋으니" 약혼반지 시장을 자극해달라고 요청했다. 1947년 N.W. 에이어 앤 선의 젊은 여성 카피라이터인 프란시스 게러티는 "다이아몬드는 영원히Diamond Is Forever"라는 슬로건을 만들어냈고, 이후 다이아몬드는 약혼과 결혼의 상징으로 자리 잡았다—2012년 미국에서는 110억 달러 규모에 이르는 산업이다.

같은 책에서 월레스는 40년대에 결혼을 한다는 것은 "인생의 전환기에서 인생의 절정기로 향하는 행사"라고 말한다. 결혼식은 더는 미혼에서 기혼으로의 변화만이 아니라, 평범한 여성이 그보다 높은 위치인 신부이자 아내가 되는 일종의 신분 상승을 의미했다. 이러한 찬미와 영광을 얻기 위해서는 물질적 소비라는 단계를 거쳐야 했고, 출판계는 여성들에게 사야 할 물건이 무엇인지 조목조목 알려주기 시작했다. 1934년 미국에서 최초의 결혼 정보 잡지인 〈그러니까 이제 결혼을 한다고요〉가 출간되었다(이후 잡지 이름은 〈브라이드Brides〉로 바뀌었고 세계적 출판 그룹인 콘데 나스트가 인수했다). 1948년에 출간된 결혼만을 주제로 한 최초의 단행본 《신부의 에티켓The Bride's Book of Etiquette》은 이후 수십 년 동안 결혼을 앞둔 여성들의 정신세계를 지배할 명언들을 남겼다. "최대한 사랑스럽게 보이는 것은 신부의 특권이다", "원하는 결혼식이 무엇이건 당신은 그 결혼식을 치를 자격이 있다", "그날 당신은 모든 사람의 시선이 집중되는 특권을 누린다" 등이다.

제2차 세계 대전이 발발하자 결혼식은 이전보다 새로운 의미를 입으며 강력한 위세를 드러냈다. 1942년 대략 200만 명의 미국인이 결혼했다─이는 10년 전보다 83퍼센트 증가한 숫자로 신부들의 3분의 2가 군에 입대한 남성들과 결혼했다. 웨딩 업계는 전시 중의 결혼이야말로 미국이 가장 소중히 하는 가치를 상징한다고 강조하면서 예식을 상업화시켰다. "신부는 흰 새틴 드레스와 전통적인 결혼식을 고집하는 것이 애국적인 행동이라고 믿었고, 이는 얼마든지 이해받을 수 있었다." 윌레스는 쓴다. 또한 전시에 보석 회사는 장기 호황을 맞이했다. 이전에 남성들에게 약혼반지를 끼우려는 시도는 번번이 실패하기 일쑤였는데, 그때까지만 해도 약혼반지란 남성이 여성에게 청혼하면서 주는 물건이라는 인식이 지배적이었기 때문이다. 하지만 전쟁이라는 새로운 맥락 안에서 신랑의 손가락에 끼워진 결혼반지는 점점 타당해 보이기 시작했다. 이제 막 결혼한 젊은 남자는 비록 바다 건너 전쟁터로 가지만 소중한 반지를 보면서 사랑하는 아내와 국가, 집을 떠올리며 용기를 낼 수 있었다. 그 즉시 신랑과 신부가 서로에게 반지를 끼워주는 전통이 발명되었다. 50년대에 들어서자 한 쌍의 반지가 수반된 결혼식은 마치 선사시대부터 내려온 듯한 유구한 전통의 모습을 하고 있었다.

전쟁이 막을 내렸다. 그리고 전시에 개발된 다양한 원단이 보급되면서 미국의 웨딩드레스는 점점 더 화려하고 섬세해졌다. 합성섬유는 구하기 쉬워졌고 튤tulle*과 오간자organza**를 이용한 풍성한 스커트가 유행했다. 원래 어렸던 신부의 나이는 더 어려졌다(20세기 초반만 해도 여성의 초혼 연령은 22세였으나 1950년대에는 20.3세까지 내려갔다). 50년대 후반에 이르러서는 20세에서 24세 사이의 미국 여성 중 4분의 3이 기혼이 되어 있었다. 20년간의 경제 불황과 전쟁 은 이제 평화와 풍요의 시대, 신제품과 소비자들의 시대에 자리를 내주었고 결혼식은 곧 카탈로그같이 완벽한 커플의 미래의 시작을 알리는 신호탄이었다. 교외의 평화로운 주택, 신제품 세탁기, 거실 장식장 위의 TV는 결혼 생활의 딱 떨어지는 이미지였다.

60년대에는 사회 변혁의 조짐이 보이기 시작했지만, 결혼식은 여전히 전통과 안정성이라는 비전을 제시했다. 신부들은 재클린 케네디의 룩을 차용해, 필박스 모자를 쓰고 칠부 소매의 엠파이어 웨이스트 드레스를 입고 입장했다. 70년대에 결혼 업계는 반문화에 적응하면서 이전 세대의 미학을 피하려는 젊은 세대의 새로운 취향에 맞추었다. 바로 이 시기에—이른바 나르시시즘 전염병이 유행한 시대이며, 톰 울프가 "미 제너레이션Me Generation"이라고 명명한 세대가 부상했다—결혼식이란 자신만의 고유한 개성을 표출할 수 있는 이벤트라는 관점이 생겼다. 남성들은 색이 들어간 턱시도를 입었다. 비앙카 재거는 이브 생 로랑의 르 스모킹 재킷을 입고 결혼했다. "극단적일 정도로 독특하고 엉뚱한 결혼식이 유행했다. 스키장 결혼식이나 수중 결혼식, 또는 타임스퀘어에서 거의 헐벗은 차림으로 결혼하는 커플도 있었다." 월레스는 말한다.

80년대에는 시계추가 거꾸로 간 것처럼 과거로 회귀했다. 홀리

• 실크·나일론 등으로 망사처럼 짠 천.
•• 빳빳하고 얇으며 비치지 않는 직물.

브루바치는 〈뉴요커〉에 이렇게 썼다. "1970년대에 우리 중 많은 이들이 모래사장에 서서 신부 들러리가 축가로 〈보스 사이즈 나우Both Sides Now〉 같은 노래를 부르는 모습을 지켜보았고, 맨발의 커플은 칼릴 지브란의 《예언자》 속 한 문장을 인용하면서 평생 사랑할 것을 서약하곤 했다. 그런 우리는 80년대 결혼식이 전통적으로 방향을 틀었다고 하기에 조금 안심했다. 그러나 그 결과가 터무니없는 방향의 전통이 될 것이라 누가 예상했겠는가." 그녀는 텔레비전으로 생중계된 왕실 결혼식에서 다이애나 스펜서가 입은 것으로부터 영감을 받은 드레스들이 "디올의 뉴 룩과 빅토리아 시대 패션의 혼합 모방"이라고 지적한다. 다이애나의 드레스처럼 80년대 웨딩 룩은 확 퍼진 풍성한 스커트, 머튼 슬리브mutton sleeves***, 커다란 리본과 레이스 장식이 대세였다.

90년대에는 베라 왕이 부상하고 캘빈 클라인 미니멀리즘이 각광을 받으면서 웨딩드레스도 심플과 시크라는 트렌드를 따라갔다. 90년대 신부는 가느다란 어깨끈이 달린 흰 슬립 드레스를 입었다. 말하자면 캘빈 클라인의 홍보 담당이자, 우아하고 세련된 동부 취향을 대표하는 스타일 아이콘이었던 캐롤린 베셋 케네디의 웨딩 룩이라 할 수 있다. 반면 서부에서는 플레이보이 맨션 스타일의 섹시함이 신부의 패션 미학에 들어왔다. 신디 크로포드는 란제리와 비슷한 미니드레스를 입고 해변에서 결혼식을 올렸다. 〈걸스 곤 와일드〉나 〈MTV 스프링 브레이크〉의 조야한 성 문화도 결혼 산업과 만났다. 예비 신부들은 너도나도 처녀 파티에 경찰복을 입은 근육질

••• 양의 다리처럼 생긴 과하게 부풀린 퍼프 소매.

남자 스트리퍼들과 페니스 모양의 빨대를 포함시켰다.

2000년대 초반 결혼식은 리얼리티 쇼의 과장과 소비주의에 영향을 받았다. 끔찍하기 짝이 없는 프로그램인 〈백만장자와 결혼하기〉가 2000년 2월에 첫 방송을 탔다. 결혼은 〈바첼러〉 시리즈에서는 최종 목표였고 〈세이 예스 투 더 드레스Say Yes to the Dress〉에서는 원재료였다. 항공 촬영을 할 정도로 큰 스케일의 초호화판 결혼식이 드디어 이 영역에 들어왔다—너무나도 터무니없는 결혼식 예산이었기에 방송을 조건으로 TV 방송국에서 협찬을 받아야만 했다. 2003년 〈서바이벌 천생연분〉 1시즌의 커플이었던 트리스타 렌과 라이언 셔터가 올린 377만 달러 규모의 결혼식은 ABC를 통해 1,700만 명의 시청자가 지켜봤다(렌과 셔터는 TV 중계권으로 100만 달러를 받았다). 2010년대에는 핀터레스트에서 본 듯한 정교하지만 천편일률적인 느낌, 그러니까 소셜 네트워크의 이미지 공유 문화가 만든 새로우나 어디선가 본 듯한 "전통적인" 결혼 미학이 유행했다. 커플들은 시골 헛간을 빌려서 저장 용기 메이슨 자mason jar에 야생화를 꽂고 구식 컨버터블이나 녹슨 픽업트럭을 배치하며 가공된 진정성을 부여했다.

오늘날 이 웨딩 산업은 다시 부글거리며 끓고 있는데, 최근에 두 신부의 대관식이 치러지면서 예식과 드레스에 대한 광적인 관심이 다시 살아나는 듯하다. 호리호리한 케이트 미들턴은 알렉산더 맥퀸의 고전적인 웨딩드레스를 입었고(43만 4,000달러), 메건 마클은 갈색 눈을 강조한 심플한 보트넥 지방시로 눈길을 끌었다(26만 5,000달러). 2008년 금융 위기 이후 경제 불안이 미국인들을 위협했지만, 결혼은 나날이 사치스러워지고 있다. 나오미 울프가 말한 것처럼 결혼은 여전히 산업이 명령하는 "신분 상승을 위한 테마 파크"로 남아 있다. 그 안에만 있으면 누구나 상류층이 될 수 있다는 환상이 만들어내는 세계다.

　이 환상은 소셜 미디어 시대에 더욱 공식화된다. 많은 이들에게 부러움을 불러일으키기 위해, 혹은 "명품"이라는 느낌을 주기 위해 의상과 배경을 선택하는 일이 당연시되고 있다. 결혼식은 오랫동안 이러한 한 편의 공연 같은 생태계 안에서 존재해오고 있다. "내 손에 들어온 환상적인 결혼사진 몇 장으로 그 때문에 치렀던 모든 비용이 정당화된다. 그에 앞서 멋진 사진 몇 장을 건진다는 기대감만 있으면 얼마든지 소비를 감당하겠다고 생각한다." 레베카 미드는 《어느 완벽한 하루: 미국의 결혼식 판매One Perfect day: The Selling of the American Wedding》에서 말했다. 오늘날 인스타그램은 일상 자체를 마치 결혼식처럼, 관객에게 주시되고 선망받기 위해 제작되는 작품처럼 대한다. 이제 마치 언제나 유명인이었고 지금도 유명인인 것처럼 스스로를 인식하는 사람들, 특히 여성들을 흔하게 볼 수 있다. 이러한 배경 아래에서 신부를 연예인이나 공주처럼 만들고 대해야 한다는 생각은 법칙처럼 굳어졌다. 신부의 미모에 대한 기대는 웰니스 산업과 만나면서 한없이 높아졌고 의무 사항들은 끝없이 늘어난다. 〈브라이드〉는 피부 미용을 위해 예비 신부 독자들에게 소금방 의자에서 낮잠을 자고 크리스털로 클렌징을 하라고 추천한다. 〈마사 스튜어트 웨딩〉은 리셉션에서 할 수 있는 불꽃놀이 비용을 알려준다(3분에서 7분 정도의 불꽃놀이에 5,000달러가 든다고 한다). 〈더 너트The Knot〉는 겨드랑이에 보톡스를 맞으라고 한다(한 쪽당 1,500달러). 최근에 내 친구는 결혼식 당일 사진 비용으로 2만 7,000달러가

들었다고 내게 말했다. 어떤 결혼식이 소셜 미디어에서 선풍적인 인기를 끄는지 상담해주는 컨설턴트도 있다. 요즘 헬스클럽은 어딜 가나 "신부 집중 훈련소"라는 피트니스 프로그램이 있다. 전문 사진작가를 고용한 고급 약혼식 산업도 점점 커지고 있다. 언젠가는 이 어이없는 모든 프로그램이 전통의 이름을 달게 될지도 모른다.

*

나의 성격에도 불구하고, 아니 어쩌면 함께 술 한잔을 마신 후에 짐작할 만한 나의 성격과는 달리, 나는 지난 13년 중 12년간 이성 파트너 한 명과 헤어지지 않고 사귀고 있다. 하지만 결혼, 다시 말해 오래 사귄 이성애자 연인들이 자연스럽게 맞는 결말이라 할 수 있는 관습에 대한 거부감은 아주 어렸을 때부터 시작해 지금까지 계속되고 있다. 소녀들은 꼬꼬마 때부터 결혼이나 신부에 자연스레 관심을 갖도록 교육받는다. 먼저 바비 인형이 있고(나는 관심 없었다), 역할 놀이가 있고(나는 주로 책을 통해 상상의 세계를 여행했다), 어여쁜 공주들이 누가 누군지 구분할 수 없는 왕자들을 매혹하는 줄거리의 장편 디즈니 뮤지컬 영화들이 있다. 나는 주인공들의 연애사만 빼고 이런 영화들을 무척 사랑했다. 〈미녀와 야수〉의 벨처럼 넓은 서재에서 사다리를 타며 놀고 싶었다. 〈인어공주〉의 에리얼처럼 깊고 깊은 바다에서 수영하다 배에서 포크를 발견하고 싶었다. 〈알라딘〉의 자스민처럼 듬직한 반려 호랑이와 함께 별빛 아래서 있고 싶었다. 〈신데렐라〉에서처럼 생쥐와 새들이 나를 깜짝 변신시키길 소망했다. 이런 영화들이 끝으로 갈수록, 그러니까 공주가 왕자들과 진지해질수록 난 급격히 지루함을 느꼈고 버튼을 눌러 비디오테이프를 꺼냈다. 지금 이 글을 쓰면서 유튜브로 신데렐라와 에리얼의 결혼식 장면을 재생했는데 마치 삭제되었던 장면을 보는 것처럼 생경하다.

그렇다고 해서 신부를 구성하는 다른 요소들에 거부감이 있었던 건 아니다. 나는 어린 시절부터 여성스러운 편이었고 관심을 받고 싶어 했다. 내 방은 분홍색 벽지, 분홍색 침대보, 분홍색 커튼 등 온통 분홍색 일색이었다. 소설책을 읽다가 예쁜 드레스 묘사가 나오면 정신을 못 차렸고《바람과 함께 사라지다》에서 스칼렛이 가장 아끼는 "끝자락에 주름 장식이 있고 주름마다 초록색 벨벳 리본이 달린 초록색 체크 무늬 호박단 드레스의 가슴 부분에 누구나 알아볼 수 있는 기름 자국이 묻어서" 입지 못하게 되었을 때 가슴이 찢어지는 줄 알았다. 가끔은 가족 모임에서 식구들을 앉히고 〈컬러스 오브 더 윈드Colors of the Wind〉를 부르곤 했는데, 모든 디즈니 공주 중에서 그나마 가장 나와 닮았다고 느끼는 공주의 주제가였기 때문이다. 타오르는 주홍빛 태양 아래 너구리 친구를 데리고 맨발로 뛰어다니는 나의 포카혼타스. 또 겨우 네 살 때 엄마에게 편지를 써서 나를 전형적인 조잡한 쇼핑몰 사진관인 글래머 샷으로 데려다 달라고 조르기도 했다. 엄마가 허락해주자 이번에는 하나님에게 감사 편지를 썼다("글래머 샷에 가서 사진을 찍을 수 있게 해주셔서 감사해요. 그리고 엄마가 넘어올 수 있게 해주셔서요"). 난 기어이 퍼프 슬리브의 흰색 원피스를 입고 머리에는 꽃 장식을 하고 카메라 앞에서 미소를 지었다.

중학교 때는 쇼핑몰에 있는 극장에서 아담 샌들러가 나온 〈빅

대디〉를 보며 "첫 데이트"를 했다. 그즈음부터 나는 남자애들에게 인기가 많은 여자애가 되고 싶어서 몸이 달았다. 그러면서도 남자애가 나에게 고백한 다음에 일어나는 예상 가능한 결과는 싫었다. 고등학교 때는 남자친구들과 한 명씩 단짝이 되면서 그들과 나 사이의 묘한 분위기를 즐기기도 했지만, 그래도 10년 동안 같은 학교에 다닌 동창생 90명 중 어느 누구와도 진지하게 사귀지는 않았다. 그러다 대학교에 들어가자마자 바로 사랑에 빠졌고 내 나이 열일곱, 대학교 2학년 때 남자친구와 내 아파트에서 동거를 시작했다. 그 무렵 나는 라이브저널에 우리 사이에 있었던 다음의 대화를 기록하기도 했다.

> 그는 우리 사이가 어떻게 흘러갈지 알아서 두렵다고 했다. 자기는 지금 대학생 때 재미있게 사귈 만한 좌파 실존주의자 남자친구 역할을 하고 있고, 나는 그와 얼마간 사귀다가 헤어져서 결혼하기 좋은 안정적인 남자와 정착하게 될 거라는 이야기였다. 나는 말했다. "우리는 그저 각각의 시기에 맞는 역할을 수행하는 거지. 그거 빼면 우리가 뭘 할 수 있겠니?"

청년기의 생각들을 저장해온 나의 아카이브에서 "결혼"이라는 단어가 나온 건 이때가 처음이었다. 나는 이때도 개인적인 문제를 추상적인 사회적 질문으로 애써 돌려서 말하고 있었고, 나 스스로 인정하기를 꺼려왔던 그 모든 것의 그림자를 살짝 본 기분이다. 나는 내가 원하는 것을 정당화하기 위해서 늘 그럴듯한 포장 속에 숨어왔다.

어쨌건 그 남자친구와는 대학교 4학년 때 헤어졌는데 내가 왜 이제껏 자발적으로 남의 빨래를 해주고 있었는지 이해할 수 없었기 때문이다. 졸업 후 집에 와서 시간을 보내다, 그저 심심했던 까닭에 그 전해에 핼러윈 파티에서 만났던 앤드루에게 메시지를 보냈다. 그는 70년대 프로레슬러인 라우디 로디 파이퍼처럼 입고 있었다 (정치적으로 옳지 않지만, 나는 포카혼타스 분장을 했고 내 남자친구는 "컬러스 오브 더 윈드"를 상징하는 깃털 목도리를 했다). 당시 앤드루는 나와 같은 여학생 클럽에 있었던 아담한 갈색 머리의 여학생과 사귀고 있었는데, 그가 휴스턴에 있는 대학원에 진학하게 되면서 헤어졌다고 했다.

앤드루는 텍사스 생활이 처음이었고 나는 평화봉사단 활동을 위해 곧 외국으로 떠날 예정이었다. 이 관계는 일시적이라는 암묵적 동의 아래 우리는 가벼운 마음으로 붙어 다녔고 6개월이 쏜살같이 흘렀다. 어느 날 아침 우리가 친구 월트의 아파트에 있는 푹 꺼진 에어 매트리스에서 숙취에 시달리며 깨어났을 때, 먼지가 떠도는 아침 햇살이 몽롱한 꿈처럼 나를 감쌀 때, 나는 그의 얼굴을 바라보면서 이걸 평생 할 수 없다면 죽을 것 같다고 생각했다. 며칠 후 우리는 그의 남학생 클럽 동문회가 연 연례행사에 참석하기 위해 워싱턴에 갔다. 나는 술에 잔뜩 취해 밖으로 나와서 향긋한 멘솔 담배를 몇 대 연달아 피웠고, 앤드루는 연기 냄새를 맡더니 인상을 찌푸렸다. "너를 위해서라면 끊을게." 내가 말했다. "그런데 말이야. 알겠지만 우리 이제……." 내가 중앙아시아로 떠날 날이 2주밖에 남지 않았었다. 다정한 남자 앤드루는 내 말뜻을 알고 울기 시작했다. 우리는 호텔 방으로 가서 우리가 서로 사랑하고 있음을 인정했다. 다음 날 아침 버드와이저 캔 사이에서 여전히 술이 덜 깬 채로 나는 부은 얼굴을 가라앉히기 위해 차가운 캔을 양 볼에 비벼댔다.

내가 떠나긴 하지만 우리는 헤어지지 않기로 했다. 나는 키르기스스탄으로 가는 비행기에 올랐고 그곳에서 자원봉사를 하던 몇 달간—아직까지도 유일하게—결혼에 대한 환상에 나를 완전히 맡겨버렸다. 친구 엘리자베스는 소중하고도 시시한 물건들을 내게 소포로 보내주었는데 그중에는 〈마사 스튜어트 웨딩〉도 있었다. 그 잡지에 실린 모든 내용이 순수하고, 쓸모없고, 아름답고, 예측 가능했다. 그리고 나는 좋아서 어쩔 줄 몰라 하며 그 잡지를 읽고 또 읽었다. 어느 날 밤 내 작은 노키아로 전화 신호를 받기 위해 산 중턱까지 올라갔다가 결국 앤드루와의 통화에 실패했을 때, 그 무엇으로도 대체할 수 없는 소중한 것을 망치고 있다는 두려움에 깊이 빠져들었다. 그날 나는 결혼 잡지를 품에 안은 채 잠에 들었고 꿈에서 앤드루와 결혼식을 올렸다. 마치 손에 잡힐 것처럼 강렬하고 생생한 꿈이었다. 2011년에 유행한 음악들이 사운드 트랙으로 흘렀다. 넓게 트인 초록 들판, 꽃들이 공중에서 흩날렸고 호세 곤잘레스가 커버한 〈하트비트Heartbeats〉가 연주된다. 자유와 안전이 깨지는 느낌, 승천의 느낌, 어쩌면 죽음의 느낌이 났다. 어두운 방은 디스코장처럼 빛나고 스웨덴 가수 로빈의 〈행 위드 미Hang with me〉가 울린다. 나는 충격을 받아 깬 다음 몸을 동그랗게 말았고 눈이 얼얼할 정도로 울었다. 물론 조명과 음악과 날씨밖에는 상상할 수 없었지만, 이 환상을 몇 주간 열심히 품었다. 그리고 그다음부터 나는 한 번도 신부가 된 나를, 들러리를, 드레스를, 케이크를 상상하지 않았다.

평화봉사단 활동을 예정보다 빨리 그만두었다. 키르기스스탄에서 돌아오는 비행기 안에서 나는 완전히 무너지기 직전이었고,

전에는 한 번도 느껴보지 못한 패배자의 기분에 젖었다. 미국인이라면 저절로 갖게 되는 얼토당토않은 권력과 여성으로서 갖는 얼토당토않은 무력감이 동시에 공존하는 구조에 완전히 짓눌린 채였고, 결핵 증상이 있었으며, 내가 무언가 성취하지 못하거나 내 방식을 고집하지 못하는 상황에서 편안하게 살지 못하는 무능함 때문에 수치스러웠다. 공항에서 곧장 휴스턴에 있는 앤드루의 아파트로 향하고는 한 번도 떠나지 않았다. 앤드루는 당시 눈코 뜰 새 없이 바빴다. 대학원의 사무실에서 돌아오면 겨우 다섯 시간 정도 눈을 붙이고 바로 출근했다. 나는 평화봉사단에서 발견한 두 가지 취미에 열중했다. 요가와 정성 들인 요리. 부엌에서 혼자 빵 껍질을 벗기면서, 빈야사 요가 스케줄을 확인하면서, 대학교 때 느꼈던 그 불편한 기분이 되살아났다. 나는 다시 한번, 징그러울 정도로 젊은 나이에 누군가의 아내 역할을 하고 있었다.

당시에 나는 직업을 당장 구할 필요는 없었다. 앤드루는 라이스대학에서 전액 장학금을 받고 있었고 그의 부모님은 그의 대학원 등록금 예산으로 그의, 그러니까 우리의 아파트 월세 500달러를 지원해주고 있었다. 월세 부담 없이 산다는 것은, 무료로 살 수 있는 모든 집이 그렇듯 생활에 지대한 안정감을 주었다. 하지만 다른 사람의 돈에 의지해 산다는 것이 어떤 의미인지 알기에 덜컥 겁이 나기도 했다. 그러다 보면 섹스와 내가 차린 저녁으로 쓸모 있는 사람이 되어야 한다는 생각이 들어 또다시 두려웠다. 매일 구인 구직 사이트를 뒤지며 일자리를 찾다가 어느새 살림 · 요리 블로그와 웨딩 블로그 등을 발견했고, 멍하니 감탄하다가 좌절에 빠지곤 했다. 나는 훌륭한 순수 문학을 쓰겠다는 환상을 버리고 부잣집 아이들의 대학 입시용 에세이를 "지도"하기 시작했다. 긴말 필요 없이, 대신 써주었다는 이야기다. 이렇게 계급 구조가 지원해주는 충분한 보수, 찜찜하지만 내 주머니에 들어오는 돈 덕분에 나는 약간은 안도했다. 단편소설을 몇 편 썼고 미시간대학의 인문예술대학원에 합격했다. 2012년 나와 앤드루는 앤아버로 이사했다. 다음 해 우리는 열여덟 번의 결혼식에 초대받았다.

그 시점에서 우리는 정식으로 한 팀이 되어 있었다. 개를 입양했고 가사를 분담했으며 신용카드 명세서를 나누었고 휴가나 명절을 한 번도 따로 보내지 않았다. 아침에 그의 품에 파고들 때면 나는 햇살로 따끈하게 데워진 바위에 기어 올라가는 아기 바다사자가 된 기분이었다. 2013년의 어느 주말에 우리는 텍사스의 마르파에서 열린 결혼식에 참석했다. 그 결혼식은 모든 것이 완벽했고 천국 같았다. 애절한 레드 제플린 기타 연주가 성당 안에 울려 퍼졌고, 사막의 강렬한 열기 아래 젊은 커플은 초현실적으로 행복해 보였으며, 그들이 춤출 때마다 매 순간 다른 색감의 그림 같은 노을이 배경이 되었다. 그날 밤 나는 검은색 드레스를 입고 테킬라를 마시면서 별을 보며 앉아 있다가, 그 순간 이런 감정을 느끼는 내 심장이 어딘가 고장 난 것이 아닌가 하는 생각이 들었다. 내가 이 모든 걸 절대 원하지 않는다는 강력한 확신이었다.

이 생각이 점점 크게 울려서 귀가 멍해질 정도였다. 나는 참다 못해 앤드루에게 이것을 말했고 그는 곧 울음을 터트릴 것 같았다. 그는 그날 밤 나와는 정반대의 생각을 하고 있었다고 말했다. 이 모든 것이 대체 무엇을 위한 것인지, 그가 진정으로 이해한 첫 번째 결혼식이었다.

*

그 이후 5년이 흘렀다. 앤드루는 마르파에서 그를 울린 나를 이미 오래전에 용서했다. 어쩌면 바람직한 대안이 없기에 우리 사이를 공식적으로 만드는 데 흥미를 잃은 것 같기도 하다. 우리의 일상은 수많은 즐거운 일로 가득하지만, 일반적으로 말하는 의식이라고는 전혀 없다. 밸런타인데이는 이벤트 없이 지나가고, 어떤 종류의 "기념일"도 챙기지 않으며, 서로에게 크리스마스 선물을 주지 않고 크리스마스트리를 장식하지도 않는다. 나로서는 이렇게 결혼하기에 좋은 사람과의 결혼을 원하지 않는다는 사실 때문에 느끼던 죄책감도 벗어버렸다. 지금은 내가 결혼식을 두려워하고 나아가 거부감을 갖는 것이 지극히 정상적이며 특이할 것도 없다는 사실을 이해한다. 이 사회에 살면서 결혼식이 피상적이고, 의무적이며, 과도하고, 짜증 나는 일이라는 사실을 알아채기에 증거가 부족했던 적은 없지 않은가. 물론 이 모든 결혼 숭배 밑에는 결혼 혐오감이 깔려 있다.

이러한 갈등과 긴장은 많은 결혼식 영화에도 나타나는데, 결혼식은 사랑과 분노가 동시에 폭발하는 현장으로 묘사되고는 한다(우울하지만 왠지 위로도 되고 공감할 수도 있는 영화 〈멜랑콜리아〉에서는 결혼식 날이 혜성과 충돌하는 지구 멸망의 날과 겹친다). 결혼 영화에서 보통 배우자가 될 사람은 무조건 사랑받고, 짜증과 분노를 유발하는 역할은 가족이 맡는 경우가 많다. 〈신부의 아버지〉나 〈나의 그리스식 웨딩〉이 그렇다. 하지만 최근에는 결혼식에 열광적으로 매달리면서도 지긋지긋해하는 여성들을 중심으로 한 영화가 몇 편 나왔다. 2011년에 히트한 폴 페이그의 〈내 여자친구의 결혼식〉은 슬랩 스틱 코미디와 사랑스러운 캐릭터로 이 갈등을 풀어냈다. 2012년 레슬리 헤드랜드의 〈배철러레트〉는 여성들의 속마음을 신랄하게 보여주는 방식으로 이 주제를 다룬다.

그전에는 2008년 캐서린 헤이글 주연의 〈27번의 결혼 리허설〉, 2009년 케이트 허드슨과 앤 해서웨이 주연의 〈신부들의 전쟁〉이 있었다. 심히 스트레스받는 상황을 묘사한 이들 로맨틱 코미디는 원래는 결혼을 사랑하는 여성에 대한 영화이자 결혼을 사랑하는 여성을 위한 영화여야 할 것 같다. 하지만 두 영화는 정말로 결혼식을 징글징글하게 싫어하는 것 같고, 이 여성들마저 싫어하는 것 같다. 〈27번의 결혼 리허설〉은 꼼꼼하고 감성 풍부하고 다른 이들의 뒤치 다꺼리에 지쳐버린 들러리이자 친구들의 시녀 같은 제인의 이야기로, 그녀는 어렸을 때 신부의 드레스를 수선한 이후로 결혼식에 집착해왔다. "나는 한 여성에게 가장 중요한 날에 그들을 돕는 일을 할 거라는 걸 알았다." 제인은 오프닝 장면에서 말한다. "물론 그러면서 나만의 특별한 날을 두 손 모아 기다렸다." 영화 내내 그녀는 자신의 가치와 행복을 부정하고, 상상 속의 결혼식을 위한 혼수를 미리부터 모으며, 친구 결혼식의 리허설 디너를 짜주면서 영혼에는 엄청난 양의 분노를 차곡차곡 축적한다.

〈신부들의 전쟁〉은 더 최악이다. 해서웨이가 연기한 엠마와 허드슨이 연기한 리브는 둘도 없는 친구로 어렸을 때부터 결혼식에 집착했다. 이들은 비슷한 시기에 청혼을 받고 어쩌다 보니 같은 날짜, 같은 시간에 플라자 호텔을 예약한다. 충분히 바꿀 수 있는 상황인데도 고집을 부리면서 서로의 결혼식을 훼방 놓기 위한 전쟁을 벌인다. 공립학교 교사인 엠마는 십 대부터 결혼식 통장에 살뜰하게 모아온 2만 5,000달러로 예식장을 예약하고, 살이 찌도록 친구 리브에게 매일 초콜릿을 보낸다. 사무실에 러닝머신을 둔 변호사 리브는 엠마를 스프레이 선탠 살롱에 데리고 가서 밝은 오렌지색의 피부로 만든다. 그들은 다른 친구들은 없으며, 예비 신랑을 그저 실험용 더미처럼 대한다. 엠마는 예식장에 들어가기 직전에 강제로 신부 들러리를 시킨 직장 동료에게 이렇게 말한다.

데브, 나는 평생 네 입장에서 살아왔어. 오래전에 나에게 했어야 할 말을 너에게 하려고 해. 가끔은 가장 중요한 건 나야, 그치? 항상 그런 건 아니지만 아주 가끔은 내 시간이어야 해. 오늘 같은 날 말이야. 네가 못마땅하면 그냥 가도 돼. 하지만 여기 있겠다면 네가 맡은 일을 해. 그러니까 잘 웃어주고 내가 얼마나 예쁜지 이야기해주고, 너를 주인공으로 만들지만 마. 알았지? 할 수 있어?

〈27번의 결혼 리허설〉의 제인과 마찬가지로 엠마도 여성들에게 대놓고 자기중심적이 될 수 있는, 기가 막히게 돈이 많이 드는 단 하루를 위해 평생의 에너지를 쏟아부어야 한다고 말하는 이 문화적 정신착란 증상에 망가진 여성이다.

2018년 미셸 마르코비츠와 캐롤라인 모스가 쓴 《안녕, 레이디스!Hay Ladies!》에는 뉴욕에 사는 한 여성의 친구들 사이에서 돈다는 최악의 가상 편지들이 나온다. 이들은 누구의 행사가 더 화려하고 세련되었는지로 서로를 판단하는데, 한 명씩 약혼을 하기 시작하면서 문제는 악화된다. 한 예비 신부의 어머니는 웨딩 샤워 전에 다음과 같은 이메일을 보낸다.

우리 모두 젠이 꽃을 참 사랑한다는 걸 알잖아. 그래서 나는 웨딩 샤
워는 이번 봄에 버지니아에 있는 우리 컨트리클럽 정원에서 오찬으로
하면 어떨까 싶어. 버지니아가 뉴욕과 브루클린에서 가깝지 않은 건
알지만, 내가 벌써 4월 마지막 주 기차표를 확인했단다. 한 명당 왕복
450달러밖에 안 들더라(이 정도면 저렴하지).

알리, 너는 신부 들러리니까 드레스 코드를 너에게 맡길게. 하지만 제
발 아가씨들! 너희들 피부 톤에 어울리는 파스텔이나 무난한 색상을
고르렴. 잘 모르겠으면 구글 검색을 해봐! 아니면 명품 매장에 가서
스타일리스트와 상담해도 좋겠지. 신발은 말인데, 파티는 야외에서
하지만 편안함만 우선하고 스타일을 포기해선 안 돼. 사진작가가 계
속 돌아다니면서 사진을 찍는다는 사실을 잊지 말고. 헤어와 메이크업
에 관해선 버지니아에 있는 '헤어 투데이'의 미간에게 미리미리 전화
하렴. 모두 당일로 예약해서 같은 곳에서 해야 들쑥날쑥하지 않잖니.

물론 풍자이고 과장이 심하다. 하지만 이런 이메일의 실화 버
전이 트위터에 심심치 않게 올라온다. 나는 2014년까지 연봉이 3만
5,000달러가 넘은 적이 없는데, 지금껏 남들 결혼식에 최소 3만
5,000달러는 써온 것 같다.

그러니까 내 말은 이 모든 과소비, 거추장스러움, 과도한 열광
에 대해 한 번쯤 생각해보자는 것이다. 그리고 예상할 수 있겠지만
페미니즘적 관점도 고려해보자. 역사적으로 결혼이란 여성에게 불
리하고 남성에게는 두 팔 벌려 환영할 일이었다. 유교에서는 아내

를 "누군가의 밑에서 굴복하는 사람"이라고 정의한다. 아시리아의 법은 이렇게 선포한다. "남편은 아내에게 매질을 할 수 있고, 머리카락을 뽑을 수 있으며, 때려서 귀를 멀게 할 수 있다. 이것은 죄에 해당하지 않는다." 스테파니 쿤츠가 쓴 《진화하는 결혼》에 따르면 근대 유럽에서 남편은 "아내와의 잠자리를 강제로 취할 수 있고, 때릴 수 있으며, 집에 가둘 수 있다. 반면 아내는 남편에게 이 세상 모든 제물과 재산을 넘겨야 한다. 손가락에 반지를 끼우자마자 남편은 아내가 결혼식 지참금으로 가져온 부동산을 처분할 수도 있고, 모든 동산을 소유하며 그녀가 이후에 벌어들인 수입도 취한다." 영국의 법률가 윌리엄 블랙스톤 경은 1753년 일명 유부녀법coverture에 이런 문장을 넣었다. "결혼 생활 동안 그 여자의 존재 자체 또는 법적 존재가 일시 중단되며, 또는 남편과 통합된다." 중세 시대부터 시행된 기혼 여성의 법적 권리 탈취는 미국에서 20세기 말까지도 사라지지 않았다. 미국 여성들은 1974년까지만 해도 신용카드를 만들 때 남편과 동행해야 했다. 80년대까지 여러 주의 법령은 남편이 아내를 강간해도 처벌하지 않았다.

결혼에 대해 내가 갖는 거부감 중 일부는 "아내"라는 단어와 나를 양립시킬 수 없기 때문인데—영화 〈보랏〉에서의 아내는 제외한다. 이 영화에서의 아내 개념은 완벽하고 또 앞으로도 영원히 완벽할 것이다*—이 암울한 역사와 분리해서 생각할 수가 없다. 그와 동시에 수많은 이들이 수 세기 동안 이 제도의 내부와 외부에서

• 이 영화의 내용은 카자흐스탄 방송국 리포터인 보랏이 어느 날 우연히 TV에서 본 영화배우 파멜라 앤더슨에게 반하며 그녀를 아내로 삼겠다고 결심하고 로스앤젤레스로 향하는 이야기다.

결혼의 불평등에 저항해왔다는 사실도, 최근 몇 년간 아내가 된다는 것—서로의 파트너가 된다는 것—의 의미가 현저하게 바뀌어왔다는 사실도 잘 알고 있다. 2015년 여름, 오버거펠 대 호지스 판결 Obergefell v. Hodges에서 연방대법원은 동성혼을 합법화하는 역사적인 판결을 내렸다. 이는 현대 사회의 결혼 개념, 즉 상호 간의 사랑과 헌신의 확인이라는 생각을 뒷받침하며 이 제도가 이제 젠더 평등의 용어로 재정의되고 있음을 나타내기도 한다. 판결문의 마지막 문단은 다음과 같다. "결혼보다 심오한 결합은 없다. 결혼은 사랑, 신의, 헌신, 희생 그리고 가족의 가장 높은 이상을 담고 있기 때문이다. 혼인 관계를 이루면서 두 사람은 이전의 혼자였던 그들보다 위대해진다. (…) 이 남성들과 여성들이 결혼이라는 제도를 존중하지 않는다고 말하는 것은 그들을 오해하는 것이다. 그들은 결혼을 존중하기 때문에, 스스로 그 성취감을 이루고 싶을 정도로 결혼을 깊이 존중하기 때문에 청원하는 것이다. 그들의 소망은 문명의 가장 오래된 제도 중 하나로부터 배제되어 고독함 속에 남겨지지 않는 것이다. 그들은 법 앞에서 동등한 존엄을 요청하였다. 연방대법원은 그들에게 그럴 권리를 부여한다." 판결이 내려진 금요일, 나는 원래 집에 있으려고 했다가 이 소식을 듣고 너무 감격에 차서 바깥으로 뛰쳐나갔고 클럽에 가서 머시룸 마약을 하고 취했다. 나를 둘러싼 사람들은 모두 춤을 추는데 나는 가만히 서 있었던 것을 아직도 기억한다. 내 심장은 알록달록한 가루가 흩뿌려진 케이크처럼 보일 것 같았다. 나는 핸드폰 화면으로 판결의 마지막 문단을 읽고 또 읽으며 눈물을 펑펑 흘렸다.

동성혼 합법화는 이 결혼 제도의 미래에 약간의 희망을 암시하기도 한다. 내 세대의 끝에 있는 많은 친구들과 그 뒤를 따를 어린 세대는 과거에 동성 커플이 결혼할 수 없었다는 이야기를 들으면 황당하다고 생각할지도 모른다—마치 지금 내가 혼자서는 신용카드를 만들 수 없었던 시대를 상상하지도 못하는 것처럼 말이다. 지금은 결혼이 동반자 관계의 시작이라기보다 동반자 관계의 고백이나 선언으로 이해되는 시대다. 여자가 남자보다 더 많이 대학에 가고, 이십 대에는 남자보다 수입이 더 많기도 한 시대다. 여성들이 더는 섹스를 하기 위해서나 안정적인 성인기를 구축하기 위해서 결혼하지 않아도 되는 시대이며 그 결과, 결혼을 미루거나 아예 고려하지 않기도 한다. 오늘날에는 29세의 미국인 중 오직 20퍼센트만이 기혼인데 1960년대였다면 그 수치는 60퍼센트로 올라간다. 결혼은 모든 방면에서 점점 평등해지고 있다. "부분적으론, 우리가 결혼을 미룰 때 독립적으로 변한 사람이 여성만은 아니기 때문이다." 레베카 트레이스터는 《싱글 레이디스》에 이렇게 쓰고 있다. "남성들 또한 여성들처럼 혼자 옷을 챙겨 입고 식사를 만들고 집을 청소하고 셔츠를 다리고 자기 여행 가방을 싼다."

내가 하객으로 갔던 많은 결혼식도 이러한 변화를 반영하고 있다. 이제 처녀성이라든가 순결에 대한 페티시는 이 그림에서 완전히 사라졌다고 할 수 있다. 가장 보수적이고 종교적인 주인 텍사스에서조차 약혼한 커플은 함께할 인생을 준비 중임을 인정받으며 그 과정에는 당연히 섹스도 포함된다. 신부가 친구들에게 부케를 던진 결혼식이 언제인지, 감사하게도 기억이 나지 않는다. 내가 간 많은 결혼식에서 신부는 양옆에 엄마와 아빠의 팔짱을 끼고 식장으로 걸어 들어갔다. 한 결혼식에서는 신부와 신랑의 딸들이 화동을 했다.

평화봉사단에서 알게 된 친구는 세네갈의 해변에서 남자친구에게 먼저 청혼했다. 이 장을 쓰는 도중에 나는 신시내티에서 열린 한 결혼식에 참석했는데 목사는 커플이 입맞춤한 후 자랑스럽게 선언했다. "캐서린 레너드 박사와 조나단 존스 씨." 몇 주 후 참석한 브루클린의 결혼식에서는 커플이 나란히 입장했으며 신부이자 작가인 조안나 로스포크는 단 두 문장으로 결혼 서약을 했다. 그중 하나는 드라마 〈소프라노스〉를 이용한 농담이었다. "나는 당신을 바비 바칼리에리가 카렌을 사랑하는 것 이상으로 사랑하는데, 다행히 요리를 못하기 때문에 당신은 나의 마지막 파스타 한 가락을 먹을 필요는 없을 거예요."* 몇 주 후에는 또 다른 친구의 결혼식에 참석하기 위해 차를 타고 업스테이트로 향했다. 내 친구 바비는 여자 친구들 네 명과 먼저 입장한 후, 그의 남편인 조지의 손을 잡고 같이 단상에 올라갔다.

그러나 이렇게 세상이 변하고 있다 해도 사회 전체로 볼 때 "전통적인" 결혼식—다시 말해서 전통적인 이성애 커플 결혼식—은 가장 중요한 측면에서 젠더 불평등을 다시금 불러일으키는 역할을 한다. 결혼을 둘러싼 문화적 서사 사이에는 여전히 극심한 차이가 존재하는데, 다이아몬드에 눈을 반짝이는 여성을 위해 남성이 두 손 들어 양보하는 것처럼 보여도 막상 결혼 생활이라는 현실로 들어가면 남성의 삶은 점점 나아지고 여성의 삶은 대체로 더 악화된다. 결혼한 남성은 결혼하지 않은 남성보다 정신 건강이 좋아지고

---

* 이 드라마에서 바비 바칼리에리는 아내 카렌이 죽은 후, 그녀가 마지막으로 요리한 파스타를 먹지 못하고 냉동실에 보관한다.

장수하는 반면, 결혼한 여성은 정신 건강이 더 나빠지고, 결혼하지 않은 여성보다 수명이 짧은 것으로 조사된다(이러한 통계는 결혼이라는 행위가 각각의 젠더에게 다른 마법을 건다는 것을 암시하지 않는다. 그보다는 남성과 여성이 전통이라는 방패 아래에서 무급 가사노동의 의무를 배분할 때 결국 여성이 그 대부분을 맡는 것으로 끝난다는 의미다—특히 육아가 들어가면 강도는 훨씬 더 심해진다). 또 여성이 이혼 후에는 돈더미에서 헤엄친다는 인식이 퍼져 있지만, 실제로는 결혼 후에도 계속 일을 했던 여성은 이혼하고서 평균 수입이 20퍼센트 줄어든 반면 남성의 소득은 그 이상으로 올라갔다.

이성애 결혼 안에서 젠더 불평등은 너무나 단단히 자리 잡고 있기에 아무리 문화가 변하고 개인이 의지가 강하다고 한들 끈질기게 유지된다. 2014년 하버드 경영대학원 동문을 대상으로 한 연구에서—야망이 크고 다양한 일에 종사할 가능성이 많은 집단으로 추측된다—30대에서 60대 사이의 남성 가운데 절반 이상이 배우자의 경력보다 자신의 경력을 우선하게 될 것이라 기대했다. 실제로 이들 중 4분의 3은 자신의 기대를 충족시켰다. 반면 여성은 4분의 1이 안 되는 이들이 배우자의 경력이 자신의 경력보다 중시되리라 기대했다. 그러나 실제로는 40퍼센트가 그렇게 되었다. 생물학적 특성이 중요한 역할을 한다. 물론 그렇다—부부가 아이를 가져야 할 경우, 여성의 생물학적 특징과 일치되는 몸을 가진 사람들이 아기를 가져야만 하는 상황을 아직 깨트리지 못했다—하지만 사회적 관습과 공공 정책은 이 복잡한 문제를 생성한다. 하버드 경영대학원 동문 연구는 20대와 30대 초반의 젊은 여성 응답자들은 야망과 결과 사이의 부조화로 가는 길에 서 있음을 여실히 보여준다.

*

이러한 불평등이 일어날 조짐이자 상징이 있다. 바로 이성애 여성들이 아직도 결혼 후 남편의 정체성을 정식으로 따르리라고 기대되는 방식이 그렇다. 샬럿 브론테가 1847년에 출간한 《제인 에어》에서 주인공 제인은 결혼식 전날 여행 가방에 적힌 "로체스터 부인Mrs. Rochester"이라는 이름표를 보자마자 혼란과 불안을 느낀다. "이 이름에 나를 애써 붙일 수 없고, 이 이름이 나에게 먼저 다가와 붙게 할 수도 없다. 로체스터 부인이라니! 그런 여자는 존재하지 않아." 제인은 생각한다. "저기 저 옷장, 내 옷걸이 맞은편에 있는 옷장에 놓인 그녀의 옷이라고 하는 것들이 내가 로우드에서 입던 검은색 드레스와 보닛을 대체했어. 나에게는 결혼식 의복이 어울리지 않아. 나는 저 이상하고 유령 같은 옷을 보지 않기 위해 옷장 문을 닫을 거야." 1938년에 출간된 대프니 듀 모리에의 《레베카》에서는 이름 없는 화자가 결혼을 앞두고 비슷하게 스스로와 분리된 느낌을 갖는다. "드 윈터 부인이라니. 나는 드 윈터 부인이 될 거야. 이 이름을 수표에 쓰고, 상인에게 보여주고, 저녁 식사에 초대하는 편지에 적겠지." 그녀는 절대 자기 것이라 느껴지지 않는 그 이름을 되뇐다. "드 윈터 부인. 내가 드 윈터 부인이 된다고?" 몇 분 후 그녀는 시큼한 귤을 먹고 있었다는 사실을 깨닫는다. "내 입안에서 날카롭고 쓴맛이 느껴졌다. 그제야 내가 무엇을 먹고 있는지 깨달았다." 로체스터 부인과 드 윈터 부인은 둘 다 남편 될 사람이 이전에 갖고 있던 문제 때문에 거의 목숨을 잃을 뻔하고 이로 인해 결혼에서 빠져나간다. 브론테와 듀 모리에가 소설에서 두 남편의 재산을 불태워버리면서 일종의 평등을 쟁취하게 만든 결말도 의미심장하다.

결혼 후에도 결혼 전의 성을 간직한 미국 최초의 여성은 1855 년 헨리 블랙웰과 결혼한 페미니스트 루시 스톤이다. 두 사람이 발표한 결혼선언문은 기존 결혼법에 저항하는 성격을 띠기도 했다. "현재의 결혼법은 아내를 독립적이고 이성적인 존재로 인정하길 거부한다. 법은 남편에게 유해하고 부자연스러운 우월성을 부여하고 훌륭한 남성이라면 사용하지 않을, 또 어떤 남성도 소유해서는 안 되는 법적 권력을 준다."(스톤은 이후에 자신의 결혼 전 이름으로는 학교 위원회 선거에서 투표할 수 없다는 걸 알게 된다) 그리고 거의 70 여 년 후에 페미니스트 여러 명이 루시 스톤 리그를 만들어 결혼한 여성이 그들 자신의 이름으로 호텔에 숙박할 권리, 은행 계좌를 개설할 권리, 여권을 만들 권리를 주장한다. 이렇듯 이름 평등권을 위한 투쟁은 최근까지도 이어졌다. 하버드 경영대학원 논문에서 가장 연장자였던 여성이 말하길, 일부 주에서는 투표를 하기 위해 반드시 남편의 성을 따라야 했다고 한다. 1975년 테네시주 대법원의 '던대 팔레르모 판결Dunn v. Palermo'에서 그 법이 사라졌다. 판사 조 헨리는 선언문에서 발표했다. "기혼 여성은 사회적 강요와 경제적 강압 아래 노동해왔으며 이는 시민의 권리와 특권을 주장하는 데 생산적이지 않다." 여성이 남편의 성을 따라야 한다는 요구는 "인간의 자유가 빠르게 확장되는 영역에서 사실상 모든 진보를 억누르고 억압한다. 우리는 새로운 세상에 살고 있다. 우리는 과거에 만들어진 관습에 의존해서 조건을 만들거나 유지하거나 그들의 존재를 지킬 수 없다".

70년대에 들어 결혼 후에도 이름을 유지하는 일이 가능해지자 많은 여성이 그렇게 하기 시작했다. 1986년 〈뉴욕타임스〉는 결혼 여부를 알 수 없는 여성이나 결혼 후에도 성을 유지하는 여성을 지칭하기 위해 처음으로 존칭 "미즈Ms."를 사용했다. 이렇듯 이름의 독립성과 관련된 경향은 1990년대에 정점에 달했다고 하지만, 기혼 여성의 23퍼센트만 자신의 이름을 유지했고 현재는 20퍼센트가 채 되지 않는다. "여성들이 남편의 성을 따르기로 결정한 것은 그것이 더 편하기 때문이다." 케이트 로이프는 2004년 〈슬레이트〉에 이렇게 썼다. "정치는 부수적일 뿐이다. 우리의 근본적인 독립성은 그렇게까지 위태롭지 않기에 우리 이름을 꼭 지킬 필요는 없다. (…) 이 시점에서—루시 스톤과 이름을 지키기 위한 그 혁명적인 작업에는 죄송하지만—우리의 태도는 이렇다. 그냥 각자 편한 대로 하자."

로이프의 자유방임주의 후기 페미니스트 관점은 여전히 흔하다. 여성들은 자신의 이름은 개인적이지, 정치적이지는 않다고 믿는다—그들을 둘러싼 의사 결정이 아직도 문화적으로 제한되고 축소되어 있기 때문이다. 자신의 이름을 지키는 선택에는 한계만 있을 뿐 별다른 이득이 없다. 어차피 자기 성을 자녀들에게 물려주지도 못하고 그렇다고 남편이 아내 성을 따르지도 않는다. 잘해봐야 엄마의 성은 자녀 이름의 중간에 끼어 들어갈 뿐이거나—사람들은 중간에 들어간 성이 대체로 엄마의 성이라 짐작한다—남편의 성과 하이픈으로 연결되지만, 이후 자리가 좁으면 공간상의 이유로 떨어져버릴 뿐이다(그리고 사실 루이지애나 법은 아이의 출생 신고서를 발급받기 위해서는 여전히 남편의 성을 붙일 것을 요구한다). 우리 여성들은 자신의 이름을 남성이 당연하게 그러는 것처럼 우선으로 다루는 일은 부적절하다는 것을 알게 되었다. 이러한 면에서 다른 많은 것과 마찬가지로 여성은 다른 누군가에게 영향을 주지 않는 한에서만 자신의 독립성을 주장할 수 있다.

물론 젠더 평등을 기본 전제로 놓는다고 해도 한 가족의 성을 처리하는 확실하고 깔끔한 방식은 없다. 하이픈으로 부모의 성을 연결하던 이름들은 잠깐 유행하다 한 세대 만에 사라졌고, 일반적으로 말해서 성은 하나여야 한다. 하지만 퀴어 커플이 아이 이름을 지을 때는 융통성이 있을 수 있는데—결혼과 관련된 모든 관습, 특히 청혼도 그렇다—이것은 이성애 세계에서는 부재했던 일이다. 결혼 생활에서도 동성 커플은 이성 커플보다 가사 분담을 공평하게 하고, "전통적인" 젠더 역할을 적용할 때도 "가사노동을 분배하는 데 있어 이성 커플을 모방하지 않고 이성애 관습에서 파생된 관점을 거부하는 경향이 있다". 애비 골드버그는 2013년 논문에서 이렇게 썼다. "그보다는 실용적이고 선택적으로 가사노동을 분배한다." 또한 동성 커플도 자신들의 분업이 이성 커플보다 평등하다는 사실을 알고 있다—통계상 그들의 노동이 똑같이 분배되지 않았을 때도 이성애 결혼보다는 평등하다(다시 말해 그들의 바람과 결과는 서로 어긋나지 않고 같이 간다는 뜻이다). 역사적으로 정의된 권력의 불균형이 없을 때 같은 제도도 다르게 작동할 수 있다. 다른 많은 사회 계약처럼 결혼도 새로울 때 더 융통성을 갖는다.

*

왜 이렇게 현대 생활의 많은 부분이 독단적이고 불가피하게 느껴질까? 결혼식에 대해 이토록 깊이 생각했지만 내게 그다지 유용했던 것 같지도 않다. 결혼이라는 의식이 생산한 물질적인 조건을 이해하려 애썼다. 결혼의 불평등을 지속시키게 하는 결혼식의 의미와 역할을 헤아리려 애썼다. 그래봤자 무슨 소용일까. 그렇다고 해도 결혼과 결혼식으로 이루어진 문화에서 나만 쏙 빠져나올 수는 없다. 과거, 현재, 미래의 약혼자들이 해왔고 또 하고 있는 모든 일이 현명하지 않다고 말해주지도 못한다. 이들은 여전히 이 기회를 이용해 의례적인 기쁨과 달콤함을 최대한 뽑아가려고 노력한다.

그런데도 나는 이성애자 여성에게 결혼에 대한 환상이라도 주지 않으면 그들이 결혼의 현실을 받아들이는 것이 얼마나 더 힘들어질지 궁금하다. 만약 오늘날의 여성이 처음에나마 자기가 얼마나 중요한 존재인지를 과대광고처럼 과장하지 않고서도 자신의 독립성이 깎이는 불평등한 관계를 덥석 받아들일 수 있을까? 나는 이것이 속임수처럼 느껴진다. 그러니까 결혼식이란, 아주 잘 먹혀왔고 여전히 잘 먹히고 있는 사기가 아닐까 싶다. 자신이 가장 축하받는 자리에서 신부는 여성성의 이미지로 남아 있어야 하는 것 그리고 결혼을 준비하는 시기가 여성의 삶에서 보편적이자 절대적으로 모든 것을 자기 마음대로 할 수 있는 유일한 기간이라는 것이 그렇다.

여성의 인생에서 결혼은 아주 중요한 역할을 하는데, 이는 묵인된 교환이나 거래로 보이기도 한다. 우리 문화는 말한다. 당신을 온전히, 절대적으로 중심에 놓는 이벤트를 열어줄게—당신이 젊고 아름다울 때, 존중받고 사랑받을 때 당신의 이미지를 박제해줄게. 세상이 당신 앞에 끝없는 초원처럼, 푹신한 레드 카펫처럼 펼쳐져 있고 작은 폭죽이 당신의 화려하고 우아한 머리 스타일에 얹힌 붓꽃과 꽃잎을 비추는 이 순간을 기억해. 그 대신 결혼식장을 걸어

나간 이후부터 이 주의 법 앞에서, 주변의 모든 사람 앞에서 당신의 존재는 서서히 사라져야 해. 물론 모든 사람이 이에 해당하지는 않지만, 많은 여성에게 신부가 된다는 것은 입에 발린 말을 들으며 복종의 길로 들어서는 것이다. 모든 관심을 한 몸에 받고, 젠더 차별을 부활시키는 여러 의식을 연달아 치르며—브라이덜 샤워, 처녀 파티 그리고 나중에는 베이비 샤워—당신의 정체성이 제도적으로 남편과 아이의 정체성 뒤로 밀리는 미래로 들어갈 준비를 하는 것이다.

결혼식의 중심에 놓인 이러한 역설은 결혼식이라는 마법에 걸려드는 두 여성의 모습에 각각 나타난다. 먼저 영광스러운 신부, 존재감이 크고 눈부시게 반짝이고 거의 괴물 같은 힘을 가진 여성이 있다. 그리고 이를 무효로 만드는 쌍둥이이자 그 반대의 존재가 있다. 이름을 바꾸면서 베일 밑으로 사라지는 여성이다. 두 자아는 서로 반대되지만, 남성 권력에 의해 하나로 묶여 있다. 결혼 조언서는 재잘거린다. "결혼식에서만큼은 모든 눈이 당신에게 쏠릴 특권이 있다." 그리고 앤 해서웨이가 들러리에게 말한다. "오늘만큼은 내가 제일 중요해, 알았지?" 이 두 대사는 다음 것들과 떼려야 뗄 수 없는 관계에 있다. 여성이 선거에서 투표하기를 원한다면 남편의 성을 따르도록 하는 법 그리고 결혼 이후에 남성에게 더 많이 돌아가는 건강과 부와 행복 패키지. 결혼식이라는 달콤한 케이크 같은 광경 밑에는, 그 이후 남녀의 삶이 얼마나 불평등해지는지에 관한 논문이 있다. 따라서 이 과장된 의식은 우리가 사라지는 대가로 주는 보상금일지도 모른다.

물론 그럼에도 불구하고 이 모든 것이 아름답다고 말하기는 쉽고 또 쉽다. 얼마 전 〈마사 스튜어트 웨딩〉 홈페이지에 들어가 10년 전 키르기스스탄에서 눈 빠지게 보았던 그 호가 있는지 찾아보았다. 나는 표지를 보자마자 즉시 알아챘다. 살구색 배경에 빨강 머리 여자가 옅은 립스틱을 바르고 활짝 웃고 있다—마치 디즈니 공주 같다. 어깨끈이 없는 확 퍼진 흰 드레스에는 나비들이 살포시 앉아 있다. 이 표지는 명령조로 말한다. "당신 것으로 만드세요." 나는 그 호를 사서 다시 읽었다. 정강이까지 오는 길이의 스커트를 기억했고, 아네모네와 라넌큘러스 부케를, 살구 샴페인을 기억했다. 내 인생에서 오래 지속될 수 있는 좋은 무언가, 즉 한 사람과의 행복하고 안정적인 인생을 원하고 있을 때 머릿속에서는 이런 하찮은 이미지를 열심히 넣고 있었다.

표지 속 여성을 보니, L.M. 몽고메리의 사려 깊고 수다스러우며 당근색의 머리카락을 가진 주인공 '빨강 머리 앤'이 떠올랐다. 이 시리즈에서 나는 사랑스러운 옆집 소년 길버트 블라이스를 무척 좋아했음에도 앤이 언제 또는 어떻게 결혼했으며, 결혼식에서 어떤 모습이었는지 기억하지 못한다. 나는 이 시리즈의 다섯 번째 책인 《앤의 꿈의 집》을 꺼내 결혼식 장면을 찾았다. 햇살이 가득한 9월의 어느 날이었는데, 이 장은 앤이 그린 게이블의 옛날 자기 방에서 벚나무와 아내됨에 대해 생각하는 장면으로 시작한다. 그리고 그녀는 웨딩드레스를 입고 계단을 내려온다. "날씬한 체격에 반짝반짝 빛나는 눈"을 가진 그녀의 팔에는 장미가 한가득 안겨 있다. 이 결정적인 순간에 그녀는 생각하거나 말하지 않는다. 이제 서술자는 길버트의 생각을 들여다본다. "그녀는 드디어 그의 것이 되었다." 그는 생각한다. "언제나 그를 빠져나갔고, 그가 언제나 바라왔던 앤.

10년 동안의 인내심 있는 기다림 끝에 앤은 그의 사람이 되었다. 그녀가 신부라는 달콤한 항복 깃발 아래, 그에게 다가오고 있었다."

　너무나 자연스러운 장면이다. 사랑스럽다. 괴로울 정도로 익숙하다. 그리고 퍼뜩 생각했다. 나는 십 대 시절부터 독립을 갈망하고 또 기대해왔지만, 그것이 한 번도 충분하지 않았다는 생각이 들었다. 실은 나는 한 번도 완전히 혼자인 적이 없었다. 결혼이 아름다운 의식 뒤에 자신의 진정한 속내를 감추고 있는 것처럼 나 또한 내 인생의 어떤 현실에서 숨기 위해 이 모든 그럴싸한 논리를 제작해온 건 아닐까. 내가 아내라는 존재의 사라짐을 거부하기 때문에 신부의 영광까지 반대하는 것이라면, 결혼하고 싶어 하지 않는 이유 또한 상상했던 것보다 훨씬 더 단순하고 명백하지 않을까. 나는 작아지고 싶지 않다. 나는 영화롭고 싶다. 그저 반짝이는 한순간이 아니라, 내가 원한다면 언제든지 그렇게 되고 싶다.

　그건 사실이 맞지만, 나는 여전히 나를 믿을 수 없다고 느낀다. 내가 찾는 것이 무엇이든 그것을 발견하려고 노력할 때마다 거기서 더 멀어지는 느낌이 든다. 이 모든 것에 대해 생각할 때마다 낮고 불편한 자기기만의 허밍 소리가 들린다. 내가 이러한 글까지 쓰면서 없애려 할 때마다 그 소리는 더욱 커진다. 나 자신에 대해 생각하는 것은 그 무엇이든, 반드시 틀렸을지도 모른다는 깊은 의심의 목소리가 언제나 되살아난다.

　결국 가장 안전한 결론은 아마도 진짜 결론이 아닐지도 모른다. 우리는 이렇듯 불가해하고 난해한 조건 아래에서 우리의 삶을 이해하라는 요구를 받는다. 나는 내가 거부하길 바랐던 모든 일에 언제나 적응하고 그것을 수용해왔다. 내 인생에서 너무나 자주 그래왔던 것처럼 여기에서도 내가 두려워한다고 했던 "당신"은 줄곧 "나"였을지도 모른다.

감사의 말

이 에세이들은 오직 이 책을 위한 글이지만 그중 몇 편은 〈뉴요커〉에 실린 내 글에 영향을 주었고, 반대로 〈뉴요커〉에 쓴 글에서 영감을 받기도 했다. 몇 편은 내가 〈제제벨〉과 〈헤어핀〉에서 작업했던 글을 토대로 하기도 했다. 처음으로 내 글을 실어준 로건 샤콘, 마이크 댕에게 감사를 보낸다. 〈헤어핀〉에서 만난 최고의 선배 에디터 제인 마리, 인터넷으로 먹고살면서도 언제나 인터넷에 대해 불만을 쏟아내 나를 혼란스럽게 만들었던 그곳의 동료들인 코이어 시샤와 알렉스 바크에게도 인사를 전한다.

내가 교육받았던 리펜타곤을 생각하며 그곳에서 로렌, 레이첼, 애너벨, 라라 같은 소중한 친구들을 만날 수 있어 감사하다. 그리고 로버트, 우리가 어린 시절 교회학교에 다닐 때와 똑같이 좋아할 수 있어서 감사해.

나의 사랑하는 모교 버지니아주립대학과 내게 학자금 대출을 걱정하지 않게 해준 제퍼슨 장학 재단에 감사를 전하고 싶다. 그곳에서 만난 마이클 조셉 스미스, 캐럴라인 로디, 월트 헌트, 레이첼 젠드로, 케빈, 제이미, 라이언, 토리, 바사, 줄리, 버스터 벡스터. 나의 마음속 집이 되어주어서 언제나 고맙다.

평화봉사단에서 지낸 기간 동안 나는 어쩌면 글을 써서 먹고사는 작가가 될 수도 있겠다고 생각했다. 그곳에서 만난 친구들, 노트북을 도둑맞았을 때 펑펑 울던 나를 위로해준 롤라, 얀, 카일, 또 노트북을 빌려줘서 내가 계속 글을 쓸 수 있게 해준 친구 아카샤에게도 고마운 마음을 전한다. 데이비드, 그대는 내 최고의 쿠야kuya*야. 디나라 술타노바는 내가 만난 가장 멋진 여성이다.

미시간대학의 헬렌 젤 작가 프로그램이 나에게 제공해준 학자금과 공간에 너무나 큰 빚을 지고 있다. 항상 나를 북돋아준 니콜라스 델반코 그리고 성격 좋으면서 똑똑한 친구들 브릿 베넷, 마야 웨스트, 크리스 매코믹, 메이디르 스몰 스테이드에게 감사를 보낸다. 레베카 스컴, 바버라 린드하르트, 케이 레너드. 우리 바 수업에서 만나야지.

뉴욕에서 사귄 친구들은 이 작은 세계를 따뜻하고 한결같은 장소로 만들어주었다. 자원봉사단체 헬프 그룹에 감사를 표한다. 나의 수호천사 에이미 로즈 스피겔, 음악적 매력을 다시 가르쳐준 데렉 데이비스, 엉덩이 최적화를 위한 내 후원자 프래니 스태빌에게 고마운 마음을 전한다. 푸야 파텔, 사우스 바이 사우스웨스트 음악 페스티벌에서 내가 한 번도 줄 안 서고 너에게 미룬 건 정말 미안

● 필리핀어로 오빠, 존경하는 남자 선배라는 뜻이다.

해. 그리고 선거 개표 후, 마감인데도 아무 글을 쓰지 못했던 나에게 그저 솔직하게 쓰라고, 내 생각이면 충분하다고 말해준 루체 드 팔치를 잊을 수 없다.

고커 미디어의 놀라운 편집 능력을 보여준 톰 스코카에게 감사를 전한다. 〈제제벨〉에 함께 있었던 사랑하는 친구들아, 언제 로제 와인 각자 한 병씩 마시자.

레베카 미드, 리베카 솔닛, 레베카 트레이스터—앤드루는 언제나 내게 어떤 레베카를 이야기하는 건지 묻는다—나는 당신들 모두를 존경하고, 당신들의 작품을 존경합니다. 그들이 내 글을 읽어주었을 때 행복해서 몸 둘 바를 몰랐다. 이 원고를 보고 너무 소중한 조언을 해준 제프 베넷, 우리를 소개해준 천재 말론 제임스에게도 감사를 보낸다. 이 책과 나를 엑스레이처럼 들여다본 기드온 루이스 크라우스, 여러 편의 에세이(특히 7장과 9장)의 자료 조사를 도와준 매킨지 윌리엄스에게 감사를 표한다. 책의 부제**를 정해준 내 아내 같은 친구 할리 플로텍, 나에게 이 직업을 갖게 해주고 사람들의 장점을 보는 방법을 가르쳐주고 또 우리의 우정이 없는 삶은 상상할 수 없음을 가르쳐준 엠마 카마이클에게 진정 고맙다고 말하고 싶다.

한 달간 천국 같은 곳에서 보내게 해준 맥도웰 콜로니와 모든 힘든 일을 도맡아주는 나의 훌륭한 에이전트인 에이미 윌리엄스에게도 고마움을 전한다. 포스 에스테이트의 제니 메이어와 안나 켈리에게도 감사를 보낸다. 나는 아직도 내가 〈뉴요커〉에 취직했다는

** 원 부제는 "자기기만에 대한 고찰"이다.

사실이 감격스러워 웃음을 터뜨리곤 한다. 나의 멋진 동료들을 언제나 감탄하며 바라본다. 런던에서 나를 먹이고 재워준 에밀리 그린하우스, 이 책의 팩트체크를 도와준 지니 리스, 내 스케줄을 확인해준 브루스 디오네스, 나를 고용해준 닉 톰슨에게 늘 감사한 마음을 품고 있다. 도로시 위켄넨과 팜 맥카시에게도 고맙다. 나의 에디터 데이비드 하글룬드, 당신은 최고다. 나를 더 낫게 만들어주었다. 내가 마리화나 물담배 이야기를 트윗에 올렸는데도 나를 해고하지 않은 데이비드 렘닉에게 감사를 보낸다.

캐리 프라이어, 당신은 가장 관대한 독자이고 초능력을 가진 에디터이고 너무도 사랑스러운 사람이며 이 책의 기획서가 원고가 되기까지의 모든 과정에서 꼼꼼한 교정과 통찰을 주었다. 당신이 없이는 이 책을 쓰지 못했을 것이다. 나를 언제나 잘 챙겨주던 랜덤하우스 출판사의 모든 직원들, 특히 앤디 워드, 수잔 카밀, 몰리 터핀, 드하라 파리크에게 고마운 마음을 전한다. 샤라니아 더바술라는 너무나도 훌륭한 책 표지를 디자인해주었다. 나의 에디터 벤 그린버그는 나를 치켜세워주고 다듬어주고 내가 잘 쓰고 있다고 느끼게 해주고 이 책을 현실로 만들어주었다.

마지막으로, 2010년 이후부터 나의 가족이 되어준 린 스테카스와 존 달리. 당신의 자녀들에게 전해준 가치와 당신들이 보여주는 사랑과 존경에 감동합니다. 클레어와 맷과 CJ와 퀸. 내 인생에 함께 해주어 고맙다. 내 동생 마틴. 우리에게 강아지 그레츠키가 생기기 전에 내 강아지인 척하라고 해서 미안하게 생각해. 지금 우리 곁의 반려견 루나는 복슬복슬한 최고의 친구다. 네가 있어서 나는 외롭지 않아. 나의 아리따운 아이다 아디아 할머니. 할머니 덕분에 내가 책을 좋아하게 되었어요. 엄마와 아빠. 당신들에게 진 빚을 언제 갚을 수 있을지 모르겠네요. 엄마와 아빠의 희생 덕분에 나는 이 이상한 세상을 강하게 헤쳐갈 수 있었고 조건 없는 사랑이 무언지 알게 되었습니다. 그리고 앤드루 달리, 나의 파트너. 나와 함께 성장해주어서 고마워. 내게 책상과 삶을 만들어주고 언제나 다정한 사람으로 옆에 있어주어서 고마워. 솔직히 말하면, 난 아주 오래전부터 당신과 결혼했다고 느끼고 있어.

옮긴이의 말

번역가를 고통과 환희에 빠뜨린 경이로운 에세이들

초등학교 때는 체조 선수였고 고등학교 때는 치어리더였으며 리얼리티 쇼에 출연하면서도 성적 우수자로 졸업생 대표 연설을 했다. 남부 명문 버지니아주립대학을 전액 장학금으로 다녔고 여학생 사교 클럽 회원이자 아카펠라 합창단이었고 졸업 후에 평화봉사단과 대학원을 거쳐 뉴욕으로 와 〈제제벨〉의 에디터가 된다. 인종적 특성이 두드러지지 않아 어디에서나 자연스럽게 섞일 수 있을 듯한 필리핀계 아시안으로 깜찍하고 귀여운 외모에 청 미니스커트와 흰색 민소매 밖으론 운동으로 다져진 탄탄한 근육이 드러나며 브루클린에서 살면서 건축가 남자친구의 재택근무 모습이나 잘생긴 반려견을 SNS에 올린다. 핼러윈에는 포카혼타스가 되어 핫한 파티에 가고, 친구 결혼식에서는 파스텔톤 드레스를 입은 들러리가 되고, 뮤직 페스티벌에서는 숏팬츠를 입고 손에 맥주병을 들고 리듬을 타고 있을 그녀가 쉽게 연상된다.

　이런 지아 톨렌티노를 어떻게 묘사할 수 있을까. 이른바 뛰어난 두뇌와 외모 자산을 갖춘 세련되고 자신감 넘치는 젊은 여성, 이제까지 거친 어떤 집단에서든 소위 '인싸'로 살아온 사람이 아니었을까? 그녀를 인터뷰한 글에서도 존 디디온 같은 글을 쓰는 이 젊은 작가가 말할 때는 문장 속에 '라이크like'를 천 번 정도 사용한다고 하고, 그녀 스스로도 자신은 글을 쓸 때를 제외하곤 '생각이라고는 없는' 가벼운 사람이라고 고백한다. 그녀에 대해 잘 알지 못한다 해도 우리에겐 아직 생소한, 삼십 대 초반의 밀레니얼 작가 지아 톨렌티노의 첫 책을 읽으면서 혼란스럽고 어지러워지기도 할 것이다. 인간이 과연 어디까지 복합적이고 집요하고 심오하고 대담하고 논리적이고 자기비판적이고 이다지도 매력적일 수가 있지?

　책에 실린 총 아홉 편의 에세이는 저자가 〈제제벨〉과 〈뉴요커〉에서 썼던 글을 보완하기도 하고 새로 쓰기도 했는데 각각 어디에서도 접하지 못한 소재와 주제를 다룬다. 인터넷에서 정의로운 발언을 하는 이십 대 작가인 나와 리얼리티 쇼에 출연했던 고등학생의 기만과 허위를 낱낱이 벗겨낸다. 이 책의 백미로 손꼽히는 5장 '엑스터시'에서는 휴스턴의 메가 처치와 촙트 앤드 스크루드 힙합과 시몬 베유를 넘나들며 종교와 중독과 영혼의 갈망을 매혹적인 문체로 묘사한다. 어려운 여자들을 무조건 칭송하다가 판단 기준까지 낮추어버린 페미니즘 문화 비평, 성폭행과 인종차별로 얼룩진 모교의 역사, 이성애 결혼의 불평등과 모순을 냉정하게 비판하다가 문득 '그러는 나는?'이라고 묻는다.

어디로 튈지 모르는 복잡하고 흥미로운 이 글에서 독자가 천천히 재미와 감동과 경이를 느껴야 하기에 책 내용의 자세한 언급은 여기에서 멈추려 한다.

　　저자를 검색하다가 작년 5월 지아 톨렌티노, 마가렛 애트우드, 록산 게이, 역시 내가 번역했던 《싱글 레이디스》의 레베카 트레이스터가 참여하는 북 토크가 기획되었다가 코로나 때문에 취소되었다는 사실을 알게 되었다. 이 중 무려 세 명의 책을 내가 번역했다고 자랑하고 싶었으나 실은 그즈음 아직 번역을 반도 마치지 못했고 안으로는 거의 곪아가고 있는 상태였다.

　　솔직히 말하면, 책의 초반부를 읽으며 내 능력 밖의 벅차고 까다로운 책을 잘못 맡았다는 생각에 번민과 후회로 몸부림쳤다. 번역은 예상 시간의 두 배를 초과했고, 그사이에 나의 다른 일정들은 한없이 미루어졌으며 나는 아침마다 작업실 가기가 두려웠다. 이럴 때면 많은 번역가들이 그렇듯이 처음 작업을 의뢰받았던 그 시점으로 돌아가 냉정하게 거절하는 나를 상상하기도 했다. 그러다가도 웃고 놀라고 감탄하며 한 챕터를 마무리할 때면 '누가 이기나 보자, 내가 기차게 번역하고 말리라'면서 누구도 강요하지 않는 열정에 타오르기도 했다. 매일매일 작업실에 나가 괴로워하고 꾸역꾸역 번역하고, 마음에 안 들어 다시 지우고 고치고 그러다 조금 마음에 차는 번역문이 나오면 안도의 한숨을 쉬는 날들의 반복이었다.

　　SNS에 오늘도 일하기 싫고 밥하기 싫다고 불평하고 잘생긴 스포츠 선수 사진이나 올리는 나, 일상생활에서는 사소한 일로 가족들과 싸우고 말과 행동에 성숙함이라고는 찾아볼 수 없는 나지만 이런 나도 번역할 때만은 집요하고 진지했다. 일단 원고를 앞에 놓고 있으면 수백 번 고민하여 단어를 수정하고 배경 지식을 검색하고 문장을 바꾸면서 어떻게든 정확성과 가독성을 높이기 위해 있는지도 몰랐던 힘까지 쥐어짰다. 어떤 부분은 원문과 내 번역을 거의 외울 지경이었고 꿈에서도 나왔다.

그리하여 이 독특하고 근사한 에세이들을 당연히 100퍼센트 만족은 아니지만, 이만하면 읽을 만한 수준까지 번역한 후에는 지아 톨렌티노도 나 자신도 (이렇게 말하면 유치하고 단순하지만) 작업을 시작할 때보다 조금 더 좋아졌다.

부디 북 클럽에서도 이 책을 선정해 읽고 토론하며 온갖 이야기를 쏟아내길, 가능하다면 책을 읽은 후의 소감을 트위터에 상주하는 나에게 언제든지 말해주시면 좋겠다. 또한 이 책은 꼭 구입해야 하는데, 정신이 가장 맑을 때 커피를 앞에 두고 하루에 한 챕터씩 천천히 때로는 한 문단을 여러 번 읽고 꼭꼭 씹으며 소화시켜야할 책이기 때문이고 분명 다시 펼치게 될 책이기 때문이다.

2021년 1월
노지양

트릭 미러
우리가 보기로 한 것과 보지 않기로 한 것들

1판 1쇄 펴냄 | 2021년 2월 15일
1판 5쇄 펴냄 | 2024년 9월 25일

지은이 | 지아 톨렌티노
옮긴이 | 노지양
발행인 | 김병준·고세규
편 집 | 정혜지
디자인 | 박연미·이순연
마케팅 | 차현지·이수빈
발행처 | 생각의힘

등록 | 2011. 10. 27. 제406-2011-000127호
주소 | 서울시 마포구 독막로6길 11, 2, 3층
전화 | 02-6925-4183(편집), 02-6925-4188(영업)
팩스 | 02-6925-4182
전자우편 | tpbook1@tpbook.co.kr
홈페이지 | www.tpbook.co.kr

ISBN 979-11-90955-08-9 03300